“十四五”职业教育河南省规划教材
高等学校会计类在线开放课程教材
省级精品在线开放课程本科教材

U0816480

高级财务会计学

（第二版）

ADVANCED FINANCIAL ACCOUNTING

张清玉 陈霞 梁亚玲 主编

东北财经大学出版社
Dongbei University of Finance & Economics Press
大 连

图书在版编目（CIP）数据

高级财务会计学 / 张清玉，陈霞，梁亚玲主编．—2版．—大连：东北财经大学出版社，2023.6

（高等学校会计类在线开放课程教材）

ISBN 978-7-5654-4823-2

Ⅰ.高… Ⅱ.①张… ②陈… ③梁… Ⅲ.财务会计-高等学校-教材 Ⅳ.F234.4

中国国家版本馆CIP数据核字（2023）第059580号

东北财经大学出版社出版

（大连市黑石礁尖山街217号　邮政编码　116025）

网　　址：http://www.dufep.cn

读者信箱：dufep@dufe.edu.cn

大连东泰彩印技术开发有限公司印刷　东北财经大学出版社发行

幅面尺寸：185mm×260mm　字数：484千字　印张：20.5

2023年6月第2版　2023年6月第1次印刷

责任编辑：王　莹　周　晗　责任校对：韩　英

封面设计：张智波　版式设计：原　皓

定价：48.00元

教学支持　售后服务　联系电话：（0411）84710309
版权所有　侵权必究　举报电话：（0411）84710523
如有印装质量问题，请联系营销部：（0411）84710711

第二版前言

本科层次高等职业教育旨在培养满足区域经济社会发展需要的高层次技术技能型人才，这就要求不仅要强调传统职业教育的实践性和技能性，还要关注理论性与创新性；要遵循职业教育的人才培养规律，把理论学习和实践应用紧密衔接，注重深厚理论基础和完整知识体系的教学，培养大学生利用所学理论知识解决复杂问题的能力和创新思维。作为会计学专业核心课程教材，国内具有代表性的高级财务会计学教材主要面向普通高等教育，鲜有专门针对本科高等职业教育的高级财务会计学教材出版。因此，编写满足本科高等职业教育教学需求的高级财务会计学教材势在必行。

我校高级财务会计学课程于2018年被评为河南省精品在线开放课程，2021年又获评河南省一流本科课程。利用省级一流会计学本科专业建设的契机，发挥课程线上资源丰富的优势，总结线上线下混合式教学经验，融入思政教育元素，创新教学模式，适应本科层次高等教育人才培养，是本教材编撰的定位与出发点。

适用于本科层次高等教育人才培养的高级财务会计学应包括哪些内容？我们认为，本科层次高等职业教育培养的人才要具有较强的岗位实践操作能力，更要具备复合性的知识体系，要将职业素养、工匠精神的培养与科学技术的学习真正融合，才能培养出高层次技术技能型人才。这就需要教材要包括较为完整的高级财务会计学的知识体系。另外，作为面向中高端会计岗位，讲授特殊经济业务及财务会计难点问题的课程，如何协调基础会计学、中级财务会计学与高级财务会计学之间的关系是摆在教育者面前的难题。经过多年教学实践，我们在高级财务会计学的教学内容方面逐步形成了与中级财务会计学教学衔接、适应不断变化的经济环境、对资本市场中特殊领域及难点问题予以关注与引领的特色。因此，本教材的内容不仅包括高级财务会计学通常涵盖的外币会计、非货币性资产交换会计、债务重组会计、股份支付会计、租赁会计、所得税会计、企业合并会计、合并财务报表等，也包括对中级财务会计学的补充与延伸，如或有事项、借款费用、资产负债表日后事项，以及会计政策、会计估计变更和差错更正等。

本教材具有以下特色：

1. 实践场景，培养能力

技术技能型人才的培养需要置身于实践工作场景，体验财会工作流程。每章都配备引导案例和引例分析，案例采用资本市场上实际发生的业务，选自上市公司法定信息公开披露网站，使学习者身临其境，体验实践工作场景，了解财会工作流程，培养实践操作技能。通过引例分析中拓展的任务要求，阅读相关文献，收集行业或上市公司数据资料，可以培养学习者分析、解决问题的能力，也可以为课堂研讨教学的开展提供素材。

2. 启发思考，融入思政

本科层次高等职业教育要通过反思工作实践，培养技术创新思维。在专业知识讲解后提出需要思考与讨论的问题，强化质疑与解惑理念在会计教学中的应用，启发学生对知识点的延伸思考，培养自主学习与独立思考能力。在专业问题思考讨论中自然融入思政教育元素，培养学生综合素质。通过视野拓展栏目，将基本能力培养和拓展能力培养相结合，开阔视野，培养发散思维和创新思维。

3. 反映前沿，体现最新

继收入、金融工具会计准则修订与实施后，修订后的《企业会计准则第7号——非货币性资产交换》《企业会计准则第12号——债务重组》等相继出台。本教材在编撰中反映了最新会计准则及相关解释公告，增强了相关内容的时效性，体现了最新会计实务的发展变化。在编撰过程中，本教材还吸收了国内专业研究机构关于会计实务的最新研究成果，反映了财会实务前沿。

4. 立体多样，便于学习

作为省级精品在线开放课程教材，本教材的编撰与在线开放资源的建设紧密联系，将章节学习视频、问题答疑、案例分析等内容，以二维码的形式嵌入教材，使学习者可在不同的环境下连续学习，激发学习兴趣，培养自主学习能力。将习题和教材合二为一，习题参考答案可登录东北财经大学出版社网站（http：//www.dufep.cn）下载，学习者可及时掌握重难点业务处理与信息披露，检验自主学习成果，培养学习能力。

本教材适用于本科层次高等职业教育以及应用型本科会计学专业和其他相关专业的本科生，以及有兴趣从事财务会计领域的学习、研究和工作的读者。

本教材的编撰团队由省级会计教学团队骨干教师组成，由张清玉、陈霞、梁亚玲担任主编，负责总体框架和大纲的确定，并对教材进行总纂，由邢启亮、苗霞、窦伟、任方任副主编。各章编写分工如下：第一章由邢启亮编写，第二章由陈霞编写，第三、十章由梁亚玲编写，第四章由任方编写，第五章由苗霞编写，第六章由范晓英编写，第七、八章由张清玉编写，第九章由窦伟编写，第十一章由许芳霞编写。

教材编写期间，河南牧业经济学院金融与会计学院党委书记陈复昌、院长黄良杰多次关心写作进展，并提出宝贵建议，东北财经大学出版社对本教材的出版给予了大力帮助，在此一并表示由衷感谢！

本教材的编撰紧扣本科层次高等职业教育人才培养之需，基于线上教学课程的数据支撑以及系列教学研究成果的运用，但是由于高级财务会计学的相关内容在不断发展和完善，编者水平有限，本教材难免存在不足或偏颇之处，恳请各位同仁批评指正。

编　者

2023年5月

本教材课程思政元素

党的二十大报告指出，“育人的根本在于立德”，“培养造就大批德才兼备的高素质人才，是国家和民族长远发展大计”。本科层次高等职业教育要全面贯彻党的教育方针，落实立德树人根本任务，深入挖掘专业知识中的思政元素，扎实推进课程思政教育。本教材课程思政元素设计以“习近平新时代中国特色社会主义思想”为指导，结合财务会计学课程教学特点，坚持以马克思主义的科学立场、方法解决理论与实践问题，强化社会主义核心价值观在财务会计学课程思政教学中的引领作用，积极融入中华优秀传统文化思想，通过启发思考、案例分析、视野拓展等栏目将思政元素自然融入课程内容，以“润物细无声”的方式将先进的思想引领与正确的价值追求传递给学习者，全面提高大学生缘事析理、明辨是非的能力，助力培养德智体美劳全面发展的高层次技术技能型财会专门人才。

财务会计学课程具有很强的专业性特征，本书设计的思政元素均由专业知识点展开，将专业知识传授与思政育人有机结合。每个思政教学活动都包括专业知识导引、思考与研讨、总结分析、凝练提升等环节。课程思政教学中，教师可参考表1中的专业知识导引，针对相关知识点或案例，启发学生进行思考与研讨。需要说明的是，会计学专业课程思政元素非常丰富，本表所提供的只是其中具有代表性的一部分，供各位同行专家参考，不当之处敬请批评指正。

表1　　**专业知识导引与思政元素**

序号	专业知识导引	思考与研讨	思政元素
1	记账本位币变更	1. 你认为记账本位币变更属于会计政策变更还是会计估计变更？ 2. 通过分析不同性质变更所产生的财务影响，你认为如何才能做到坚持准则、不做假账、诚实守信？	传统文化 职业道德
2	区分外币货币性项目与外币非货币性项目	1. 你认为外币货币性项目和外币非货币性项目会计处理的差异有哪些？ 2. 针对二者期末处理的差异，你认为会计人员如何才能提高服务技能，提供高质量会计信息，服务经济社会发展？	爱岗敬业 服务社会
3	外币报表折算	1. 你认为外币报表折算的核心问题是什么？ 2. 你认为我国选用现行汇率有哪些缺陷？	质疑理念 科学精神
4	借款费用的界定	1. 因借款而发生的折价或者溢价属于借款费用吗？ 2. 据此研讨，如何在会计工作中做到爱岗敬业、坚持准则、提高技能。	职业道德

续表

序号	专业知识导引	思考与研讨	思政元素
5	借款费用披露	1. 讨论扩大借款费用资本化范围对企业经济活动的影响。 2. 谈一谈你是如何理解会计工作对社会经济文明进步承担的基础性保障与促进作用的。	经济发展 大国复兴
6	股份支付的范围	1. 你认为不构成股份支付的常见情形有哪些? 2. 谈一谈它们与股份支付处理的区别。	职业规范 专业精神
7	限制性股票的禁售期	1. 公司员工取得限制性股票后的禁售期具体有哪些规定? 2. 为什么要对限制性股票规定禁售期?	诚信敬业 传统文化
8	股份支付公允价值计量	1. 权益结算与现金结算股份支付下公允价值确定的差异有哪些? 2. 你认为如何才能提供高质量的公允价值信息?	职业道德 服务社会
9	或有事项概念	1. 你认为如何处理或有事项的不确定性? 2. 谈一谈如何在风险应对中弘扬会计精神。	风险意识 会计精神
10	或有事项披露	1. 或有事项的披露主要遵守何种会计信息质量要求? 2. 需要充分披露的具体内容有哪些?	客观公正 诚实守信
11	划分货币性与非货币性金融资产	1. 哪些金融资产属于货币性金融资产? 2. 哪些金融资产属于非货币性金融资产? 3. 谈一谈你对二者业务处理差异的认识。	专业精神 诚信敬业
12	权益性交易	1. 你认为权益性交易与损益性交易的区别是什么? 2. 你了解到的权益性交易的具体业务有哪些?	职业能力
13	债务重组界定	1. 债务重组现行准则与以前规范的差异有哪些? 2. 谈一谈你对债务重组变革原因的认识。	科学精神
14	债务重组业务管理	1. 你了解我国债务重组准则的历史变迁吗? 2. 通过了解债务重组准则的变迁，谈一谈你对现行准则规范的认识。	会计发展史 学史明理
15	所得税会计处理方法变迁	1. 你了解所得税会计核算有哪些方法吗? 2. 谈一谈资产负债表债务法相较于应付税款法的优势有哪些。	发展观
16	无形资产的计税基础	1. 你了解企业自主研发无形资产的税收优惠政策吗? 2. 谈一谈这些税收优惠政策对企业经营活动的影响。	创新发展 科技强国
17	递延所得税资产的确认	你认为无须支付的应付款项转入应纳税所得额后能否确认递延所得税资产?	服务社会 实践能力
18	所得税费用	1. 谈一谈暂时性差异及其分别确认的资产与负债（对立）。 2. 谈一谈所得税费用的构成（统一）。	对立统一

续表

序号	专业知识导引	思考与研讨	思政元素
19	追溯调整法	1. 你了解追溯调整法与未来适用法的不同吗？ 2. 谈一谈你对追溯调整不同会计报表差异的理解。	专业水准 职业精神
20	会计估计变更	1. 你认为会计估计与会计政策变更有哪些差异？ 2. 你如何理解准确把握准则、提高职业素养、提供高质量会计信息的重要意义。	爱岗敬业 提高技能
21	会计差错	根据证监会做出的行政处罚书，分析案例公司的财务造假手段有哪些。	不做假账 诚实守信
22	会计信息披露	1.你认为会计政策、估计变更与差错更正需要披露的信息有哪些？ 2.充分披露会计信息的价值是什么？	现象与本质
23	资产负债表日后事项的界定	1. 什么是资产负债表日后事项？ 2. 谈一谈严格界定资产负债表日后事项涵盖期间的重要意义。	坚持准则 诚实守信
24	企业合并的会计处理方法	1. 我国企业合并会计处理方法是什么？ 2. 我国企业合并会计处理方法的选用与其他国家或国际组织有哪些差异？	国际视野 话语权 制度自信
25	长期股权投资	1. 非同一控制下一次交易实现合并和多次交易分步实现控股合并时，长期股权投资的计量原则是否相同？ 2. 这种会计处理的理论依据是什么？	质疑理念 科学精神
26	合并财务报表	1.我国合并财务报表所依据的合并理论经历了哪些变迁？ 2.合并财务报表编制的具体程序包括哪些内容？	原因与结果 工匠精神
27	控制的内涵	如何理解控制概念中的“可变回报”？	他山之石

目录

第一章　外币折算

【内容框架】

本章主要介绍外币折算的相关概念、外币业务的日常核算、期末汇兑差额的计算及其账务处理、外币财务报表的折算等。具体内容如下图所示：

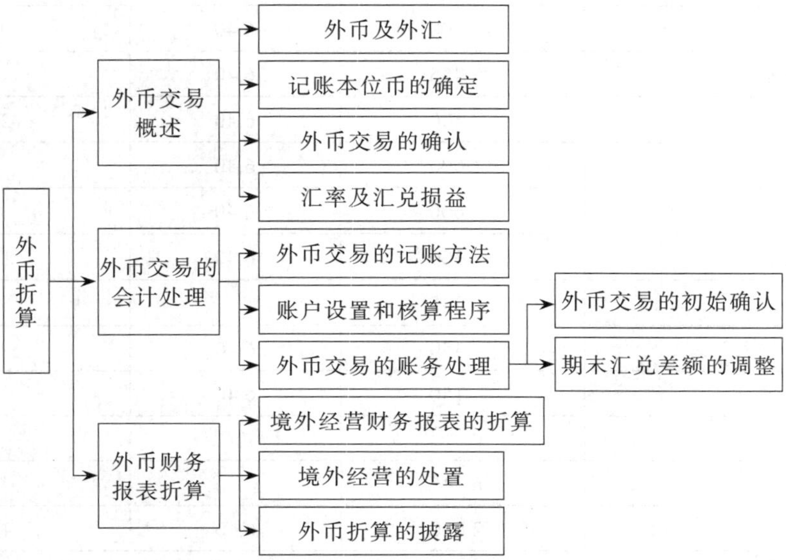

【学习目标】

通过本章的学习，了解外币业务的相关概念，掌握四类外币业务的账务处理，掌握期末汇兑损益的计算和账务处理，理解外币报表折算的常用方法，掌握我国外币报表折算的方法选择与处理，掌握外币折算的信息披露。

引例

GY集团外币折算方法选择与程序

GY集团有限公司是一家主要从事中成药及植物药、化学原料药及制剂、生物医药制剂等领域研究和开发的国内企业，该公司对境外制药公司外币业务处理，涉及折算方法的选择及折算程序的确定如下：

（1）折算方法的选择。根据我国《企业会计准则第19号——外币折算》的规定，GY集团为了编制合并财务报表，需要对境外制药公司的外币报表进行折算，而可采用的折算方法应该是现行汇率法。

（2）按照现行汇率法折算外币会计报表基本程序。折算调整额将逐年累积，并与未分配利润分开揭示。GY集团境外制药公司披露的2×18年度利润表与资产负债表中与外币有关的信息见表1-1和表1-2。

表1-1 **GY集团境外制药公司折算后的利润表**①

2×18年12月

项目	期末数（美元）	折算汇率	折算人民币金额（万元）
一、营业收入	26 000	6.40	166 400
减：营业成本	14 500	6.40	92 800
税金及附加	455	6.40	2 912
销售费用	3 500	6.40	22 400
管理费用	1 000	6.40	6 400
财务费用	600	6.40	3 840
加：投资收益	300	6.40	1 920
二、营业利润	6 245		39 968
加：营业外收入	450	6.40	2 880
减：营业外支出	150	6.40	960
三、折算损益			
四、利润总额	6 545		41 888
减：所得税费用	2 000	6.40	12 800
五、净利润	4 545		29 088

①因四舍五入原因，表中数字会存在尾差，下同。

表 1-2 GY集团境外制药公司折算后的资产负债表

2×18年12月31日

项目	期末数（美元）	折算汇率	折算人民币金额（万元）
资产：			
货币资金	1 500	6.45	9 675
应收账款	4 000	6.45	25 800
存货	3 200	6.45	20 640
长期投资投资	2 000	6.45	12 900
固定资产	6 000	6.45	38 700
资产合计	16 700		107 715
负债及所有者权益：			
流动负债	3 000	6.45	19 350
长期负债	4 500	6.45	29 025
实收资本	6 555	6.00	39 330
未分配利润	2 645①		16 468②
折算差额（收益）			3 542③
负债及所有者权益合计	16 700		107 715

注：①折算前未分配利润=4 545 + 900 − 2 800=2 645（万元）

②折算后未分配利润=29 088 + 900 × 6.20 − 2 800 × 6.50=16 468（万元）

③折算损益=107 715 −（19 350 + 29 025 + 39 330 + 16 480）=3 542（万元）

若将折算过程中形成的折算差额计入当期损益，则外币报表折算的一般程序是先折算外币资产负债表，然后折算外币利润表及所有者权益变动表，具体报表项目的折算思路同上。

（根据上市公司披露的资料整理）

通过阅读GY集团有限公司外币报表折算信息，我们关注到该公司外币报表折算方法选择了现行汇率法，即对外币利润表中的收入和费用项目，按照整个报告期的平均汇率进行折算；对外币资产负债表中的资产和负债项目按编制资产负债表日的期末汇率进行折算；对外币资产负债表中的所有者权益项目按确认时的历史汇率折算；“未分配利润”项目根据折算后的利润表相关数据填列；外币财务报表折算损益是以单独的“折算差额”项目列示于资产负债表的所有者权益内。由此可以看出外币报表折算的核心问题：一是解决折算汇率问题；二是解决折算差额的处理问题。你认为我国外币报表折算的处理原则是什么？选用现行汇率法可能存在哪些不足？如何对折算差额进行处理？本章将对这些内容进行系统讲解。

第一节 外币交易概述

外币、外汇、记账本位币和列报货币

一、外币及外汇

外币是外国货币的简称，亦指非记账本位币，是企业记账本位币以外的货币，包括各种纸币和铸币，它常用于企业间交易、投资等经济活动引起的对外结算业务。广义的外币是指所有以外国货币表示的，能够用于国际结算的支付凭证，除外国的纸币和铸币以外，还包括企业拥有的外国有价证券，如以外币表示的政府债券、公司债券、金融债券、股票和息票等；也包括外币的支付凭证，如外币性的各种票据、银行存款、信用证等；还包括其他外币资金，如各种外币汇款和可在国外兑换或流通的凭证等。

外汇则可以从动态和静态两个方面来理解。动态的外汇是国际汇兑的简称，是把一个国家的货币兑换成另外一个国家的货币，借以清算国际债权债务关系的一种专门性的经营活动或行动。静态的外汇，是指一种以外币表示的支付手段，用于国际结算。国际货币基金组织曾对外汇做过明确说明："外汇是货币行政当局（中央银行、货币管理机构、外汇平准基金组织及财政部）以银行存款、国库券、长短期政府债券等形式所保有的在国际收支逆差时可以使用的债权。"

在会计上，对外币核算有广义的理解。除了直接涉及的外国货币以外，只要以外国货币形式进行结算的业务都可以纳入外币核算会计中。

二、记账本位币的确定

记账本位币是指企业经营所处的主要经济环境中的货币。主要经济环境，通常是指企业主要产生和支出现金的环境，使用该环境中的货币计量能反映企业的主要交易的经济结果。例如，我国大多数企业主要产生和支出现金的环境在国内，因此，一般以人民币作为记账本位币。

（一）企业记账本位币的确定

《中华人民共和国会计法》（以下简称《会计法》）规定，业务收支以人民币以外的货币为主的单位，可以选定其中一种货币作为记账本位币，但是编报的财务会计报告应当折算为人民币。企业记账本位币的选定，应当考虑下列因素：

一是从日常活动收入现金的角度看，所选择的货币能够对企业商品和劳务销售价格起主要作用，通常以该货币进行商品和劳务销售价格的计价和结算。

二是从日常活动支出现金的角度看，所选择的该货币能够对企业商品和劳务所需人工、材料和其他费用起主要作用，通常以该货币进行这些费用的计价和结算。

三是融资活动获得的资金以及保存从经营活动中收取款项时所使用的货币，即视融资活动获得的资金占其销售收入的比重大小，或者企业通常留存销售收入的货币而定。

在确定企业的记账本位币时，上述因素的重要程度因企业具体情况不同而不同，需要企业管理层根据实际情况进行判断。一般情况下，综合考虑前两项即可确定企业的记账本位币，第三项为参考因素，视其对企业收支现金的影响程度而定。在综合考虑前两项因素仍不能确定企业记账本位币的情况下，第三项因素对企业记账本位币的确定起重要作用。

需要强调的是，企业管理层根据实际情况确定的记账本位币只有一种，该货币一经确定，不得改变，除非与确定记账本位币相关的企业经营所处的主要经济环境发生重大改变。

[例 1–1]

国内甲公司是一家外商投资企业，该企业超过80%的营业收入来自向各国的出口，其商品销售一般以美元结算，主要受美元的影响，因此，从影响商品和劳务销售价格的角度看，甲公司应选择美元作为记账本位币。

如果甲公司生产所需原材料、机器设备及75%以上的人工成本都来自美国投资者以美元在国际市场上的采购，则可进一步确定甲公司的记账本位币是美元。

如果甲公司的人工成本、原材料以及相应的厂房设施、机器设备等95%以上在国内采购并以人民币计价，则难以确定甲公司的记账本位币，需要考虑第三项因素。若甲公司取得的美元营业收入在汇回国内时可以随时换成人民币存款，且甲公司对所有以美元结算的资金往来的外币风险都进行了套期保值，则甲公司应当选定人民币为其记账本位币。

(二) 境外经营记账本位币的确定

境外经营是指企业在境外的子公司、合营企业、联营企业、分支机构。当企业在境内的子公司、合营企业、联营企业或者分支机构选定的记账本位币不同于企业记账本位币时，也应当视同境外经营。

境外经营也是一个企业，在确定其记账本位币时也应考虑企业选择确定记账本位币需要考虑的上述因素。同时，由于境外经营是企业的子公司、合营企业、联营企业或者分支机构，因此，境外经营记账本位币的选择还应当考虑该境外经营与企业的关系，具体如下：

（1）境外经营对其所从事的活动是否拥有很强的自主性。如果境外经营所从事的活动视同企业经营活动的延伸，该境外经营应当选择与企业记账本位币相同的货币作为记账本位币；如果境外经营所从事的活动拥有极大的自主性，境外经营不能选择与企业记账本位币相同的货币作为记账本位币。

（2）境外经营活动中与企业的交易是否在境外经营中占较大比重。如果境外经营与企业的交易在境外经营活动中所占的比例较高，境外经营应当选择与企业记账本位币相同的货币作为记账本位币；反之，应当选择其他货币。

（3）境外经营活动产生的现金流量是否直接影响企业的现金流量、是否可以随时汇回。如果境外经营活动产生的现金流量直接影响企业的现金流量，并可随时汇回，境外经营应当选择与企业记账本位币相同的货币作为记账本位币；反之，应当选择其他货币。

（4）境外经营活动产生的现金流量是否足以偿还其现有债务和可预期的债务。如果境外经营活动产生的现金流量在企业不提供资金的情况下，难以偿还其现有债务和正常情况下可预期的债务，境外经营应当选择与企业记账本位币相同的货币作为记账本位币；反之，应当选择其他货币。

[例1-2]

国内甲公司以人民币作为记账本位币，该公司在欧盟某成员国设有一家子公司A公司，A公司在欧洲的经营活动拥有完全的自主权：自主决定其经营政策、销售方式、进货渠道等，甲公司与A公司除投资与被投资关系外，基本不发生业务往来，A公司的产品主要在欧洲市场销售，其一切费用开支均由A公司在当地自行解决。

由于A公司主要收、支现金的环境在欧洲，且A公司对其自身经营活动拥有很强的自主性，甲公司与A公司之间除了投资与被投资关系外，基本无其他业务往来，因此，A公司应当选择欧元作为其记账本位币。

需要说明的是，境外经营记账本位币的确定不仅要从境外经营自身所处主要经营环境考虑，更重要的是从企业的角度考虑，其目的是为将境外经营的财务报表纳入企业财务报表。

（三）记账本位币变更的会计处理

企业因经营所处的主要经济环境发生重大变化，确需变更记账本位币的，应当采用变更当日的即期汇率将所有项目折算为变更后的记账本位币，折算后的金额作为新的记账本位币的历史成本，由于采用同一即期汇率进行折算，因此不会产生汇兑差额。当然，企业需提供确凿的证据证明企业经营所处的主要经济环境确实发生了重大变化，并应当在附注中披露变更的理由。

企业记账本位币发生变更的，其比较财务报表应当以可比当日的即期汇率折算所有的资产负债表和利润表的项目。

【启发思考】记账本位币变更属于会计政策变更还是会计估计变更？变更采用何种会计处理方法？请思考，不同会计处理方法的财务影响是什么？作为一名优秀的财会人员，如何在该类业务处理中培养坚持准则、不做假账、诚实守信的会计职业道德？

三、外币交易的确认

（一）外币交易及外币交易内容

外币交易是指以外币计价或者结算的交易。《企业会计准则第19号——外币折算》规定的外币交易内容主要包括以下几个方面：

（1）买入或者卖出以外币计价的商品或者劳务，通常情况下指以外币买卖商品，或者以外币结算劳务合同。

[例 1-3]

以人民币为记账本位币的国内甲公司向国外B公司出口商品，并以美元结算货款；甲公司购买境内某公司发行的B股、H股股票，购买海外某公司发行的欧元债券等。上述交易均属于甲公司的外币交易。

（2）企业与银行发生货币兑换业务，包括与银行进行结汇或售汇，也属于外币交易。

（3）借入或者借出外币资金，指企业向银行或非银行金融机构借入以外币表示的资金，或者银行或非银行金融机构向中国人民银行、其他银行或非银行金融机构借贷以外币表示的资金，以及发行以外币计价或结算的债券等。

（4）其他以外币计价或者结算的交易，指以记账本位币以外的货币计价或结算的其他交易。例如，接受外币现金捐赠等。

应当注意的是，本国企业向外国企业购入商品，或本国企业将商品销售给外国企业，并不一定就会发生外币交易。例如，当中国企业购入美国企业商品，并约定以美元结算时，对中国企业来说是外币交易（因其记账本位币为人民币），而对美国企业来说则不是外币交易（因其记账本位币为美元）。此外，即便是本国企业间发生的商品交易，若双方约定以某一外币进行结算，就会发生外币交易。由此看来，确定是否为外币交易，应视其是否用外币（非记账本位币）进行结算。

（二）外币交易处理的两种观点

外币交易由于交易日与款项结算日的不同，折算所采用的汇率可能不同，相同金额的外币折算为记账本位币的金额可能不同，对此的处理有两种观点：一项交易观和两项交易观。

一项交易观认为，应当将交易的发生与以后相应款项的结算视为一项交易的两个阶段，以交易日至款项结算日汇率变动的影响对原已入账的销售收入或购货成本进行调整。这样，企业的销售收入或购货成本在交易日不能确定，须待款项结算时由当日的汇率确定。这与国际上所公认的销售收入应在销售成立时确认的原则相违背，且所提供的会计信息不能反映外币风险的程度。

两项交易观认为，交易的发生与相应款项的结算是两项独立的关联交易，交易产生的销售收入或购货成本在交易日由当日的汇率确定，以后不再因汇率的变动而予以调整，汇率变动的风险由因交易而产生的应收或应付款承担。因交易日与款项结算日汇率不同而产生的应收或应付款差额称为汇兑差额。当外币交易已经全部完成，债权债务已结清，产生的汇兑差额为“已实现汇兑差额”；当外币交易已完成，但债权未收回或债务未偿付，产生的汇兑差额为“未实现汇兑差额”。对于未实现汇兑差额，有两种处理方法：一是当期不确认未实现汇兑差额，需递延至外币交易结算的当期确认；二是未实现汇兑差额与已实现汇兑差额均在当期确认。前者是考虑了汇率的反向变动情况，但将产生前后两期净利润的扭曲。而后者则认为，既然存在着会计分期，就应分期反映当期汇率变动的情况，这也与两项交易观的基础是一致的，因此，我国和大多数国家或地区均采用这一方法。除此之外，还有人认为，基于谨慎性原则，未实现的汇兑损失应予确认，未实现的汇兑收益应予递延等。

四、汇率及汇兑损益

(一) 汇率及其选择

1.汇率的定义和种类

外币交易离不开汇率。汇率是指用一国货币兑换成另一国货币时的比价或比率。汇率的标价方法有两种：直接标价法和间接标价法。

直接标价法是指以一定单位的外币为标准折算一定数额的本国货币。直接标价法的特点是：外币数固定不变；本国货币数随汇率高低发生变化；本国货币币值大小与汇率的高低成反比。目前，世界上大多数国家汇率的标价采用直接标价法，我国也采用这一方法。

按照国际惯例，在汇率标价中，其数量会发生变化的货币称为“标价货币”，数量固定不变的货币称为“基准货币”。在直接标价法下，外币是基准货币，而本国货币是标价货币。例如，1美元=6.30元人民币就是直接标价法。

间接标价法是指以一定的本国货币为标准折算一定数额的外币。间接标价法的特点是：本国货币数固定不变；外币数随汇率高低发生变化；本国货币币值大小与汇率高低成正比。通常英镑、美元采用间接标价方法，例如，1元人民币=0.159美元就是间接标价法。但美元对英镑采用直接标价法。

汇率按不同的标准分类，可以分为多种类别。根据表示方式的不同分为直接汇率和间接汇率；根据汇率记入账簿的时间不同分为现行汇率和历史汇率；从从事外汇经营的银行角度可分为买入汇率、卖出汇率和中间汇率；根据汇率交易的交割期限可以分为即期汇率和远期汇率等。

2.汇率的选择

我们通常在银行见到的汇率有三种表示方式：买入价、卖出价和中间价。买入价是指银行买入其他货币的价格，卖出价是指银行出售其他货币的价格，中间价是银行买入价与卖出价的平均价，银行的卖出价一般高于买入价，以获取其中的差价。

(1) 即期汇率的选择

即期汇率是相对于远期汇率而言的。远期汇率是在未来某一日交付时的结算价格。无论买入价，还是卖出价均是立即交付的结算价格，都是即期汇率。为方便核算，企业会计准则中规定企业用于记账的即期汇率一般指当日中国人民银行公布的人民币汇率的中间价。但是，在企业发生单纯的货币兑换交易或涉及货币兑换的交易时，仅用中间价不能反映货币买卖的损益，需要使用买入价或卖出价折算。

企业发生的外币交易只涉及人民币与美元、欧元、日元、港元等之间折算的，可直接采用中国人民银行每日公布的人民币汇率的中间价作为即期汇率进行折算；企业发生的外币交易涉及人民币与其他货币之间折算的，应按照国家外汇管理局公布的各种货币对美元折算率采用套算的方法进行折算；发生的外币交易涉及人民币以外的货币之间折算的，可直接采用国家外汇管理局公布的各种货币对美元折算率进行折算。

（2）即期汇率的近似汇率

当汇率变动不大时，为简化核算，企业在外币交易日或对外币报表的某些项目进行折算时，也可以选择即期汇率的近似汇率折算。即期汇率的近似汇率是按照系统合理的方法确定的、与交易发生日即期汇率近似的汇率，通常是指当期平均汇率或加权平均汇率等。加权平均汇率需要采用外币交易的外币金额作为权重进行计算。

确定即期汇率的近似汇率的方法应在前后各期保持一致。如果汇率波动使得采用即期汇率的近似汇率折算不适当时，应当采用交易发生日的即期汇率折算。至于何时不适当，需要企业根据汇率变动情况及计算近似汇率的方法等进行判断。

（二）汇兑损益

汇兑损益是指企业发生的外币业务在折合为记账本位币时，由于汇率的变动而产生的记账本位币的折算差额和不同外币兑换发生的收付差额，给企业带来的收益或损失，又称为“汇兑差额”。汇兑损益有以下几种类型：

（1）交易过程中产生的汇兑损益，是指在以外币计价的商品赊销业务中因收回或偿付外币债权债务而产生的交易汇兑损益。

（2）不同外币兑换过程中产生的汇兑损益，是指在外币与记账本位币，或一种外币与另一种外币进行兑换时产生的汇兑损益。

（3）期末外币调整时产生的汇兑损益，期末将有关外币账户按期末市场汇率进行调整，调整时历史汇率与现行汇率（期末汇率）不同而产生的汇兑损益。

（4）外币报表折算时产生的汇兑损益，是指在会计期末，为了编制合并会计报表或为了重新表述会计记录和会计报表金额，而把外币计量单位的金额转化为记账本位币计量单位金额的过程中产生的折算汇兑损益。

第二节　外币交易的会计处理

外币交易的会计处理

一、外币交易的记账方法

企业发生的以外币计价的业务，通常对外方的权利和义务结算要以原币为准，而在企业会计主体账务体系中，又必须按记账本位币入账和编制会计报表。由于原币与记账本位币大多不一致，国际上对此有两种记账方法，即外币统账制记账方法与外币分账制记账方法。

（一）外币统账制记账方法

外币统账制是指企业在发生外币交易时，折算为记账本位币入账。外币统账制记账方法是一种以本国货币为记账本位币的记账方法，在这种方法下，企业发生的外币业务都要折算为记账本位币加以反映，同时还要记录外币的金额，所以这种方法又称为复币记账法。在这种方法下，根据《企业会计准则第19号——外币折算》的规定，外币交易应当在初始确认时，采用交易发生日的即期汇率将外币金额折算为记账本位币金额；也可以采用按照系统合理的方法确定的、与交易发生日即期汇率近似的汇率折算。到期末，企业所有外币账户余额都必须按期末汇率折算为记账本位币，而这一金额与原来账面上记账本位币金额之间的差异，作为汇兑差额计入当期损益。

（二）外币分账制记账方法

外币分账制记账方法是指企业在日常核算时分别币种记账，企业发生外币业务时，直接按各种原币金额记账，不再折算为记账本位币金额，也称原币记账法。对于外币交易频繁、外币币种较多的金融企业，可以采用分账制记账方法进行日常核算。在这种方法下，企业的本币业务与外币业务分设不同的账户体系来反映，即按币种各设总账和明细账。资产负债表日，应当按规定分货币性项目和非货币性项目进行调整，货币性项目按资产负债表日即期汇率折算，非货币性项目按交易日即期汇率折算，产生的汇兑差额计入当期损益。

从我国目前的情况看，绝大多数企业采用外币统账制记账方法，只有银行等少数金融企业由于外币交易频繁，涉及外币币种较多，可以采用外币分账制记账方法进行日常核算。无论是采用分账制记账方法，还是采用统账制记账方法，只是账务处理程序不同，但产生的结果应当相同，即计算出的汇兑差额相同；相应的会计处理也相同，即均计入当期损益。

本部分主要介绍外币统账制下的账户设置和账务处理程序。

视野拓展

分账制记账方法是一种外币交易的账务处理方法，我国的许多金融保险企业采用分账制记账方法。在分账制记账方法下，为保持不同币种借贷方金额合计相等，需要设置“货币兑换”科目进行核算。

二、账户设置和核算程序

（一）账户设置

在外币统账制下，外币交易的核算不单独设置账户，对外币交易金额因汇率变动产生的差额可在“财务费用”账户下设置“汇兑差额”账户核算。该账户借方核算因汇率变动而产生的汇兑损失，贷方核算因汇率变动而产生的汇兑收益，期末结转入“本年利润”账户后无余额。

（二）核算程序

企业发生外币交易时，其会计核算的基本程序如下：

第一，将外币金额按照交易日的即期汇率或即期汇率的近似汇率折算为记账本位币，按照折算后的记账本位币金额登记有关账户；在登记有关记账本位币账户的同时，按照外币金额登记相应的外币账户。

第二，期末，将所有外币货币性项目的外币余额按照期末即期汇率折算为记账本位币金额，并与原记账本位币金额相比较，其差额记入“财务费用——汇兑差额”账户。

第三，结算外币货币性项目时，将其外币结算金额按照当日即期汇率折算为记账本位币金额，并与原记账本位币金额相比较，其差额记入“财务费用——汇兑差额”账户。

三、外币交易的账务处理

外币交易的账务处理主要涉及两个环节：一是在交易日对外币交易进行初始确认，将外币金额折算为记账本位币金额；二是在资产负债表日对相关项目进行折算，因汇率变动产生的差额计入当期损益。

(一) 外币交易的初始确认

企业发生外币交易的，应在初始确认时采用交易日的即期汇率或即期汇率的近似汇率将外币金额折算为记账本位币金额。这里的即期汇率可以是外汇牌价的买入价或卖出价，也可以是中间价，在与银行不进行货币兑换的情况下，一般以中间价作为即期汇率。

1. 外币兑换业务

外币兑换业务，是指将一种货币兑换为另一种货币的业务。企业因业务需要会从银行等金融机构购入外币（对银行等金融机构来说是卖出外币）或向银行等金融机构卖出外币（对银行等金融机构来说是买入外币）。

企业卖出外币时，减少的外币按当日即期汇率（当日中间价，下同）折算为记账本位币记账，收到的人民币则是按银行当日买入价计算的，二者的差额作为兑换损益。

[例 1-4]

国内甲公司记账本位币为人民币。2×19年12月1日，将40 000美元到银行兑换人民币，银行当日的美元买入价为1美元=6.60元人民币，卖出价为1美元=6.80元人民币。会计处理如下：

借：银行存款——人民币户（40 000×6.60）	264 000	
财务费用——汇兑差额	4 000	
贷：银行存款——美元户（40 000×6.70）		268 000

企业买入外币时，增加的外币按当日即期汇率折算为记账本位币记账，付出的人民币则是按银行当日卖出价计算的，二者的差额作为兑换损益。

[例 1-5]

国内甲公司2×19年12月8日用人民币从银行购入20 000美元。银行当日的美元买入价为1美元=6.60元人民币，卖出价为1美元=6.80元人民币。会计处理如下：

借：银行存款——美元户（20 000×6.70）	134 000	
财务费用——汇兑差额	2 000	
贷：银行存款——人民币户（20 000×6.80）		136 000

2. 外币购销业务

企业用外币购入物资时，按照当日即期汇率将以外币表示的成本折算为记账本位币，确定购入物资的入账价值，减少的外币存款或增加的外币债务也按当日即期汇率折算入账。

企业出口商品时，按照当日即期汇率将以外币表示的售价折算为记账本位币确认收入，增加的外币存款或减少的外币债务也按当日即期汇率折算入账。

［例 1-6］

国内甲公司 2×19 年 12 月 10 日从美国购入材料一批，货款为 100 000 美元，支付进口关税 50 000 元人民币、进口增值税 123 250 元人民币。购入时市场汇率为 1 美元=6.75 元人民币，货款尚未支付。会计处理如下：

借：原材料	725 000	
应交税费——应交增值税（进项税额）	123 250	
贷：应付账款——美元户（100 000×6.75）		675 000
银行存款——人民币户		173 250

2×19 年 12 月 25 日，国内甲公司支付上述货款 100 000 美元，当日市场汇率为 1 美元=6.80 元人民币。会计处理如下：

借：应付账款——美元户（100 000×6.80）	680 000	
贷：银行存款——美元户（100 000×6.80）		680 000

［例 1-7］

国内甲公司 2×19 年 12 月 16 日出口销售商品 1 000 件，每件销售价格为 30 美元，共计 30 000 美元，货款尚未收到。当日市场汇率为 1 美元=6.85 元人民币。会计处理如下：

借：应收账款——美元户（30 000×6.85）	205 500	
贷：主营业务收入		205 500

2×19 年 12 月 27 日，甲公司收到上述销货款 30 000 美元。当日市场汇率为 1 美元=6.90 元人民币。会计处理如下：

借：银行存款——美元户（30 000×6.90）	207 000	
贷：应收账款——美元户（30 000×6.90）		207 000

3. 外币借款业务

外币借款业务，是指企业从银行或其他金融机构取得外币借款和归还外币借款的业务。企业借入外币时，负债和增加的外币均按照借入时的即期汇率折算为记账本位币入账。

[例 1-8]

2×19年12月5日，国内甲公司从中国银行借入60 000美元，期限为1年。借入当日市场汇率为1美元=6.60元人民币。会计处理如下：

借：银行存款——美元户（60 000×6.60）　　396 000

　贷：短期借款——美元户（60 000×6.60）　　396 000

[例 1-9]

2×19年12月23日，国内甲公司偿还到期的短期借款50 000美元。偿还当日的市场汇率为1美元=6.80元人民币。会计处理如下：

借：短期借款——美元户（50 000×6.80）　　340 000

　贷：银行存款——美元户（50 000×6.80）　　340 000

4. 接受外币资本投资业务

接受外币资本投资业务，是指接受投资者以外币作为资本投入企业的业务。

企业收到投资者以外币投入的资本，应当采用交易发生日的即期汇率折算，不得采用合同约定汇率和即期汇率的近似汇率折算，外币投入资本与相应的货币性项目的记账本位币金额之间不产生外币资本折算差额。

[例 1-10]

2×19年12月29日，国内甲公司收到某外商投入的外币资本90 000美元并存入银行。收到外币款项时的市场汇率为1美元=6.90元人民币。会计处理如下：

借：银行存款——美元户（90 000×6.90）　　621 000

　贷：实收资本（90 000×6.90）　　621 000

（二）期末汇兑差额的调整

资产负债表日，企业应当区分外币货币性项目和外币非货币性项目进行处理。

1. 货币性项目的会计处理

货币性项目是企业持有的货币和将以固定或可确定金额的货币收取的资产或者偿付的负债。货币性项目分为货币性资产和货币性负债，货币性资产包括现金、银行存款、应收账款、其他应收款、长期应收款等，货币性负债包括应付账款、其他应付款、短期借款、应付债券、长期借款、长期应付款等。期末或结算货币性项目时，应以当日即期汇率折算外币货币性项目，该项目因当日即期汇率不同于该项目初始入账或前一期末即期汇率而产生的汇兑差额计入当期损益。

企业为购建或生产符合资本化条件的资产而借入的专门借款为外币借款时，在借款费用资本化期间内，由于外币借款在取得日、使用日及结算日的汇率不同而产生的汇兑差额，应当予以资本化，计入固定资产成本。

[例 1-11]

国内甲公司的记账本位币为人民币。2×19年12月4日，其向国外C公司出口商品一批，货款共计80 000美元，货款尚未收到，假定当日即期汇率为1美元=6.40元人民币，2×19年12月31日的即期汇率为1美元=6.50元人民币，且不考虑增值税等相关税费，则对该笔交易产生的外币货币性项目"应收账款"，采用2×19年12月31日的即期汇率1美元=6.50元人民币折算为记账本位币520 000元人民币（80 000×6.50），与其交易日折算为记账本位币的金额512 000元人民币（80 000×6.40）的差额为8 000元人民币，应当计入当期损益，同时调整货币性项目的原记账本位币金额。相应的会计分录为：

借：应收账款　　8 000

　贷：财务费用——汇兑差额　　8 000

假定2×20年1月31日收到上述货款（即结算日），且当日的即期汇率为1美元=6.45元人民币，甲公司实际收到的货款80 000美元折算为记账本位币应当是516 000元人民币（80 000×6.45），与当日应收账款中该笔货币资金的账面金额520 000元人民币的差额为-4 000元人民币。则当日甲公司应进行以下账务处理：

借：银行存款　　516 000

　　财务费用——汇兑差额　　4 000

　贷：应收账款　　520 000

[例 1-12]

国内甲公司的记账本位币为人民币。2×19年8月24日，其从国外D供货商购入商品一批，商品已经验收入库。根据双方供货合同，货款共计100 000美元，货到后10日内甲公司付清所有货款。假定当日即期汇率为1美元=6.30元人民币，2×19年8月31日的即期汇率为1美元=6.40元人民币，且不考虑增值税等相关税费，则对该笔交易产生的外币货币性项目"应付账款"，采用2×19年8月31日的即期汇率1美元=6.40元人民币折算为记账本位币640 000元人民币（100 000×6.40），与其交易日折算为记账本位币的金额630 000元人民币（100 000×6.30）的差额为10 000元人民币，应计入当期损益。相应的会计分录为：

借：财务费用——汇兑差额　　10 000

　贷：应付账款　　10 000

2×19年9月3日，甲公司根据供货合同，以自有美元存款付清所有货款（即结算日）。假定当日的即期汇率为1美元=6.35元人民币。甲公司应编制会计分录如下：

借：应付账款　　640 000

　贷：银行存款　　635 000

　　　财务费用——汇兑差额　　5 000

[例 1-13]

国内甲公司的记账本位币为人民币。2×19年1月1日，为建造某固定资产专门借入长期借款20 000美元，期限为2年，年利率为5%，每年年初支付利息，到期还本。2×19年1月1日的即期汇率为1美元=6.45元人民币，2×19年12月31日的即期汇率为1美元=6.20元人民币。假定不考虑相关税费的影响。

2×19年12月31日，该公司计提当年利息应做以下会计分录：

借：在建工程（20 000×5%×6.20）　　6 200
　贷：应付利息——美元　　6 200

2×19年12月31日，甲公司美元借款本金由于汇率变动产生的汇兑差额为5 000元（20 000×（6.45-6.20）），应做以下会计分录：

借：长期借款——美元　　5 000
　贷：在建工程　　5 000

2×20年1月1日，甲公司支付2×19年利息，该利息由于汇率变动产生的汇兑差额应当予以资本化，计入在建工程成本。2×20年1月1日的即期汇率为1美元=6.22元人民币，相应的会计分录为：

借：应付利息——美元　　6 200
　　在建工程（20 000×5%×（6.22-6.20））　　20
　贷：银行存款　　6 220

2. 非货币性项目的会计处理

非货币性项目是货币性项目以外的项目，如预付账款、预收账款、存货、长期股权投资、固定资产、无形资产等。

（1）对于以历史成本计量的外币非货币性项目，已在交易发生日按当日即期汇率折算，资产负债表日不应改变其原记账本位币金额，不产生汇兑差额。

（2）对于以成本与可变现净值孰低计量的存货，如果其可变现净值以外币确定，则在确定存货的期末价值时，应先将可变现净值折算为记账本位币，再与以记账本位币反映的存货成本进行比较。

【启发思考】企业在对外币交易核算时，外币货币性项目和外币非货币性项目如何进行区分？资产负债表日，二者会计处理的差异有哪些？据此思考，会计人员如何才能提高服务技能，提供更高质量的会计信息？

[例 1-14]

国内甲公司以人民币为记账本位币。2×19年11月2日，甲公司从英国W公司采购国内市场尚无的A商品10 000件，每件价格为1 000英镑，当日即期汇率为1英镑=10元人民币。2×19年12月31日，尚有1 000件A商品未销售出去，国内市场仍无A商品供应。A商品在国际市场的价格降至每件900英镑。12月31日的即期汇率是1英镑=9.70元人民币。假定不考虑相关税费的影响。

本例中，由于存货在资产负债表日采用成本与可变现净值孰低计量，因此，在以外币购入存货并且该存货在资产负债表日确定的可变现净值以外币反映时，计提存货跌价准备应当考虑汇率变动的影响。因此，该公司应做会计分录如下：

11月2日，购入A商品：

借：库存商品——A商品（10 000 × 1 000 × 10）　　100 000 000

　贷：银行存款——英镑　　100 000 000

12月31日，计提存货跌价准备：

借：资产减值损失　　1 270 000

　贷：存货跌价准备（1 000 × 1 000 × 10–1 000 × 900 × 9.70）　　1 270 000

（3）对于以公允价值计量的股票、基金等非货币性项目，如果期末的公允价值以外币反映，则应当先将该外币按照公允价值确定当日的即期汇率折算为记账本位币金额，再与原记账本位币金额进行比较，其差额作为公允价值变动损益，计入当期损益。

[例 1–15]

国内甲公司的记账本位币为人民币。2 × 19年9月10日，甲公司以每股1.5美元的价格购入乙公司B股10 000股作为以公允价值计量且其变动计入当期损益的金融资产，当日汇率为1美元=6.30元人民币，款项已付。2 × 19年12月31日，由于市价变动，购入的乙公司B股的市价变为每股1美元，当日汇率为1美元=6.20元人民币。假定不考虑相关税费的影响，2 × 19年12月10日，该公司对上述交易应做以下处理：

借：交易性金融资产（1.5 × 10 000 × 6.30）　　94 500

　贷：银行存款——美元　　94 500

由于该项以公允价值计量且其变动计入当期损益的金融资产是以外币计价的，在资产负债表日，不仅应考虑股票市价的变动，还应一并考虑美元与人民币之间汇率变动的影响，上述以公允价值计量且其变动计入当期损益的金融资产在资产负债表日的人民币金额为62 000元（1 × 10 000 × 6.20）。与原账面价值94 500元的差额为–32 500元人民币，计入公允价值变动损益。32 500元人民币既包含甲公司所购乙公司B股股票公允价值变动的影响，又包含人民币与美元之间汇率变动的影响。相应的会计分录为：

借：公允价值变动损益　　32 500

　贷：交易性金融资产　　32 500

2 × 20年1月10日，甲公司将所购乙公司B股股票按当日市价每股1.2美元全部售出，所得价款为12 000美元，按当日汇率1美元=6.25元人民币折算的人民币金额为75 000元，与其原账面价值人民币金额62 000元的差额为13 000元人民币。对于汇率的变动和股票市价的变动不进行区分，均作为投资收益进行处理。因此，售出当日，甲公司应做会计分录如下：

借：银行存款——美元（1.20 × 10 000 × 6.25）　　75 000

　贷：交易性金融资产（94 500–32 500）　　62 000

　　　投资收益　　13 000

(4) 以公允价值计量且其变动计入其他综合收益的外币货币性金融资产形成的汇兑差额，应当计入当期损益；外币非货币性金融资产形成的汇兑差额，与其公允价值变动一并计入其他综合收益。但是，采用实际利率法计算的金融资产的外币利息产生的汇兑差额，应当计入当期损益；非交易性权益工具投资的外币现金股利产生的汇兑差额，应当计入当期损益。

[例 1–16]

国内甲公司的记账本位币为人民币。2×19年2月10日，甲公司以每股15港元的价格购入乙公司H股10 000股，指定为以公允价值计量且其变动计入其他综合收益的金融资产，当日汇率为1港元=0.90元人民币，款项已付。2×19年12月31日，由于市价变动，购入的乙公司H股的市价变为每股18港元，当日汇率为1港元=0.85元人民币。假定不考虑相关税费的影响。

2×19年2月10日，该公司对上述交易应做以下处理：

借：其他权益工具投资（15×10 000×0.90）　　135 000

　贷：银行存款——港元　　135 000

根据《企业会计准则第22号——金融工具确认和计量》，指定以公允价值计量且其变动计入其他综合收益的非交易性权益工具投资，除了获得的股利收入（作为投资成本部分收回的股利收入除外）计入当期损益外，其他相关的利得和损失（包括汇兑损益）均计入其他综合收益，且后续不得转入损益。由于该项金融资产是以外币计价，在资产负债表日，不仅应考虑股票市价的变动，还应一并考虑港元与人民币之间汇率变动的影响，上述金融资产在资产负债表日的人民币金额为153 000元（18×10 000×0.85），与原账面价值135 000元的差额为18 000元人民币，计入其他综合收益。18 000元人民币既包含甲公司所购乙公司H股股票公允价值变动的影响，又包含人民币与港元之间汇率变动的影响。相应的会计分录为：

借：其他权益工具投资　　18 000

　贷：其他综合收益　　18 000

【案例 1–1】 昌红科技开展远期结售汇和人民币与外币掉期业务

深圳市昌红科技股份有限公司（以下简称“昌红科技”）于2021年4月23日发布公告称，由于公司国际业务的外汇收付金额较大，外汇汇率大幅波动对公司经营成果可能产生不利影响。为了减少外汇汇率波动带来的风险，充分利用远期结售汇和人民币与外币掉期的套期保值功能，降低汇率波动对公司经营业绩的影响，公司及子公司拟与中国人民银行批准的具有远期结售汇业务经营资格的金融机构开展远期结售汇和人民币与外币掉期业务。

远期结售汇业务是通过外汇指定银行与客户协商签订远期结售汇协议，约定未来办理结汇或售汇的外币币种、金额、汇率和期限，到期时，即按照该协议的约定办理结售汇业务。由于远期结售汇把汇率的时间结构从将来转移到当前，事先约定了将来某一日（或某一时期）向银行办理结汇或售汇业务的汇率，能够减少外汇波动风险。人民币与外币掉期业务是通过银行与客户签订人民币与外币掉期合约，同时约定两笔金额一致、买卖方向相反、交割日期不同、交割汇率不同的人民币对同一外币的买卖交易，并在两笔交易的交割日按照掉期合约约定的币种、金额、汇率办理的结汇或售汇业务，包括即期对远期和远期对远期的掉期交易。

根据实际业务需要，昌红科技用于上述外汇业务的交易金额不超过公司国际业务的收付外币金额，累计交易额度控制在5 000万美元以内，每笔业务交易期限不超过一年。公司开展的外汇远期结售汇和人民币与外币掉期业务遵循套期保值原则，不做投机性套利交易，但远期结售汇和人民币与外币掉期业务仍存在一定的风险，公司采取了相应的风险控制措施。

第三节　外币财务报表折算

外币报表折算

在将企业的境外经营通过合并、权益法核算等纳入到企业的财务报表中时，需要将企业境外经营的财务报表折算为以企业记账本位币反映的财务报表，这一过程就是外币财务报表的折算。可见，境外经营及其记账本位币的确定是进行财务报表折算的关键。

一、境外经营财务报表的折算

（一）外币财务报表折算的概念

外币财务报表折算是指将以外币表示的财务报表折算为以记账本位币表示的财务报表。作为一种货币对另一种货币重新表述的会计过程，外币财务报表折算涉及折算货币、折算汇率的选择以及折算汇兑损益的处理等问题。

（二）外币财务报表折算的方法

外币财务报表折算有不同的目的，折算目的不同，所采用的折算方法也不相同。从目前各国的情况来看，所采用的外币财务报表折算方法基本上可以划分为单一汇率法和多种汇率法两大类。单一汇率法也称现行汇率法或期末汇率法；多种汇率法是指以不同的汇率分别对会计报表有关项目进行折算。

对外币财务报表的折算，常见的方法有四种：流动和非流动法、货币性与非货币性法、时态法和现行汇率法。

1. 流动和非流动法

在流动和非流动法下，境外经营的资产负债表中的流动资产和流动负债项目按资产负债表日的现行汇率折算，非流动资产和非流动负债及实收资本等项目按取得时的历史汇率折算，留存收益项目为依照资产负债表的平衡原理轧差计算而得。利润表中折旧与摊销费用按相应资产取得时的历史汇率折算，其他收入和费用项目按报告期的平均汇率折算，销货成本根据“期初存货+本期购货-期末存货”的关系确定。形成的折算损失，计入报告企业的合并损益中；形成的折算收益，已实现部分予以确认，未实现部分，须予以递延，抵销以后期间形成的损失。本方法的优点在于能够反映境外经营营运资金报告货币的等值，不改变境外经营的流动性。本方法的缺点是：一是流动性与非流动性的划分与汇率的变动无关；二是对折算结果的处理掩盖了汇率变动对合并净收益的影响，平滑了各期收益，与实际情况不符。

2. 货币性与非货币性法

在货币性与非货币性法下，货币性资产和负债按期末现时汇率折算，非货币性资产和负债按历史汇率折算，本方法的优点在于货币性与非货币性的分类恰当地考虑了汇率变动对资产和负债的影响，改正了流动和非流动法的缺点。本方法的缺点在于仍然是用分类来解决外币报表的折算，而没有考虑会计计量的问题，结果使得有些项目的分类未必与所选的汇率相关，如存货项目属非货币性项目，应采用历史汇率折算，但当存货采用成本与市价孰低计量时，对以市价计量的存货用历史汇率折算显然不合适。

3. 时态法

在时态法下，资产负债表各项目以过去价值计量的，采用历史汇率折算，以现在价值计量的，采用现行汇率折算，产生的折算损益应计入当年的合并净收益。利润表各项目的折算与流动和非流动法下利润表的折算相同。本方法不仅考虑了会计计量基础，而且改正了上述货币性与非货币性法的缺点。但是，该方法是从报告企业的角度考虑问题，境外的子公司、分支机构等均被认为是报告企业经营活动在境外的延伸，与报告企业本身的外币交易原则相一致（有人将这一观点称为母公司货币观），这样实际上忽视了境外经营作为相对独立的实体（即境外实体）的情况。另外，按此方法对外币报表进行折算，由于各项目使用的折算汇率不同，因而产生的折算结果不可能保持外币报表项目在折算前的原有比率关系。

4. 现行汇率法

在现行汇率法下，资产和负债项目均应按现行汇率折算，实收资本按历史汇率折算，利润表各项目按当期（年）平均汇率折算，产生的折算损益作为所有者权益的一个单独项目予以列示。这一折算方法考虑了境外经营作为相对独立的实体的情况（有人将这一观点称为子公司货币观），着重于汇率变动对报告企业在境外经营的投资净额的影响，折算的结果使境外经营的会计报表中原有的财务关系不因折算而改变，所改变的仅是其表现方式。该方法改正了时态法的缺点，但产生了另外的问题，对所有的资产和负债均以现行汇率折算，如对以历史成本计价的固定资产等按现行汇率折算将显得不伦不类。

（三）我国会计准则采用的折算方法

为与我国《企业会计准则第33号——合并财务报表》所采用的实体理论保持一致，我国《企业会计准则第19号——外币折算》基本采用现行汇率法。

在对企业境外经营财务报表进行折算前，应当调整境外经营的会计期间和会计政策，使之与企业会计期间和会计政策相一致，根据调整后会计政策及会计期间编制相应货币（记账本位币以外的货币）的财务报表，再按照以下方法对境外经营财务报表进行折算：

（1）资产负债表中的资产和负债项目，采用资产负债表日的即期汇率折算，所有者权益项目除“未分配利润”项目外，其他项目采用发生时的即期汇率折算。

（2）利润表中的收入和费用项目，采用交易发生日的即期汇率或即期汇率的近似汇率折算。

（3）产生的外币财务报表折算差额，在编制合并财务报表时，应在合并资产负债表“其他综合收益”项目中列示。

比较财务报表的折算比照上述规定处理。

[例 1–17]

国内甲公司的记账本位币为人民币，该公司在境外有一子公司 MC 公司，MC 公司确定的记账本位币为美元。根据合同约定，甲公司拥有 MC 公司 70% 的股权，并能够控制 MC 公司。甲公司采用当期平均汇率折算 MC 公司利润表项目，MC 公司有关资料如下：

2×19 年 12 月 31 日的汇率为 1 美元=6.30 元人民币，2×19 年平均汇率为 1 美元=6.50 元人民币。实收资本、资本公积发生日的即期汇率为 1 美元=7.00 元人民币。2×19 年 12 月 31 日的股本为 500 万美元，折算为人民币金额为 3 500 万元；累计盈余公积为 50 万美元，折算为人民币金额为 355 万元；累计未分配利润为 120 万美元，折算为人民币金额为 860 万元。甲公司和 MC 公司均在年末提取盈余公积。

根据上述资料，报表折算见表 1–3、表 1–4、表 1–5。

表 1–3

利润表

2×19 年

项　　目	期末数（万美元）	折算汇率	折算人民币金额（万元）
一、营业收入	2 000	6.50	13 000
减：营业成本	1 500	6.50	9 750
税金及附加	40	6.50	260
管理费用	100	6.50	650
财务费用	10	6.50	65
加：投资收益	30	6.50	195
二、营业利润	380	—	2 470
加：营业外收入	40	6.50	260
减：营业外支出	20	6.50	130
三、利润总额	400	—	2 600
减：所得税费用	120	6.50	780
四、净利润	280	—	1 820
五、每股收益			

表 1-4

所有者权益变动表

2×19 年

项目	实收资本			盈余公积			未分配利润		其他综合收益	股东权益合计
	美元（万美元）	折算汇率	人民币（万元）	美元（万美元）	折算汇率	人民币（万元）	美元（万美元）	人民币（万元）	人民币（万元）	人民币（万元）
一、本年年初余额	500	7	3 500	50		355	120	860		4 715
二、本年增减变动金额										
（一）净利润							280	1 820		1 820
（二）直接计入所有者权益的利得和损失										-510
其中：外币报表折算差额									-510	-510
（三）利润分配										-1 300
1.提取盈余公积				70	6.50	455	-70	-455		0
2.对股东的分配							-200	-1 300		-1 300
三、本年年末余额	500	7	3 500	120		810	130	925	-510	4 725

注：当期计提的盈余公积采用当期平均汇率折算，期初盈余公积为以前年度计提的盈余公积按相应年度平均汇率折算后金额的累计，期初未分配利润记账本位币金额为以前年度未分配利润记账本位币金额的累计。

表 1-5

资产负债表

2×19 年 12 月 31 日

资产	期末数（万美元）	折算汇率	人民币（万元）	负债和股东权益	期末数（万美元）	折算汇率	人民币（万元）
流动资产				流动负债			
货币资金	90	6.30	567	短期借款	45	6.30	283.50
应收账款	190	6.30	1 197	应付账款	285	6.30	1 795.50
存货	240	6.30	1 512	其他流动负债	110	6.30	693
其他流动资产	150	6.30	945	流动负债合计	440	—	2 772
流动资产合计	670	—	4 221	非流动负债			
非流动资产				长期借款	140	6.30	882
长期应收款	120	6.30	756	应付债券	80	6.30	504
固定资产	550	6.30	3 465	其他非流动负债	90	6.30	567
在建工程	80	6.30	504	非流动负债合计	310	—	1 953
无形资产	50	6.30	315	负债合计	750		4 725
其他非流动资产	30	6.30	189	股东权益			
非流动资产合计	830	—	5 229	股本	500	7	3 500
				盈余公积	120		810
				未分配利润	130		925
				外币财务报表折算差额			-510
				股东权益合计	750		4 725
资产总计	1 500	—	9 450	负债和股东权益总计	1 500		9 450

注：外币报表折算差额为以记账本位币反映的净资产减去以记账本位币反映的实收资本、资本公积、累计盈余公积及累计未分配利润后的余额。

（四）特殊项目的处理

1. 少数股东应分担的外币报表折算差额

在企业境外经营为其子公司的情况下，企业在编制合并财务报表时，应按少数股东在境外经营所有者权益中所享有的份额计算少数股东应分担的外币报表折算差额，并入少数股东权益列示于合并资产负债表。

2. 实质上构成对境外经营净投资的外币货币性项目产生的汇兑差额的处理

母公司含有实质上构成对子公司（境外经营）净投资的外币货币性项目的情况下，在编制合并财务报表时，应分别以下两种情况编制抵销分录：

（1）实质上构成对子公司净投资的外币货币性项目以母公司或子公司的记账本位币反映，则应在抵销长期应收应付项目的同时，将其产生的汇兑差额转入“其他综合收益”科目，即借记或贷记“财务费用——汇兑差额”科目，贷记或借记“其他综合收益”科目。

（2）实质上构成对子公司净投资的外币货币性项目以母、子公司的记账本位币以外的货币反映，则应将母、子公司此项外币货币性项目产生的汇兑差额相互抵销，差额转入“其他综合收益”科目。

如果合并财务报表中各子公司之间也存在实质上构成对另一子公司（境外经营）净投资的外币货币性项目，在编制合并财务报表时应比照上述方法编制相应的抵销分录。

【启发思考】外币报表折算的核心问题：一是解决折算汇率问题；二是解决折算差额的处理问题。你认为我国选用现行汇率有哪些缺陷？

二、境外经营的处置

企业可能通过出售、清算、返还股本或放弃全部或部分权益等方式处置其在境外经营中的利益。在境外经营为子公司的情况下，企业处置境外经营应当按照合并财务报表处置子公司的原则进行相应的会计处理。在包含境外经营的财务报表中，将已列入其他综合收益的外币报表折算差额中与该境外经营相关的部分，自所有者权益项目转入处置当期损益；如果是部分处置境外经营，应当按处置的比例计算处置部分的外币报表折算差额，转入处置当期损益；处置的境外经营为子公司的，将已列入其他综合收益的外币报表折算差额中归属于少数股东的部分，视全部处置或部分处置分别予以终止确认或转入少数股东权益。

三、外币折算的披露

企业应当在附注中披露与外币折算有关的下列信息：

（1）企业及其境外经营选定的记账本位币及选定的原因，记账本位币发生变更的，说明变更理由。

（2）采用近似汇率的，近似汇率的确定方法。

（3）计入当期损益的汇兑差额。

（4）处置境外经营对外币财务报表折算差额的影响。

视野拓展

“现行汇率法”是最古老也是最简单的折算方法。英国会计师早在19世纪就对国外分支机构按现行汇率法进行外币报表折算。在这种方法下，外币资产负债表所有资产、负债项目均按现行汇率（期末汇率）折算，所有者权益项目按历史汇率折算。利润表项目通常采用当期平均汇率折算。“流动与非流动项目法”最早是由L. R. 迪克西在其1911年出版的《高级会计》中提出的。在这种方法下，资产负债表中的项目分为流动项目和非流动项目两类，流动资产和流动负债按现行汇率折算，非流动资产和非流动负债及股本按历史汇率折算。利润表中，除折旧及摊销费用按取得有关资产时的历史汇率折算外，各项目均以整个报告期的平均汇率折算。“货币与非货币项目法”是萨缪尔·R. 赫普华斯于1956年出版的《对国外经营活动的报告》中首次提出的。在这种方法下，货币性资产和负债项目按照现行汇率折算，非货币项目按照历史汇率折算，利润表项目的折算同流动与非流动项目法相似。“时态法”最早是由列奥纳德·洛伦森在1972年发表的题为“以美元报告美国公司的国外业务”的文章中提出的。时态法是对货币与非货币项目法的进一步完善，该方法认为非货币项目应视其计量基础而定，以历史成本计量的项目采用历史汇率折算，以现行市价计量的项目采用现行汇率折算。收入、费用采用交易发生时的汇率折算，收入、费用发生数量多，交易频繁时可采用平均汇率折算。

引例分析

依据引例GY集团有限公司2×18年度外币折算报表的资料，分析汇率对GY集团有限公司财务信息的重要性。通过收集同行业2~3家相关企业财务报告资料，分析判断汇率变动的财务影响，思考规避汇率变动的不利影响应采取的措施。

思考题

1. 什么是记账本位币？如何确定记账本位币？

2. 什么是外币交易？外币交易的内容有哪些？

3. 如何选择折算汇率对外币交易进行初始确认与计量？

4. 对外币货币性项目期末的汇兑损益与外币非货币性项目的汇兑损益分别如何确认？

5. 根据我国现行会计准则，如何对外币报表进行折算？

练习题

一、单项选择题

1. 国内某公司以人民币作为记账本位币，收到外商作为实收资本投入的设备一台，协议作价100万美元，当日的市场汇率为1美元=6.10元人民币。投资合同约定汇率为1美元=6.20元人民币。另发生运杂费2万元人民币，进口关税5万元人民币，安装调试费3万元人民币，上述相关税费均以银行存款（人民币户）支付。该设备的入账价值为（　　）万元人民币。

A.610　　B.630　　C.620　　D.625

2. 国内某公司的记账本位币为人民币，属于增值税一般纳税人，购买商品适用的增值税税率为13%。2×17年5月12日，从国外购入某原材料共计200万欧元（不含增值税），当日的即期汇率为1欧元=7.60元人民币，按照规定计算应缴纳的进口关税为152万元人民币，支付的进口增值税为217.36万元人民币，货款尚未支付，进口关税及增值税已用银行存款支付，该公司购入原材料的成本为（　　）万元人民币。

A.1 672　　B.1 520　　C.1 804.24　　D.1 956.24

3. 国内某公司以人民币作为记账本位币，外币交易采用当日即期汇率折算，其银行存款（美元户）账户上期期末余额为100 000美元，上期期末即期汇率为1美元=6.30元人民币，该企业本月10日将其中20 000美元在银行兑换为人民币，银行当日美元买入价为1美元=6.25元人民币，当日即期汇率为1美元=6.32元人民币。该企业本期没有其他涉及美元账户的业务，期末即期汇率为1美元=6.28元人民币。则该企业本期计入财务费用（汇兑损失）的金额共计（　　）元人民币。

A.2 600　　B.−200　　C.1 200　　D.1 400

4. 国内某公司的记账本位币为人民币，2×20年12月5日以每股2美元的价格购入A公司10 000股股票作为以公允价值计量且其变动计入当期损益的金融资产核算，当日即期汇率为1美元=6.40元人民币，款项已经支付，2×20年12月31日，当月购入的A公司股票市价变为每股2.2美元，当日即期汇率为1美元=6.30元人民币，假定不考虑相关税费的影响，则某公司期末因以公允价值计量且其变动计入当期损益的金融资产应计入公允价值变动损益的金额为（　　）元人民币。

A.12 600　　B.10 600　　C.1 000　　D.12 800

5. 国内某公司境外子公司的记账本位币为美元。本期期末即期汇率为1美元=6.40元人民币，当期即期汇率的近似汇率（采用平均汇率确定）为1美元=6.50元人民币。子公司资产负债表中“盈余公积”项目年初余额为200万美元，折合人民币1 320万元，本期所有者权益变动表“提取盈余公积”项目金额为160万美元，该子公司利润表采用平均汇率进行折算。则子公司本期资产负债表“盈余公积”项目的期末余额为（　　）万元人民币。

A.2 304　　B.2 360　　C.2 344　　D.1 320

二、多项选择题

1.下列各项中，在对境外经营财务报表进行折算时选用的有关汇率，符合会计准则规定的有（　　）。

A. 股本采用股东出资日的即期汇率折算

B. 以公允价值计量且其变动计入当期损益的金融资产采用资产负债表日即期汇率折算

C. 未分配利润项目采用报告期平均汇率折算

D. 当期提取的盈余公积采用当期平均汇率折算

2. 下列关于工商企业外币交易会计处理的表述中，正确的有（　　）。

A. 结算外币应付利息形成的汇兑差额一定计入财务费用

B. 结算外币应付账款形成的汇兑差额应计入财务费用

C. 期末调整外币银行存款产生的汇兑差额计入财务费用

D. 期末调整外币应付账款产生的汇兑差额计入财务费用

3. 企业发生的下列交易或事项产生的汇兑差额应计入当期损益的有（　　）。

A. 可供出售外币非货币性金融资产

B. 接受外币资本性投资

C. 外币计价的以公允价值计量且其变动计入当期损益的金融资产公允价值变动

D. 卖出外汇

4. 下列项目中，属于货币性项目的有（　　）。

A. 预付款项　　B. 预收款项　　C. 应付账款　　D. 应收账款

5. 下列关于外币资产负债表折算的表述中，正确的有（　　）。

A. 外币报表折算差额应在所有者权益“其他综合收益”项目列示

B. 采用历史成本计量的资产项目应按资产确认时的即期汇率折算

C. 采用公允价值计量的资产项目应按资产负债表日即期汇率折算

D. “未分配利润”项目以外的其他所有者权益项目应按发生时的即期汇率折算

三、判断题

1. 在资本化期间内，企业的外币专门借款利息在期末按即期汇率折算的人民币金额与原账面已折算的人民币金额之间的差额应予资本化。（　　）

2. 境外经营，仅是指企业在境外的子公司、合营企业、联营企业、分支机构。（　　）

3. 货币性项目是企业持有的货币资金。（　　）

4. 企业对境外经营财务报表进行折算时，资产负债表各项目均采用资产负债表日的即期汇率折算，利润表各项目均采用交易发生日的即期汇率或与交易发生日即期汇率的近似汇率折算。（　　）

5. 企业接受外币资本投资，实收资本应按合同约定汇率折算为记账本位币入账。（　　）

四、案例分析

国内甲公司于2×19年1月1日，为建造某工程项目专门以面值发行美元公司债券2 000万元，票面年利率为6%，期限为3年，假定不考虑与发行债券有关的辅助费用，未支出专门借款的利息收入或投资收益。合同约定，每年12月31日计提当年度利息，每年1月1日支付上年度利息，到期还本。工程于2×19年1月1日开始实体建造，2×20年6月30日完工，达到预定可使用状态，其间发生的资产支出如下：

2×19年1月1日，支出400万美元；

2×19年7月1日，支出1 000万美元；

2×20年1月1日，支出600万美元。

甲公司的记账本位币为人民币，外币业务采用交易发生时的即期汇率折算。相关汇率如下：

2×19年1月1日，即期汇率为1美元=6.40元人民币；

2×19年12月31日，即期汇率为1美元=6.45元人民币；

2×20年1月1日，即期汇率为1美元=6.47元人民币；

2×20年6月30日，即期汇率为1美元=6.50元人民币。

要求：

（1）计算2×19年甲公司因专门借款产生的汇兑差额资本化金额并编制相关会计分录。

（2）计算2×20年1月1日实际支付利息时产生的汇兑差额并编制会计分录。

（3）计算2×20年6月30日甲公司因专门借款产生的汇兑差额资本化金额并编制会计分录。

第二章　借款费用

【内容框架】

本章主要介绍借款费用的内容与范围，借款费用的确认、计量及报告。具体内容如下图所示：

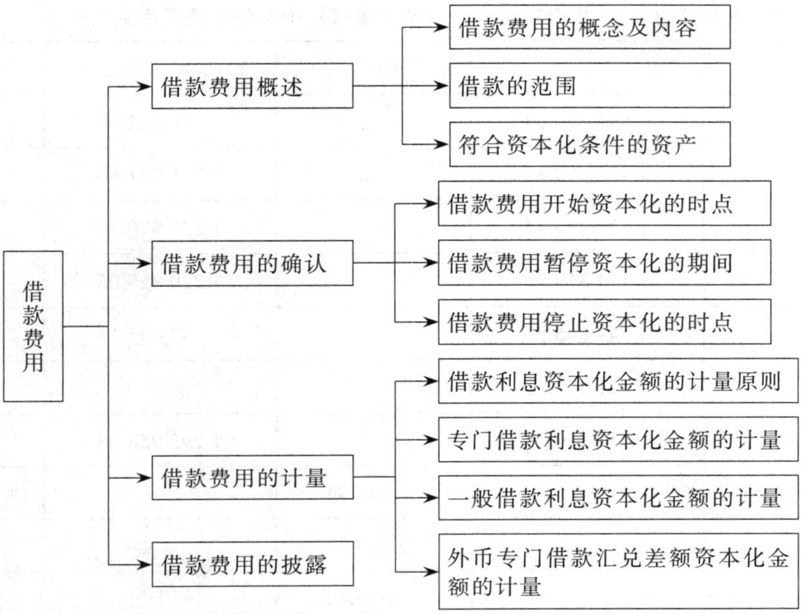

【学习目标】

通过本章学习，了解借款费用的含义及内容，明确借款费用资本化的确认范围；理解借款费用开始资本化、暂停资本化和停止资本化时点的确定；掌握借款费用资本化金额的确定和账务处理方法；掌握借款费用的信息披露。

引例

万科企业股份有限公司2019年度报告中的借款费用

万科企业股份有限公司（简称“万科公司”，A股股票代码000002）于1984年在深圳经济特区成立，1988年经深圳市人民政府“深府办（1988）1509号”文批准，公司实施股份制改革；1991年1月29日，公司发行的A股在深交所上市；1993年5月28日，公司发行的B股在深交所上市；2014年6月25日，公司B股以介绍方式转换上市地在联交所主板（H股）上市。1988年万科公司进入房地产行业，经过30余年的发展，已成为国内领先的城乡建设与生活服务商，业务聚焦于全国最具经济活力的三大经济圈及中西部重点城市。公司始终坚持为人们提供好产品、好服务，坚持与城市同步发展、与客户同步发展的两条主线。近年来，公司在巩固住宅开发和物业服务业务固有优势的基础上，积极拓展业务版图，已进入商业开发和运营、租赁住宅、物流仓储服务、标准办公与产业园、教育等领域。2016年公司首次跻身《财富》“世界500强”，位列榜单第356位，2017—2019年接连上榜，分别位列榜单第307位、第332位和第254位。万科公司2019年度财务报告（合并报表）中与借款费用相关的信息见表2-1。

表2-1 万科公司2019年度财务报告（合并报表）中与借款费用相关的信息 单位：百万元

项目	2019年12月31日	2019年	2018年12月31日	2018年
存货	897 019.03		750 302.63	
流动资产合计	1 438 989.35		1 295 071.86	
资产总计	1 729 929.45		1 528 579.36	
长期借款	114 319.78		1 220 929.06	
应付债券	49 645.51		47 095.15	
租赁负债	21 277.37		—	
负债合计	1 459 350.33		1 292 958.63	
财务费用		5 735.94		5 998.57
其中：利息费用		9 255.27		8 181.34
利息收入		3 530.40		3 839.92
净利润		55 131.61		49 272.29

报表附注部分进一步指出：存货按房地产开发产品、非房地产开发产品分类。房地产开发产品包括已完工开发产品、在建开发产品和拟开发产品。非房地产开发产品为库存商品及其他。已完工开发产品是指已建成、待出售的物业；在建开发产品是指尚未建成、以出售为目的的物业；拟开发产品是指所购入的、已决定将之发展为已完工开发产品的土地。存货按成本进行初始计量，房地产开发产品成本包括土地成本、施工成本和其他成本。符合资本化条件的借款费用，亦计入房地产开发产品成本。万科公司开发产品分类信息见表2-2。

表2-2　**万科公司开发产品分类信息**　单位：百万元

项目	2019年12月31日		
	账面余额	跌价准备	账面价值
已完工开发产品	66 176.07	141.61	66 034.46
在建开发产品	624 495.40	2 276.95	622 218.45
拟开发产品	208 180.77	571.54	207 609.24
其他	1 156.88	—	1 156.88
合计	900 009.13	2 990.09	897 019.04

2019年12月31日，万科公司存货余额中含有借款费用资本化的金额为人民币16 300 324 881.26元，本期间用于确定借款利息费用的资本化率为5.01%。

（根据万科公司2019年度财务报告整理）

通过阅读万科公司年度财务报告中借款费用相关信息，我们关注到，2019年年末万科公司资产负债率为84.36%；存货占流动资产的62.34 %，占资产总计的51.85 %；利息费用2019年达到92.55亿元，占净利润的16.79%。2019年年末，存货中含有借款费用资本化的金额占全部存货账面余额的1.81%。那么，借款费用是否仅包括借款利息？借款费用可以资本化的资产范围包括哪些内容？专门借款与一般借款利息费用的资本化存在哪些差异？借款费用的信息披露包括哪些内容？借款费用资本化的财务影响有哪些？本章将对这些内容进行系统介绍。

第一节　借款费用概述

借款费用

一、借款费用的概念及内容

资金是企业生存和发展的生命源泉，无论是购建固定资产、对外投资以及材料或者商品采购等，都需要资金。企业除了利用权益性资金解决部分资金来源外，通常会采取借款方式筹措生产经营所需资金。

借款费用是指企业因借入资金所付出的代价，包括借款利息、折价或者溢价的摊销、辅助费用以及因外币借款而发生的汇兑差额。借款费用不包括企业权益性融资产生的融资费用，而承租人根据《企业会计准则第21号——租赁》所确认的融资租赁发生的融资费用属于借款费用。

（一）因借款而发生的利息

因借款而发生的利息，主要是指企业从银行或者其他金融机构等借入资金发生的利息、发行公司债券发生的利息，以及为购建或生产符合资本化条件的资产而发生的带息债务所承担的利息等。

（二）因借款而发生的折价或者溢价的摊销

因借款而发生的折价或者溢价，主要是指发行公司债券中的折价或者溢价，其实质是对债券票面利息的调整（即将债券票面名义利率调整为实际利率），因此，折价或者溢价的摊销属于借款费用的范畴。

（三）因借款而发生的辅助费用

因借款而发生的辅助费用，是企业在借款过程中发生的手续费、佣金、印刷费等费用，由于这些费用是因安排借款而发生的，也属于借入资金所付出的代价，是借款费用的组成部分。

（四）因外币借款而发生的汇兑差额

因外币借款而发生的汇兑差额，包括外币借款本金汇兑差额和利息汇兑差额，是指由于汇率变动导致市场汇率与账面汇率出现差异，从而对外币借款本金及其利息的记账本位币金额所产生的影响金额。

【启发思考】因借款而发生的折价或者溢价属于借款费用吗？通过对其中缘由的缜密分析，体会“爱岗敬业，坚持准则，提高技能”的会计职业道德。

二、借款的范围

借款包括专门借款和一般借款。专门借款，是指为购建或者生产符合资本化条件的资产而专门借入的款项。企业取得的专门借款应当有标有明确用途的借款合同，款项用途明确，实际使用款项也受到借款合同的限制，如某企业与某银行签订的贷款合同中明确贷款用途为建造办公用房、建造厂房等。

一般借款，是指除专门借款之外的借款，一般借款在借入时，其用途通常没有特指必须用于符合资本化条件的资产的购建或者生产。

三、符合资本化条件的资产

符合资本化条件的资产是指需要经过相当长时间的购建或生产活动才能达到预定可使用状态或者销售状态的固定资产、投资性房地产和存货等资产。其中，“相当长时间”是指为资产的购建或者生产所必需的时间，通常为一年以上（含一年）。

符合借款费用资本化条件的存货，主要包括企业（房地产开发）开发的用于对外出售的房地产开发产品、企业制造的用于对外出售的大型机械设备等。这类存货通常需要经过相当长时间的建造或者生产过程，才能达到预定可销售状态。另外，建造合同成本、确认为无形资产的开发支出等在符合条件的情况下，也可以认定为符合资本化条件的资产。

实务中，若由于人为或者故意等非正常因素导致的资产的购建或生产时间相当长的，该资产不属于符合资本化条件的资产。企业购入即可使用的资产，或者购入后需要安装但所需安装时间较短的资产，或者需要建造或者生产但所需建造或者生产时间较短的资产，均不属于符合资本化条件的资产。

第二节 借款费用的确认

借款费用的确认主要解决的是将每期所发生的借款费用予以资本化，计入相关资产的成本，还是将每期所发生的借款费用予以费用化，直接计入当期损益。借款费用确认的原则是：企业发生的借款费用，可直接归属于符合资本化条件的资产购建或生产的，应予以资本化，计入相关资产的成本；其他借款费用应当在其发生时，根据其发生额确认为费用，计入当期损益。

借款费用应予以资本化的借款范围既包括专门借款，也可以包括一般借款。对于一般借款，只有在购建或生产某项符合资本化条件的资产占用了一般借款时，才将与该部分一般借款相关的借款费用予以资本化；否则，所发生的借款费用应计入当期损益。

资本化期间的确定是借款费用确认和计量的重要前提。企业只有发生在资本化期间内的有关借款费用才允许资本化。借款费用资本化期间，是指从借款费用开始资本化时点到停止资本化时点的期间，但不包括借款费用暂停资本化的期间。

一、借款费用开始资本化的时点

借款费用允许开始资本化必须同时满足以下三个条件：资产支出已经发生、借款费用已经发生、为使资产达到预定可使用状态或可销售状态所必要的购建或生产活动已经开始。

（一）资产支出已经发生的判断

资产支出包括以支付现金、转移非现金资产或者承担带息债务形式发生的支出。

（1）支付现金，是指用货币资金支付符合资本化条件资产的购建或生产支出。

例如，企业用现金或银行存款购买工程用材料，用现金支付建造固定资产的职工工资，用银行存款向工程承包方支付工程进度款等。

（2）转移非现金资产，是指企业将自己的非现金资产直接用于符合资本化条件资产的购建或生产。

例如，企业将自己生产的产品用于符合资本化条件资产的建造或者生产，企业同时还用自己生产的产品向其他企业换取用于符合资本化条件资产的建造或者生产所需工程物资的，这些产品成本均属于资产支出。

（3）承担带息债务，是指企业为购建或生产符合资本化条件的资产而承担的带息应付款项（如带息应付票据）。

企业以赊购方式购买工程或生产物资所产生的债务可能带息，也可能不带息。如果赊购的物资承担的是不带息债务，就不应当将购买价款计入资产支出，因为该债务在偿付前不需要承担利息，也没有占用借款资金。企业只有等到实际偿付债务，发生了资源流出时，才能将其作为资产支出。如果企业赊购物资承担的是带息债务，则企业要为这笔债务付出代价，支付利息，与企业向银行借入款项用以支付资产支出在性质上是一样的。企业为购建或生产符合资本化条件的资产而承担的带息债务应当作为资产支出，当该带息债务发生时，视同资产支出已经发生。例如，企业因建设一条生产线，于2×18年5月1日购入一批工程物资，开出100万元带息银行承兑汇票一张，期限6个月，票面利率5%。企业对于该事项尽管没有为固定资产建设直接支付现金，但承担了带息债务，应将100万元的购买工程物资款作为资产支出。

（二）借款费用已经发生的判断

借款费用已经发生，是指企业已经发生了因购建或生产符合资本化条件的资产而专门借入款项或占用的一般借款的借款费用。如企业于2×18年1月1日为建造一幢建设期为3年的办公楼，从银行取得当日开始计息的专门借款8 000万元，则在2×18年1月1日即认为借款费用已经发生。

（三）为使资产达到预定可使用状态或可销售状态所必要的购建或生产活动已经开始的判断

为使资产达到预定可使用状态或可销售状态所必要的购建或生产活动已经开始，是指符合资本化条件的资产的实体建造和生产工作已经开始，如主体设备的安装、厂房的实际开工建造、产品的实际开工生产等。它不包括仅持有资产但没有发生为改变资产形态而进行实质上的建造或生产活动。例如，企业为建造厂房购置了建筑用地，但尚未开工兴建房屋或者发生有关房屋实体的建造活动，就不应认为使资产达到预定可使用状态所必要的购建活动已经开始。

企业只有在上述三个条件同时满足的情况下，有关的借款费用才可以开始资本化。只要其中一个条件没有满足，借款费用就不能开始资本化。

但是，因安排专门借款而发生的辅助费用，一般不考虑开始资本化的三个条件，在所购建或生产的符合资本化条件的资产达到预定可使用状态或可销售状态之前发生的，应当在发生时根据发生额予以资本化，计入符合资本化条件的资产的成本；在所购建或生产的符合资本化条件的资产达到预定可使用状态或可销售状态之后发生的，应当在发生时根据发生额确认为费用，计入当期损益。

二、借款费用暂停资本化的期间

符合资本化条件的资产在购建或生产过程中发生了非正常中断且非正常中断时间连续超过3个月，应当暂停借款费用的资本化。中断期间发生的借款费用应当确认为费用，计入当期损益，直至资产的购建或生产活动重新开始。但是，如果中断是使购建或生产的符合资本化条件的资产达到预定可使用或可销售状态所必要的程序，则借款费用的资本化应当继续进行。也就是说，购建或生产活动中借款费用暂停资本化，应同时满足以下两个条件：

（1）中断的原因是非正常中断，不是正常中断。非正常中断包括由于劳动纠纷、质量纠纷、发生安全事故、改变设计图纸、资金周转困难等原因而导致的工程中断，这些通常是因为企业管理决策上的原因或其他不可预见原因造成的中断。

至于为使所购建或生产的资产达到预定可使用或可销售状态的必要程序而发生的中断，或者事先可预见的不可抗力因素的中断，则属于正常中断的情况。例如，工程施工到一定阶段时的工程质量检查或安全检查，就是工程建造过程中的必要程序；又如，可预见的不可抗力因素（如当地普遍存在的雨季或台风季节、北方施工所遇到的冰冻季节等）导致施工出现停顿等。这些正常中断期间的借款费用，应继续资本化，不必暂停。

（2）中断时间连续超过3个月（含3个月），是指发生的非正常中断，从中断开始到恢复购建或生产活动为止的时间，连续超过3个月。如果中断时间小于3个月，则无论由于什么原因造成的中断，在该期间所发生的借款费用都可继续资本化，不必暂停。如果发生的非正常中断过程时断时续，但其中每一次中断时间都不超过3个月，即使中断时间累计超过3个月，企业也不必暂停借款费用的资本化。

三、借款费用停止资本化的时点

购建或者生产符合资本化条件的资产达到预定可使用或者可销售状态时，借款费用应当停止资本化。在符合资本化条件的资产达到预定可使用或者可销售状态之后所发生的借款费用，应当在发生时根据其发生额确认为费用，计入当期损益。

资产达到预定可使用或者可销售状态，是指所购建或者生产的符合资本化条件的资产已经达到建造方、购买方或者企业自身等预先设计、计划或者合同约定的可以使用或者可以销售的状态。企业在确定借款费用停止资本化的时点时需要运用职业判断，应当遵循实质重于形式的原则。依据经济实质判断所购建或者生产的符合资本化条件的资产达到预定可使用或者可销售状态的时点，具体可从以下几个方面进行：

（1）符合资本化条件的资产的实体建造包括安装或者生产活动已经全部完成或者实质上已经完成。

（2）所购建或者生产的符合资本化条件的资产与设计要求、合同规定或者生产要求相符或者基本相符，即使有极个别与设计、合同或者生产要求不相符的地方，也不影响其正常使用或者销售。

（3）继续发生在所购建或生产的符合资本化条件的资产上的支出金额很少或者几乎不再发生。

购建或者生产符合资本化条件的资产需要试生产或者试运行的，在试生产结果表明资产能够正常生产出合格产品，或者试运行结果表明资产能够正常运转或者营业时，应当认为该资产已经达到预定可使用或者可销售状态。

在符合资本化条件的资产的实际购建或者生产过程中，如果所购建或者生产的资产分别建造、分别完工，企业也应当遵循实质重于形式的原则，区别下列情况，界定借款费用停止资本化的时点：

（1）所购建或者生产的符合资本化条件的资产的各部分分别完工，每部分在其他部分继续建造或者生产过程中可供使用或者可对外销售，且为使该部分资产达到预定可使用或可销售状态所必要的购建或者生产活动实质上已经完成的，应当停止与该部分资产相关的借款费用的资本化，因为该部分资产已经达到了预定可使用或者可销售状态。

（2）购建或者生产的符合资本化条件的资产的各部分分别完工，但必须等到整体完工后才可使用或者对外销售的，应当在该资产整体完工时停止借款费用的资本化。在这种情况下，即使各部分资产已经分别完工，也不能认为该部分资产已经达到了预定可使用或者可销售状态，企业只能在所购建或者生产的资产整体完工时，才能认为资产已经达到了预定可使用或者可销售状态，借款费用才可停止资本化。

第三节　借款费用的计量

借款费用资本化的计量

一、借款利息资本化金额的计量原则

在借款费用资本化期间内，每一会计期间的利息资本化金额，应当按照下列原则确定：

（1）为购建或者生产符合资本化条件的资产而借入专门借款的，应当以专门借款当期实际发生的利息费用，减去将尚未动用的借款资金存入银行取得的利息收入或进行暂时性投资取得的投资收益后的金额确认为利息资本化金额。

（2）为购建或者生产符合资本化条件的资产而占用了一般借款的，应当根据累计资产支出超过专门借款部分的资产支出加权平均数乘以所占用一般借款的资本化率计算确定利息资本化金额，资本化率采用一般借款的加权平均利率。

（3）在资本化期间内，每一会计期间的利息资本化金额，不应当超过当期相关借款实际发生的利息金额。

视野拓展

借款费用资本化对于一般借款与专门借款处理方法的根本差异，在于是否要与资产支出相联系。《企业会计准则第17号——借款费用》发布伊始，要求对专门借款与资产支出相挂钩，后续准则修订后，对一般借款则要求与资产支出相联系，专门借款只扣除利息收益即可。

二、专门借款利息资本化金额的计量

企业在确定每期利息（包括折价或溢价的摊销）资本化金额时，应当首先判断符合资本化条件的资产在购建或者生产过程所占用的资金来源。如果所占用的资金是专门借款资金，则应当在资本化期间内，根据每期实际发生的专门借款利息费用，确定应予资本化的金额。在企业将闲置的专门借款资金存入银行取得利息收入或者进行暂时性投资获取投资收益的情况下，企业还应当将这些相关的利息收入或者投资收益从资本化金额中扣除，以如实反映符合资本化条件的资产的实际成本。

[例 2-1] ①

A 公司于 2×17 年 1 月 1 日开工建造一座厂房，当日为建造厂房从银行借入专门借款 1 000 万元，年利率为 6%，期限 2 年，到期一次还本付息。未使用的专门借款均存入银行，月利率 0.05%，该工程于 2×18 年 6 月 30 日完工，达到预定可使用状态。建造厂房的资产支出见表 2-3。

表 2-3　**建造厂房资产支出明细表**　单位：万元

日期	每期资产支出金额	累计资产支出金额	闲置专门借款金额
2×17 年 1 月 1 日	200	200	800
2×17 年 7 月 1 日	400	600	400
2×18 年 1 月 1 日	300	900	100
合计	900	—	—

厂房建造支出没有超过专门借款金额，说明只使用了专门借款，则该公司专门借款利息资本化金额分析如下：

（1）确定资本化期间为：2×17 年 1 月 1 日至 2×18 年 6 月 30 日。

（2）计算 2×17 年度专门借款资本化金额。

专门借款实际利息=1 000×6%=60（万元）

闲置专门借款利息收入=800×0.05%×6+400×0.05%×6=3.60（万元）

专门借款资本化金额=60−3.60=56.40（万元）

相关账务处理如下：

借：在建工程　564 000

　　银行存款　36 000

　贷：长期借款　600 000

（3）计算 2×18 年 1 月 1 日至 6 月 30 日专门借款资本化金额。

专门借款实际利息=1 000×6%×6/12=30（万元）

闲置专门借款利息收入=100×0.05%×6=0.30（万元）

① 若没有特殊说明，本章例题中名义利率与实际利率相同。

专门借款资本化金额=30−0.30=29.70（万元）

借：在建工程　297 000

　　银行存款　3 000

　贷：长期借款　300 000

[例2-2]

A公司于2×17年1月1日从银行借入专门借款1 000万元用于工程建设，年利率8%，利息按年支付。其他有关资料如下：

（1）工程于2×17年1月1日开工，同日支付给建筑承包商乙公司300万元；2×17年1月1日至3月末，该借款闲置的资金取得的存款利息收入为4万元。

（2）2×17年4月1日，工程因纠纷停工，7月1日继续施工。第二季度取得的该笔借款闲置资金存款利息收入为4万元。

（3）2×17年7月1日，又支付工程款400万元。第三季度，A公司用该借款的闲置资金300万元购入交易性证券，获得投资收益9万元，已存入银行。

（4）2×17年10月1日，A公司支付工程进度款300万元。至2×17年年末该工程尚未完工。

要求：（1）判断专门借款在2×17年的资本化期间。

（2）按季度计算2×17年与工程有关的利息、利息资本化金额，并进行账务处理。

根据上述资料进行会计处理如下：

（1）判断专门借款的资本化期间：

2×17年资本化期间为2×17年1月1日—12月31日，但4月1日—6月30日应暂停资本化。

（2）按季度计算2×17年与工程有关的利息、利息资本化金额，并进行财务处理如下：

①第一季度：

专门借款利息=1 000×8%÷4=20（万元）

利息资本化金额=利息费用−闲置资金取得的利息收入=20−4=16（万元）

借：在建工程　160 000

　　银行存款　40 000

　贷：应付利息　200 000

②第二季度（暂停资本化）：

专门借款利息=1 000×8%÷4=20（万元）

计入财务费用的金额=20−4=16（万元）

借：财务费用　160 000

　　银行存款　40 000

　贷：应付利息　200 000

③第三季度：

专门借款利息=1 000×8%÷4=20（万元）

利息资本化金额=20−9=11（万元）

借：在建工程　　110 000

　　银行存款　　90 000

　贷：应付利息　　200 000

④第四季度：

专门借款利息=1 000×8%÷4=20（万元），应全部资本化。

借：在建工程　　200 000

　贷：应付利息　　200 000

三、一般借款利息资本化金额的计量

企业在购建或者生产符合资本化条件的资产时，如果专门借款资金不足而占用了一般借款资金的，或者企业为购建或者生产符合资本化条件的资产并没有借入专门借款，占用的都是一般借款资金，企业应当根据为购建或者生产符合资本化条件的资产而发生的累计资产支出超过专门借款部分的资产支出加权平均数乘以所占用一般借款的资本化率，计算确定一般借款应予资本化的利息金额。资本化率应当根据一般借款加权平均利率计算确定。如果符合资本化条件的资产的购建或者生产没有借入专门借款，则应以累计资产支出加权平均数为基础计算所占用的一般借款利息资本化金额，即企业占用一般借款资金购建或者生产符合资本化条件的资产时，一般借款的借款费用资本化金额的确定应当与资产支出相挂钩。

1. 一般借款利息资本化金额的计算公式

每一会计期间利息的资本化金额=累计资产支出加权平均数×资本化率

这里的“累计资产支出加权平均数”，是指累计资产支出超过专门借款部分的资产支出加权平均数；“资本化率”，是指所占用一般借款的资本化率。

2. 累计资产支出加权平均数的计算

由于企业购建或生产符合资本化条件的资产时，其支出往往不是一次发生，而是逐笔发生的，这样每笔支出所应承担的利息费用就有所不同，所以在计算其占用的一般借款利息资本化金额时，首先应当计算为购建或生产符合资本化条件的资产而发生的累计资产支出的加权平均数，计算公式如下：

$$\text{累计资产支出加权平均数}=\sum\left(\text{每笔资产支出的金额}\times\frac{\text{该笔资产支出占用的天数}}{\text{会计期间涵盖天数}}\right)$$

其中：“该笔资产支出占用的天数”是指发生在为购建或生产符合资本化条件的资产上的支出所应承担借款费用的时间长度；“会计期间涵盖天数”是指计算应予资本化的一般借款费用金额的会计期间的长度。

上述时间长度一般应以天数计算，有时考虑到资产支出发生笔数较多，而且发生比较均衡，为简化计算，也可以月数计算。通常一年按360天计算，每月按30天计算。

[例 2-3]

A公司于2×18年1月1日开工建造一座厂房，并于当日符合资本化条件。当日为建造厂房从银行借款1 000万元，年利率为6%，期限2年；当年还占用流动资金借款320万元，年利率4%，2×18年12月31日厂房达到预定可使用状态并交付使用。全年发生的资产支出如下：

1月1日，支出500万元；

7月1日，支出500万元；

10月1日，支出200万元；

12月 1日，支出120万元。

至7月1日，累计资产支出等于专门借款金额，以后的资产支出为超过专门借款的部分，A公司年末计算占用流动资金借款的资本化金额时，需计算的累计资产支出加权平均数为：

累计资产支出加权平均数=200×90÷360＋120×30÷360=60（万元）

3. 一般借款资本化率的计算

企业为购建或生产符合资本化条件的资产而动用的一般借款可能只有一笔，也可能有多笔而且利率各不相同，因而资本化率的确定方法也不同，具体说明如下：

（1）为购建或生产符合资本化条件的资产只动用一笔一般借款的，若该笔借款是从银行取得的，则资本化率即为该笔银行贷款利率。若该笔一般借款为发行的公司债券，则在面值发行债券的情况下，债券的票面利率即为资本化率；在折价或溢价发行债券的情况下，因债券的折价或溢价应按实际利率法摊销，所以实际利率即为资本化率。

（2）为购建或生产符合资本化条件的资产动用多笔一般借款的，则资本化率为这些借款的加权平均利率。加权平均利率的计算公式如下：

$$\text{所占用一般借款加权平均利率}=\frac{\text{所占用一般借款当期实际发生的利息之和}}{\text{所占用一般借款本金加权平均数}}$$

$$\begin{array}{c}\text{所占用一般借款}\\\text{本金加权平均数}\end{array}=\sum\left(\begin{array}{c}\text{所占用每笔}\\\text{一般借款本金}\end{array}\times\frac{\text{每笔一般借款在当期所占用的天数}}{\text{当期天数}}\right)$$

[例 2-4]

A公司为建造某项固定资产动用一般借款两笔，求2×18年资本化率。

第一笔：2×18年1月1日，1 000万元，利率为6%，期限一年；

第二笔：2×18年9月30日，800万元，利率为4%，期限一年。

因为有两笔借款，所以应以加权平均利率作为资本化率，计算如下：

所占用一般借款当期实际发生的利息之和=1 000×6%×360÷360＋800×4%×90÷360
=68（万元）

所占用一般借款本金加权平均数=1 000×360÷360＋800×90÷360=1 200（万元）

资本化率=加权平均利率=68÷1 200×100%≈5.67%

至此，累计资产支出加权平均数和一般借款利息资本化率确定后，就可以按一般借款利息资本化金额的计算公式，计算确定为购建或生产符合资本化条件的资产而占用一般借款利息的资本化金额了。

[例2-5]

某公司于2×17年1月1日动工兴建一幢办公楼，工期为1年，工程采用出包方式，分别于2×17年1月1日、7月1日和10月1日支付工程进度款1 500万元、3 000万元和2 500万元。办公楼于2×17年12月31日完工，达到预定可使用状态。

公司为建造办公楼发生了两笔专门借款，分别为：

(1) 2×17年1月1日借入专门借款2 000万元，借款期限为3年，年利率为8%，利息按年支付；

(2) 2×17年7月1日借入专门借款2 000万元，借款期限为5年，年利率为10%，利息按年支付。

闲置专门借款资金均用于固定收益债券短期投资，假定该短期投资月收益率为0.5%。公司为建造办公楼的支出总额为7 000万元，超过了专门借款总额4 000万元，占用了一般借款3 000万元。

假定所占用一般借款有两笔，分别为：

(1) 向银行借款1 000万元，期限为2×16年12月1日至2×20年12月1日，年利率为6%，按年支付利息；

(2) 发行公司债券5 000万元，于2×17年1月1日发行，期限为5年，年利率为8%，按年支付利息。

要求：根据所给资料，计算2×17年度建造办公楼应予资本化的利息金额及账务处理。

根据资料，建造办公楼的资产支出、占用的专门借款及一般借款见表2-4。

表2-4　**资产支出、占用的专门借款及一般借款占用表**　单位：万元

日期	每期资产支出金额	累计资产支出金额	占用的专门借款金额	闲置专门借款金额	占用的一般借款金额
1月1日	1 500	1 500	1 500	500	—
7月1日	3 000	4 500	2 500	—	500
10月1日	2 500	7 000	—	—	2 500
合计	7 000	—	4 000	—	3 000

1. 计算专门借款利息资本化金额

(2 000×8%+2 000×10%×180/360) −500×0.50%×6=260−15=245（万元）

2. 计算一般借款利息资本化金额

(1) 累计资产支出超过专门借款部分的资产支出加权平均数 =500×180÷360+2500×90÷360=875（万元）

（2）一般借款利息资本化率=（1 000×6%+5 000×8%）÷（1 000+5 000）=7.67%

（3）一般借款利息资本化金额=875×7.67%=67.11（万元）

3.2×17年度建造办公楼应予资本化的利息金额=245+67.11=312.11（万元）

账务处理如下：

借：在建工程	3 121 100	
应收利息	150 000	
财务费用	3 928 900	
贷：应付利息		7 200 000

四、外币专门借款汇兑差额资本化金额的计量

企业为购建或者生产符合资本化条件的资产所借入的专门借款为外币借款时，由于企业取得外币借款日、使用外币借款日和会计结算日往往并不一致，而外汇汇率又在随时发生变化，因此，外币借款会产生汇兑差额。相应地，在借款费用资本化期间内，为购建固定资产而专门借入的外币借款所产生的汇兑差额，是购建固定资产的一项代价，应当予以资本化，计入固定资产成本。

在资本化期间内，外币专门借款本金及其利息的汇兑差额，应当予以资本化，计入符合资本化条件的资产的成本；除外币专门借款之外的其他外币借款本金及其利息所产生的汇兑差额应当作为财务费用，计入当期损益。

［例 2-6］

某中外合资企业记账本位币为人民币，2×17年1月1日为安装一条生产线，向银行借入美元专门借款500万美元，年利率为8%，期限为3年。假定企业采用业务发生日汇率折算外币业务，借款当日的汇率为1美元=6.70元人民币；该企业按月计算应予资本化的借款费用金额，当期无其他外币借款。该企业每年1月1日支付利息，到期归还本金。

工程于2×17年1月1日开始实体建造，于2×18年6月30日完工，达到预定可使用状态。期间发生的资产支出如下：

2×17年1月1日，支出100万美元；

2×17年7月1日，支出250万美元；

2×18年1月1日，支出150万美元；

另外，2×17年12月31日和2×18年6月30日汇率分别为：1美元=6.75元人民币；1美元=6.80元人民币。

1.计算2×17年外币借款利息的资本化金额和本金及利息的汇兑差额的资本化金额

外币借款利息资本化金额=500×8%×6.75=270（万元）

外币借款本金及利息的汇兑差额的资本化金额=500×（6.75−6.70）+40×（6.75−6.75）=25（万元）

2×17年应予资本化的金额=270+25=295（万元）

企业应做会计处理如下：

借：在建工程　　2 950 000

　贷：应付利息　　2 700 000

　　　长期借款——美元户（汇兑差额）　　250 000

实际支付时：

借：应付利息　　2 700 000

　贷：银行存款　　27 00 000

2. 计算2×18年外币借款利息的资本化金额和本金及利息的汇兑差额的资本化金额

外币借款利息资本化金额=500×8%×6÷12×6.80=136（万元）

外币借款本金及利息的汇兑差额的资本化金额=500×（6.80−6.75）+40×（6.80−6.80）

=25（万元）

2×18年应予资本化的金额=136+25=161（万元）

企业应做会计分录如下：

借：在建工程　　1 610 000

　贷：应付利息　　1 360 000

　　　长期借款——美元户（汇兑差额）　　250 000

【案例2-1】　第一份否定意见审计报告

1998年4月28日，渝钛白公布年报，重庆会计师事务所亮出首份否定意见审计报告，引起市场关注。重庆渝港钛白粉股份有限公司（以下简称“渝钛白公司”，现为攀钢集团重庆钛业有限公司）于1993年7月12日在深圳证券交易所上市交易。从1996年开始，公司出现经营亏损（当年亏损1 318万元）。重庆会计师事务所对渝钛白公司1997年度财务报告进行审计，并于1998年3月签发了中国证券史上第一份否定意见审计报告。报告指出：1997年度应计入财务费用的借款即应付债券利息8 064万元，贵公司将其资本化计入了钛白粉工程成本；欠付中国银行常青市分行的美元借款利息89.80万美元（折合人民币743万元）贵公司未计提入账，两项共影响利润8 807万元。我们认为，由于上述事项的重大影响，贵公司1997年12月31日资产负债表、1997年度利润及利润分配表、现金流量表未能公允地反映贵公司1997年12月31日财务状况和1997年度经营成果及资金变动情况。

渝钛白公司的总会计师认为：一般的基建项目，建设完工即进入投资回收期，当年就开始产生效益，但钛白粉工程项目不同于一般的基建项目。这是基于两个方面的原因：一方面，钛白粉这种基础化工产品不同于普通商品，对各项技术指标的要求非常严格，需要通过反复试生产，逐步调整质量、消耗等指标，直到生产出合格的产品才能投放市场。而试生产期间的试产品性能不稳定，是不能投放市场的。另一方面，原料的腐蚀性很强。如生产钛白粉的主要原料硫酸，一旦停工，则原料淤积于管道、容器中，再次开工前，就必须进行彻底的清洗、维护，并调试设备，年报中披露的亏损中有很大一部分就是设备整改费用。因此，总会计师总结说，钛白粉项目交付使用进入投资回报期、产生效益前，还有一个过渡期，即整改和试生产期间，这仍属于工程在建期。也就是说，公司在1997年度年报中将8 064万元的项目建设期借款的应付债券利息计入工程成本是有依据的。渝钛白公司为了证实总会计师的说法，还以重庆市有关部门的批复文件为依据，坚持认为该工程为在建性质，而非完工项目。

第四节　借款费用的披露

企业应当在会计报表附注中披露与借款费用有关的下列信息：一是当期资本化的借款费用金额；二是当期用于计算确定资本化金额的资本化率。

一、当期资本化的借款费用金额

当期资本化的借款费用金额包括当期资本化的利息、折价或溢价的摊销、汇兑差额和辅助费用等。由于企业在会计核算中，对于当期应予资本化的借款费用都已记入“在建工程”“开发成本”“生产成本”等账户中，所以企业可以根据这些账户的当期借方发生额进行分析，在附注中披露当期资本化的借款费用金额。

企业在附注中披露当期资本化的借款费用金额，有利于会计信息使用者及时了解这些资产的成本中借款费用所占比重，进而考察其成本构成的合理性。

二、当期用于计算确定资本化金额的资本化率

披露资本化的借款费用金额只能使会计信息使用者了解企业资本化金额的总体情况，但对于资产所占用借款资金的成本高低情况，却无法知道，因此，企业还应当披露用于确定资本化金额的资本化率，以有助于信息使用者将其与市场利率或自有资金利润率进行比较，了解企业资金成本的高低，判断企业财务杠杆利益和盈利能力。

企业披露资本化率的时候，应注意以下两个问题：

（1）如果当期有两项或两项以上的符合资本化条件资产的购建或生产项目，且各项资产适用的资本化率不同时，应按资产项目分别披露；当各项资产适用的资本化率相同时，则可以合并披露。

（2）如果对外提供财务报告的期间长于计算借款费用资本化金额的期间，且在计算借款费用资本化金额的各期，资本化率均不相同，应分别各期披露；如果计算借款费用资本化金额的各期，使用的资本化率相同，则可以合并披露。

【启发思考】针对借款费用信息披露的内容，请思考借款费用信息披露的价值是什么？相较于以往规范，借款费用资本化范围的扩大有哪些财务影响？请思考会计工作对社会经济文明进步承担的基础性保障与促进作用。

引例分析

依据引例万科公司2019年度财务报告给出的资料，分析万科公司借款费用信息披露的充分性。通过收集2~3家房地产业上市公司资料，分析判断房地产行业债务、利息费用趋势及可能面临问题。

思考题

1. 借款费用包括的内容有哪些？这些内容的共同特征是什么？
2. 借款费用资本化期间如何确认？
3. 专门借款与一般借款在确认利息费用时的差别有哪些？
4. 专门借款的利息费用如何计算？
5. 关于利息费用在财务报告中需要披露的信息有哪些？为什么？

练习题

一、单项选择题

1.下列项目中，不属于借款费用的是（　　）。

A.外币借款发生的汇总损失　　B.借款过程中发生的承诺费

C.发行公司债券发生的折价　　D.发行公司债券溢价的摊销

2.甲公司为股份有限公司，2×07年7月1日为新建生产车间而向商业银行借入专门借款2 000万元，年利率为4%，款项已存入银行。至2×07年12月31日，因地面上建筑物的拆迁补偿问题未解决，尚未开始拆迁；该项借款存入银行所获得的利息收入为19.80万元。甲公司2×07年就上述借款应予资本化的利息为（　　）万元。

A.0　　B.0.20　　C.20.20　　D.40

3.A公司为购建固定资产于2×06年12月1日动用一笔2年期一般借款800万元，年利率6%；2×07年7月1日又动用一笔1年期一般借款400万元，年利率5%，则2×07年年末计算的一般借款资本化率即加权平均利率为（　　）。

A.6%　　B.5.80%　　C.5.67%　　D.5%

4.根据企业会计准则的规定，下列借款利息应予以资本化处理的是（　　）。

A.筹建期间发生的并非用于购建固定资产、投资性房地产、存货的长期借款利息

B.购建固定资产发生3个月非正常中断期间的专门借款利息

C.为购建固定资产，在资产达到预定可使用状态前发生的专门借款利息

D.为生产存货，在存货达到预定可销售状态后发生的长期借款利息

5.企业为筹集资金购建固定资产而发行长期债券，所支付的债券发行中介机构手续费

用应计入（　　）。

A.在建工程　　B.制造费用　　C.管理费用　　D.财务费用

二、多项选择题

1.下列项目中，属于借款费用的有（　　）。

A.借款手续费　　B.发行公司债券发生的利息

C.发行公司债券发生的溢价　　D.外币借款汇兑损失

2.应计入固定资产成本的借款费用主要有（　　）。

A.固定资产达到预定可使用状态前发生的长期借款利息

B.固定资产达到预定可使用状态后发生的长期借款利息

C.固定资产达到预定可使用状态前发生的应付债券折价的摊销

D.固定资产达到预定可使用状态后发生的应付债券折价的摊销

E.用于固定资产购建所发生的全部借款费用

3.借款费用开始资本化的条件包括（　　）。

A.借入用于固定资产购建的专门借款　　B.借入用于长期股权投资的长期借款

C.资产支出已经发生　　D.借款费用已经发生

E.为使资产达到预定可使用或可销售状态所必要的购建或生产活动已经开始

4.以下属于应停止借款费用资本化的情况有（　　）。

A.符合资本化条件的资产的实体建造或生产工作已经全部完成或实质上已经完成

B.所购建或生产的符合资本化条件的资产与设计或合同要求相符合或基本相符

C.继续发生在所购建或生产的符合资本化条件资产上的支出金额很少或几乎不发生

D.试生产结果表明资产能正常运行或生产出合格产品

E.已经分别完工但不可独立使用的固定资产

5.在符合借款费用资本化条件的会计期间，下列有关借款费用的会计处理中，符合会计准则规定的有（　　）。

A.购建或者生产符合资本化条件的资产达到预定可使用或者可销售状态时，借款费用应当停止资本化

B.购建固定资产过程中，每一会计期间的利息资本化金额，不应当超过当期相关借款实际发生的利息金额

C.购建固定资产活动发生正常中断且中断持续时间超过3个月的，中断期间的利息应计入建造成本

D.购建固定资产活动发生的非正常中断且中断时间未超过3个月的，中断期间的利息应计入建造成本

三、判断题

1.在借款费用允许资本化的期间内发生的外币专门借款汇兑差额，应当计入以该专门借款所购建固定资产的成本。（　　）

2.在资本化期间，每一会计期间的利息资本化金额，不得超过当期相关借款实际发生的利息总额。（　　）

3.利息和辅助费用资本化，需要同时满足资本化的三个条件。（　　）

4.资本化期间是指从借款费用开始资本化时点到停止资本化时点的期间，借款费用暂

停资本化的期间不包括在内。（　）

5. 固定资产购建过程中发生中断超过3个月，需停止借款费用资本化。（　）

四、业务题

A公司从2×17年1月1日起开始建造一项固定资产，并于当日符合开始资本化的条件。为建造该项资产，于2×16年年底专门从银行借入800万元的2年期借款，年利率7%；利息于到期时同本金一起偿付。建造期间又动用一笔2×17年1月1日借入的1年期一般借款500万元，年利率6%；固定资产于2×17年12月31日完工，达到预定可使用状态。该公司在2×17年度发生的资产支出如下：

1月1日，支付工程物资款500万元，剩余300万元专门借款存入银行，月利率0.10%；

3月1日，支付工程款300万元；

4月1日，购买工程用料，付款100万元；

5月15日，支付工程人员工资，付款50万元；

6月10日，购买专用设备，付款200万元；

8月1日，支付工程其他费用，付款120万元；

9月20日，支付工程人员工资，付款30万元。

要求：按年计算应资本化的利息费用，并进行相应的账务处理。

第三章　股份支付

【内容框架】

本章主要介绍股份支付的内容，股份支付的确认、计量原则及报告。具体内容如下图所示：

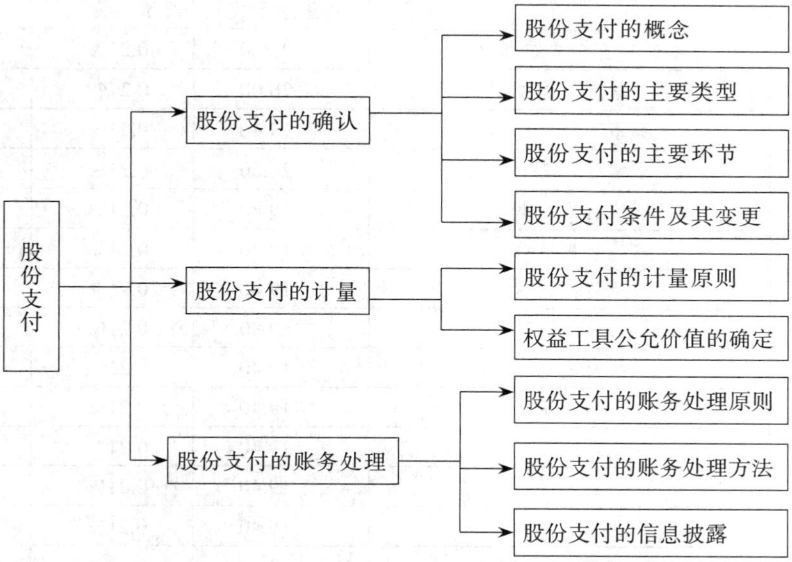

【学习目标】

通过本章的学习，使学生明确股份支付的定义及特征；了解股份支付的种类及主要环节；理解股份支付的原理；掌握股份支付的核算方法。

引例

长安汽车2021年限制性股票激励计划

2021年2月23日，重庆长安汽车股份有限公司（以下简称“长安汽车”，证券代码：000625）发布了关于向A股限制性股票激励计划激励对象首次授予限制性股票的公告，限制性股票授予日为2021年2月22日，授予限制性股票7 809.62万股，占公司当前股本总额的1.4561%，授予人数为1 280人，本次限制性股票授予价格为每股6.66元，授予股票来源为公司向激励对象定向发行A股普通股股票。

公告称，本计划的有效期自限制性股票首次授予登记完成之日起至激励对象获授的限制性股票全部解除限售或回购注销之日止，最长不超过72个月。本计划授予的限制性股票分三批次解除限售，每批次限售期分别为自相应授予登记完成之日起24个月、36个月、48个月。激励对象根据本计划获授的限制性股票在解除限售前不得转让、用于担保或偿还债务。解除限售股票数量上限分别为激励对象授予股票总数的33%、33%、34%。具体情况见表3-1。

表3-1　　拟授予限制性股票的激励对象

姓名	职务	授予限制性股票数量（万股）	占授予限制性股票总量比例	占当前总股本的比例
朱华荣	董事长、党委书记	25.00	0.27%	0.0047%
王俊	董事、总裁、党委副书记	20.00	0.21%	0.0037%
张德勇	董事、总会计师	19.40	0.21%	0.0036%
袁明学	常务副总裁	20.00	0.21%	0.0037%
刘波	执行副总裁	19.40	0.21%	0.0036%
何朝兵	执行副总裁	19.40	0.21%	0.0036%
李伟	执行副总裁	19.40	0.21%	0.0036%
华騳骉	纪委书记	19.40	0.21%	0.0036%
谭本宏	执行副总裁	19.40	0.21%	0.0036%
叶沛	副总裁	19.40	0.21%	0.0036%
赵非	副总裁	19.40	0.21%	0.0036%
陈伟	副总裁	19.40	0.21%	0.0036%
李名才	副总裁	19.40	0.21%	0.0036%
黎军	董事会秘书	13.66	0.15%	0.0025%
中层管理人员、核心技术（业务）骨干（合计1 266人）		7 536.96	80.02%	1.4053%
首次授予共计1 280人		7 809.62	82.91%	1.4561%

同时，公告称本计划授予的限制性股票，在解除限售期的三个会计年度（2021—2023年）中，分年度进行业绩考核并解除限售，以达到业绩考核目标作为限制性股票解除限售的条件。本计划首次授予的限制性股票各解除限售期的公司业绩要求见表3-2。

表3-2　**限制性股票各解除限售期的公司业绩要求**

解除限售期	业绩考核条件
第一个解除限售期	以2019年业绩为基数，2021年净利润年复合增长率≥50%，且不得低于同行业平均水平或对标企业75分位值，2021年ΔEVA为正。2021年净资产收益率≥1.70%，且不得低于同行业平均水平或对标企业75分位值
第二个解除限售期	以2019年业绩为基数，2022年净利润年复合增长率≥42%，且不得低于同行业平均水平或对标企业75分位值，2022年ΔEVA为正。2022年净资产收益率≥4.80%，且不得低于同行业平均水平或对标企业75分位值
第三个解除限售期	以2019年业绩为基数，2023年净利润年复合增长率≥32%，且不得低于同行业平均水平或对标企业75分位值，2023年ΔEVA为正。2023年净资产收益率≥5.50%，且不得低于同行业平均水平或对标企业75分位值

限制性股票的授予对公司经营成果的影响：按照《企业会计准则第11号——股份支付》的规定，公司将在限售期的每个资产负债表日，根据最新取得的可解除限售人数变动、业绩指标完成情况等后续信息，修正预计可解除限售的限制性股票数量，并按照限制性股票授予日的公允价值，将当期取得的服务计入相关成本费用和资本公积。

公司向激励对象首次授予限制性股票7 809.62万股，首次授予日为2021年2月22日，首次授予限制性股票总成本约为91 919.23万元（按照2021年2月22日收盘价测算）。该成本将在本激励计划首次授予的限售期、解除限售期内进行摊销，在管理费用中列支，每年摊销金额见表3-3。

表3-3　**首次授予限制性股票总成本的摊销**　单位：万元

激励成本	2021年	2022年	2023年	2024年	2025年
91 919.23	27 660.88	33 193.05	20 426.49	9 362.14	1 276.66

注：上述结果并不代表最终的会计成本。会计成本除了与授予日、授予价格和授予数量相关，还与实际生效和失效的权益数量有关，上述对公司经营成果影响的最终结果将以会计师事务所出具的年度审计报告为准。

（根据巨潮资讯网http：//www.cninfo.com.cn/长安汽车公司公告整理）

通过阅读长安汽车发布的关于向A股限制性股票激励计划激励对象首次授予限制性股票的公告信息，我们关注到，长安汽车本次股份支付授予日为2021年2月22日，采用的股票支付类型为限制性股票，授予对象主要为公司高管及中层管理人员、核心技术（业务）骨干，并详细公告了本次授予的限制性股票各解除限售期的公司业绩要求，限制性股票的授予对公司经营成果的影响。那么，股份支付一般要经过什么环节？公司业绩考核都有哪些条件？企业在股份支付过程中都要遵循什么原则？本章将对这些内容进行系统介绍。

第一节 股份支付的确认

股份支付的四个环节

一、股份支付的概念

股份支付，是“以股份为基础的支付”的简称，是指企业为获取职工和其他方提供服务而授予权益工具或者承担以权益工具为基础确定的负债的交易。我国《公司法》、《证券法》和《上市公司股权激励管理办法》等法律法规允许上市公司以股票期权等方式对职工进行激励。股份支付具有如下特征：

1. 股份支付是企业与职工或其他方之间发生的交易

以股份为基础的支付可能发生在企业与股东之间、合并交易中的合并方与被合并方之间或者企业与职工之间，只有发生在企业与其职工或向企业提供服务的其他方之间的交易，才属于股份支付的范围。

企业授予职工期权、认股权证等衍生工具或其他权益工具，对职工进行激励或补偿，以换取职工提供的服务，实质上属于职工薪酬的组成部分，但由于股份支付是以权益工具的公允价值为计量基础的，与职工薪酬采用了不同的计量原则，因此属于股份支付的范畴。

2. 股份支付是以获取职工或其他方服务为目的的交易

企业在股份支付交易中意在获取其职工或其他方提供的服务（费用）或取得这些服务的权利（资产）。企业获取这些服务或权利的目的是用于其正常生产经营活动，不是转手获利等。

3. 股份支付交易的对价或其定价与企业自身权益工具未来的价值密切相关

股份支付交易与企业和其职工间其他类型交易的最大不同是，交易对价或其定价与企业自身权益工具未来的价值密切相关。在股份支付中，企业要么向职工支付其自身权益工具，要么向职工支付一笔金额高低取决于结算时企业自身权益工具的公允价值的现金。对价的特殊性可以说是股份支付概念最显著的特征。

我国企业会计准则把股份支付限制在以股份为基础的薪酬和服务费用这一范围内，并且用于支付的权益工具也仅限于企业自身权益工具，其他涉及股份支付的业务分别适用其他会计准则，如企业通过股份支付获取商品等交易，按照《企业会计准则第7号——非货币性资产交换》和《企业会计准则第12号——债务重组》进行处理；企业发行权益性工具取得其他企业净资产的交易，按照《企业会计准则第20号——企业合并》进行处理；企业通过股份支付换入现金或其他金融工具等交易，按照《企业会计准则第22号——金融工具确认和计量》进行处理。

视野拓展

以下情形通常不构成股份支付：面向全体股东的低价配股；对未在企业任职的亲属转让或发行股份（该交易实务中多为赠与行为）；继承、分割、赠与等亲属之间转让，即使相关亲属为公司员工；公司的小股东（一般为持股5%以下）对企业员工低价转让股份；资产重组（如收购子公司少数股东股权等）或资产整合过程中的补偿或者持股交换（如原持有子公司股权，公司重组时改为持有母公司股权）；股权转让是为了将股权清晰规范、解决股份代持问题的。

二、股份支付的主要类型

股份支付按结算方式的不同，可以分为以权益结算的股份支付和以现金结算的股份支付两类。

（一）以权益结算的股份支付

以权益结算的股份支付，是指企业为获取服务而以股份或其他权益工具作为对价进行结算的交易。以权益结算的股份支付最常用的工具有两类，即限制性股票和股票期权。

限制性股票是指职工或其他方按照股份支付协议规定的条款和条件，从企业获得一定数量的本企业股票。企业授予职工一定数量的股票，在一个确定的等待期内或在满足特定业绩指标之前，职工出售股票要受到持续服务期限条款或业绩条件的限制。

股票期权是指企业授予职工或其他方在未来一定期限内以预先确定的价格和条件购买本企业一定数量股票的权利。股票期权实质上是一种向激励对象定向发行的认购权证。

（二）以现金结算的股份支付

以现金结算的股份支付，是指企业为获取服务而承担的以股份或其他权益工具为基础计算的交付现金或其他资产的义务的交易。以现金结算的股份支付最常用的工具有两类，即模拟股票和现金股票增值权。

股票增值权和模拟股票，是用现金支付模拟的股权激励机制，即与股票挂钩，但用现金支付。除不需实际行权和持有股票之外，现金股票增值权的运作原理与股票期权是一样的，都是一种增值权形式的与股票价值挂钩的薪酬工具。除不需实际授予股票和持有股票之外，模拟股票的运作原理与限制性股票是一样的。

三、股份支付的主要环节

以薪酬性股票期权为例，典型的股份支付通常涉及四个主要环节：授予、可行权、行权和出售，具体如图3-1所示。

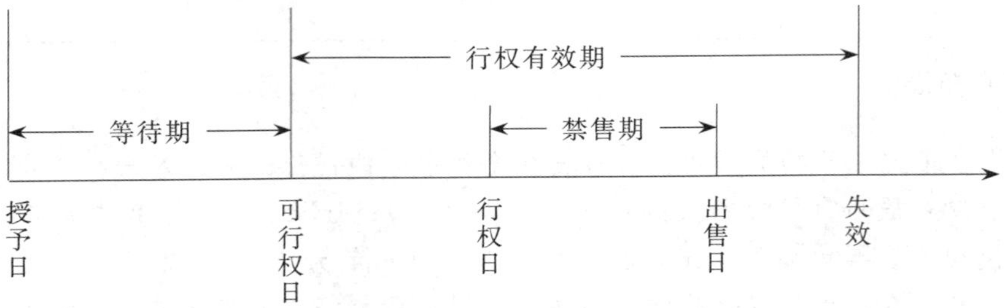

图3-1 典型的股份支付交易环节

(一) 授予日

授予日是指股份支付协议获得批准的日期。其中“获得批准”，是指企业与职工或其他方就股份支付的协议条款和条件已达成一致，该协议获得股东大会或类似权力机构的批准。这里的“达成一致”是指，在双方对该计划或协议的内容充分形成一致理解的基础上，均接受其条款和条件。如果按照相关法规的规定，在提交股东大会或类似权力机构之前存在必要程序或要求，则应履行该程序或满足该要求。

(二) 可行权日

可行权日是指可行权条件得到满足、职工或其他方具有从企业取得权益工具或现金权利的日期。只有已经可行权的股票期权，才是职工真正拥有的“财产”，才能去选择行权。从授予日至可行权日的时段，是可行权条件得到满足的期间，因此，称为“等待期”，又称“行权限制期”。对于可行权条件为规定服务期间的股份支付，等待期为授予日至可行权日的期间；对于可行权条件为规定业绩的股份支付，应当在授予日根据最可能的业绩结果预计等待期的结束。

(三) 行权日

行权日是指职工和其他方行使权利、获取现金或权益工具的日期。例如，持有股票期权的职工行使了以特定价格购买一定数量本公司股票的权利，该日期即为行权日。行权是按期权的约定价格实际购买股票，一般是在可行权日之后到期权到期日之前的可选择时段内行权。

(四) 出售日

出售日是指股票的持有人将行使期权所取得的股票出售的日期。按照我国法规规定，用于期权激励的股份支付协议，应在行权日与出售日之间设立禁售期，其中国有控股上市公司的禁售期不得低于两年。

视野拓展

禁售期（锁定期）是指公司员工取得限制性股票后不得通过二级市场或其他方式进行转让的期限。根据我国《上市公司股权激励管理办法》的规定，限制性股票自授予日起，禁售期不得少于1年。设置禁售期的意义在于：(1) 防止造假上市的一种措施。目前境内市场常规IPO的周期，准备上市一年，排队一年多，上市后再等三年，总计约五年时间，企业很难做到持续性造假，因为成本过高。（2）防止公司高管或者机构在刚开盘时就套现，严重影响股价。

四、股份支付条件及其变更

股份支付协议中的条件包括可行权条件和非可行权条件。可行权条件是指能够确定企业是否得到职工或其他方提供的服务，且该服务使职工或其他方具有获取股份支付协议规定的权益工具或现金等权利的条件；反之，为非可行权条件。在满足这些条件之前，职工无法获得股份。

可行权条件具体包括服务期限条件和业绩条件。

（一）服务期限条件

服务期限条件是指在股份支付协议中规定股份支付的授予对象应该在本企业服务的年限，只有实际工作年限达到规定的服务年限以后才可以行权。例如，某公司向总经理授予100万份股票期权，约定总经理从即日起在该公司连续服务3年，即可以每股5元的价格购买100万股该公司股票，"连续服务3年"就是服务期限条件。

（二）业绩条件

业绩条件是指职工或其他方完成规定服务期限且企业已经达到特定业绩目标才可行权的条件，具体包括市场条件和非市场条件。

（1）市场条件，是指行权价格、可行权条件以及行权可能性与权益工具的市场价格相关的业绩条件，如股份支付协议中关于本企业股票价格上升至何种水平职工可相应取得多少股份的规定。

（2）非市场条件，是指除市场条件之外的其他业绩条件，如股份支付协议中关于达到盈利目标或销售目标才可行权的规定。

非可行权条件、服务期限条件和业绩条件的判断如图3-2所示。

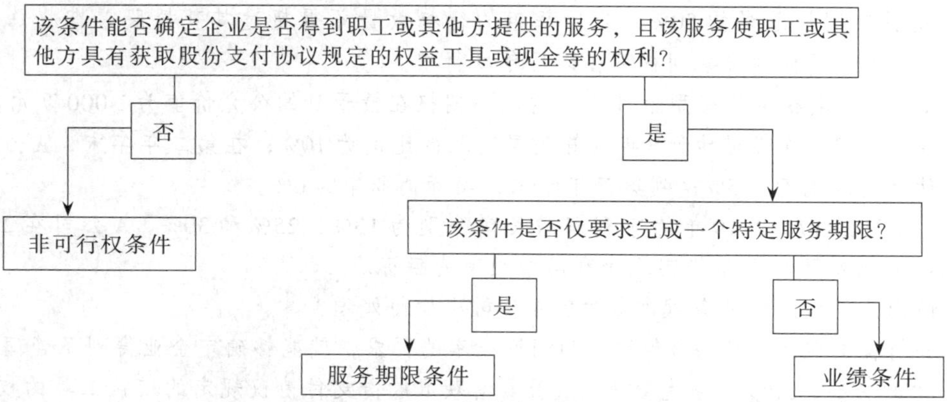

图3-2　非可行权条件、服务期限条件和业绩条件的判断

市场条件与非市场条件的比较如图3-3所示。

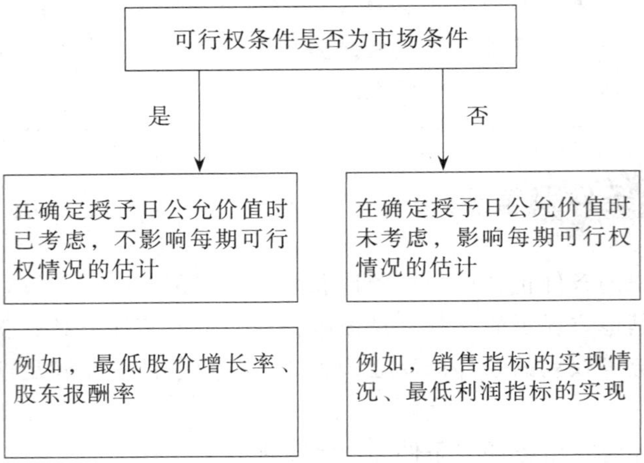

图3-3　市场条件与非市场条件处理的比较

[例3-1]

甲公司授予其管理层的一份股份支付协议规定，今后5年中，公司股价每年提高10%以上，则可获得一定数量的该公司股票。到第五年年末，该目标未实现。甲公司在第五年的年末已经确认了收到管理层提供的服务，因为业绩增长是一个市场条件，因此这些费用不应再转回。

[例3-2]

A公司为上市公司，2×16年12月1日，公司股东大会通过了《关于A公司股票期权激励计划的议案》，对管理层人员进行股权激励。该股权激励计划的行权条件是：(1) 公司净利润以2×16年年末为固定基数，2×17—2×19年的净利润增长率分别比2×16年增长12%、14%、36%以上；(2) 管理层成员在其后3年中都在公司任职服务。在满足行权条件后，管理层成员即可以低于市价的价格购买一定数量的本公司股票。同时，作为协议的补充，公司规定：激励对象在行权日后第一年的行权数量不得超过其获授股票期权总量的50%，此后每年的行权数量不得超过其获授股票期权总量的20%。当年未行权的股票期权可在以后年度行权。

A公司以期权定价模型估计授予的此项期权在授予日的公允价值为1 000万元。

在授予日，A公司估计3年内管理层离职的比例为10%；在第二年年末，A公司调整其估计离职比例为5%；到第三年年末，实际离职率为6%。

A公司2×17—2×19年的净利润增长率分别为13%、25%和30%。A公司在2×17、2×18年年末都预计下年能实现净利润增长率的目标。

请问此例涉及哪些条款和条件？A公司应如何处理？

分析：同时满足服务3年和净利润增长率的要求，就能够确定企业得到了管理层成员提供的服务，且该服务使管理层成员具有获取股份支付协议规定的权益工具的权利，因此，这是一项非市场业绩条件。

虽然公司要求激励对象在行权日后第一年的行权数量不得超过其获授股票期权总量的50%，此后每年的行权数量不得超过其获授股票期权总量的20%，但不影响其可行权，因而不属于可行权条件。

按照《企业会计准则第11号——股份支付》的规定，第一年年末确认的服务费用为：

1 000×1/3×90%=300（万元）

第二年年末累计确认的服务费用为：

1 000×2/3×95%=633.33（万元）

第三年年末累计确认的服务费用为：

1 000×94%=940（万元）

由此，第二年应确认的费用为：

633.33-300=333.33（万元）

第三年应确认的费用为：

940-633.33=306.67（万元）

最后，94%的管理层成员满足了可行权条件中的服务期限条件。尽管净利润增长率的非市场条件未得到满足，A公司在3年的年末也均确认了收到管理层提供的服务，并相应确认了费用。

（三）条款和条件的变更

有些情况下，企业可能需要对股份支付协议中的可行权条件做出变更，如股票除权、除息或因其他原因需要调整行权价格或股票期权数量。此外，为取得更佳的激励效果，有关法规也允许企业依据股份支付协议的规定，调整行权价格或股票期权数量，但应当由董事会做出决议并经股东大会审议批准，或者由股东大会授权董事会决定。

在会计上，无论已授予的权益工具的条款和条件如何变更，甚至取消权益工具的授予或结算该权益工具，企业确认的服务的金额不应低于权益工具在授予日的公允价值，除非因不能满足权益工具的可行权条件（除市场条件）而无法行权。

1. 条款和条件的有利修改

企业应当分别以下情况，确认导致股份支付公允价值总额升高以及其他对职工有利的修改的影响：

（1）如果修改增加了所授予的权益工具的公允价值，企业应按照权益工具公允价值的增加相应地确认取得服务的增加。权益工具公允价值的增加是指修改前后的权益工具在修改日的公允价值之间的差额。

如果修改发生在等待期内，在确认修改日至修改后的可行权日之间取得服务的公允价值时，应当既包括在剩余原等待期内以原权益工具授予日公允价值为基础确定的服务金额，也包括权益工具公允价值的增加额。如果修改发生在可行权日之后，企业应当立即确认权益工具公允价值的增加。如果股份支付协议要求职工只有先完成更长期间的服务才能取得修改后的权益工具，则企业应在整个等待期内确认权益工具公允价值的增加。

（2）如果修改增加了所授予的权益工具的数量，企业应当按增加的权益工具的公允价值相应地增加取得服务的金额。

如果修改发生在等待期内，在确认修改日至增加的权益工具可行权日之间取得服务的公允价值时，应当既包括在剩余原等待期内以原权益工具授予日公允价值为基础确定的服务金额，也包括权益工具公允价值的增加额。

（3）如果企业按照有利于职工的方式修改可行权条件，如缩短等待期、变更或者取消业绩条件（而非市场条件），企业在处理可行权条件时，应当考虑修改后的可行权条件。

2. 条款和条件的不利修改

如果企业以减少股份支付公允价值总额的方式或其他不利于职工的方式修改条款和条件，企业仍应继续对取得的服务进行会计处理，如同该变更从未发生，除非企业取消了部分或全部已授予的权益工具。具体包括如下几种情况：

（1）如果修改减少了所授予的权益工具的公允价值，企业应当继续以权益工具在授予日的公允价值为基础，确认取得服务的金额，而不应考虑权益工具公允价值的减少。

（2）如果修改减少了所授予的权益工具的数量，企业应当将减少部分作为已授予的权益工具的取消来处理。

（3）如果企业以不利于职工的方式修改可行权条件，如延长等待期、增加或者变更业绩条件（而非市场条件），企业在处理可行权条件时，不应当考虑修改后的可行权条件。

第二节 股份支付的计量

一、股份支付的计量原则

（一）以权益结算的股份支付的计量原则

1. 以权益结算的股份支付换取职工提供服务的，应当以授予职工权益工具的公允价值计量。

根据性质不同，股份支付分为可立即行权和等待行权两大类。

授予后立即行权的换取职工服务的以权益结算的股份支付，应当在授予日，即股份支付协议获得批准的日期，按照权益工具的公允价值计入相关成本或费用，相应增加资本公积。

完成等待期内的服务或达到规定业绩条件才可行权的换取职工服务的以权益结算的股份支付，在等待期内的每个资产负债表日，应当以对可行权权益工具数量的最佳估计为基础，按照权益工具授予日的公允价值，将当期取得的服务计入相关成本或费用和资本公积。在资产负债表日，后续信息表明可行权权益工具的数量与以前估计不同的，应当进行调整，并在可行权日调整至实际可行权的权益工具数量。企业在可行权日之后，不再对已经确认的相关成本或费用和所有者权益总额进行调整。

2. 以权益结算的股份支付换取其他方服务的，应当分别下列情况处理：

（1）其他方服务的公允价值能够可靠计量的，应当按照其他方服务在取得日的公允价值计入相关成本或费用，相应增加所有者权益。

（2）其他方服务的公允价值不能可靠计量，但权益工具公允价值能够可靠计量的，应当按照权益工具在服务取得日的公允价值计入相关成本或费用，相应增加所有者权益。

3.以权益结算的股份支付，在行权日，企业根据实际行权的权益工具数量，计算确定应转入实收资本或股本的金额，将其转入“实收资本”或“股本”账户。

（二）以现金结算的股份支付的计量原则

（1）以现金结算的股份支付与以权益结算的股份支付的主要区别在于前者确认为负债，后者确认为权益，即以现金结算的股份支付应当按照企业承担的以股份或其他权益工具为基础计算确定的负债的公允价值计量。

（2）对于授予后立即可行权的以现金结算的股份支付，企业应当在授予日按照企业承担负债的公允价值计入相关成本或费用，同时计入负债。

（3）对于完成等待期内的服务或达到规定业绩条件以后才可行权的以现金结算的股份支付，在等待期内的每个资产负债表日，应当以对可行权情况的最佳估计为基础，按照企业承担负债的公允价值金额，将当期取得的服务计入成本或费用和相应的负债。在资产负债表日，后续信息表明企业当期承担债务的公允价值与以前估计不同的，应当进行调整，并在可行权日调整至实际可行权水平。

（4）企业应当在相关负债结算前的每个资产负债表日以及结算日对负债的公允价值重新计量，将其变动计入损益。

二、权益工具公允价值的确定

通常情况下，企业应当按照《企业会计准则第22号——金融工具确认和计量》的有关规定确定权益工具的公允价值，并根据股份支付协议的条款和条件进行调整。

（一）股份

对于授予职工的股份，企业应按照其股份的市场价格计量。如果其股份未公开交易，则应考虑其条款和条件估计其市场价值。

（二）期权

对于授予职工的股票期权，因为常常无法获得其市场价格，企业应当根据用于股份支付的期权的条款和条件，采用期权定价模型估计其公允价值。

【启发思考】以权益结算的股份支付换取职工提供服务的，应当以授予职工权益工具的公允价值计量；以现金结算的股份支付，应当按照企业承担的以股份或其他权益工具为基础计算确定的负债的公允价值计量。这两种形式下公允价值确定有何异同？请思考，会计人员如何遵循“坚持准则、诚实守信”的会计职业道德，以提高会计信息质量，更好地服务于经济社会发展？

第三节 股份支付的账务处理

一、股份支付的账务处理原则

股份支付的账务处理必须以完整、有效的股份支付协议为基础。以股份支付换取职工或其他方服务业务的账务处理遵循以下原则：

1.在授予日，除了立即可行权的股份支付外，无论是以权益结算的股份支付还是以现金结算的股份支付，企业在授予日均不进行账务处理。

[例3-3]

2×11年1月1日，企业授予10名管理人员每人100份股票期权，2×14年1月1日才可以行权。授予日为2×11年1月1日，因为不能立即行权，所以企业在授予日不进行账务处理。

2.企业应当在等待期内的每个资产负债表日，将取得的职工服务计入成本费用，同时确认所有者权益或负债。在等待期内的每个资产负债表日，计入各期成本费用的金额受两方面因素的影响：

（1）权益工具公允价值的影响。

权益工具公允价值的确定：对于授予的存在活跃市场的权益工具，应当按照活跃市场中的报价确定其公允价值。对于授予的不存在活跃市场的权益工具，应当采用期权定价模型等估值技术确定其公允价值。

股份支付的结算方式不同，公允价值变动的影响也不同。对于权益结算的涉及职工的股份支付，应当按照授予日权益工具的公允价值计入成本费用和资本公积（其他资本公积），不确认其后续公允价值变动。对于现金结算的涉及职工的股份支付，应当按照每个资产负债表日权益工具的公允价值重新计量，确定成本费用和应付职工薪酬。

[例3-4]

2×15年1月1日，某上市公司向20名高级管理人员每人授予1 000份认股权证，该认股权证将于2×19年12月31日期满行权。该公司股票在授予日的公允价值为6元/股，假设该股票每股的公允价值在2×15年12月31日、2×16年12月31日、2×17年12月31日、2×18年12月31日和2×19年12月31日分别为7元、8元、9元、10元和11元。

该公司在等待期内的5个资产负债表日，都应当按照授予日权益工具的公允价值，即6元/股，计入成本费用和资本公积（其他资本公积），不确认其后续公允价值变动。

[例3-5]

2×17年1月1日，某上市公司向50名高级管理人员每人授予200份现金股票增值权，于2×19年12月31日开始行权。该公司股票在授予日的公允价值为5元/股，假设该股票每股的公允价值在2×17年12月31日、2×18年12月31日、2×19年12月31日分别为9元、12元和15元。

2×17年年末，应计入的管理费用按照2×17年12月31日的该公司股票每股的公允价值9元计算；

2×18年年末，按照2×18年12月31日的该公司股票每股的公允价值12元重新计算；

2×19年年末，按照2×19年12月31日的该公司股票每股的公允价值15元重新计算。

（2）可行权的权益工具数量的影响。

在等待期内每个资产负债表日，企业应当根据最新取得的可行权职工人数变动等后续信息进行最佳估计，修正预计可行权的权益工具数量。在可行权日，最终预计可行权权益工具的数量应与实际可行权权益工具的数量一致。

[例3-6]

沿用［例3-4］的有关资料，假设前两年没有高级管理人员离职，第三年有2人离职，第四年和第五年各有1人离职。

在5年的等待期中，该项股份支付每年应计入管理费用的金额分别如下：

第一年计入管理费用的金额=6×20×1 000×1/5=24 000（元）

第二年计入管理费用的金额=6×20×1 000×2/5-24 000=24 000（元）

第三年计入管理费用的金额=6×（20-2）×1 000×3/5-48 000
=64 800-48 000=16 800（元）

第四年计入管理费用的金额=6×（20-2-1）×1 000×4/5-64 800
=81 600-64 800=16 800（元）

第五年计入管理费用的金额=6×（20-2-1-1）×1 000×5/5-81 600
=96 000-81 600=14 400（元）

五年累计计入管理费用金额=24 000+24 000+16 800+16 800+14 400=96 000（元）

[例3-7]

沿用［例3-5］的有关资料，假设2×17年有2人离职，预计5年的离职比例会达到16%，2×18年又有3人离职，将离职比例调整为12%。2×19年有2人离职。

2×17年计入管理费用的金额=50×（1-16%）×9×200×1/3=25 200（元）

2×18年计入管理费用的金额=50×（1-12%）×12×200×2/3-25 200
=70 400-25 200=45 200（元）

2×19年计入管理费用的金额=（50-7）×15×200×3/3-70 400
=129 000-70 400=58 600（元）

对于附有市场条件的股份支付，只要职工满足了其他所有非市场条件，企业就应当确认已取得的服务。在等待期内，业绩条件为非市场条件的，如果后续信息表明需要调整对可行权情况的估计的，应对前期估计进行修改。

3.以权益结算的股份支付换取其他方服务的，其他方服务的公允价值能够可靠计量的，应当按照其他方服务在取得日的公允价值，计入相关成本或费用，相应增加资本公积（其他资本公积）；其他方服务的公允价值不能可靠计量，但权益工具公允价值能够可靠计量的，应当按照权益工具在服务取得日的公允价值，计入相关成本或费用，相应增加资本公积（其他资本公积）。

4.可行权日之后的会计处理原则。

（1）对于以权益结算的股份支付，在可行权日之后不再对已确认的成本费用和所有者权益总额进行调整。企业应在行权日根据行权情况，确认股本和股本溢价，同时结转等待期内确认的资本公积（其他资本公积）。

（2）对于以现金结算的股份支付，企业在可行权日之后不再确认成本费用，负债（应付职工薪酬）公允价值的变动应当计入当期损益（公允价值变动损益）。

5.回购股份进行职工期权激励。

企业以回购形式奖励本企业职工的，属于以权益结算的股份支付。企业回购股份时，应按回购股份的全部支出作为库存股处理，同时进行备查登记。按照《企业会计准则第11号——股份支付》对职工权益结算股份支付的规定，企业应当在等待期内每个资产负债表日按照权益工具在授予日的公允价值，将取得的职工服务计入成本费用，同时增加资本公积（其他资本公积）。在职工行权购买本企业股份时，企业应转销交付职工的库存股成本和等待期内资本公积（其他资本公积）累计金额，同时，按照其差额调整资本公积（股本溢价）。

二、股份支付的账务处理方法

以权益结算的股份支付

（一）以权益结算的股份支付

［例3-8］

某企业由于2×10年效益大幅度上升，2×11年1月1日经股东大会讨论通过，并经相关部门批准，以增发新股的方式对企业生产员工90人进行奖励，每个员工奖励普通股1 000股，共计90 000股。该公司股票当天的市场价格为10元/股，该项股份支付可立即行权。2×11年1月31日90名员工行权，企业发行股票支付，每股面值1元。

分析：此项股份支付为可立即行权的股份支付，该项股份支付在授予日确认。该项涉及职工的股份支付是以权益结算的，应当按照授予日权益工具的公允价值，即10元/股，计算应计入当期的成本和资本公积（其他资本公积）。

（1）2×11年1月1日，授予日确认生产成本：

生产成本=90×1 000×10=900 000（元）

借：生产成本　900 000

　贷：资本公积——其他资本公积　900 000

（2）2×11年1月31日，行权日会计处理如下：

借：资本公积——其他资本公积　900 000

　贷：股本　90 000

　　资本公积——股本溢价　810 000

［例3-9］

2×10年1月1日，某上市公司向30名高级管理人员授予本公司认股权证，每人1 000份，当日本公司股票的市场价格为5元/股，行权条件是要求员工必须自授予日起在本公司连续工作3年，到2×12年12月31日期满可以行权，行权时，高级管理人员将以6元/股认购本公司股票。2×10年12月31日本公司股票公允价值为8元/股，2×11年12月31日本公司股票公允价值为10元/股，2×12年12月31日本公司股票公允价值为12元/股。假设该公司高级管理人员2×10年预计有10%离职，2×11年有5人离职，将预计的离职比例调整为20%，2×12年又有5人离职。假设2×12年12月31日，其余管理人员20人全部行权，企业经过批准发行新股支付管理人员。

分析：此项股份支付为不能立即行权的股份支付，该项股份支付在授予日不能确认，应该在等待期，即2×10年、2×11年、2×12年的年末，根据估计的未来3年内管理人员的离职情况，确认可能行权的权益工具的数量，该项涉及职工的股份支付是以权益工具结算的，应当按照授予日权益工具的公允价值，即5元/股，计算应计入各期的成本或费用和资本公积（其他资本公积），不确认其后续公允价值的变动。

1.3年的成本或费用和资本公积的计算过程见表3-4。

表3-4　**等待期内成本或费用和资本公积的计算过程**　单位：元

年份	计算	当期费用	累计费用
2×10	30×1 000×（1-10%）×5×1/3	45 000	45 000
2×11	30×1 000×（1-20%）×5×2/3-45 000	35 000	80 000
2×12	（30-10）×1 000×5-80 000	20 000	100 000

2.会计处理如下：

（1）2×10年1月1日，授予日不进行账务处理。

（2）2×10年12月31日，按照授予日权益工具的公允价值，即5元/股，以及本期期末估计的可能行权的数量，计算应计入本期成本或费用和资本公积（其他资本公积）的金额。

借：管理费用　45 000

　贷：资本公积——其他资本公积　45 000

（3）2×11年12月31日，按照授予日权益工具的公允价值，即5元/股，以及本期末估计的可能行权的数量，计算应计入本期成本或费用和资本公积（其他资本公积）的金额。

借：管理费用 35 000

贷：资本公积——其他资本公积 35 000

（4）2×12年12月31日，按照授予日权益工具的公允价值，即5元/股，以及本期末估计的可能行权的数量，计算应计入本期成本或费用和资本公积（其他资本公积）的金额。

借：管理费用 20 000

贷：资本公积——其他资本公积 20 000

（5）2×12年12月31日，20名高级管理人员行权，每股支付6元，公司收到款项共计120 000元（20×1 000×6），股份面值为1元，通过发行新股进行股份支付。

借：银行存款 120 000

资本公积——其他资本公积 100 000

贷：股本 20 000

资本公积——股本溢价 200 000

[例3–10]

甲公司是一家上市公司，假设2×11年1月1日，甲公司与员工签订了股份支付协议。该日的甲公司股票公允价值为每股10元，该项股份支付的股票来源是前期回购的库存股，每股回购成本3元。相关资料如下：

（1）甲公司每位员工（总数1 000人）可以获得该公司发行的50股股票；1月31日，有170名职工行权。

（2）甲公司的技术人员（60人）如果未来连续在甲公司工作3年，3年末每人将获得甲公司100股的股票。2×11年12月31日甲公司估计，车间技术人员在未来的3年将有10%会离职。

（3）如果甲公司的主营业务收入连续两年平均增长6%，甲公司的高级管理人员4人，每人将获得甲公司500股的股票，估计没有人员会离职。

（4）甲公司与A咨询公司签订了咨询服务协议，A咨询公司为甲公司提供咨询服务，费用为120股甲公司的股权，A咨询公司于1月底完成该项服务。A咨询公司服务的公允价值不能可靠计量，1月31日甲公司股票公允价值为每股11元。

本例只计算到2×11年年末，其他年份会计处理略。相关的分析及会计处理如下：

（1）对所有职工的股份支付属于授予后立即可行权的，授予日为2×11年1月1日，所以应于1月1日按每股10元的公允价值确认。

公允价值=1 000×50×10=500 000（元）

借：生产成本等 500 000

贷：资本公积——其他资本公积 500 000

1月31日，170名职工行权，以库存股支付：

库存股成本=170×50×3=25 500（元）

从其他资本公积中转出的金额=170×50×10=85 000（元）

借：资本公积——其他资本公积　　85 000

　贷：库存股　　25 500

　　　资本公积——股本溢价　　59 500

（2）对技术人员的股份支付属于完成等待期内的服务才可行权的股份支付，应于每个资产负债表日估计可行权权益工具的数量，再按授予日的公允价值计算应当计入每期成本或费用和资本公积的金额。

2×11年1月31日估计可行权权益工具的数量=100×（1−10%）×60=5 400（股）

计入2×11年成本的金额=5 400×10×1/3=18 000（元）

借：生产成本　　18 000

　贷：资本公积——其他资本公积　　18 000

（3）对高级管理人员的股份支付属于达到业绩条件才可行权的股份支付，等待期为两年。按照授予日（2×11年1月1日）权益工具的公允价值计算。

2×11年12月31日应确认的金额=500×4×10×1/2=10 000（元）

借：管理费用　　10 000

　贷：资本公积——其他资本公积　　10 000

（4）对从A咨询公司获得服务的股权支付属于以权益结算的股份支付换取其他方服务。若A咨询公司服务的公允价值不能可靠计量，甲公司应以服务取得日即1月31日的股票公允价值入账。

公允价值=120×11=1 320（元）

借：管理费用　　1 320

　贷：资本公积——其他资本公积　　1 320

其他股份支付的具体行权类似（略）。

（二）以现金结算的股份支付

以现金结算的股份支付

［例3-11］

2×10年1月1日，某公司制定的高管人员的激励办法如下：如果公司连续两年净利润率均超过18%，公司将按照2万股股票的等值现金对中层以上管理人员进行奖励，当日公司股票市场价格为3元/股。2×10年公司净利润增长率为20%，预计2×11年净利润率超过18%的目标能够实现，2×10年12月31日，公司股票价格为4元/股。2×11年公司净利润率为19%，完成了预定的业绩目标，公司按承诺对中层以上管理人员进行奖励，2×11年12月31日，公司股票价格为5元/股。

（1）授予日不能立即行权，不需做会计处理。

（2）2×10年12月31日，本期确认费用和负债为40 000元（4×20 000×1/2），会计处理如下：

借：管理费用 40 000

贷：应付职工薪酬 40 000

（3）2×11年12月31日，本期确认费用和负债为60 000元（5×20 000×2/2−40 000），会计处理如下：

借：管理费用 60 000

贷：应付职工薪酬 60 000

（4）2×11年12月31日，行权时向中层以上管理人员支付奖励的会计分录如下：

借：应付职工薪酬 100 000

贷：银行存款 100 000

［例3-12］

2×11年1月1日，B公司为其200名中层以上管理人员每人授予100份现金股票增值权，这些人员从2×11年1月1日起必须在该公司连续服务3年，即可自2×13年12月31日起，根据股价的增长幅度获取现金，该增值权应在2×15年12月31日之前行使完毕。B公司估计，该增值权在负债结算之前的每一个资产负债表日以及结算日的公允价值和可行权日后的每份增值权现金支出额见表3-5。

表3-5 每份增值权公允价值和现金支出情况 单位：元

年份	公允价值	支付现金
2×11	14	
2×12	15	
2×13	18	16
2×14	21	20
2×15		25

第一年有20名管理人员离开B公司，B公司估计3年中还将有15名管理人员离开；第二年又有10名管理人员离开公司，B公司估计还将有10名管理人员离开；第三年又有15名管理人员离开；第三年年末，假定有70人行使股票增值权取得了现金；第四年年末，有50人行使了股票增值权；第五年年末，剩余35人也行使了股票增值权。

分析：此项股份支付为不立即行权的以现金结算的股份支付，该项股份支付在授予日不能确认，应该在2×11年、2×12年和2×13年3年等待期的每年年末，根据估计的未来3年内管理人员的离职情况，确认可能行权的数量，该项涉及职工的股份支付是以现金结算的，应当按照每个资产负债表日权益工具的公允价值重新计量，计算应计入各年的成本或费用和应付职工薪酬。B公司在可行权日之后不再确认成本费用，2×14年和2×15年年末为可行权日后，公允价值的变动应当计入当期损益，即公允价值变动损益。

1. 费用和应付职工薪酬计算过程见表3-6。

表3-6 费用和应付职工薪酬计算过程 单位：元

年份	负债计算 ①	支付现金 ②	当期费用 ③=当期①-前期①+当期②
2×11	（200-35）×100×14×1/3=77 000		77 000
2×12	（200-40）×100×15×2/3=160 000		83 000
2×13	（200-45-70）×100×18=153 000	70×100×16=112 000	105 000
2×14	（200-45-70-50）×100×21=73 500	50×100×20=100 000	20 500
2×15	73 500-73 500=0	35×100×25=87 500	14 000
合计		299 500	299 500

2. 账务处理：

（1）2×11年1月1日，授予日不进行账务处理。

（2）2×11年12月31日。

借：管理费用　77 000

　贷：应付职工薪酬——股份支付　77 000

（3）2×12年12月31日。

借：管理费用　83 000

　贷：应付职工薪酬——股份支付　83 000

（4）2×13年12月31日。

借：管理费用　105 000

　贷：应付职工薪酬——股份支付　105 000

借：应付职工薪酬——股份支付　112 000

　贷：银行存款　112 000

（5）2×14年12月31日。

借：公允价值变动损益　20 500

　贷：应付职工薪酬——股份支付　20 500

借：应付职工薪酬——股份支付　100 000

　贷：银行存款　100 000

（6）2×15年12月31日。

借：公允价值变动损益　14 000

　贷：应付职工薪酬——股份支付　14 000

借：应付职工薪酬——股份支付　87 500

　贷：银行存款　87 500

三、股份支付的信息披露

1.企业应当在附注中披露与股份支付有关的下列信息：

（1）当期授予、行权和失效的各项权益工具总额。

（2）期末发行在外的股份期权或其他权益工具行权价格的范围和合同剩余期限。

（3）当期行权的股份期权或其他权益工具以其行权日价格计算的加权平均价格。

（4）权益工具公允价值的确定方法。

企业对性质相似的股份支付信息可以合并披露。

2.企业应当在附注中披露股份支付交易对当期财务状况和经营成果的影响，至少包括下列信息：

（1）当期因以权益结算的股份支付而确认的费用总额。

（2）当期因以现金结算的股份支付而确认的费用总额。

（3）当期以股份支付换取的职工服务总额及其他方服务总额。

引例分析

依据引例长安汽车2021年限制性股票激励计划给出的资料，分析此次股份支付计划的业务环节，并描述每个环节的基本财务信息，判断股份支付条件的类型，并对本次股份支付进行会计处理。收集2～3家上市公司的股份支付资料，分析判断股份支付面临的会计问题，并对股份支付的效果进行评价。

思考题

1. 什么是股份支付？
2. 股份支付有哪些主要环节？
3. 股份支付有哪些种类？
4. 以权益结算的股份支付和以现金结算的股份支付的确认与计量有何异同？
5. 回购股份激励职工和一般的股份支付有何区别？

练习题

一、单项选择题

1.企业为获取服务而承担的以股份或其他权益工具为基础计算的交付现金或其他资产的义务的交易属于（　　）。

A.股票期权　　B.以现金结算的股份支付

C.以权益结算的股份支付　　D.限制性股票

2.对于以现金结算的股份支付，可行权日后相关负债公允价值发生变动的，其变动金额应在资产负债表日计入财务报表的项目是（　　）。

A.资本公积　　B.管理费用　　C.营业外支出　　D.公允价值变动收益

3.下列各项中，属于可行权条件中的市场条件的是（　　）。

A.服务期限　　B.本年销售业绩　　C.股价增长率　　D.本年利润增长率

4.下列各项中，应当作为以现金结算的股份支付进行会计处理的是（　　）。

A.企业承诺达到可行权条件时授予高管人员本公司股票期权

B.企业承诺达到可行权条件时，向职工无对价定向发行股票

C.授予研发人员以预期股价相对于基准日股价的上涨幅度为基础支付奖励款

D.以低于市价向员工出售限制性股票

5.下列有关股份支付表述不正确的是（　　）。

A.股份支付分为以权益结算的股份支付和以现金结算的股份支付两种

B.除了立即可行权的股份支付外，无论是以权益结算的股份支付还是以现金结算的股份支付，在授予日均不做会计处理

C.授予后立即可行权的以权益结算的股份支付，应在授予日按权益工具的公允价值计入相关成本或费用，并增加应付职工薪酬

D.以权益结算的股份支付在行权日，应根据实际行权的权益工具数量，计算确定应转入股本的金额

二、多项选择题

1.A公司为上市公司，为激励员工，制订了一份股份激励计划。为了保证公司经营所需现金，A公司决定以自身的权益工具进行结算。下列各项中，企业可以选定的支付工具有（　　）。

A.模拟股票　　B.股票期权　　C.限制性股票　　D.现金股票增值权

2.下列关于市场条件和非市场条件的说法中，不正确的有（　　）。

A.企业在确定权益工具在授予日的公允价值时，应考虑非市场条件的影响，而不考虑市场条件的影响

B.市场条件是否得到满足，不影响企业对预计可行权情况的估计

C.非市场条件是否得到满足，不影响企业对预计可行权情况的估计

D.企业在确定权益工具在授予日的公允价值时，应考虑市场条件的影响，而不考虑非市场条件的影响

3.企业以回购股份形式奖励本企业职工的相关会计处理中，正确的有（　　）。

A.企业回购股份时，应当按照回购股份的全部支出作为库存股处理，借记“库存股”科目，贷记“银行存款”科目，同时进行备查登记

B.对职工以权益结算的股份支付，企业应当在等待期内每个资产负债表日按照权益工具在授予日的公允价值，将取得的职工服务计入成本费用，同时增加资本公积（其他资本公积）

C.企业回购股份时，应当按照回购股份的全部支出冲减股本

D.企业应按职工行权购买本企业股份时收到的价款，借记“银行存款”等科目，同时转销等待期内确认的资本公积（其他资本公积）累计金额，借记“资本公积——其他资本公积”科目，按回购的库存股成本对应行权的部分，贷记“库存股”科目，按照上述借贷方差额，调整“资本公积——股本溢价”科目

4.2×14年1月1日，甲公司决定为其100名管理人员每人授予100份股票期权：第一年

年末的可行权条件为企业净利润增长率达到20%；第二年年末的可行权条件为企业净利润两年平均增长率达到15%以上；第三年年末的可行权条件为企业净利润三年平均增长率达到10%。每份期权在2×14年1月1日的公允价值为24元。2×14年年末企业净利润的增长率为18%，没有实现净利润增长20%的目标，但预计2×15年将以同样速度增长。2×15年年末企业净利润仅增长了10%，当年公司仍然估计能够在第三年取得较理想的业绩，从而实现企业净利润3年平均增长率达到10%的目标。根据上述资料，不考虑其他因素，下列说法中正确的有（　　）。

A. 企业应当以2×14年1月1日期权的公允价值为基础在等待期内确认成本费用和所有者权益

B. 2×14年年末企业估计等待期为2年

C. 企业的等待期自始至终都是3年，没有发生变化

D. 2×15年年末估计的等待期是3年

5. 2×14年8月1日，甲公司董事会提议，依据公司业绩授予高层管理人员股票期权。12月20日，经股东大会批准，甲公司向100名高管人员每人授予1万股股票期权。根据股份支付协议的规定，这些高管人员自2×15年1月1日起在公司连续服务满3年，即可于2×17年12月31日无偿获得授予的普通股。2×14年8月1日，甲公司普通股股票的市场价格为每股12元，2×14年12月20日的市场价格为每股16元，2×14年12月31日的市场价格为每股15元，2×15年1月1日的市场价格为每股18元。在等待期内，甲公司没有高管人员离开公司。2×17年12月31日，高管人员全部行权。当日，甲公司普通股的市场价格为每股13.5元。不考虑其他因素，针对该项股份支付协议，下列表述中正确的有（　　）。

A. 2×17年12月31日为可行权日

B. 等待期内应当以每股16元的价格为基础确认成本费用和所有者权益

C. 甲公司应当将该股份支付作为以权益结算的股份支付

D. 甲公司在2×17年12月31日之后需要依据市场价格的变化对已确认的成本费用和所有者权益总额进行调整

三、判断题

1. 无论是以权益结算的股份支付还是以现金结算的股份支付，除了立即可行权的股份支付外，企业在授予日均不做会计处理。（　　）

2. 对于权益结算的股份支付，应当按照每个资产负债表日权益工具的公允价值重新计量，确定成本费用和资本公积。（　　）

3. 股份支付存在非可行权条件的，只要职工或其他方满足了所有可行权条件中的非市场条件，企业应当确认已得到服务相对应的成本费用。（　　）

4. 可行权条件分为市场条件和非市场条件。（　　）

5. 市场条件是否得到满足不影响企业对预计可行权情况的估计。（　　）

四、案例分析

20×6年1月1日，经股东大会批准，甲上市公司（以下简称“甲公司”）与50名高级管理人员签署股份支付协议。协议规定：

①甲公司向50名高级管理人员每人授予10万股股票期权，行权条件为这些高级管理人员从授予股票期权之日起连续服务满3年，公司3年平均净利润增长率达到12%。

②符合行权条件后，每持有1股股票期权可以自20×9年1月1日起1年内，以每股5元的价格购买甲公司普通股股票，在行权期间内未行权的股票期权将失效。甲公司估计授予日每股股票期权的公允价值为15元。

20×6年至20×9年，甲公司与股票期权有关的资料如下：

（1）20×6年5月，甲公司自市场回购本公司股票500万股，共支付款项4 025万元，作为库存股待行权时使用。

（2）20×6年，甲公司有1名高级管理人员离开公司，本年净利润增长率为10%。该年年末，甲公司预计未来两年将有1名高级管理人员离开公司，预计3年平均净利润增长率将达到12%；每股股票期权的公允价值为16元。

（3）20×7年，甲公司没有高级管理人员离开公司，本年净利润增长率为14%。该年年末，甲公司预计未来1年将有2名高级管理人员离开公司，预计3年平均净利润增长率将达到12.5%；每股股票期权的公允价值为18元。

（4）20×8年，甲公司有1名高级管理人员离开公司，本年净利润增长率为15%。该年年末，每股股票期权的公允价值为20元。

（5）20×9年3月，48名高级管理人员全部行权，甲公司共收到款项2 400万元，相关股票的变更登记手续已办理完毕。

要求：

（1）编制甲公司回购本公司股票时的相关会计分录。

（2）计算甲公司20×6年、20×7年、20×8年因股份支付应确认的费用，并编制相关会计分录。

（3）编制甲公司高级管理人员行权时的相关会计分录。

第四章　或有事项

【内容框架】

本章主要介绍了或有事项的概念、特征和内容，系统介绍了或有负债的确认条件、计量方法及其相关主要业务会计处理方法和信息披露方法。具体内容如下图所示：

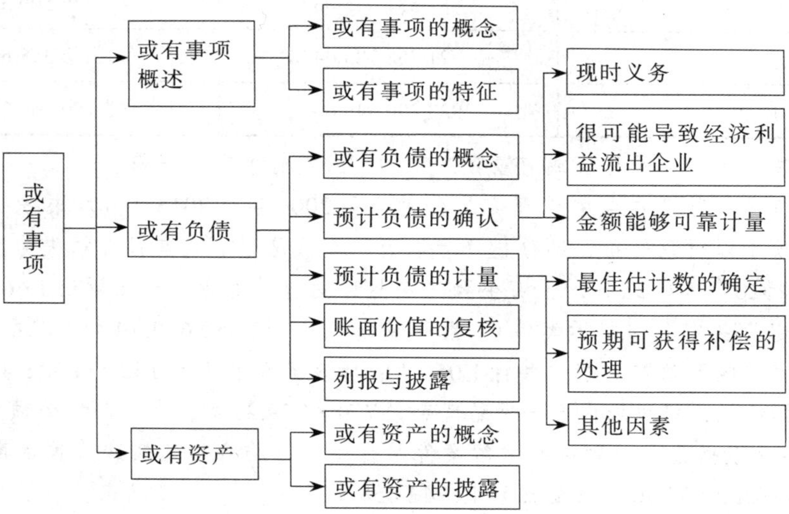

【学习目标】

通过本章学习，理解或有事项的概念、特征和内容，掌握预计负债确认条件和计量方法，熟练掌握或有事项相关经济业务的会计处理方法，掌握或有事项相关信息的披露。

引例

方正科技集团股份有限公司2019年度报告中的预计负债

方正科技集团股份有限公司（简称“方正科技”，A股股票代码600601）1985年成立，主要经营业务为生产和销售PCB产品，提供互联网接入服务、IT系统集成及解决方案等。在信息化向数字化、智能化融合发展趋势下，公司经过多年的精耕细作和行业积累，在IT领域拥有较高的品牌知名度和号召力。

方正科技披露的2019年度财务报告（合并报表）中与或有事项相关的部分信息见表4-1。

表4-1　方正科技2019年度资产负债表（合并报表）中预计负债部分　单位：元

项目	2019年12月31日	2018年12月31日
非流动负债：		
长期借款	649 668 353.19	664 000 000.00
长期应付款	115 201 062.08	387 649 598.83
预计负债	60 230 804.30	40 742 658.31
递延收益	81 531 445.03	79 509 381.96
递延所得税负债	21 758 785.04	8 358 670.52
非流动负债合计	928 390 449.64	1 180 260 309.62

报表附注“十四、承诺及或有事项”中的“2.或有事项”披露：

2017年5月中国证券监督管理委员会对公司2004年至2015年6月未按照规定披露关联交易等事项予以行政处罚，部分投资者以公司虚假陈述导致其投资损失为由对公司提起诉讼。截至2020年5月22日，上海金融法院共计受理投资者提起的诉讼1 465件（不含撤诉、因重复起诉裁定驳回起诉案件），索赔金额共计242 050 610.39元。其中已生效判决、调解的案件（并收到法院文书）共计1 056件，涉及索赔金额为142 531 718.44元（根据生效判决或调解结果，报告期内已支付赔偿金额7 388 959.27元，尚未赔付金额58 418 208.50元）。期末公司根据已生效判决和调解案件赔付比例，结合司法实践，预估期末还需承担的损失额为60 230 804.30元（期初为40 742 658.31元）。

（根据方正科技2019年度财务报告整理）

通过阅读方正科技2018年和2019年的年度财务报告中预计负债相关信息，我们关注到，方正科技确认的预计负债是由未决诉讼引起的。那么未决诉讼是否一定会形成预计负债？确认预计负债需要满足哪些条件？未决诉讼中的诉讼方是否可以确认预计资产？形成预计负债的事项除了未决诉讼，还包括哪些？本章将对这些内容进行系统介绍。

第一节　或有事项概述

一、或有事项的概念

企业在经营活动中有时会面临一些具有较大不确定性的经济事项，如诉讼或仲裁、债务担保、产品质量保证等，这些不确定事项可能会对企业的财务状况和经营成果产生比较大的影响，其最终结果须由某些未来事项的发生或不发生来决定。比如，企业对售出商品提供的售后产品质量保证，即承诺在商品售出后的约定期限内，如果商品发生质量问题，企业将无偿提供修理服务，承担相关费用。销售商品并提供售后产品质量担保是企业过去发生的交易，由此形成未来可能发生的修理服务这一不确定事项，修理费用是否会发生以及如果发生金额是多少等都不确定，这将取决于未来是否发生修理请求以及修理工作量、修理费用的大小等。按照权责发生制原则，企业应在资产负债表日对有产品质量保证的售出商品未来发生修理请求的可能性以及修理工作量的大小做出判断，以决定是否在当期确认可能承担的修理义务，而不能等客户提出修理请求时才确认承担的修理义务。企业的类似这种可能发生的不确定状况都属于或有事项。

或有事项是指企业过去的交易或事项形成的，其结果须由某些未来事项的发生或不发生才能决定的不确定事项。常见的或有事项有：未决诉讼或未决仲裁、债务担保、产品质量保证（含产品安全保证）、亏损合同、重组义务、承诺、环境污染整治等。

【启发思考】或有事项具有不确定性，一名优秀的财会人员怎样才能评估和识别风险，树立风险意识，从而在工作实践中培育“爱岗敬业、坚持准则、提高技能”的会计职业道德，传承会计精神？

二、或有事项的特征

或有事项具有以下特征：

1. 或有事项是由过去的交易或事项形成的

或有事项是由企业过去的交易或事项引起的，在资产负债表日已经存在的一种客观事实，其对企业的影响是有利还是不利以及影响程度的大小都不确定。例如，未决诉讼是企业因过去的经济行为导致起诉其他单位或被其他单位起诉的一种现存状况；再如，产品质量保证是对企业已出售的商品做出的产品质量承诺，而不是对尚未销售商品的质量提供的保证。基于这个特征，凡是未来可能发生的自然灾害、未来可能发生的经营亏损等不确定事项，都不符合这一特征，故不构成或有事项。

2. 或有事项的结果具有不确定性

或有事项的结果是否发生具有不确定性，或者是或有事项的结果会发生，但是发生的具体时间和金额是不确定的。

首先，或有事项的结果是否发生具有不确定性。例如，为其他单位提供债务担保时，债务到期时担保方是否承担和履行连带责任具有不确定性，该或有事项的结果是否发生视被担保方在债务到期时能否按时偿还债务来决定。又如，在未决诉讼中，被起诉一方是否会败诉具有不确定性，要根据人民法院的审判情况来确定。

其次，或有事项的结果预计会发生，但发生的具体时间或金额具有不确定性。比如，企业因生产排放的污水给周围环境造成污染而被起诉，被起诉的企业预计会败诉，但是，该企业败诉后将在何时、支付多少赔偿金是不确定的。

3. 或有事项的结果须由未来事项决定

在或有事项发生时，或有事项的结果具有不确定性。或有事项结果的不确定性的消失，需要由未来事项的发生或不发生来确定。例如，未决诉讼的最终结果只能由法院的判决来决定。或有事项的这一特点说明或有事项具有时效性，随着影响或有事项结果的因素的变化，或有事项最终会转化为确定事项。或有事项的结果只能由未来发生的事项来决定。

企业应该根据或有事项的定义和特征来判断是否为或有事项，会计处理中面临的不确定性事项不都是或有事项。或有事项所具有的不确定性与其他不确定性事项并不完全相同。例如，对固定资产计提折旧时，固定资产的残值和使用年限具有不确定性，需要进行分析和判断，但是，固定资产折旧是固定资产发生的损耗，损耗的这部分价值最终转移到成本和费用中，其结果是确定的，因此，对固定资产计提折旧不属于或有事项。同样地，计提坏账准备、存货跌价准备、短期投资跌价准备、长期投资减值准备等不属于或有事项。

或有事项

三、或有负债与或有资产

（一）或有负债

或有负债是指过去的交易或事项形成的潜在义务，其存在须通过未来不确定事项的发生或不发生予以证实；或过去的交易或事项形成的现时义务，履行该义务不是很可能导致经济利益流出企业或该义务的金额不能可靠地计量。或有负债包括两类义务：

1. 潜在义务

或有负债可能是一种潜在义务。这种潜在义务是一种可能的义务，还不构成现时义务。其最终是否转变为现时义务，由未来某些不确定事项的发生或不发生来确定。潜在义务是指其结果如何只能取决于未来不确定事项的一种可能义务。例如，某公司的生产排污会造成对周边环境的污染，但目前国家尚未对此要求企业进行治理或赔偿，该公司因对环境造成的污染而需要承担的义务就属于潜在义务。

2. 现时义务

或有负债也可能是一种现时义务。与一般的现时义务相比，企业承担的这种现时义务是一种特殊的现时义务。其特殊性表现在两个方面，首先是该现时义务的履行不是很可能导致经济利益流出企业，其次是该现时义务的金额不能可靠地计量。

（1）“不是很可能导致经济利益流出企业”，是指该现时义务导致经济利益流出企业的可能性不超过50%（含50%）。例如，甲公司与乙公司签订了债务担保合同，承诺为乙公司的一项贷款提供担保。甲公司因此承担了一项现时义务，该现时义务并不意味着经济利益很可能因此流出甲公司。如果乙公司的财务状况良好，则说明甲公司履行该项连带责任的可能性不大，经济利益不是很可能流出企业，该项现时义务是甲公司的一项或有负债。

（2）“金额不能可靠地计量”，是指该现时义务导致经济利益流出企业的金额难以合理预计。这种特殊的现时义务的结果具有较大的不确定性。例如，甲公司新研发的产品上市，产品质量保证的承诺使其承担对销售产品在保修期内更换、修理等费用支出的现时义务，但是，由于是新产品，其发生产品质量保证费用的金额难以合理估计，即认为该项现时义务的金额不能可靠地计量。

企业确认的负债必须是企业承担的现时义务，履行该义务很可能导致经济利益流出企业，相关的经济利益流出的金额能够可靠地计量。或有负债无论是潜在义务，还是现时义务均不满足负债的确认条件，不能在会计报表中予以确认，但应在会计报表附注中进行披露。

［例4-1］

某公司是一家化工企业，加工过程中产生的污水未经净化就排出厂外，对周边居民的健康造成了严重的损害。为此，2×19年12月12日，周边居民集体向法院提起诉讼，要求赔偿损失5 000万元，直到2×19年12月31日此案尚未判决。

在本例中，该公司周边居民的身体健康受到损害是公司污染环境所致，因此，在2×19年12月31日可以推断，该公司的排污行为使其承担了一项现时义务，履行该义务很可能导致经济利益流出企业。此案正在调查审理中，还不能可靠地估计赔偿损失金额，不能在报表中确认，但该公司应在会计报表附注中披露该项或有负债：“或有负债：本公司因生产经营过程中没有注意污水净化，导致周边居民集体向法院提出诉讼，要求本公司赔偿5 000万元。本公司很可能承担相应的赔偿责任，目前，案件正在审理中，赔偿金额难以合理估计。”

（二）或有资产

或有资产是指过去的交易或事项形成的潜在资产，其存在须通过未来不确定事项的发生或不发生予以证实。

或有资产是一种潜在资产，其结果具有不确定性。随着经济情况的变化，其是否会从企业的潜在资产转变为企业真正的资产，须通过未来不确定事项的发生或不发生才能证实。例如，甲公司起诉乙公司侵犯其专利权，资产负债表日法院还没有对诉讼案进行公开审理。对于甲公司而言，如果胜诉便可获得赔偿，该项可能获得的赔偿属于潜在资产。甲公司的这项或有资产是否转化为其真正的资产，要由诉讼案件的判决结果确定。

或有资产不符合资产的确认条件，不应将其确认为资产在会计报表中反映。

第二节 或有事项的确认和计量

一、或有事项的确认

或有事项的确认是指与或有事项相关的义务的确认。与或有事项相关的义务同时满足以下三个条件时，确认为预计负债。

（一）该义务是企业承担的现时义务

该义务是企业承担的现时义务，是指与或有事项相关的义务是企业在当前条件下已承担的义务。企业除了履行该现时义务，没有其他现实的选择，义务包括法定义务和推定义务。

法定义务是指产生于合同、法律或其他司法解释的义务，是企业依照法律、法规的规定必须履行的责任。如企业与其他企业签订的经济合同产生的义务即为法定义务。

推定义务是指企业的特定行为产生的义务。特定行为指企业以往的习惯做法、已公开的承诺、已公开宣布的经营政策等。企业的特定行为表明其承担特定的责任，使受影响的各方形成其将履行相关责任的合理预期等。

只有当或有负债成为企业所承担的一项现时义务时，企业才有可能将其确认为一项负债。

（二）履行该义务很可能导致经济利益流出企业

履行该义务很可能导致经济利益流出企业，是指履行与或有事项相关的现时义务时，导致经济利益流出企业的可能性超过50%，但尚未达到基本确定的程度。履行或有事项相关义务导致经济利益流出企业的可能性，通常应当结合表4-2所列情况加以判断。

表4-2 结果可能性对应的概率区间

结果的可能性	对应的概率区间
基本确定	大于95%但小于100%
很可能	大于50%但小于或等于95%
可能	大于5%但小于或等于50%
极小可能	大于0但小于或等于5%

企业因或有事项承担的现时义务，并不说明该现时义务很可能导致经济利益流出企业。例如，2×19年1月1日，甲公司与丙公司签订债务担保合同，承诺为丙公司的一笔3年期银行借款提供全额担保。甲公司因此项担保事项承担了一项现时义务，该项义务是否履行很可能导致经济利益流出企业，需要依据丙公司的经营情况和财务状况等因素来定。如果2×19年年末，丙公司的财务状况良好，一般可以认定丙公司不会违约，从而甲公司

履行承担的该项现时义务不是很可能导致经济利益流出企业；如果2×19年年末，丙公司的财务状况恶化，且没有迹象表明可能发生好转，此种情况表明，丙公司很可能违约，从而甲公司履行承担的该项现时义务很可能导致经济利益流出企业。

（三）该义务的金额能够可靠地计量

该义务的金额能够可靠地计量，是指与或有事项相关的现时义务的金额能够合理地估计。

由于或有事项具有不确定性，因此，因或有事项而产生的现时义务的金额也具有不确定性，需要估计。要对或有事项确认一项负债，相关的现时义务的金额应能够可靠地估计。例如，某公司涉及一起诉讼案，根据以往的类似案例推断，该公司很可能败诉，相关的赔偿金额能够可靠地估算出一个范围。在这种情况下，可以认为该公司因未决诉讼承担的现时义务的金额能够可靠地计量，从而可以将此项未决诉讼产生的或有负债确认为一项预计负债。但是，如果没有以往的类似案例与该公司涉及的这起诉讼案做参照，且相关的法律条文又没有明确解释，那么，即使该公司涉及的该诉讼案很可能败诉，在判决以前也不能推断此项现时义务的金额能够可靠地估计，该公司也不应将此项未决诉讼产生的或有负债确认为一项预计负债。

视野拓展

2006年2月，财政部发布了《企业会计准则第13号——或有事项》，明确了我国上市公司自2007年1月1日起在财务报告中确认、计量和披露或有事项的义务。

会计准则中对或有事项的确认与披露的规定给予公司管理层一定的自由裁量权，现实中往往难以客观准确把握或有事项发生的可能性，主要依赖管理人员根据所掌握的信息进行估计。我国上市公司的或有事项披露很不规范，存在应披露未披露、披露不详尽、披露不恰当等问题。（刘星，2019）

二、或有事项的计量

或有事项的计量是指当与或有事项有关的义务符合确认为负债的条件时，所确认的预计负债金额的确定。根据我国《企业会计准则》的规定，因或有事项而确认的预计负债的金额，应当按照履行相关现时义务所需支出的最佳估计数进行初始计量。此外，企业在履行或有事项所形成的义务时，还可能从第三方或其他方获得补偿。还有，随着相关信息的获得，预计负债的账面价值也可能发生变动，需要对其账面价值进行后续计量。因此，预计负债的计量涉及三个问题：一是预计负债最佳估计数的确定；二是预期可获得补偿的处理；三是后续计量时预计负债账面价值的调整。

（一）预计负债最佳估计数的确定

企业在确定最佳估计数时，应当综合考虑与或有事项有关的风险、不确定性和货币时间价值等因素。货币时间价值影响重大的，应当通过对相关未来现金流出进行折现后确定最佳估计数。具体来说，最佳估计数的确定，应分两种情况分别处理：

1. 当清偿或有事项而确认的预计负债所需支出存在一个金额范围时，且该范围内每种结果发生的可能性都相同，则最佳估计数应是该范围的中间值，即上下限金额的平均数。

[例 4-2]

2×19 年 12 月 5 日，甲公司因违约而被乙公司起诉。根据企业法律顾问的判断，最终的判决结果很可能对甲公司不利。2×19 年 12 月 31 日，甲公司尚未接到法院的判决，甲公司预计很可能败诉并支付赔偿，估计赔偿金额范围是 400 000 ~ 600 000 元，且该范围内每种赔偿金额发生的可能性都相同。在这种情况下，甲公司应在 2×19 年 12 月 31 日确认一项预计负债，金额为 500 000 元。计算过程如下：

（400 000+600 000）÷2=500 000（元）

甲公司相关会计分录为：

借：营业外支出——赔偿支出——乙公司　　500 000

　贷：预计负债——未决诉讼——乙公司　　500 000

2. 当清偿因或有事项而确认的预计负债所需支出不存在一个金额范围，或者虽然存在一个连续范围，但该范围内每种结果发生的可能性不相同时，则最佳估计数应按如下方法确定：

（1）或有事项涉及单个项目时，最佳估计数按最可能发生的金额确定。这里的“涉及单个项目”，指或有事项涉及的项目只有一个。例如，一项未决诉讼或一项债务担保等。

[例 4-3]

2×19 年 11 月 30 日，某公司涉及一起诉讼案，到 2×19 年 12 月 31 日还没有接到法院的判决，根据以往类似案件的判决结果和该公司法律顾问的意见，认为该公司在诉讼中胜诉的可能性有 30%，败诉的可能性有 70%。如果胜诉，将可获得 1 000 000 元的赔款；如果败诉，将要赔偿 1 100 000 万元。在这种情况下，该公司应于 2×19 年 12 月 31 日确认一项预计负债，其最佳估计金额应为发生的可能性最大的结果，即败诉，赔偿 1 100 000 元。相关会计分录如下：

借：营业外支出——赔偿支出　　1 100 000

　贷：预计负债——未决诉讼　　1 100 000

（2）或有事项涉及多个项目时，最佳估计数按各种可能发生额及其发生的概率计算确定。这里的“涉及多个项目”，指的是或有事项涉及的项目不止一个，如在产品质量担保中，提出产品保修要求的可能有许多客户，企业对这些客户都负有保修义务。

［例 4-4］

2×19 年，甲公司某产品年销售额为 18 000 000 元。该公司的产品质量保证条款规定：产品售出后一年内，如果发现正常质量问题，公司将免费负责为其维修。根据以往的返修率，估计本年度已售产品中，有 95% 的产品不会出现质量问题，有 4% 的产品会出现较小的质量问题返修，有 1% 的产品会出现较大的质量问题返修。出现较小的质量问题返修，发生的修理费为销售额的 2%；发生较大的质量问题返修，发生的修理费为销售额的 6%。2×19 年年末，甲公司应确认的预计负债金额的最佳估计数为 25 200 元，计算过程如下：

18 000 000×4%×2%+18 000 000×1%×6%=14 400 + 10 800=25 200（元）

甲公司相关的会计分录如下：

借：销售费用——产品质量保证　　25 200

　贷：预计负债——产品质量保证　　25 200

（二）预期可获得补偿的处理

企业在清偿因或有事项承担相关的现时义务而确认预计负债的同时，有时会拥有向第三方或其他方要求对全部或部分偿债支出给予补偿的权利，此补偿金额只有在基本确定能收到时，才作为资产单独确认，且确认的补偿金额不应超过所确认预计负债的账面价值。

可能获得补偿的情况通常有：发生交通事故等情况时，企业通常可以从保险公司获得合理的赔偿；在债务担保业务中，企业在履行担保义务的同时，可以向被担保企业提出追偿要求；在一些索赔诉讼中，企业可以通过反诉的方式对索赔人或第三方另行提出赔偿要求等。

企业预期从第三方或其他方获得的补偿是一种潜在资产，其是否能够最终收到具有较大的不确定性，企业只能在基本确定能收到补偿时才进行确认。预期可获得的补偿在基本确定能够收到时应确认为一项资产，而不能作为预计负债的金额的扣减。预期可获得补偿金额的确认有两个关键问题：一是确认时间，应该是在基本确定能够收到时才进行确认；二是确认的金额，是基本确定能够收到的金额，且不能超出相关预计负债的金额。

［例 4-5］

甲公司于 2×19 年 11 月被乙公司起诉，乙公司称甲公司侵犯了其软件的版权，要求甲公司赔偿 800 000 元。在应诉过程中，甲公司发现，诉讼涉及的软件主体部分是有偿委托丙公司开发的，丙公司应承担连带责任，对甲公司予以赔偿。2×19 年 12 月 31 日，甲公司还未接到法院判决。甲公司根据法律诉讼的进展情况和律师的意见，认为其很可能败诉，最有可能的赔偿金额为 650 000 元；从丙公司得到补偿也基本可以确定，最有可能获得的补偿金额为 500 000 元。假定诉讼费为 12 000 元。此例中，甲公司应在 2×19 年年末确认一笔预计负债，金额为 662 000 元；同时确认一项资产，金额为 500 000 元。甲公司相关会计分录如下：

借：管理费用——诉讼费 12 000
　　营业外支出——赔偿支出 650 000
　贷：预计负债——未决诉讼 662 000
借：其他应收款——丙公司 500 000
　贷：营业外支出——赔偿支出 500 000

本例中需要注意的是，甲公司对于预计可获得的丙公司的赔偿金额500 000元，只能在其基本确定能够收到时，才将其作为资产单独确认，而不能在确认预计负债时，将预期可获得的补偿作为扣除项目，仅确认162 000元（662 000−500 000）的预计负债。

（三）后续计量时预计负债账面价值的调整

对已确认的预计负债，企业应当在资产负债表日对其账面价值进行复核。有确凿证据表明该账面价值不能真实反映当前最佳估计数的，应当按照当前最佳估计数对该账面价值进行调整，调整金额计入当期损益。例如，某化工企业的生产活动对周边环境产生不良影响，依据原相关法律规定，企业需要对污染进行清理。随着环境保护越来越受到重视，现有的法律规定企业不仅要对污染进行清理，还很可能要对周围居民进行赔偿。法律的变化使得原来的该项预计负债金额的最佳估计数不再反映真实情况，资产负债表日需要根据新情况下企业清理和赔偿支出的最佳估计数调整预计负债的账面价值。

第三节　或有事项的会计处理

一、或有事项的会计处理原则

对于或有资产，企业一般不应加以确认和披露，但如果或有资产的结果很可能导致经济利益流入企业时，应在会计报表附注中披露其形成的原因，如果能预计其产生的财务影响，也应做相应披露。

对于或有负债，一般地，企业也不应加以确认与计量，但应在会计报表附注中加以披露。如果或有负债的结果很可能导致经济利益流出企业，同时满足负债确认条件，企业需要将其确认为预计负债。

视野拓展

虽然或有事项是微观层面的会计处理，但其对宏观经济的影响不容忽视。

2019年，我国政府为提高各类企业活力和竞争力，出台了2万亿元“减税降费”的宏观经济政策，该政策对于激发市场活力，尤其是刺激中小企业的创新创业意义重大。那些能够及时掌控或有事项并准确对其进行会计处理的经济体，无疑会在此轮竞争中脱颖而出，获得更大优势。（刘星，2019）

二、或有事项的会计处理原则的应用

(一) 未决诉讼或未决仲裁

诉讼是指当事人不能通过协商解决问题，而在人民法院起诉、应诉，请求人民法院通过审判程序解决纠纷的活动。仲裁是指当事人依据事先约定或事后达成的书面仲裁协议，共同选定仲裁机构并由其对争议依法做出具有约束力裁决的一种活动。在诉讼尚未裁决或仲裁决定尚未公布时，对于其中一方会形成一项或有资产，另一方则形成一项或有负债或预计负债。

[例4–6]

甲公司2×19年发生下列交易或事项：

（1）2×19年11月，甲公司与乙公司发生经济纠纷，乙公司向人民法院提起诉讼，截止到2×19年12月31日，人民法院尚未对该案件进行审理。法律顾问认为甲公司败诉的可能性为80%，赔偿金额为500 000～800 000元，另外，诉讼费为20 000元。

（2）2×19年9月，甲公司与丙公司发生经济纠纷，甲公司向人民法院提起诉讼，12月法院一审判决甲公司胜诉，丙公司向甲公司支付赔偿600 000元。由于丙公司经营不善，财务状况恶化，没有能力偿还这笔赔款，一直没有履行判决，甲公司没有进一步采取行动。

本例中，甲公司的会计处理如下：

（1）在甲公司与乙公司的诉讼案中，甲公司败诉的可能性为80%，即很可能败诉，且赔偿金额能够可靠计量，满足预计负债的确认条件，甲公司的会计分录如下：

（500 000 + 800 000）÷2=650 000（元）

借：管理费用——诉讼费	20 000	
营业外支出——赔偿支出	650 000	
贷：预计负债——未决诉讼		670 000

甲公司同时应在会计报表附注中进行披露。

（2）在甲公司与丙公司的诉讼案中，虽然法院判决甲公司胜诉，但是由于丙公司经营不善，财务状况恶化，甲公司收回赔款的可能性不大，因此甲公司在2×19年12月31日不能确认这项资产。

(二) 债务担保

在债务担保中，作为担保方的企业在被担保方无法履行合同时承担连带责任。债务担保常常涉及诉讼，一般可以分为三种情况处理：

1. 如果法院判决企业败诉，企业应当按照人民法院的判决结果承担相应的损失，确认负债，并计入当期营业外支出。

2. 如果法院判决企业败诉，而企业正在上诉或上一级法院裁定暂缓执行或上一级法院发回重审等，企业应在资产负债表日根据已有判决结果合理估计可能发生的损失金额，确认预计负债，并计入当期营业外支出。

3. 人民法院尚未判决，企业向律师或法律顾问咨询，估计败诉的可能性及败诉后可能承担的损失金额，取得有关书面意见。如果满足预计负债的确认条件，在资产负债表日应确认预计负债，并计入当期营业外支出。

[例 4-7]

甲公司2×16年12月为乙公司的一笔期限为3年的银行贷款3 000 000元提供全额担保；2×19年10月又为C公司2年期的1 200 000美元的银行贷款提供50%的担保。到2×19年12月31日，乙公司的贷款逾期未还，银行已经起诉乙公司和甲公司，甲公司因承担的连带责任而需要赔偿的金额尚无法确定；C公司目前经营状况和财务状况良好，没有迹象表明无法偿还该笔银行贷款。

本例中，对乙公司的担保很可能使甲公司承担连带责任，但是损失金额不能可靠计量；C公司的经营情况和财务状况良好，甲公司对其贷款担保极小可能承担连带责任。上述两项债务担保均不满足预计负债的确认条件，甲公司不需要确认预计负债，但应在2×19年12月31日的会计报表附注中披露债务担保的相关信息及其对公司的财务影响。

（三）产品质量保证

产品质量保证是指企业销售商品或提供劳务时对客户做出的承诺，在约定期内（或终身），产品或劳务在正常使用过程中出现质量问题或与之相关的其他属于正常范围的问题，企业负责更换产品、免费或只收成本费进行产品修理。企业在确认商品销售收入或提供劳务收入的同时，将符合确认条件的相关产品质量保证引起的或有负债确认为预计负债。

[例 4-8]

甲公司是生产和销售空调的企业，该公司对销售空调的产品质量保证条款规定：产品售出后两年内，如果在正常使用中出现故障及其他质量问题，公司将免费负责为其维修和更换零部件。根据以往销售产品的返修情况，每期发生的保修费一般为销售额的1%～2%。2×19年4个季度甲公司空调的销售额分别为：2 000 000元、8 000 000元、12 000 000元和5 000 000元。2×19年4个季度实际发生的空调保修费分别为：40 000元、70 000元、200 000元、90 000元，保修费的60%为工人工资，40%为材料消耗。2×19年年初“预计负债——产品质量保证——空调”账户的贷方余额为60 000元。该公司因对已售空调承诺的产品质量保证而承担了一项现时义务，该义务的履行很可能导致经济利益流出企业，该义务的金额能够可靠计量，符合预计负债的确认条件，该公司每季度末确认此项预计负债。

（1）第一季度发生保修费40 000元。

借：预计负债——产品质量保证——空调　40 000

　贷：应付职工薪酬　24 000

　　　原材料　16 000

第一季度末确认的产品质量保证预计负债金额最佳估计数为30 000元，计算过程如下：

2 000 000 ×（1% + 2%）/ 2=30 000（元）

借：销售费用——产品质量保证　30 000

　贷：预计负债——产品质量保证——空调　30 000

第一季度末，“预计负债——产品质量保证——空调”账户为贷方余额50 000元，计算过程为：60 000 - 40 000 + 30 000=50 000（元）。

（2）第二季度发生保修费70 000元。

借：预计负债——产品质量保证——空调　70 000

　贷：应付职工薪酬　42 000

　　　原材料　28 000

第二季度末确认的产品质量保证预计负债金额最佳估计数为120 000元，计算过程如下：

8 000 000 ×（1% + 2%）/ 2=120 000（元）

借：销售费用——产品质量保证　120 000

　贷：预计负债——产品质量保证——空调　120 000

第二季度末，“预计负债——产品质量保证——空调”账户为贷方余额100 000元，计算过程为：50 000−70 000 + 120 000=100 000（元）。

（3）第三季度发生保修费200 000元。

借：预计负债——产品质量保证——空调　200 000

　贷：应付职工薪酬　120 000

　　　原材料　80 000

第三季度末确认的产品质量保证预计负债金额最佳估计数为180 000元，计算过程如下：

12 000 000 ×（1% + 2%）/ 2=180 000（元）

借：销售费用——产品质量保证　180 000

　贷：预计负债——产品质量保证——空调　180 000

第三季度末，“预计负债——产品质量保证——空调”账户为贷方余额80 000元，计算过程为：100 000 - 200 000 + 180 000=80 000（元）。

（4）第四季度发生保修费90 000元。

借：预计负债——产品质量保证——空调　90 000

　贷：应付职工薪酬　54 000

　　　原材料　36 000

第四季度末确认的产品质量保证预计负债金额最佳估计数为75 000元，计算过程如下：

5 000 000 ×（1% + 2%）/ 2=75 000（元）

借：销售费用——产品质量保证　75 000

　贷：预计负债——产品质量保证——空调　75 000

第四季度末，“预计负债——产品质量保证——空调”账户为贷方余额65 000元，计算过程为：80 000 - 90 000 + 75 000=65 000（元）。

对产品质量保证确认预计负债进行核算时，要注意以下几个问题：

第一，如果发现保证费用的实际发生数与预计数相差较大时，应及时调整预计的比例，使预计数与实际数尽可能一致；

第二，如果企业是分批次产品确认预计负债的，每批次产品保修期结束时，应将该批产品“预计负债——产品质量保证”账户的余额转销，转销后，该账户应无余额；

第三，对已经不再生产的产品确认的产品质量保证预计负债，在该种产品质量保证期满后，将该种产品“预计负债——产品质量保证”账户的余额转销，转销后，该账户应无余额。

（四）亏损合同

待执行合同变成亏损合同，该亏损合同产生的义务满足预计负债的确定条件时，应当确认为预计负债。

待执行合同是指合同各方尚未履行任何合同义务，或部分地履行了同等义务的合同。亏损合同是指履行合同义务不可避免会发生的成本超过预期经济利益的合同。企业与其他企业签订的商品销售合同、劳务提供合同、让渡资产使用权合同等，均属于待执行合同，均可能变为亏损合同。预计负债的计量反映退出该亏损合同的最低成本，即履行该合同的成本与不履行该合同而发生的补偿或处罚两者中的较低者。

企业在履行合同义务过程中发生的成本可能出现超过预期经济利益的情况时，待执行合同即变成了亏损合同，此时，如果与该亏损合同相关的义务不需支付任何补偿即可撤销，企业通常就不存在现时义务，不应确认预计负债。如果与该亏损合同相关的义务不可撤销，企业就存在了现时义务，同时满足该义务很可能导致经济利益流出企业且金额能够可靠地计量的，通常应当确认预计负债。

[例4-9]

甲公司2×19年1月采用经营租赁方式租入设备生产产品，租赁期2年，生产的产品预计每年均可获利。2×19年12月，受国家政策影响，公司决定停产上述产品，原经营租赁合同为不可撤销合同，还要持续1年，该设备无法转租给其他单位。此时，该公司执行原经营租赁合同发生的费用很可能超过预期获得的经济利益，该租赁合同变为亏损合同，应当在2×19年12月31日根据下一年度应支付的租金确认预计负债。假设2×20年应支付租金17万元，则2×19年12月31日甲公司会计记录如下：

借：营业外支出——亏损合同损失　　170 000

　贷：预计负债——亏损合同损失　　170 000

2×20年支付租金时：

借：预计负债——亏损合同损失　　170 000

　贷：银行存款　　170 000

[例 4-10]

甲公司与乙公司在2×19年11月28日签订不可撤销合同，合同约定甲公司在2×20年1月1日以800元/箱的价格向乙公司销售某产品400箱，如违约需支付商品价格20%的违约金。甲公司准备开始生产时，原材料价格上涨，预计生产该产品的成本超过合同售价。不考虑相关税费。

(1) 若该产品的生产成本为850元。

履行合同发生的损失 =（850 - 800）×400=20 000（元）

不履行该合同支付的违约金=800×400×20%=64 000（元）

该待执行合同变为亏损合同时不存在标的资产，甲公司应该按照履行合同带来的损失与不履行合同支付违约金两者中的较低者确认一项预计负债，即20 000元。

借：营业外支出——亏损合同损失　　20 000

　贷：预计负债——亏损合同损失　　20 000

产品完工后，用预计负债冲减产品成本。

借：预计负债——亏损合同损失　　20 000

　贷：库存商品　　20 000

(2) 若该产品的生产成本为1 000元。

履行合同发生的损失 =（1 000 - 800）×400=80 000（元）

不履行该合同支付的违约金=800×400×20%=64 000（元）

此时，甲公司应确认一项预计负债64 000元。

借：营业外支出——亏损合同损失　　64 000

　贷：预计负债——亏损合同损失　　64 000

支付违约金时：

借：预计负债——亏损合同损失　　64 000

　贷：银行存款　　64 000

待执行合同变为亏损合同时，如果合同存在标的资产，应当对标的资产进行减值测试并按规定确认减值损失，通常不确认预计负债，如果预计亏损超过该减值损失，应将超过部分确认为预计负债；如果合同不存在标的资产，亏损合同相关义务满足预计负债确认条件时，应当确认预计负债。

[例 4-11]

甲公司与乙公司在2×19年11月28日签订不可撤销合同，合同约定甲公司在2×20年1月1日以800元/箱的价格向乙公司销售某产品1 000箱，2×19年年末甲公司已经生产了700箱，由于原材料价格上涨，单位成本上升为850元/箱，该合同已经变成亏损合同。资产负债表日，甲公司对有标的的700箱产品计提存货跌价准备，对没有标的的300箱产品确认预计负债。不考虑相关税费。

（1）有标的的700箱产品计提跌价准备，确认减值损失35 000元（（850-800）×700）。

借：资产减值损失——存货跌价损失　35 000

　贷：存货跌价准备　35 000

（2）无标的的300箱产品，确认预计负债15 000元（（850-800）×300）。

借：营业外支出——亏损合同损失　15 000

　贷：预计负债——亏损合同损失　15 000

在产品生产出来后，将预计负债冲减产品成本。

借：预计负债——亏损合同损失　15 000

　贷：库存商品　15 000

【案例4-1】 上市公司计提合同预计亏损

上海电气集团股份有限公司于2021年3月27日发布公告称，公司于2018年承接了全球装机规模最大的迪拜光伏光热电站工程项目（简称“迪拜项目”）。项目总装机容量950 MW，包括1台100 MW塔式发电机组、3台200 MW槽式发电机组等，合同总价为33亿美元。工程于2018年12月正式开工，预计建设期4年。2020年，随着新冠肺炎疫情在全球范围内的暴发和蔓延，各国政府陆续启动限制交通、强制隔离等一系列严格的防疫抗疫措施，对项目的设备采购工作造成了较大影响，迪拜项目设备采购价格超出了预估范围，影响了项目的盈利能力。综合考虑各方面因素，公司决定继续推进项目，在积极落实各项防疫抗疫措施的同时，全力推动设备材料的采购与发运，保障项目建设有序推进。为真实反映公司的经营情况，公司决定对迪拜项目计提合同预计亏损。结合迪拜项目的实际执行情况，公司对项目盈利能力进行测算，决定对该项目计提合同预计亏损10.62亿元人民币。本次计提对公司2020年度净利润影响金额为10.62亿元人民币，并会相应减少公司2020年年末的资产净值，对公司2020年度的经营现金流没有影响。根据企业会计准则和相关会计政策的规定，公司本次计提合同预计亏损符合公司实际情况及相关会计政策，能够更加公允地反映公司的财务状况，有助于提供更加真实可靠的会计信息。

（五）重组义务

重组是指企业制定和控制的，将显著改变企业组织形式、经营范围或经营方式的计划实施行为。属于重组的事项主要包括：（1）出售或终止企业的部分业务；（2）对企业的组织结构进行较大调整；（3）关闭企业的部分营业场所，或将营业活动由一个国家或地区迁移到其他国家或地区。

重组与企业合并及债务重组不同。重组通常是企业内部资源的调整和组合，谋求现有资产效能的最大化；企业合并是在不同企业之间的资本重组和规模扩张；债务重组是债权人对债务人做出让步，债务人减轻债务负担，债权人尽可能减少损失。

企业因重组而承担的重组义务在满足预计负债的确认条件时，应当确认为预计负债。

同时存在下列情况时，表明企业承担了重组义务：（1）有详细、正式的重组计划，包括重组涉及的义务、主要地点、需要补偿的职工人数及岗位性质、预计重组支出、计划实施时间等；（2）该重组计划已对外公告。

例如，某公司董事会决定关闭一个事业部。如果有关决定尚未传达到受影响的各方，也未采取任何措施实施该项决定，表明该公司没有承担重组义务，不应确认预计负债；如果有关决定已经传达到受影响的各方，各方预期公司将关闭该事业部，通常表明公司开始承担重组义务，同时满足预计负债确认条件的，应当确认预计负债。

对于与重组义务有关的预计负债，企业应当按照与重组有关的直接支出确定预计负债金额。直接支出是企业重组必须承担的且与主体继续进行的活动无关的支出，不包括留用职工岗前培训、市场推广、新系统和营销网络投入等支出，这些支出与未来经营活动有关，不属于资产负债表日的重组义务。

【启发思考】或有事项的披露主要遵守何种会计信息质量要求？需要充分披露的具体内容有哪些？通过或有事项的充分披露，思考财会人员如何遵循客观公正、诚实守信的会计职业道德？

引例分析

依据引例方正科技2019年度财务报告给出的资料，分析方正科技有关或有事项信息披露的充分性。通过收集2～3家家电行业上市公司资料，分析判断家电行业有关保修费用的确认、披露情况及可能面临的问题，解决这些问题的措施有哪些。

思考题

1. 或有事项具有什么特征？
2. 或有负债同时满足什么条件可以确认为预计负债？
3. 预计负债最佳估计数如何确定？

练习题

一、单项选择题

1.《企业会计准则第13号——或有事项》中，基本确定对应的可能性概率是（　　）。

A. 大于0，小于或等于5%　　B. 大于50%，小于或等于95%

C. 大于95%，小于100%　　D. 大于5%，小于或等于50%

2. 下列不属于或有事项的是（　　）。

A. 亏损合同　　B. 债务担保

C. 未决诉讼　　D. 未来可能发生的交通事故

3. 2×19年11月6日，甲公司被乙公司起诉，年末该诉讼尚未判决，根据诉讼进展及专业人士的估计，甲公司胜诉的可能性为70%，败诉的可能性为30%，如果败诉预计要赔偿乙公司200万元，2×19年12月31日，甲公司对于该项诉讼应确认的预计负债金额为（　　）。

A.0万元　　B.200万元　　C.140万元　　D.60万元

4.2×19年12月20日，甲公司签订了一项不可撤销的销售合同，约定2×20年3月向乙公司销售一批A产品，价格60万元，如果不能按期交货要支付乙公司合同价款10%的违约金。2×19年12月31日，甲公司尚未开始生产，由于原材料价格上涨，甲公司生产该批A产品的成本为63万元。甲公司没有储存该批产品生产所需原材料，如果甲公司选择继续执行该合同，那么甲公司2×19年年末的正确处理是（　　）。

A.确认6万元预计负债　　B.确认6万元存货跌价准备

C.确认3万元预计负债　　D.确认3万元存货跌价准备

5.甲企业因提供债务担保而确认了金额为80 000元的一项负债，同时基本确定可以从第三方获得金额为50 000元的补偿。在这种情况下，甲企业应在利润表中反映（　　）。

A. 营业外支出80 000元　　B. 营业外支出30 000元

C. 管理费用80 000元　　D. 管理费用30 000元

二、多项选择题

1.常见的或有事项包括（　　）。

A.产品质量保证　　B.债务重组　　C.亏损合同　　D.重组义务

2.关于或有事项的描述错误的是（　　）。

A. 只有对本单位产生有利影响的事项才作为或有事项

B. 或有资产与或有事项存在对应关系，有或有资产就有或有负债

C. 由于担保引起的或有事项随着被担保人债务的全部清偿而消失

D. 既要确认或有资产也要确认或有负债

3.或有事项确认为资产必须同时符合的条件有（　　）。

A. 过去的交易或事项形成的一种状况，这种状况很可能导致经济利益流入企业

B. 可能从他方或第三方得到补偿

C. 相关义务已确认为负债

D. 基本确定从他方或第三方得到补偿

4.甲公司于2×19年11月3日收到法院通知，被告知工商银行已提起诉讼，要求甲公司清偿到期借款本息5 000万元，另支付逾期借款罚息200万元。至12月31日，法院尚未做出判决。对于此项诉讼，甲公司预计除需偿还到期借款本息外，有60%的可能性还需支付逾期借款罚息100万～200万元，另需支付诉讼费用15万元。甲公司下列会计处理中正确的有（　　）。

A. 确认预计负债165元　　B. 确认预计负债150元

C. 确认营业外支出150万元　　D. 确认管理费用15万元

5.甲公司于2×19年11月3日收到法院通知，被告知乙公司起诉甲公司侵犯其专利权。乙公司认为，甲公司未经其同意，在试销的新产品中采用了乙公司的专利技术，要求甲公司停止该项新产品的生产和销售，并一次性支付专利使用费80万元。甲公司认为其研制、生产和销售该项新产品并未侵犯乙公司的专利权，遂于11月15日向法院提交答辩状，反诉乙公司侵犯甲公司的知识产权，要求乙公司赔偿其损失200万元。至12月31日，诉讼

尚在进行中，甲公司无法估计可能得到的赔偿金和可能支付的赔偿金。甲公司下列做法中正确的有（　　）。

A. 甲公司不应确认预计负债80万元　　B. 甲公司应确认或有资产200万元

C. 甲公司应确认或有资产120万元　　D. 甲公司不能确认或有资产

三、判断题

1. 或有负债不包括或有事项产生的现时义务。（　　）

2. 或有资产按照其发生的可能性的大小决定是否确认。（　　）

3. 企业签订合同的事项是未来发生的交易，所以属于或有事项。（　　）

4. 与或有事项有关的义务如果符合确认条件加以确认时，涉及单个项目按最高的估计金额入账。（　　）

5. 当企业的某一现时义务很可能导致经济利益流出企业，且该项义务的金额能够可靠计量时，要作为或有负债确认。（　　）

四、业务题

甲公司与乙公司在2×19年11月5日签订不可撤销合同，合同约定甲公司在2×20年2月5日以9 000元/件的价格向乙公司销售A产品5 000件，如违约需支付商品价值1%的违约金。甲公司准备开始生产时，原材料价格上涨，预计生产该产品的成本超过合同售价。不考虑相关税费。

要求：

（1）若该产品的生产成本为9 050元，甲公司对该事项的会计处理。

（2）若该产品的生产成本为9 100元，甲公司对该事项的会计处理。

第五章 非货币性资产交换

【内容框架】

本章主要介绍非货币性资产的概念和特征、非货币性资产交换的认定，以及相关业务的账务处理。具体内容如下图所示：

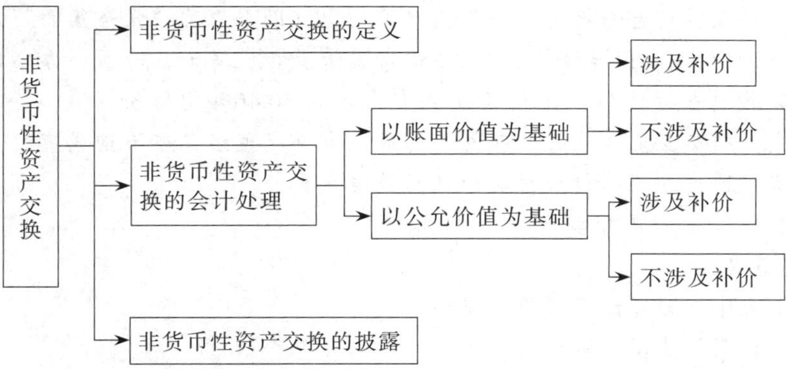

【学习目标】

通过本章学习，了解非货币性资产的概念及特征，明确非货币性资产的认定，能正确判断非货币性资产交换业务；掌握非货币性资产交换业务的会计处理原则和方法；掌握非货币性资产交换的信息披露。

引例

烟台张裕葡萄酿酒股份有限公司资产置换公告

烟台张裕葡萄酿酒股份有限公司（股票代码000869，股票简称“张裕A”）系张裕集团旗下上市子公司。张裕集团前身是张裕酿酒公司，由著名的爱国华侨张弼士在1892年创立。集团主营业务范围为葡萄酒、保健酒、蒸馏酒、饮料的生产、销售，农产品的种植，进出口业务等。1997年，张裕集团作为独家发起人，将集团下属的白兰地、葡萄酒、香槟酒、保健酒四个酒业公司及五个辅助配套公司的资产重组，折合14 000万股国家股，同时发行8 800万股境内上市外资股（B股），成立了“烟台张裕葡萄酿酒股份有限公司”，成为中国葡萄酒行业第一家上市公司。2000年10月26日，张裕A股在深圳证券交易所正式上市。

2019年4月18日，公司召开第七届董事会第十次会议，审议通过了《关于资产置换的议案》。2019年4月20日，公司董事会发布了资产置换的公告。该公告的主要内容摘录如下：

一、交易概述

本公司近期拟在烟台与烟台张裕集团有限公司（以下简称“张裕集团”）签署“置换合作协议”，以白兰地车间与西罐区的22.50亩土地及相应房产，与西山办公楼占用的张裕集团34.61亩土地进行置换。张裕集团持有本公司50.40%的股份，是本公司控股股东。本次交易构成关联交易。本次关联交易不构成重大资产重组，亦不构成重组上市，仅需要公司董事会审议通过，不需要经过其他部门批准。

二、交易协议的主要内容

（一）交易双方

甲方：烟台张裕葡萄酿酒股份有限公司

乙方：烟台张裕集团有限公司

（二）用于置换的甲方资产情况

甲方公司用于置换的资产分两部分，情况如下：

1. 原白兰地车间及办公房产的账面价值965.04万元，评估价值1 588.05万元。

2. 对应的土地面积22.50亩，账面价值433.65万元，评估价值823.50万元。

（三）用于置换的乙方资产情况

甲方西山办公楼占用的乙方34.61亩土地，账面原值793.66万元，净值603.18万元，评估价值为1 425.82万元。

（四）资产置换

乙方换出资产价值 1 425.82 万元，换入资产 2 411.55 万元，差额部分 985.73 万元。乙方将以支付货币资金的方式补齐。

（五）差额部分的款项支付以及结算方式

1. 双方差额部分为 985.73 万元，乙方需分三次向甲方支付相应款项，直至差额部分付清，具体付款金额按照双方协商确定。

2. 结算方式为银行转账。

（六）双方权利和义务

1. 甲、乙双方需相互配合，于合同生效之日起，配合对方完成相关产权的变更手续，直至手续办理完毕。

2. 甲、乙双方按照国家税法规定承担各自的税费。

3. 乙方需按照双方协商的时间按时向甲方支付相应款项，直至款项付清。

三、交易目的和影响

因历史遗留问题，本公司西山办公楼房产所占用的 34.61 亩土地属于张裕集团所有。因土地证与房产证登记的产权人不一致，不但影响了西山办公楼房产的安全和完整，不利于保值增值，还因此与张裕集团之间产生土地租赁费等关联交易。

另外，张裕工业园正式投产之后，本公司原白兰地生产厂的产能已全部合并至张裕工业园，原白兰地生产厂的车间与西罐区的土地及相应房产因此处于闲置状态，亟须尽快盘活，提高资产使用效率。

为此，公司拟通过本次交易，置换出处于闲置状态的土地和车间，置换入西山办公楼房产所占用的土地，更好地保障西山办公楼房产的安全和完整，实现资产保值增值，并消除此前的土地租赁费等关联交易。

由于西山办公楼与所占用的张裕集团土地不可分割，所以该项交易不能与独立第三方交易，只能与张裕集团进行交易。

上述关联交易定价遵循公平、公正、公开的原则，不会损害公司及中小股东利益，不会影响公司独立性，对公司本期及未来财务状况、经营成果不会产生不利影响。

（根据张裕 A 公司公告整理）

通过阅读上述资料，我们会关注如下问题：烟台张裕葡萄酿酒股份有限公司与张裕集团的资产置换是否属于非货币性资产交换？如果属于非货币性资产交换，是否适用《企业会计准则第7号——非货币性资产交换》的规定？如果适用该准则，张裕葡萄酿酒股份有限公司应该如何对换出的处于闲置状态的土地和车间进行终止确认？如何对换入的土地资产进行初始确认和计量？由此引申出其他一系列问题，例如，是采用账面价值还是评估价值（或公允价值）呢？交换中涉及的货币资产该如何处理？如何进行非货币性资产交换的信息披露？本章将对这些内容进行系统介绍。

第一节 非货币性资产交换概述

非货币性资产交换的认定

一、非货币性资产交换的概念和特征

（一）非货币性资产交换

企业在生产经营过程中所进行的各类资产交换，按照资产交换对象的属性，可以分为货币性资产交换和非货币性资产交换。在货币性资产交换中，企业购入资产或卖出资产，要支付货款或收到货款，此时，所交换的货币性资产金额是计量企业收到的非货币性资产成本的基础，也是计量企业转出非货币性资产的收益或损失的基础。例如，企业购入原材料，实际支付20万元，则购入原材料的实际成本为所放弃的银行存款金额20万元。在非货币性资产交换中，资产交换双方交换的是非货币性资产，此时，通常所讲的收入确认和资产计价方法往往并不完全相同。

非货币性资产交换是一种非经常性的特殊交易行为，它是交易双方主要以固定资产、无形资产、投资性房地产和长期股权投资等非货币性资产进行的交换。该交换不涉及或只涉及少量的货币性资产（即补价），非货币性资产交换的资产交换对象主要是非货币性资产。

（二）货币性资产和非货币性资产

1. 货币性资产

货币性资产，是指企业持有的货币资金和收取固定或可确定金额的货币资金的权利。

货币性资产是相对于非货币性资产而言的。一项资产或者属于货币性资产，或者属于非货币性资产，非此即彼。两者区分的主要依据是资产在将来为企业带来的经济利益（即货币金额）是否是固定的，或可确定的。如果资产在将来为企业带来的经济利益，即货币金额是固定的，或可确定的，则该资产是货币性资产；反之，如果该资产在将来为企业带来的经济利益，即货币金额，是不固定的，或不可确定的，则该资产是非货币性资产。一般来说，货币性资产项目有货币资金、应收票据、应收账款、应收股利、应收利息、应收补贴款、其他应收款、债权投资等。

例如，现金是企业所持有的货币，其金额是固定的，符合货币性资产的定义，属于货币性资产。应收账款作为企业的债权，有相应的发货票等原始凭证作为收款的依据，虽然在收回货款过程中有可能发生坏账损失，但是，企业可以根据以往的经验，估计出发生坏账的可能性以及坏账金额，所以，应收账款在将来为企业带来的经济利益是固定的，或可确定的，符合货币性资产的定义，因此，应收账款属于货币性资产。应收票据属于企业收到的商业汇票，应收票据是企业将来收款的依据，分带息和不带息两种。不带息应收票据，在将来收款时，企业可根据其面值收到款项；带息应收票据，在将来收款时，企业可根据面值、持有期间和票面利率计算出将来收到的款项。基于此，应收票据在将来为企业带来的经济利益是固定的，或可确定的，符合货币性资产的定义，所以，应收票据属于货币性资产。

债权投资属于企业对外投资的一种，因为企业管理该类金融资产的业务管理模式目标是获取合同现金流量，即准备持有该债券至到期日，所以企业可根据债券面值、票面利率和持有期间计算得出将来收到的款项。因此，债权投资在将来为企业带来的经济利益是固定的，或可确定的，符合货币性资产的定义，所以，债券投资属于货币性资产。

2. 非货币性资产

非货币性资产，是指货币性资产以外的资产，包括存货、固定资产、无形资产、投资性房地产、股权投资以及其他债权投资等。非货币性资产有别于货币性资产的最基本特征是，其在将来为企业带来的经济利益是不固定的，或不可确定的。

例如，企业持有存货的主要目的，有的是在生产经营过程中通过直接销售获利，如库存商品；有的作为辅助手段，在正常生产经营过程中有助于销售过程或加工过程，如包装物、低值易耗品；有的作为劳动对象，在正常的生产经营过程中通过对其进行加工形成商品，然后通过销售获利，如原材料。在这一过程中，存货在将来为企业带来的经济利益可能受到内部、外部主客观因素的影响，是不固定的或不可确定的，不符合货币性资产的定义，因此，存货属于非货币性资产。

企业持有固定资产的主要目的，有的是作为劳动手段，在正常的生产经营过程中作用于劳动对象，如机器设备，有的服务于生产经营过程，如厂房，同时以折旧的方式将其损耗价值转移到产品成本中，最后通过销售获利。在这一过程中，固定资产在将来为企业带来的经济利益是不固定的或不可确定的，不符合货币性资产的定义，因此，固定资产属于非货币性资产。

无形资产属于资产的一种，是指企业拥有或者控制的没有实物形态的可辨认非货币性资产。由于无形资产一般需要借助有形资产才能发挥作用，其经济价值在很大程度上受外部经济因素的影响，预期的获利能力不能准确地确定。基于此，无形资产在将来能够给企业带来的经济利益的大小具有很大程度的不确定性，是不固定的或是不可确定的，不符合货币性资产的定义，所以，无形资产属于非货币性资产。

股权投资属于企业对外投资的一种，是指企业以购买其他企业股权的方式进行的投资。企业通过股权投资取得经济利益，主要是通过其他单位使用投资者投入的资产创造效益后分配而取得，或是通过投资改善贸易关系而获取。在这一过程中，股权投资在将来为企业带来的经济利益，可能受到内部、外部主客观因素的影响，是不固定的或是不可确定的，不符合货币性资产的定义，所以，股权投资属于非货币性资产。

其他债权投资业务管理模式同时以收取合同现金流量和出售该金融资产为目标，与单纯收取合同现金流量的业务管理模式比，此管理模式涉及的出售通常频率更高、价值更大，企业随时可能处置该债权投资；同时，其市场价格受到多种因素的影响，不存在出售金融资产频率或价值的明确界限，所以，其他债权投资在将来为企业带来的经济利益是不固定的或不可确定的，不符合货币性资产的定义，其他债权投资属于非货币性资产。

（三）非货币性资产交换的特征

非货币性资产交换主要表现为以下几个特点：

第一，非货币性资产交换的对象主要是非货币性资产。

通常情况下，企业进行商品资产交换都是用货币性资产（如现金、银行存款、应收账款等）来交换非货币性资产（如固定资产、无形资产等）。但是，有些商品资产交换可能不涉及货币性资产，或只涉及少量的货币性资产。例如，汽车制造公司以汽车交换水泥厂生产的水泥进行厂房建造，A公司以专利权交换B公司的钢材等。

广义的非货币性资产交换的对象包括非货币性资产和非货币性负债。例如，企业预收租金而引起的负债。企业收到预收租金的前提条件是将来向支付租金的企业提供资产、劳务。由于将来提供的资产、劳务的价值在目前是不确定的，因此，预收租金所引起的负债属于非货币性资产交换。但是，由于我国非货币性资产交换中涉及非货币性负债的情况比较少，其会计核算总量并不突出，所以，我国暂不将非货币性负债包括在非货币性资产交换当中。这里所讲的非货币性资产交换暂时指狭义的非货币性资产交换，即不包括非货币性负债。

第二，非货币性资产交换是以非货币性资产进行互惠交换的行为。

企业在生产经营过程中所进行的各类资产交换，按照资产交换行为的性质，可分为互惠转让和非互惠转让。互惠转让，是指一个企业的资产和另一个企业的资产之间的交换，其结果是，企业以换出的资产为代价换入资产。这里所讲的非货币性资产交换也就是互惠转让。例如，A商场以商品服装交换B商场商品电器，A商场在换出服装的同时也收到B商场换出的电器。非互惠转让，是指资产的单方向转让。例如，中国南方部分地区遭受特大洪水灾害时，由于B公司受灾，职工的财产损失严重，A公司向B公司捐赠大量的棉衣、棉被及其他生活用品，在这种情况下，则属于非互惠转让。非互惠的非货币性资产转让不属于本章所述的非货币性资产交换。

第三，非货币性资产交换有时也可能涉及少量的货币性资产。

非货币性资产交换并不意味着不涉及任何货币性资产。在实务中，也有可能在换出非货币性资产的同时，支付一定金额的货币性资产；或者在换入非货币性资产的同时，收到一定金额的货币性资产。此时所收到或支付的货币性资产称为补价。这类资产交换是属于货币性资产交换还是属于非货币性资产交换，通常看补价占整个资产交换金额的比例。如果只涉及少量的货币性资产，则仍属于非货币性资产交换。为便于判断，企业会计准则规定了25%的参考比例，如果支付的货币性资产占换入资产公允价值的比例（或占换出资产公允价值与支付的货币性资产之和的比例）低于25%，则视为非货币性资产交换，应根据非货币性资产交换的核算原则进行处理；如果这一比例高于25%（含25%），则视为货币性资产交换，应根据通常发生的货币性资产交换的核算原则进行处理。

【启发思考】金融资产划分为哪几类？哪些金融资产属于货币性金融资产？哪些金融资产属于非货币性金融资产？作为一名优秀的财会人员，如何通过金融资产分类及业务处理来践行诚信敬业的价值理念？

二、货币性资产交换与非货币性资产交换的主要区别

（一）交换对象不同

货币性资产交换是货币性资产与非货币性资产之间进行的交换，这种交换有现金的流入或流出，或者能在预定的期间内流入或流出现金。这种交易有确定金额，虽然应收款项有收不回的可能性，但在实务中可以估计其可收回金额。

非货币性资产交换是非货币性资产与非货币性资产之间进行的交换，不涉及现金的流入或流出，或者只涉及少量的现金流入或流出，即补价。

（二）成本计量不同

对于货币性资产交换来说，换入资产成本的计量是以所放弃的货币性资产金额为基础计量的，即依据历史成本原则进行的。比如，企业购入原材料，实际支付现金300万元，则购入原材料的实际成本为所放弃的银行存款金额300万元。

对于非货币性资产交换来说，因不涉及或只涉及少量的货币性资产，因此，换入资产成本的计量基础是所换出资产的公允价值或账面价值。

三、非货币性资产交换业务不涉及的交易和事项

根据2019年修订的《企业会计准则第7号——非货币性资产交换》，该准则适用于所有的非货币性资产交换，但下列各项除外：

1. 换出资产为存货的非货币性资产交换

企业以存货换取客户的非货币性资产（如固定资产、无形资产等）的，换出存货的企业相关的会计处理适用《企业会计准则第14号——收入》。

2. 在企业合并中取得的非货币性资产

非货币性资产交换中涉及企业合并的，适用《企业会计准则第20号——企业合并》、《企业会计准则第2号——长期股权投资》和《企业会计准则第33号——合并财务报表》。

3. 非货币性资产交换中涉及金融资产

非货币性资产交换中涉及由《企业会计准则第22号——金融工具确认和计量》规范的金融资产的，金融资产的确认、终止确认和计量适用《企业会计准则第22号——金融工具确认和计量》和《企业会计准则第23号——金融资产转移》。

4. 非货币性资产交换中涉及使用权资产或应收融资租赁款

非货币性资产交换中涉及由《企业会计准则第21号——租赁》规范的使用权资产或应收融资租赁款等的，相关资产的确认、终止确认和计量适用《企业会计准则第21号——租赁》。

5. 非货币性资产交换构成权益性交易

非货币性资产交换的一方直接或间接对另一方持股且以股东身份进行交易的，或者非货币性资产交换的双方均受同一方或相同的多方最终控制，且该非货币性资产交换的交易实质是交换的一方向另一方进行了权益性分配或交换的一方接受了另一方权益性投入的，

适用权益性交易的有关会计处理规定。

第二节 非货币性资产交换的会计处理

非货币性资产交换的计量基础有两种：一是以公允价值为基础的计量；二是以账面价值为基础的计量。

一、以公允价值计量的会计处理

公允价值计量模式下的非货币性资产交换

（一）以公允价值为基础的计量条件

非货币性资产交换同时满足下列条件的，应当以换出资产的公允价值和应支付的相关税费作为换入资产的成本，换出资产公允价值与其账面价值的差额计入当期损益。

1. 该项交换具有商业实质

满足下列条件之一的非货币性资产交换具有商业实质：

第一，换入资产的未来现金流量在风险、时间和金额方面与换出资产显著不同。

换入资产的未来现金流量在风险、时间和金额方面与换出资产显著不同，通常包括但不仅限于以下几种情况：

①未来现金流量的风险、金额相同，时间不同。换入资产和换出资产产生的未来现金流量总额相同，获得这些现金流量的风险相同，但现金流量流入企业的时间不同。例如，某企业以一批存货换入一项设备，因存货流动性强，能够在较短的时间内产生现金流量，设备作为固定资产要在较长的时间内为企业带来现金流量，两者产生现金流量的时间相差较大，上述存货与固定资产产生的未来现金流量显著不同。

②未来现金流量的时间、金额相同，风险不同。风险不同是指企业获得现金流量的不确定性程度的差异。例如，某企业以其不准备持有至到期的国库券换入一幢房屋以备出租，该企业预计未来每年收到的国库券利息与房屋租金在金额和流入时间上相同，但是国库券利息通常风险很小，租金的取得需要依赖于承租人的财务及信用情况等，两者现金流量的风险或不确定性程度存在明显差异，上述国库券与房屋的未来现金流量显著不同。

③未来现金流量的风险、时间相同，金额不同。换入资产和换出资产的现金流量总额相同，预计为企业带来现金流量的时间跨度相同，但各年产生的现金流量金额存在明显差异。例如，某企业以其商标权换入另一企业的一项专利技术，预计两项无形资产的使用寿命相同，在使用寿命内预计为企业带来的现金流量总额相同，但是换入的专利技术是新开发的，预计开始阶段产生的未来现金流量明显少于后期，而该企业拥有的商标每年产生的现金流量比较均衡，两者产生的现金流量金额差异明显，上述商标权与专利技术的未来现金流量显著不同。

第二，换入资产与换出资产的预计未来现金流量现值不同，且其差额与换入资产和换出资产的公允价值相比是重大的。

资产的预计未来现金流量现值，应当按照资产在持续使用过程和最终处置时所产生的预计税后未来现金流量，根据企业自身而不是市场参与者对资产特定风险的评价，选择恰当的折现率对其进行折现后的金额加以确定。例如，某企业以一项专利权换入另一企业拥有的长期股权投资，该项专利权与该项长期股权投资的公允价值相同，两项资产未来现金流量的风险、时间和金额亦相同，但对换入企业而言，换入该项长期股权投资使该企业对被投资方由重大影响变为控制关系，从而对换入企业的特定价值即预计未来现金流量现值与换出的专利权有较大差异；另一企业换入的专利权能够解决生产中的技术难题，从而对换入企业的特定价值即预计未来现金流量现值与换出的长期股权投资存在明显差异，因而两项资产的交换具有商业实质。

2. 换入资产或换出资产的公允价值能够可靠地计量

资产存在活跃市场，是资产公允价值能够可靠计量的明显证据，但不是唯一要求。属于以下三种情形之一的，公允价值视为能够可靠计量：

第一，换入或换出资产存在活跃市场的，表明该资产的公允价值能够可靠计量。

对于存在活跃市场的交易性证券、长期股权投资、固定资产、无形资产等非货币性资产，应当以资产的市场价格为基础确定其公允价值。

第二，换入或换出资产本身不存在活跃市场但类似资产存在活跃市场的，表明该资产的公允价值能够可靠计量。

对于类似资产存在活跃市场的长期股权投资、固定资产、无形资产等非货币性资产，应当以调整后的类似资产市场价格为基础确定其公允价值。

第三，对于不存在同类或类似资产可比市场交易的长期股权投资、固定资产、无形资产等非货币性资产，应当参照《企业会计准则第22号——金融工具确认和计量》等，采用估值技术确定其公允价值。采用估值技术确定的公允价值必须符合以下条件之一，视为能够可靠计量：一是采用估值技术确定的公允价值估计数的变动区间很小；二是在公允价值估计数变动区间内，各种用于确定公允价值估计数的概率能够合理确定。

换入资产和换出资产公允价值均能够可靠计量的，应当以换出资产公允价值作为确定换入资产成本的基础，一般来说，取得资产的成本应当按照所放弃资产的对价来确定，在非货币性资产交换中，换出资产就是放弃的对价，如果其公允价值能够可靠确定，应当优先考虑以换出资产的公允价值作为确定换入资产成本的基础；如果有确凿证据表明换入资产的公允价值更加可靠的，应当以换入资产的公允价值为基础确定换入资产的成本，这多发生在非货币性资产交换存在补价的情况下，因为存在补价表明换入资产和换出资产公允价值不相等，一般不能直接以换出资产的公允价值作为换入资产的成本。

（二）以公允价值计量的具体账务处理

非货币性资产交换具有商业实质且公允价值能够可靠计量的，应当以换出资产的公允价值和应支付的相关税费作为换入资产的成本，除非有确凿证据表明换入资产的公允价值比换出资产的公允价值更加可靠。

在以公允价值计量的情况下，不论是否涉及补价，只要换出资产的公允价值与其账面价值不相同，就一定会涉及损益的确认，因为非货币性资产交换损益通常是换出资产公允价值与换出资产账面价值的差额，通过非货币性资产交换予以实现。

非货币性资产交换的会计处理，视换出资产的类别不同而有所区别：

换出资产为固定资产、在建工程、生产性生物资产、无形资产的，换出资产公允价值和换出资产账面价值的差额，计入资产处置损益。

换出资产为长期股权投资的，换出资产公允价值与换出资产账面价值的差额，计入投资收益。

换出资产为投资性房地产的，按换出资产公允价值或换入资产公允价值确认业务收入，按换出资产账面价值结转其他业务成本，二者之间的差额计入当期损益。

换入资产与换出资产涉及相关税费的，按照相关税收规定计算确定。

1. 不涉及补价情况下的会计处理

[例5-1]

2×19年5月1日，A公司以2×17年购入的生产经营用设备交换B公司生产的电脑一批，换入的电脑作为固定资产管理。A公司设备的账面原价为1 500 000元，在交换日的累计折旧为400 000元，公允价值为1 200 000元，A公司此前没有为该设备计提资产减值准备。此外，A公司以银行存款支付清理费1 500元。B公司电脑的账面价值为1 000 000元，在交换日的市场价格为1 200 000元，计税价格等于市场价格，B公司此前也没有为该批电脑计提存货跌价准备。

A公司、B公司均为增值税一般纳税人，适用的增值税税率为13%。假设A公司和B公司在整个交易过程中没有发生除增值税以外的其他税费，甲公司和乙公司均开具了增值税专用发票。

本例中，整个资产交换过程没有涉及收付货币性资产，因此，该项交换属于非货币性资产交换。两项资产交换后对换入企业的特定价值显著不同，两项资产的交换具有商业实质；同时，两项资产的公允价值都能够可靠地计量，符合公允价值计量的两个条件。因此，A公司和B公司均应当以换出资产的公允价值为基础确定换入资产的成本，并确认产生的相关损益。

A公司的账务处理如下：

A公司换入资产的增值税进项税额=1 200 000×13%=156 000（元）

换出设备的增值税销项税额=1 200 000×13%=156 000（元）

借：固定资产清理	1 100 000	
累计折旧	400 000	
贷：固定资产——设备		1 500 000
借：固定资产清理	1 500	
贷：银行存款		1 500
借：固定资产——电脑	1 200 000	
应交税费——应交增值税（进项税额）	156 000	
贷：固定资产清理		1 101 500
资产处置损益		98 500
应交税费——应交增值税（销项税额）		156 000

其中，资产处置损益的金额为换出设备的公允价值1 200 000元与其账面价值1 100 000元（1 500 000-400 000）并扣除清理费用1 500元后的余额，即98 500元。

B公司的账务处理如下：

企业以库存商品换入其他资产，视同销售行为，应计算增值税销项税额，缴纳增值税。

换出电脑的增值税销项税额=1 200 000×13%=156 000（元）

换入设备的增值税进项税额=1 200 000×13%=156 000（元）

借：固定资产——设备	1 200 000	
应交税费——应交增值税（进项税额）	156 000	
贷：主营业务收入		1 200 000
应交税费——应交增值税（销项税额）		156 000
借：主营业务成本	1 000 000	
贷：库存商品——电脑		1 000 000

2. 涉及补价情况下的会计处理

在以公允价值确定换入资产成本的情况下，发生补价的，支付补价方和收到补价方应当分别情况处理：

（1）支付补价方：①以换出资产的公允价值为基础计量的，应当以换出资产的公允价值，加上支付补价的公允价值和应支付的相关税费，作为换入资产的成本，换出资产的公允价值与其账面价值之间的差额计入当期损益。②有确凿证据表明换入资产的公允价值更加可靠的，即以换入资产的公允价值为基础计量的，应当以换入资产的公允价值和应支付的相关税费作为换入资产的初始计量金额，换入资产的公允价值减去支付补价的公允价值，与换出资产账面价值的差额计入当期损益。

（2）收到补价方：①以换出资产的公允价值为基础计量的，应当以换出资产的公允价值，减去收到补价的公允价值和应支付的相关税费，作为换入资产的成本，换出资产的公允价值与其账面价值之间的差额计入当期损益。②有确凿证据表明换入资产的公允价值更加可靠的，即以换入资产的公允价值为基础计量的，应当以换入资产的公允价值和应支付的相关税费作为换入资产的初始计量金额，换入资产的公允价值加上收到补价的公允价值，与换出资产账面价值的差额计入当期损益。

在涉及补价的情况下，对于支付补价方而言，作为补价的货币性资产构成换入资产所放弃对价的一部分；对于收到补价方而言，作为补价的货币性资产构成换入资产的一部分。

[例5-2]

甲公司经协商以其拥有的一项无形资产与乙公司持有的对丙公司的长期股权投资进行交换。在交换日，该无形资产的账面原价为6 000 000元，已摊销1 500 000元，未计提减值准备，在交换日的公允价值为7 000 000元，假定税务机关核定甲公司因出让无形资产需要缴纳增值税350 000元；乙公司持有的对丙公司的长期股权投资账面价值为5 500 000元，没有计提减值准备，在交换日的公允价值为6 000 000元，乙公司另支付1 000 000元给甲公司。甲公司转让无形资产的增值税尚未支付，假定除增值税外，该项交易过程中不涉及其他相关税费。

本例中，该项资产交换涉及收付货币性资产，即补价1 000 000元。对甲公司而言，收到的补价1 000 000元÷换出资产的公允价值7 000 000元（或换入长期股权投资公允价值6 000 000元+收到的补价1 000 000元）=14.29% < 25%，属于非货币性资产交换。

对乙公司而言，支付的补价1 000 000元÷换入资产的公允价值7 000 000元（或换出长期股权投资公允价值6 000 000元+支付的补价1 000 000元）=14.29% < 25%，属于非货币性资产交换。

本例属于以无形资产交换长期股权投资。由于两项资产的交换具有商业实质，且长期股权投资和无形资产的公允价值均能够可靠地计量，因此，甲、乙公司均应当以公允价值为基础确定换入资产的成本，并确认产生的损益。

甲公司的账务处理如下：

借：长期股权投资——丙公司	6 000 000	
银行存款	1 000 000	
累计摊销	1 500 000	
贷：无形资产		6 000 000
应交税费——应交增值税		350 000
资产处置损益		2 150 000

其中，资产处置损益金额为甲公司换出无形资产的公允价值7 000 000元与账面价值4 500 000元之间的差额，减去处置时发生的增值税350 000元，即2 150 000元。

乙公司的账务处理如下：

借：无形资产	7 000 000	
贷：长期股权投资——丙公司		5 500 000
银行存款		1 000 000
投资收益		500 000

其中，投资收益金额为乙公司换出长期股权投资的公允价值6 000 000元与账面价值5 500 000元之间的差额，即500 000元。

【启发思考】如果不严格限定非货币性资产交换中以公允价值为基础的计量前提条件，可能会产生什么问题？作为会计人员，如何才能在具体工作实践中践行社会主义核心价值观？

二、以账面价值计量的会计处理

（一）以账面价值为基础的计量原则

非货币性资产交换不具有商业实质，或者虽然具有商业实质但换入资产和换出资产的公允价值均不能可靠计量的，应当以换出资产的账面价值和应支付的相关税费作为换入资产的成本，无论是否支付补价，均不确认交换损益。

一般来讲，如果换入资产和换出资产的公允价值都不能可靠计量时，该项非货币性资产交换通常不具有商业实质，因为在这种情况下，很难比较两项资产产生的未来现金流量在时间、风险和金额方面的差异，很难判断两项资产交换后对企业经济状况改变所起的不同效用，因而，此类资产交换通常不具有商业实质。

（二）以账面价值计量的具体账务处理

1. 不涉及补价情况下的账务处理

［例5-3］

A公司以其拥有的无形资产交换B公司持有的对C公司的长期股权投资。在交换日，A公司无形资产的账面原价为5 000 000元，累计已摊销金额为1 600 000元，其公允价值不能可靠计量。B公司持有的长期股权投资账面余额为5 000 000元，已计提长期股权投资减值准备1 400 000元，该长期股权投资在市场上没有公开报价，公允价值也不能可靠计量。A公司对换入的长期股权投资采用成本法核算，A公司没有为该无形资产计提减值准备。假设整个交易过程没有发生其他相关税费。

本例中，该项资产交换没有涉及收付货币性资产，因此属于非货币性资产交换。本例属于以长期股权投资交换无形资产。由于换出资产和换入资产的公允价值都无法可靠计量，因此，A、B公司换入资产的成本均应当按照换出资产的账面价值确定，不确认损益。

A公司的账务处理如下：

借：长期股权投资——C公司	3 400 000	
累计摊销	1 600 000	
贷：无形资产——专利权		5 000 000

B公司的账务处理如下：

借：无形资产	3 600 000	
长期股权投资减值准备——C公司股权投资	1 400 000	
贷：长期股权投资——C公司		5 000 000

2. 涉及补价情况下的账务处理

发生补价的，支付补价方和收到补价方应当分别情况处理：

（1）支付补价方：应当以换出资产的账面价值，加上支付的补价和应支付的相关税费，作为换入资产的成本；不确认交换损益。其计算公式为：

换入资产成本=换出资产账面价值+支付的补价+应支付的相关税费

（2）收到补价方：应当以换出资产的账面价值，减去收到的补价，加上应支付的相关税费，作为换入资产的成本；不确认交换损益。其计算公式为：

换入资产成本=换出资产账面价值-收到的补价+应支付的相关税费

［例5-4］

甲公司以一个因转产不用的厂房与乙公司的一项长期股权投资进行交换。在交换日，厂房账面原价4 500 000元，已计提折旧3 300 000元；长期股权投资的账面价值为900 000元。两项资产均未计提减值准备，两项资产的公允价值均不能可靠计量。经双方商定，乙公司支付了200 000元补价。假定交易不考虑相关税费。

本例中，该项资产交换涉及收付货币性资产，即补价200 000元。对甲公司而言，收到的补价200 000元÷换出资产账面价值1 200 000元=16.70%< 25%，因此，该项交换属于非货币性资产交换，乙公司的情况也类似。由于两项资产的公允价值不能可靠计量，因此，甲、乙公司换入资产的成本均应当以换出资产的账面价值为基础确定。

甲公司的账务处理如下：

借：固定资产清理	1 200 000	
累计折旧	3 300 000	
贷：固定资产——厂房		4 500 000
借：长期股权投资	1 000 000	
银行存款	200 000	
贷：固定资产清理		1 200 000

乙公司的账务处理如下：

借：固定资产——厂房	1 100 000	
贷：长期股权投资		900 000
银行存款		200 000

三、涉及多项非货币性资产交换的账务处理

非货币性资产交换有时涉及多项资产，例如，企业以一项非货币性资产同时换入另一企业的多项非货币性资产，或同时以多项非货币性资产换入另一企业的一项非货币性资产，或以多项非货币性资产同时换入多项非货币性资产，在此过程中，还可能涉及补价。与单项非货币性资产交换一样，涉及多项非货币性资产交换的计量，企业也应当首先判断是否符合以公允价值计量的两个条件，再按照情况确定各项换入资产的成本。

（一）以公允价值为基础计量的会计处理

对于同时换入的多项资产，按照换入的金融资产以外的各项换入资产公允价值相对比

例，将换出资产公允价值总额（涉及补价的，加上支付补价的公允价值或减去收到补价的公允价值）扣除换入金融资产公允价值后的净额进行分摊，以分摊至各项换入资产的金额，加上应支付的相关税费，作为各项换入资产的成本进行初始计量。有确凿证据表明换入资产的公允价值更加可靠的，以各项换入资产的公允价值和应支付的相关税费作为各项换入资产的初始计量金额。

对于同时换出的多项资产，将各项换出资产的公允价值与其账面价值之间的差额，在各项换出资产终止确认时计入当期损益。有确凿证据表明换入资产的公允价值更加可靠的，按照各项换出资产的公允价值的相对比例，将换入资产的公允价值总额（涉及补价的，减去支付补价的公允价值或加上收到补价的公允价值）分摊至各项换出资产，分摊至各项换出资产的金额与各项换出资产账面价值之间的差额，在各项换出资产终止确认时计入当期损益。

[例5-5]

2×19年6月，甲公司因为转产需要经与乙公司协商，决定以生产经营过程中使用的机器设备、专用货车换入乙公司生产经营过程中使用的小汽车和客运汽车。

甲公司机器设备的账面原价为18 000 000元，在交换日的累计折旧为3 000 000元，公允价值为13 500 000元；货车的账面原价为6 000 000元，在交换日的累计折旧为4 800 000元，公允价值为1 000 000元。

乙公司的小汽车账面原价为13 000 000元，在交换日的累计折旧为6 900 000元，公允价值为7 095 000元；客运汽车的账面原价为13 000 000元，在交换日的累计折旧为6 800 000元，公允价值为7 000 000元。

乙公司另外用银行存款向甲公司支付457 650元，其中包括由于换出和换入资产公允价值不同而支付的补价405 000元，以及换出资产增值税销项税额与换入资产增值税进项税额的差额52 650元。

假定甲公司和乙公司都没有为换出资产计提减值准备；甲、乙公司均将换入的资产作为固定资产使用和管理。甲公司和乙公司均为增值税一般纳税人，适用的增值税税率均为13%。假定甲公司和乙公司上述交易涉及的增值税进项税额按照税法规定可抵扣且已得到认证，不考虑其他相关税费。

本例中，交换涉及收付货币性资产，应当计算甲公司收到的货币性资产占甲公司换出资产公允价值总和的比例，即405 000÷（13 500 000+1 000 000）=2.79%＜25%。

可以认定这一涉及多项资产的交换行为属于非货币性资产交换。该项涉及多项资产的非货币性资产交换具有商业实质；同时，各单项换入资产和换出资产的公允价值均能可靠计量，因此，甲、乙公司均应当以公允价值为基础确定换入资产的总成本，确认产生的相关损益。同时，按照各单项换入资产的公允价值占换入资产公允价值总额的比例，确定各单项换入资产的成本。

甲公司的账务处理如下：

（1）换出设备的增值税销项税额=13 500 000×13%=1 755 000（元）

换出货车的增值税销项税额=1 000 000×13%=130 000（元）

换入小汽车、客运汽车的增值税进项税额=（7 095 000+7 000 000）×13%

=1 832 350（元）

（2）计算换入资产、换出资产公允价值总额

换出资产公允价值总额=13 500 000+1 000 000 =14 500 000（元）

换入资产公允价值总额=7 095 000+7 000 000=14 095 000（元）

（3）计算换入资产总成本

换入资产总成本=换出资产公允价值–补价+应支付的相关税费

=14 500 000–405 000+0 =14 095 000（元）

（4）计算确定各项换入资产成本

小汽车的成本=14 095 000×（7 095 000÷14 095 000×100%）

=7 095 000（元）

客运汽车的成本=14 095 000×（7 000 000÷14 095 000×100%）

=7 000 000（元）

（5）会计分录

借：固定资产清理	16 200 000	
累计折旧	7 800 000	
贷：固定资产——设备		18 000 000
——货车		6 000 000
借：固定资产——小汽车	7 095 000	
——客运汽车	7 000 000	
应交税费——应交增值税（进项税额）	1 832 350	
银行存款	457 650	
资产处置损益	1 700 000	
贷：固定资产清理		16 200 000
应交税费——应交增值税（销项税额）		1 885 000

乙公司的账务处理如下：

（1）换入货车的增值税进项税额=1 000 000×13%=130 000（元）

换入设备的增值税进项税额=13 500 000×13%=1 755 000（元）

（2）计算换入资产、换出资产公允价值总额

换入资产公允价值总额=13 500 000+1 000 000=14 500 000（元）

换出资产公允价值总额=7 095 000+7 000 000=14 095 000（元）

（3）计算确定换入资产总成本

换入资产总成本=换出资产公允价值+支付的补价

=14 095 000+405 000=14 500 000（元）

（4）计算确定换入各项资产的成本

设备的成本=14 500 000×（13 500 000÷14 500 000×100%）

=13 500 000（元）

货车的成本=14 500 000×（1 000 000÷14 500 000×100%）=1 000 000（元）

（5）会计分录

借：固定资产清理	12 300 000	
累计折旧	13 700 000	
贷：固定资产——小汽车		13 000 000
——客运汽车		13 000 000
借：固定资产——设备	13 500 000	
——货车	1 000 000	
应交税费——应交增值税（进项税额）	1 885 000	
贷：固定资产清理		12 300 000
应交税费——应交增值税（销项税额）		1 832 350
银行存款		457 650
资产处置损益		1 795 000

（二）以账面价值为基础计量的会计处理

非货币性资产交换不具有商业实质，或者虽具有商业实质但换入资产的公允价值不能可靠计量的，应以账面价值为基础计量。

账面价值计量模式下的非货币性资产交换

对于同时换入的多项资产，按照各项换入资产的公允价值的相对比例，将换出资产的账面价值总额（涉及补价的，加上支付补价的账面价值或减去收到补价的公允价值）分摊至各项换入资产，加上应支付的相关税费，作为各项换入资产的初始计量金额。换入资产的公允价值不能够可靠计量的，可以按照各项换入资产的原账面价值的相对比例或其他合理的比例对换出资产的账面价值进行分摊。

对于同时换出的多项资产，各项换出资产终止确认时均不确认损益。

[例 5-6]

A公司因产品结构发生较大调整，原生产厂房、专利技术等已不符合生产新产品的需要，经与B公司协商，2×19年1月1日，A公司将其生产厂房连同专利技术与B公司正在建造过程中的一幢建筑物、B公司对C公司的长期股权投资（采用成本法核算）进行交换。

A公司换出生产厂房的账面原价为3 000 000元，已提折旧1 500 000元；专利技术账面原价为1 000 000元，已摊销金额为500 000元。

B公司在建工程截止到交换日的成本为800 000元，对C公司的长期股权投资成本为1 200 000元。

上述资产的公允价值均不能可靠计量。假定A、B公司均未对上述资产计提减值准备，不考虑相关税费等因素。

本例中，交换不涉及收付货币性资产，属于非货币性资产交换。由于换入资产、换出资产的公允价值均不能可靠计量，A、B公司均应当以换出资产账面价值总额作为换入资产的总成本，各项换入资产的成本应当按各项换入资产的账面价值占换入资产账面价值总额的比例分配后确定。

A公司的账务处理如下：

（1）计算换入资产、换出资产账面价值总额

换入资产账面价值总额=800 000+1 200 000=2 000 000（元）

换出资产账面价值总额=（3 000 000−1 500 000）+（1 000 000−500 000）
=2 000 000（元）

（2）确定换入资产总成本

换入资产总成本=换出资产账面价值=2 000 000（元）

（3）确定各项换入资产成本

在建工程成本=2 000 000×（800 000÷2 000 000×100%）=800 000（元）

长期股权投资成本=1 200 000×（1 200 000÷2 000 000×100%）=1 200 000（元）

（4）会计分录

借：固定资产清理	1 500 000	
累计折旧	1 500 000	
贷：固定资产——厂房		3 000 000
借：在建工程——××工程	800 000	
长期股权投资	1 200 000	
累计摊销	500 000	
贷：固定资产清理		1 500 000
无形资产——专利技术		1 000 000

B公司的账务处理如下：

（1）计算换入资产、换出资产账面价值总额

换入资产账面价值总额=（3 000 000−1 500 000）+（1 000 000−500 000）
=2 000 000（元）

换出资产账面价值总额=800 000+1 200 000=2 000 000（元）

（2）确定换入资产总成本

换入资产总成本=换出资产账面价值=2 000 000（元）

（3）确定各项换入资产成本

厂房成本=2 000 000×（1 500 000÷2 000 000×100%）=1 500 000（元）

专利技术成本=2 000 000×（500 000÷2 000 000×100%）=500 000（元）

（4）会计分录

借：固定资产清理	800 000	
贷：在建工程——××工程		800 000
借：固定资产——厂房	1 500 000	
无形资产——专利技术	500 000	
贷：固定资产清理		800 000
长期股权投资		1 200 000

四、非货币性资产交换的信息披露

根据企业会计准则的规定，企业应在财务报告附注中披露与非货币性资产交换有关的下列信息：

1. 非货币性资产交换是否具有商业实质及其原因。判断一项非货币性资产交换是否具有商业实质的依据是什么，该判断依据是否合理。

2. 非货币性资产交换中换入、换出资产的类别，是指企业在非货币性资产交换中，以什么资产与什么资产相交换，即交换资产的性质。例如，M股份有限公司以一批库存商品与S股份有限公司的一套设备进行交换等。

3. 非货币性资产交换中换入资产初始计量金额的确定方式，是指企业在非货币性资产交换中，换入资产成本是以换入资产公允价值为基础确定，还是以换出资产公允价值为基础确定，或是以换出资产账面价值为基础确定。

4. 非货币性资产交换中换入、换出资产的公允价值以及换出资产的账面价值是指企业在非货币性资产交换中换入资产的公允价值、换出资产的公允价值和换出资产的账面价值各是多少。

5. 非货币性资产交换确认的损益，是指企业在非货币性资产交换中，确认的非货币性资产交换收益或损失是多少。

【启发思考】非货币性资产交换信息披露的内容有哪些？披露这些内容的价值是什么？有哪些财务影响？投资者关注非货币性资产交换信息披露时应重点关注哪些内容？

引例分析

依据引例烟台张裕葡萄酿酒股份有限公司资产置换公告摘编，分析案例公司非货币性资产交换信息披露的充分性。通过收集2～3家上市公司非货币性资产交换信息的披露资料，分析判断非货币性资产交换会计处理的影响后果。

思考题

1. 非货币性资产交换与常规的赊销交易相比，其特殊性表现在哪里？
2. 如何理解非货币性资产交换中“商业实质”的含义及其对会计计量的影响？
3. 非货币性资产交换中，如何选择与应用公允价值？
4. 非货币性资产交换中，如何对换入资产进行初始计量？
5. 非货币性资产交换中，在什么条件下需要确认交换损益？如何确认与计量交换损益？
6. 在多项非货币性资产交换的情况下，其入账价值如何确定？
7. 如何进行非货币性资产交换的信息披露？

练习题

一、单项选择题

1.下列各项目中，不能归属于非货币性资产的是（　　）。

A.无形资产　　B.长期股权投资　　C.固定资产　　D.应收账款

2.甲公司的下列交换中，属于非货币性资产交换的是（　　）。

A.甲公司以公允价值为200万元的固定资产交换乙公司一项公允价值为150万元的无形资产，并收到补价50万元

B.甲公司向福利院捐赠价值为30万元的存货一批

C.甲公司以公允价值为200万元的固定资产交换丙公司一批公允价值为130万元的存货，并收到补价70万元

D.甲公司以公允价值为200万元的固定资产交换丁公司一项公允价值为180万元的长期股权投资，并收到补价20万元

3.2×19年度甲公司将账面价值300万元的对乙公司的长期股权投资转让给丙公司，与丙公司交换一项原账面价值290万元的专有技术。此交易中涉及的两项资产的公允价值都无法可靠计量。不考虑其他因素。以下与此项交易有关的说法中，不正确的是（　　）。

A.丙公司取得的对乙公司长期股权投资应按290万元入账

B.甲、丙公司之间的此项交易是非货币性资产交换

C.乙公司需就此项交易进行相关的账务处理

D.甲公司取得的专利技术应按300万元入账

4.在不具有商业实质的非货币性资产交换中，如果同时换入多项资产（公允价值不能可靠计量），应当按照（　　）的比例，对换入资产的总入账价值进行分配，以确定各项换入资产的入账价值。

A.换入各项资产的公允价值与换入资产公允价值总额

B.换出各项资产的公允价值与换出资产公允价值总额

C.换入各项资产的账面价值与换入资产账面价值总额

D.换出各项资产的账面价值与换出资产账面价值总额

5.非货币性资产交换交易中，支付补价的一方所支付的补价（　　）。

A.需贷记“银行存款”科目　　B.会增加交换损失

C.会减少交换损益　　D.可能与交换损益无关

二、多项选择题

1.某企业下列交换中，属于非货币性资产交换的有（　　）。

A.将企业的一批存货捐给灾区

B.将一项固定资产与另一企业的无形资产进行交换

C.将一项应收账款与另一企业的原材料进行交换

D.将一项无形资产和一项固定资产与另一企业的多项固定资产进行交换

2.符合下列（　　）条件时，表明非货币性资产交换具有商业实质。

A.换入资产的未来现金流量在风险方面与换出资产显著不同

B. 换入资产的未来现金流量在时间方面与换出资产显著不同

C. 换入资产的未来现金流量在金额方面与换出资产显著不同

D. 换入资产与换出资产的预计未来现金流量的现值不同且其差额与换入资产和换出资产的公允价值相比是重大的

3. 企业发生的交易中，如果涉及补价，判断该项交易属于非货币性资产交换的标准是（　　）。

A. 支付的补价占换入资产公允价值的比例小于25%

B. 收到的补价占换出资产公允价值的比例小于25%

C. 支付的补价占换入资产公允价值的比例等于25%

D. 支付的补价占换出资产公允价值与补价之和小于25%

4. 2×19年度甲公司将账面价值为300万元、公允价值为320万元的对乙公司的长期股权投资转给丙公司，与丙公司交换一项原账面价值为290万元、公允价值为320万元的专利权。经分析判断该交易具有商业实质。不考虑其他因素。与此项交易有关的会计处理所涉及科目的有（　　）。

A. 投资收益　　B. 无形资产　　C. 营业外支出　　D. 资产处置损益

5. 非货币性资产交换应在会计报表附注中披露的信息有（　　）。

A. 换入、换出资产的类别　　B. 换入资产成本的计价模式

C. 换入、换出资产的公允价值　　D. 交换损益

三、判断题

1. 货币资产交换与非货币性资产交换的主要区别在于交换对象、成本计量不同。（　　）

2. 当补价占交换价值比例低于或等于25%时，应视为非货币性资产交换。（　　）

3. 以公允价值计量且其变动计入当期损益的金融资产是短期内即将变现的资产，所以应归类为货币性资产。（　　）

4. 在确定非货币性资产交换中取得的换入资产的入账价值时，以换入资产的公允价值为计量基础或以换出资产的原账面价值为计量基础就意味着：换入资产的入账金额一定等于换入资产的公允价值或一定等于换出资产的原账面价值。（　　）

5. 多项非货币性资产交换的计量基本与单项非货币性资产交换的计量相同，所不同的是需要先算出换入多项资产的总入账价值，然后按一定比例计算每一项换入资产的入账价值。（　　）

四、业务题

甲公司用一项无形资产交换乙公司一批原材料。甲公司无形资产的账面余额为90 000元，累计摊销20 000元，公允价值和计税价格均为90 000元，增值税税率为6%。此交易收到补价1 800元并存入银行。乙公司原材料账面价值为60 000元，公允价值同计税价格为80 000元，增值税销项税额为10 400元，以存款支付补价1 800元。

要求：

（1）假设上述交换不具有商业实质，请分别为甲、乙公司进行相关的账务处理。

（2）假设上述交换具有商业实质，请分别为甲、乙公司进行相关的账务处理。

第六章　债务重组

【内容框架】

本章主要介绍债务重组的定义和方式、债务重组的会计处理原则。具体内容如下图所示：

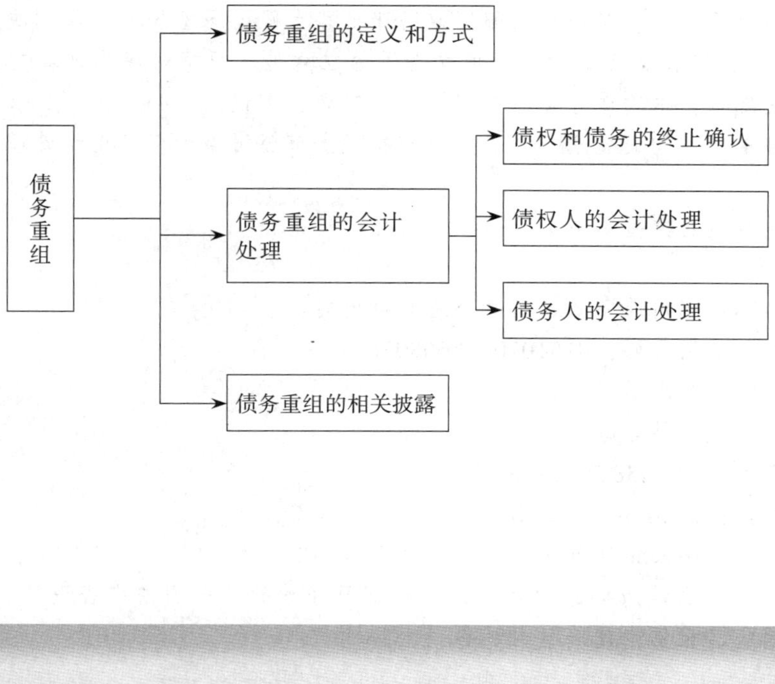

【学习目标】

通过本章学习，了解债务重组的定义和方式，掌握债务重组中债权和债务的终止确认条件，掌握债权人和债务人在不同重组方式下的会计处理原则，了解债务重组的披露内容。

引例

成都路桥与绵遂高速的债务重组

成都市路桥工程股份有限公司（证券代码：002628，证券简称：成都路桥）于2021年2月4日发布了《成都市路桥工程股份有限公司关于与四川绵阳绵遂高速公路有限公司进行债务重组的公告》，公告摘要如下：

一、债务重组概述

为加速应收款项清收、防范经营风险，成都市路桥工程股份有限公司（以下简称“公司”）与四川绵阳绵遂高速公路有限公司（以下简称“绵遂高速”，曾用名四川汉龙高速公路开发有限公司）签署《（2015）绵民初字第31号〈民事判决书〉执行和解协议》，就绵遂高速欠付公司的应收款项本金人民币92 448 067.51元（不含利息、迟延履行期间的债务利息、诉讼费）进行债务重组，绵遂高速向公司支付应收款项本金人民币64 713 647元，剩余应收款项本金人民币27 734 420.51元及全部利息（包含利息、迟延履行期间的债务利息）视为债务重组损失。此款项收到后，涉及上述应收款项的债权债务关系完全解除。

公司于2021年2月3日召开第六届董事会第二十三次会议和第六届监事会第二十次会议，审议并通过了《关于与四川绵阳绵遂高速公路有限公司签署〈民事判决书〉执行和解协议的议案》，公司独立董事对该事项发表了独立意见。根据《深圳证券交易所股票上市规则》的相关规定，本次债务重组尚需提交股东大会审议。

本次债务重组不构成关联交易，亦不构成《上市公司重大资产重组管理办法》规定的重大资产重组。

二、债务重组对方基本情况

（一）基本情况

1. 企业名称：四川绵阳绵遂高速公路有限公司。

2. 统一社会信用代码：915107047866807644。

3. 企业类型：有限责任公司。

4. 法定代表人：钟全雄。

5. 注册资本：144 958万元人民币。

6. 成立日期：2006年4月24日。

7. 注册地址：绵阳市游仙区小岛花园城水语郡1号楼。

8. 经营范围：高等级公路项目建设的投资及经营管理；国内广告设计、制作、发布；机电设备的销售、租赁；建筑材料销售。

（二）股权结构及财务数据

1. 股权结构：四川高速公路建设开发集团有限公司持股100%。

2. 财务数据：截至2020年12月31日，绵遂高速总资产3 037 229 624.12元，负债3 527 568 779.41元，净资产-490 339 155.29元，2020年全年实现营业收入95 243 156.26元，净利润-180 125 653.55元。上述数据已经信永中和会计师事务所成都分所审计。

绵遂高速为与公司无关联关系的独立第三方，绵遂高速与公司及公司前十名股东不存在关联关系，也不存在其他可能或已经造成公司对其利益倾斜的其他关系。

三、债务重组方案

（一）重组涉及债务的情况

本次债务重组涉及债务为绵遂高速欠付公司的工程款、履约担保金等债权本金以及各项费用的相应利息等。公司于2008年10月和2011年5月与绵遂高速分别签订《绵遂高速公路绵阳段路基工程LJ09合同段施工合同协议书》和《绵遂高速公路绵阳段路面工程LM01合同段施工合同协议书》，承建绵遂高速绵阳段上述相关合同段工程。工程竣工审计并投入运营后，绵遂高速一直未按合同及时、足额偿还公司债务。

公司于2014年6月起诉绵遂高速，绵阳市中级人民法院（2015）绵民初字第31号《民事判决书》判令绵遂高速应支付公司工程款、履约担保金、保留金、质量保证金、工程变更费用、改道费用等债权本金共计人民币105 798 067.51元以及各项费用的相应利息等。

自2015年2月至今，绵遂高速主动履行或经人民法院执行累计已支付人民币13 350 000元，尚欠债务本金人民币92 448 067.51元（不含利息、迟延履行期间的债务利息、诉讼费）。近期，经公司与绵遂高速再次积极协调，协商达成一致，通过债务重组方式解决上述债务。

（二）债务重组协议的主要内容

1. 协议主体

甲方：成都市路桥工程股份有限公司

乙方：四川绵阳绵遂高速公路有限公司（曾用名四川汉龙高速公路开发有限公司）

2. 协议主要内容

为妥善解决甲、乙双方之间的债权债务，甲、乙双方就（2015）绵民初字第31号《民事判决书》判令项下达成执行和解方案，就绵遂高速欠付公司的应收款项本金人民币92 448 067.51元（不含利息、迟延履行期间的债务利息、诉讼费）进行债务重组，绵遂高速向公司支付应收款项本金人民币64 713 647元，剩余应收款项本金人民币27 734 420.51元及全部利息（包含利息、迟延履行期间的债务利息）视为债务重组损失。此款项收到后，涉及上述应收款项的债权债务关系完全解除。

四、债务重组目的和对公司的影响

综合考虑绵遂高速前期债务偿还和当前经营实际情况，公司本次债务重组有利于加速应收款项清收，有利于日常经营风险防范，进一步维护公司和全体股东的合法权益。

该应收款项属于长账龄应收款项，截至本公告日，公司已足额计提了坏账准备。本次债务重组后，公司转回已计提的坏账准备预计将增加公司当期损益金额人民币64 713 647元（最终以会计师事务所年度审计确认后的结果为准）。公司将按照相关监管规定及时披露本次债务重组的实施进展情况，敬请广大投资者注意投资风险。

（根据巨潮资讯网2021年2月4日《成都市路桥工程股份有限公司关于与四川绵阳绵遂高速公路有限公司进行债务重组的公告》整理）

通过阅读以上材料，我们注意到了关键词——债务重组。什么是债务重组？债务重组的方式有哪些？债权人和债务人该如何进行债务重组的会计处理？本章将对这些内容进行系统介绍。

第一节 债务重组的定义和方式

一、债务重组的定义

债务重组涉及债权人和债务人，对债权人而言为“债权重组”，对债务人而言为“债务重组”，为便于表述统称为“债务重组”。债务重组，是指在不改变交易对手方的情况下，经债权人和债务人协定或法院裁定，就清偿债务的时间、金额或方式等重新达成协议的交易。

1. 关于交易对手方

债务重组是在不改变交易对手方的情况下进行的交易。实务中经常出现第三方参与相关交易的情形。例如，某公司以不同于原合同条款的方式代债务人向债权人偿债；又如，新组建的公司承接原债务人的债务，与债权人进行债务重组；再如，资产管理公司从债权人处购得债权，再与债务人进行债务重组。在上述情形下，企业应当首先考虑债权和债务是否发生终止确认，适用《企业会计准则第22号——金融工具确认和计量》和《企业会计准则第23号——金融资产转移》等准则，再就债务重组交易适用《企业会计准则第12号——债务重组》。

债务重组不强调在债务人发生财务困难的背景下进行，也不论债权人是否做出让步。也就是说，无论何种原因导致债务人未按原定条件偿还债务，也无论双方是否同意债务人以低于债务的金额偿还债务，只要债权人和债务人就债务条款重新达成了协议，就符合债务重组的定义。例如，债权人在减免债务人部分债务本金的同时提高剩余债务的利息，或者债权人同意债务人用等值库存商品抵偿到期债务等，均属于债务重组。

2. 关于债权和债务的范围

债务重组涉及的债权和债务，是指《企业会计准则第22号——金融工具确认和计量》规范的债权和债务，不包括合同资产、合同负债、预计负债，但包括租赁应收款和租赁应付款。债务重组中涉及的债权、重组债权、债务、重组债务和其他金融工具的确认、计量和列报，适用《企业会计准则第22号——金融工具确认和计量》和《企业会计准则第37号——金融工具列报》等金融工具相关准则。

【启发思考】《企业会计准则第 12 号——债务重组》的适用范围体现了什么样的优先级？你能发现什么趋势？

3. 关于债务重组的范围

《企业会计准则第 12 号——债务重组》规范了债务重组的确认、计量和相关信息的披露。经法院裁定进行债务重整并按持续经营进行会计核算的，适用于《企业会计准则第 12 号——债务重组》。

对于符合《企业会计准则第 12 号——债务重组》定义的债务重组，应当按照该准则进行会计处理，但下列各项不属于该准则规范范围：

债务人在破产清算期间进行的债务重组不属于《企业会计准则第 12 号——债务重组》规范的范围，应当按照企业破产清算有关会计处理规定处理。

通过债务重组形成企业合并的，适用《企业会计准则第20号——企业合并》，债务人以股权投资清偿债务或者将债务转为权益工具，可能对应导致债权人取得被投资单位或债务人控制权，在合并财务报表层面，债权人取得资产和负债的确认和计量适用《企业会计准则第20号——企业合并》的有关规定。

债务重组构成权益性交易的，应当适用权益性交易的有关会计处理规定，债权人和债务人不确认构成权益性交易的债务重组相关损益。债务重组构成权益性交易的情形包括：（1）债权人直接或间接对债务人持股，或者债务人直接或间接对债权人持股，且持股方以股东身份进行债务重组；（2）债权人与债务人在债务重组前后均受同一方或相同的多方最终控制，且该债务重组的交易实质是债权人或债务人进行了权益性分配或接受了权益性投入。

例如，甲公司是乙公司股东，为了弥补乙公司临时性经营现金流短缺，甲公司向乙公司提供1 000万元无息借款，并约定于6个月后收回。借款期满时，尽管乙公司具有充足的现金流，甲公司仍然决定免除乙公司部分本金还款义务，仅收回200万元借款。在此项交易中，如果甲公司不以股东身份而是以市场交易者身份参与交易，在乙公司具有足够偿债能力的情况下不会免除其部分本金，因此，甲公司和乙公司应当将该交易作为权益性交易，不确认债务重组相关损益。

债务重组中不属于权益性交易的部分仍然应当确认债务重组相关损益。例如，假设前例中债务人乙公司确实出现财务困难，其他债权人对其债务普遍进行了减半的豁免，那么甲公司作为股东比其他债务人多豁免300万元债务的交易应当作为权益性交易，正常豁免500万元债务的交易应当确认债务重组相关损益。

企业在判断债务重组是否构成权益性交易时，应当遵循实质重于形式原则。例如，假设债权人对债务人的权益性投资通过其他人代持，债权人不具有股东身份，但实质上以股东身份进行债务重组，债权人和债务人应当认为该债务重组构成权益性交易。

视野拓展

权益性交易与损益性交易相对应，权益性交易不得确认损益，而损益性交易须确认损益。权益性交易是会计主体与其所有者之间的交易，如会计主体收到所有者投入的资本以及资本收益的分配等，这种交易会导致会计主体的权益发生变动。

二、债务重组的方式

债务重组的方式主要包括：债务人以资产清偿债务、债务人将债务转为权益工具、修改其他条款，以及前述一种以上方式的组合。这些债务重组方式都是通过债权人和债务人重新协定或者法院裁定达成的，与原来约定的偿债方式不同。

1. 债务人以资产清偿债务

债务人以资产清偿债务，是债务人转让其资产给债权人以清偿债务的债务重组方式。债务人用于偿债的资产通常是已经在资产负债表中确认的资产，如现金、应收账款、长期股权投资、投资性房地产、固定资产、在建工程、生物资产、无形资产等。债务人以日常活动产出的商品或服务清偿债务的，用于偿债的资产可能体现为存货等资产。

在受让上述资产后，按照相关会计准则要求及本企业会计核算要求，债权人核算相关受让资产的类别可能与债务人不同。例如，债务人以作为固定资产核算的房产清偿债务，债权人可能将受让的房产作为投资性房地产核算；债务人以部分长期股权投资清偿债务，债权人可能将受让的投资作为金融资产核算；债务人以存货清偿债务，债权人可能将受让的资产作为固定资产核算等。

除上述已经在资产负债表中确认的资产外，债务人也可能以不符合确认条件而未予确认的资产清偿债务。例如，债务人以未确认的内部产生品牌清偿债务，债权人在获得的商标权符合无形资产确认条件的前提下作为无形资产核算。在少数情况下，债务人还可能以处置组（即一组资产和与这些资产直接相关的负债）清偿债务。

2. 债务人将债务转为权益工具

债务人将债务转为权益工具，这里的权益工具，是指根据《企业会计准则第37号——金融工具列报》分类为“权益工具”的金融工具，会计处理上体现为股本、实收资本、资本公积等科目。

实务中，有些债务重组名义上采用“债转股”的方式，但同时附加相关条款，如约定债务人在未来某个时点有义务以某一金额回购股权，或债权人持有的股份享有强制分红权等。对于债务人而言，这些“股权”可能并不是根据《企业会计准则第37号——金融工具列报》分类为“权益工具”的金融工具，从而不属于债务人将债务转为权益工具的债务重组方式。债权人和债务人还可能协商以一项同时包含金融负债成分和权益工具成分的复合金融工具替换原债权债务，这类交易也不属于债务人将债务转为权益工具的债务重组方式。

3. 修改其他条款

修改债权和债务的其他条款，是债务人不以资产清偿债务，也不将债务转为权益工具，而是改变债权和债务的其他条款的债务重组方式，如调整债务本金、改变债务利息、变更还款期限等。经修改其他条款的债权和债务分别形成重组债权和重组债务。

4. 组合方式

组合方式，是采用债务人以资产清偿债务、债务人将债务转为权益工具、修改其他条款三种方式中一种以上方式的组合清偿债务的债务重组方式。例如，债权人和债务人约定，由债务人以机器设备清偿部分债务，将另一部分债务转为权益工具，调减剩余债务的本金，但利率和还款期限不变；再如，债务人以现金清偿部分债务，同时将剩余债务展期等。

债务重组的界定与形式（旧准则）

【启发思考】通过观看视频，总结债务重组现行准则与以前准则（旧准则）规定的差异；请思考，这种差异是如何体现“增强会计准则体系内在协调一致性”的？

第二节　债务重组的会计处理

一、债权和债务的终止确认

债务重组中涉及的债权和债务的终止确认，应当遵循《企业会计准则第22号——金融工具确认和计量》和《企业会计准则第23号——金融资产转移》有关金融资产和金融负债终止确认的规定。

债权人在收取债权现金流量的合同权利终止时终止确认债权，债务人在债务的现时义务解除时终止确认债务。

由于债权人与债务人之间进行的债务重组涉及债权和债务的认定，以及清偿方式和期限等的协商，通常需要经历较长时间，例如破产重整中进行的债务重组。只有在符合上述终止确认条件时才能终止确认相关债权和债务，并确认债务重组相关损益。对于在报告期间已经开始协商，但在报告期资产负债表日后的债务重组，不属于资产负债表日后调整事项。

对于终止确认的债权，债权人应当结转已计提的减值准备中对应该债权终止确认部分的金额。对于终止确认的分类为以公允价值计量且其变动计入其他综合收益的债权，之前计入其他综合收益的累计利得或损失应当从其他综合收益中转出，记入“投资收益”科目。

（一）以资产清偿债务或将债务转为权益工具

对于以资产清偿债务或者将债务转为权益工具方式进行的债务重组，由于债权人在拥有或控制相关资产时，通常其收取债权现金流量的合同权利也同时终止，债权人一般可以终止确认该债权。同样地，由于债务人通过交付资产或权益工具解除了其清偿债务的现时义务，债务人一般可以终止确认该债务。

（二）修改其他条款

对于债权人，债务重组通过调整债务本金、改变债务利息、变更还款期限等修改合同条款方式进行的，合同修改前后的交易对手方没有发生改变，合同涉及的本金、利息等现金流量很难在本息之间及债务重组前后做出明确分割，即很难单独识别合同的特定可辨认现金流量。因此，通常情况下，应当整体考虑是否对全部债权的合同条款做出了实质性修改。如果做出实质性修改，或者债权人与债务人之间签订协议，以获取实质上不同的新金融资产方式替换债权，应当终止确认原债权，并按照修改后的条款或新协议确认新金融资产。

对于债务人，如果对债务或部分债务的合同条款做出实质性修改形成重组债务，或者债权人与债务人之间签订协议，以承担实质上不同的重组债务方式替换债务，债务人应当终止确认原债务，同时按照修改后的条款确认一项新金融负债。其中，如果重组债务未来现金流量（包括支付和收取的某些费用）现值与原债务的剩余期间现金流量现值之间的差异超过10%，则意味着新的合同条款进行了实质性修改或者重组债务是实质上不同的，有关现值的计算均采用原债务的实际利率。

（三）组合方式

对于债权人，与上述“修改其他条款”部分的分析类似，通常情况下应当整体考虑是否终止确认全部债权。由于组合方式涉及[illegible]方式，一般可以认为对全部债权的合同条款做出了实质性修改，从而终[illegible]并按照修改后的条款确认新金融资产。

对于债务人，组合中以资产清偿[illegible]方式进行的债务重组，如果债务人清偿该部分债务的现时义[illegible]，应当终止确认该部分债务。组合中以修改其他条款方式进行的债务重组，需要根据具体情况，判断对应的部分债务是否满足终止确认条件。

二、债权人的会计处理

（一）以资产清偿债务或将债务转为权益工具

债务重组采用以资产清偿债务或者将债务转为权益工具方式进行的，债权人应当在受让的相关资产符合其定义和确认条件时予以确认。

1. 债权人受让金融资产

债权人受让包括现金在内的单项或多项金融资产的，应当按照《企业会计准则第22号——金融工具确认和计量》的规定进行确认和计量。金融资产初始确认时应当以其公允价值计量。金融资产确认金额与债权终止确认日账面价值之间的差额，记入“投资收益”科目，但收取的金融资产的公允价值与交易价格（即放弃债权的公允价值）存在差异的，应当按照《企业会计准则第22号——金融工具确认和计量》第三十四条的规定处理。

2. 债权人受让非金融资产

债权人初始确认受让的金融资产以外的资产时，应当按照下列原则以成本计量：（1）存货的成本，包括放弃债权的公允价值，以及使该资产达到当前位置和状态所发生的可直接归属于该资产的税金、运输费、装卸费、保险费等其他成本。（2）对联营企业或合营企业投资的成本，包括放弃债权的公允价值，以及可直接归属于该资产的税金等其他成本。（3）投资性房地产的成本，包括放弃债权的公允价值，以及可直接归属于该资产的税金等其他成本。（4）固定资产的成本，包括放弃债权的公允价值，以及使该资产达到预定可使用状态前所发生的可直接归属于该资产的税金、运输费、装卸费、安装费、专业人员服务费等其他成本。确定固定资产成本时，应当考虑预计弃置费用因素。（5）生物资产的成本，包括放弃债权的公允价值，以及可直接归属于该资产的税金、运输费、保险费等其他成本。（6）无形资产的成本，包括放弃债权的公允价值，以及可直接归属于使该资产达到预定用途所发生的税金等其他成本。放弃债权的公允价值与账面价值之间的差额，记入“投资收益”科目。

3. 债权人受让多项资产

债权人受让多项非金融资产，或者包括金融资产、非金融资产在内的多项资产的，应当按照《企业会计准则第22号——金融工具确认和计量》的规定确认和计量受让的金融资产；按照受让的金融资产以外的各项资产在债务重组合同生效日的公允价值比例，对放弃债权在合同生效日的公允价值扣除受让金融资产当日公允价值后的净额进行分配，并以此为基础分别确定各项资产的成本。放弃债权的公允价值与账面价值之间的差额，记入“投资收益”科目。

4. 债权人受让处置组

债务人以处置组清偿债[illegible]按照《企业会计准则第22号——金融工具确认和计量》和其[illegible]中的金融资产和负债进行初始计量，然后按照金融资产以外[illegible]效日的公允价值比例，对放弃债权在合同生效日的公允价值以及承担的处置组中负债的确认金额之和，扣除受让金融资产当日公允价值后的净额进行分配，并以此为基础分别确定各项资产的成本。放弃债权的公允价值与账面价值之间的差额，记入“投资收益”科目。

5. 债权人将受让的资产或处置组划分为持有待售类别

债务人以资产或处置组清偿债务，且债权人在取得日未将受让的相关资产或处置组作为非流动资产和非流动负债核算，而是将其划分为持有待售类别的，债权人应当在初始计量时，比较假定其不划分为持有待售类别情况下的初始计量金额和公允价值减去出售费用后的净额，以两者孰低计量。

（二）修改其他条款

债务重组采用以修改其他条款方式进行的，如果修改其他条款导致全部债权终止确认，债权人应当按照修改后的条款以公允价值初始计量重组债权，重组债权的确认金额与债权终止确认日账面价值之间的差额，记入“投资收益”科目。

如果修改其他条款未导致债权终止确认，债权人应当根据其分类，继续以摊余成本、以公允价值计量且其变动计入其他综合收益或者以公允价值计量且其变动计入当期损益进行后续计量。对于以摊余成本计量的债权，债权人应当根据重新议定合同的现金流量变化情况，重新计算该重组债权的账面余额，并将相关利得或损失记入“投资收益”科目。重新计算的该重组债权的账面余额，应当根据将重新议定或修改的合同现金流量按债权原实际利率折现的现值确定，购买或源生的已发生信用减值的重组债权，应按经信用调整的实际利率折现。对于修改或重新议定合同所产生的成本或费用，债权人应当调整修改后的重组债权的账面价值，并在修改后重组债权的剩余期限内摊销。

（三）组合方式

债务重组采用组合方式进行的，一般可以认为对全部债权的合同条款做出了实质性修改，债权人应当按照修改后的条款，以公允价值初始计量重组债权和受让的新金融资产，按照受让的金融资产以外的各项资产在债务重组合同生效日的公允价值比例，对放弃债权在合同生效日的公允价值扣除重组债权和受让金融资产当日公允价值后的净额进行分配，并以此为基础分别确定各项资产的成本。放弃债权的公允价值与账面价值之间的差额，记入“投资收益”科目。

三、债务人的会计处理

（一）债务人以资产清偿债务

债务重组采用以资产清偿债务方式进行的，债务人应当将所清偿债务账面价值与转让资产账面价值之间的差额计入当期损益。

1. 债务人以金融资产清偿债务

债务人以单项或多项金融资产清偿债务的，债务的账面价值与偿债金融资产账面价值的差额，记入“投资收益”科目。偿债金融资产已计提减值准备的，应结转已计提的减值准备。对于以分类为以公允价值计量且其变动计入其他综合收益的债务工具投资清偿债务的，之前计入其他综合收益的累计利得或损失应当从其他综合收益中转出，记入“投资收益”科目。对于以指定为以公允价值计量且其变动计入其他综合收益的非交易性权益工具投资清偿债务的，之前计入其他综合收益的累计利得或损失应当从其他综合收益中转出，记入“盈余公积”“利润分配——未分配利润”等科目。

2. 债务人以非金融资产清偿债务

债务人以单项或多项非金融资产（如固定资产、日常活动产出的商品或服务等）清偿债务，或者以包括金融资产和非金融资产在内的多项资产清偿债务的，不需要区分资产处置损益和债务重组损益，也不需要区分不同资产的处置损益，而应将所清偿债务账面价值与转让资产账面价值之间的差额，记入“其他收益——债务重组收益”科目。偿债资产已计提减值准备的，应结转已计提的减值准备。

债务人以包含非金融资产的处置组清偿债务的，应当将所清偿债务和处置组中负债的账面价值之和，与处置组中资产的账面价值之间的差额，记入“其他收益——债务重组收益”科目。处置组所属的资产组或资产组组合按照《企业会计准则第8号——资产减值》分摊了企业合并中取得的商誉的，该处置组应当包含分摊至处置组的商誉。处置组中的资产已计提减值准备的，应结转已计提的减值准备。

(二）债务人将债务转为权益工具

债务重组采用将债务转为权益工具方式进行的，债务人初始确认权益工具时，应当按照权益工具的公允价值计量，权益工具的公允价值不能可靠计量的，应当按照所清偿债务的公允价值计量。所清偿债务账面价值与权益工具确认金额之间的差额，记入“投资收益”科目。债务人因发行权益工具而支出的相关税费等，应当依次冲减资本溢价、盈余公积、未分配利润等。

(三）修改其他条款

债务重组采用修改其他条款方式进行的，如果修改其他条款导致债务终止确认，债务人应当按照公允价值计量重组债务，终止确认的债务账面价值与重组债务确认金额之间的差额，记入“投资收益”科目。

如果修改其他条款未导致债务终止确认，或者仅导致部分债务终止确认，对于未终止确认的部分债务，债务人应当根据其分类，继续以摊余成本、以公允价值计量且其变动计入当期损益或其他适当方法进行后续计量。对于以摊余成本计量的债务，债务人应当根据重新议定合同的现金流量变化情况，重新计算该重组债务的账面价值，并将相关利得或损失记入“投资收益”科目。重新计算的该重组债务的账面价值，应当根据将重新议定或修改的合同现金流量按债务的原实际利率或按《企业会计准则第24号——套期会计》第二十三条规定的重新计算的实际利率（如适用）折现的现值确定。

对于修改或重新议定合同所产生的成本或费用，债务人应当调整修改后的重组债务的账面价值，并在修改后的重组债务的剩余期限内摊销。

(四）组合方式

债务重组采用以资产清偿债务、将债务转为权益工具、修改其他条款等方式的组合进行的，对于权益工具，债务人应当在初始确认时按照权益工具的公允价值计量，权益工具的公允价值不能可靠计量的，应当按照所清偿债务的公允价值计量。对于修改其他条款形成的重组债务，债务人应当参照“（三）修改其他条款”部分内容，确认和计量重组债务。所清偿债务的账面价值与转让资产的账面价值以及权益工具和重组债务的确认金额之和的差额，记入“其他收益——债务重组收益”或“投资收益”（仅涉及金融工具时）科目。

【启发思考】债务重组的方式是怎么确定出来的？作为一名优秀的财务人员，需要具备良好的职业素质，你认为需要从哪些方面提升自己？

[例 6-1]

2×20 年 6 月 18 日，甲公司向乙公司销售商品一批，应收乙公司款项的入账金额为 95 万元。甲公司将该应收款项分类为以摊余成本计量的金融资产。乙公司将该应付款项分类为以摊余成本计量的金融负债。2×20 年 10 月 18 日，双方签订债务重组合同，乙公司以一项作为无形资产核算的非专利技术偿还该欠款。该无形资产的账面余额为100万元，累计摊销额为10万元，已计提减值准备2万元。10月22日，双方办理完成该无形资产转让手续，甲公司支付评估费用4万元。当日，甲公司应收款项的公允价值为87万元，已计提坏账准备7万元，乙公司应付款项的账面价值仍为95万元。假设不考虑相关税费。

1.债权人的会计处理

2×20年10月22日，债权人甲公司取得该无形资产的成本为债权公允价值（87万元）与评估费用（4万元）的合计（91万元）。

甲公司的账务处理如下：

借：无形资产　910 000
　　坏账准备　70 000
　　投资收益　10 000
　贷：应收账款　950 000
　　　银行存款　40 000

2.债务人的会计处理

乙公司10月22日的账务处理如下：

借：应付账款　950 000
　　累计摊销　100 000
　　无形资产减值准备　20 000
　贷：无形资产　1 000 000
　　　其他收益——债务重组收益　70 000

假设甲公司管理层决议，受让该非专利技术后将在半年内将其出售，当日无形资产的公允价值为87万元，预计未来出售该非专利技术时将发生1万元的出售费用，该非专利技术满足持有待售资产确认条件。

分析：10月22日，甲公司对该非专利技术进行初始确认时，按照无形资产入账价值（91万元）与公允价值减出售费用（87−1=86（万元））孰低计量。债权人甲公司的账务处理如下：

借：持有待售资产——无形资产　860 000
　　坏账准备　70 000
　　资产减值损失　60 000
　贷：应收账款　950 000
　　　银行存款　40 000

［例6-2］

2×19年2月10日，甲公司从乙公司购买一批材料，约定6个月后甲公司应结清款项100万元（假定无重大融资成分）。乙公司将该应收款项分类为以公允价值计量且其变动计入当期损益的金融资产；甲公司将该应付款项分类为以摊余成本计量的金融负债。2×19年6月30日，应收款项和应付款项公允价值均为85万元。

2×19年8月12日，甲公司因无法支付货款与乙公司协商进行债务重组，双方商定乙公司将该债权转为对甲公司的股权投资；当日，应收款项和应付款项公允价值变为76万元。10月20日，乙公司办结了对甲公司的增资手续，甲公司和乙公司分别支付手续费等相关费用1.50万元和1.20万元。债转股后甲公司总股本为100万元，乙公司持有的抵债股权占甲公司总股本的25%，对甲公司具有重大影响，甲公司股权公允价值不能可靠计量。甲公司应付款项的账面价值仍为100万元。

2×19年10月20日，应收款项和应付款项的公允价值仍为76万元。

假定不考虑其他相关税费。

1.债权人的会计处理

乙公司的账务处理如下：

（1）6月30日。

借：公允价值变动损益　　150 000

　贷：交易性金融资产——公允价值变动　　150 000

（2）8月12日。

借：公允价值变动损益　　90 000

　贷：交易性金融资产——公允价值变动　　90 000

（3）10月20日，乙公司对甲公司长期股权投资的成本为应收款项公允价值（76万元）与相关税费（1.20万元）的合计77.20万元。

借：长期股权投资——甲公司　　772 000

　　交易性金融资产——公允价值变动　　240 000

　贷：交易性金融资产——成本　　1 000 000

　　　银行存款　　12 000

2.债务人的会计处理

10月20日，由于甲公司股权的公允价值不能可靠计量，初始确认权益工具公允价值时应当按照所清偿债务的公允价值76万元计量，并扣除因发行权益工具支出的相关税费1.50万元。甲公司的账务处理如下：

借：应付账款　　1 000 000

　贷：实收资本　　250 000

　　　资本公积——资本溢价　　495 000

　　　银行存款　　15 000

　　　投资收益　　240 000

［例6-3］

2×19年11月5日，甲公司向乙公司赊购一批材料，含税价为234万元。2×20年9月10日，甲公司因发生财务困难，无法按合同约定偿还债务，双方协商进行债务重组。乙公司同意甲公司用其生产的商品、作为固定资产管理的机器设备和一项债券投资抵偿欠款。当日，该债权的公允价值为210万元，甲公司用于抵债的商品市价（不含增值税）为90万元，抵债设备的公允价值为75万元，用于抵债的债券投资市价为23.55万元。

抵债资产于2×20年9月20日转让完毕，甲公司发生设备运输费用0.65万元，乙公司发生设备安装费用1.50万元。

乙公司以摊余成本计量该项债权。2×20年9月20日，乙公司对该债权已计提坏账准备19万元，债券投资市价为21万元。乙公司将受让的商品、设备和债券投资分别作为低值易耗品、固定资产和以公允价值计量且其变动计入当期损益的金融资产核算。

甲公司以摊余成本计量该项债务。2×20年9月20日，甲公司用于抵债的商品成本为70万元；抵债设备的账面原价为150万元，累计折旧为40万元，已计提减值准备18万元。

甲公司以摊余成本计量用于抵债的债券投资，债券票面价值总额为15万元，票面利率与实际利率一致，按年付息，假定甲公司尚未对债券确认利息收入。

当日，该项债务的账面价值仍为234万元。

甲、乙公司均为增值税一般纳税人，适用增值税税率为13%，经税务机关核定，该项交易中商品和设备的计税价格分别为90万元和75万元。不考虑其他相关税费。

1. 债权人的会计处理

低值易耗品可抵扣增值税=90×13%=11.70（万元）

设备可抵扣增值税=75×13%=9.75（万元）

低值易耗品和固定资产的成本应当以其公允价值比例（90∶75）对放弃债权公允价值扣除受让金融资产公允价值后的净额进行分配后的金额为基础确定。

低值易耗品的成本=90÷（90+75）×（210−23.55−11.70−9.75）=90（万元）

固定资产的成本=75÷（90+75）×（210−23.55−11.70−9.75）=75（万元）

2×20年9月20日，乙公司的账务处理如下：

（1）结转债务重组相关损益

借：低值易耗品	900 000	
在建工程——在安装设备	750 000	
应交税费——应交增值税	214 500	
交易性金融资产	210 000	
坏账准备	190 000	
投资收益	75 500	
贷：应收账款——甲公司		2 340 000

（2）支付安装费用

借：在建工程——在安装设备	15 000	
贷：银行存款		15 000

（3）安装完毕达到可使用状态

借：固定资产——××设备	765 000	
贷：在建工程——在安装设备		765 000

2. 债务人的会计处理

甲公司9月20日的账务处理如下：

借：固定资产清理	920 000	
累计折旧	400 000	
固定资产减值准备	180 000	
贷：固定资产		1 500 000
借：固定资产清理	6 500	
贷：银行存款		6 500
借：应付账款	2 340 000	
贷：固定资产清理		926 500
库存商品		700 000
应交税费——应交增值税		214 500
债权投资——面值		150 000
其他收益——债务重组收益		349 000

[例6-4]

A公司为上市公司，2×16年1月1日，A公司取得B银行贷款5 000万元，约定贷款期限为4年（即2×19年12月31日到期），年利率6%，按年付息，A公司已按时支付所有利息。2×19年12月31日，A公司出现严重资金周转问题，多项债务违约，信用风险增加，无法偿还贷款本金。2×20年1月10日，B银行同意与A公司就该项贷款重新达成协议，新协议约定：(1) A公司将一项作为固定资产核算的房产转让给B银行，用于抵偿债务本金1 000万元，该房产账面原值1 200万元，累计折旧400万元，未计提减值准备。(2) A公司向B银行增发股票500万股，面值1元/股，占A公司股份总额的1%，用于抵偿债务本金2 000万元，A公司股票2×20年1月10日的收盘价为4元/股。(3) 在A公司履行上述偿债义务后，B银行免除A公司500万元债务本金，并将尚未偿还的债务本金1 500万元展期至2×20年12月31日，年利率8%；如果A公司未能履行(1)和(2)所述偿债义务，B银行有权终止债务重组协议，尚未履行的债权调整承诺随之失效。

B银行以摊余成本计量该贷款，已计提贷款损失准备300万元。

该贷款于2×20年1月10日的公允价值为4 600万元，予以展期的贷款的公允价值为1 500万元。2×20年3月2日，双方办理完房产转让手续，B银行将该房产作为投资性房地产核算。2×20年12月31日，B银行为该笔贷款补提了100万元的损失准备。2×20年5月9日，双方办理完成股权转让手续，B银行将该股权投资分类为以公允价值计量且其变动计入当期损益的金融资产，A公司股票当日收盘价为4.02元/股。

A公司以摊余成本计量该贷款，截至2×20年1月10日，该贷款的账面价值为5 000万元。不考虑相关税费。

1. 债权人的会计处理

A公司与B银行以组合方式进行债务重组，同时涉及以资产清偿债务、将债务转为权益工具、包括债务豁免的修改其他条款等方式，可以认为对全部债权的合同条款做出了实质性修改，债权人在收取债权现金流量的合同权利终止时应当终止确认全部债权，即在2×20年5月9日该债务重组协议的执行过程和结果不确定性消除时，可以确认债务重组相关损益，并按照修改后的条款确认新金融资产。

债权人B银行的账务处理如下：

（1）3月2日

投资性房地产成本=放弃债权公允价值4 600−受让股权公允价值2 000−重组债权公允价值1 500

=1 100（万元）

借：投资性房地产　　11 000 000

　贷：贷款——本金　　11 000 000

（2）3月31日

借：信用减值损失　　1 000 000

　贷：贷款损失准备　　1 000 000

（3）5月9日

受让股权的公允价值=4.02×500=2 010（万元）

借：交易性金融资产　　20 100 000

　　贷款——本金　　15 000 000

　　贷款损失准备　　4 000 000

　贷：贷款——本金　　39 000 000

　　投资收益　　100 000

2. 债务人的会计处理

该债务重组协议的执行过程和结果不确定性于2×20年5月9日消除时，债务人清偿该部分债务的现时义务已经解除，可以确认债务重组相关损益，并按照修改后的条款确认新金融负债。

债务人A公司的账务处理如下：

（1）3月2日

借：固定资产清理　　8 000 000

　　累计折旧　　4 000 000

　贷：固定资产　　12 000 000

借：长期借款——本金　　8 000 000

　贷：固定资产清理　　8 000 000

（2）5月9日

借款的新现金流量现值=1 500×（1+8%）÷（1+6%）=1 528.30（万元）

现金流变化=（1 528.30−1 500）÷1 500=1.90%<10%

因此，针对1 500万元本金部分的合同条款的修改不构成实质性修改，不终止确认该部分负债。

借：长期借款——本金　　42 000 000
　贷：股本　　5 000 000
　　资本公积　　15 100 000
　　长期借款——本金　　15 283 000
　　其他收益——债务重组收益　　6 617 000

本例中，即使没有"A公司未能履行（1）和（2）所述偿债义务，B银行有权终止债务重组协议，尚未履行的债权调整承诺随之失效"的条款，债务人仍然应当谨慎处理，考虑在债务的现时义务解除时终止确认原债务。

第三节　债务重组的相关披露

债务重组中涉及的债权、重组债权、债务、重组债务和其他金融工具的披露，应当按照《企业会计准则第37号——金融工具列报》的规定处理。此外，债权人和债务人还应当在附注中披露与债务重组有关的额外信息。

一、债权人应当在附注中披露与债务重组有关的信息

1. 根据债务重组方式，分组披露债权账面价值和债务重组相关损益。分组时，债权人可以按照以资产清偿债务方式、将债务转为权益工具方式、修改其他条款方式、组合方式为标准分组，也可以根据重要性原则以更细化的标准分组。

2. 债务重组导致的对联营企业或合营企业的权益性投资增加额，以及该投资占联营企业或合营企业股份总额的比例。

二、债务人应当在附注中披露与债务重组有关的信息

1. 根据债务重组方式，分组披露债务账面价值和债务重组相关损益。分组的标准与对债权人的要求类似。

2. 债务重组导致的股本等所有者权益的增加额。

报表使用者可能关心与债务重组相关的其他信息，例如，债权人和债务人是否具有关联方关系；又如，如何确定债务转为权益工具方式中的权益工具以及修改其他条款方式中的重组债权或重组债务等的公允价值；再如，是否存在与债务重组相关的或有事项等，企业应当根据《企业会计准则第13号——或有事项》《企业会计准则第22号——金融工具确认和计量》《企业会计准则第36号——关联方披露》《企业会计准则第37号——金融工具列报》《企业会计准则第39号——公允价值计量》等准则规定，披露相关信息。

【启发思考】债务重组业务管理过程中，会计诚信的体现明显吗？你认为应该如何提升会计诚信度？

引例分析

依据引例成都路桥与绵遂高速的债务重组公告中给出的资料，分析该案例中的重组债权人和重组债务人分别是哪个企业？判断该债务重组属于哪一种债务重组方式？试为双方做出会计分录并分析此次债务重组对债权债务方的影响。

请收集其他的债务重组案例，看看你能否把各种债务重组方式的案例都找出来，并分析债务重组对债权人和债务人的影响。

思考题

1. 债务重组的方式有哪些？
2. 债务重组构成权益性交易的情形有哪些？请举例说明。
3. 债务重组中债权人和债务人在什么情况下可以终止确认原债权债务？
4. 债务重组中债权人受让金融资产的会计处理原则是什么？
5. 债务重组中债权人受让处置组的会计处理原则是什么？
6. 债务重组中债务人以非现金资产清偿债务的会计处理原则是什么？
7. 债务重组中债务人将债务转为权益工具的会计处理原则是什么？

练习题

一、单项选择题

1.债务人以资产清偿债务时，影响债权人损益确认金额的因素是（　　）。

A.计提的坏账准备　　B.受让资产的公允价值

C.受让资产的账面价值　　D.为受让非金融资产发生的相关税费

2.2×20年3月1日，甲公司与乙公司签订债务重组协议，针对甲公司所欠乙公司的800万元款项进行债务重组。协议约定，甲公司以自有的一栋办公楼抵偿所欠债务，双方的该项债权债务就此结清。债务重组当日，甲公司用于抵债的办公楼原值为700万元，已提折旧为200万元，公允价值为600万元；乙公司所放弃债权的公允价值为600万元，乙公司为取得该办公楼发生契税10万元。不考虑增值税等其他因素的影响，下列有关甲公司和乙公司对该项债务重组的会计处理中，正确的是（　　）。

A. 甲公司在该项债务重组中应确认的损益为80万元

B. 甲公司应将其用于抵债的办公楼的公允价值与账面价值的差额计入资本公积

C. 乙公司在债务重组中应确认的损益为-200万元

D. 乙公司在债务重组中所取得的办公楼的入账价值为600万元

3.将债务转为权益工具，权益工具的公允价值不能可靠计量的，债务人应当按照所清偿债务的公允价值计量。所清偿债务账面价值与权益工具确认金额之间的差额，计入（　　）。

A.投资收益　　B.营业外支出

C.资本公积　　D.信用减值损失

4.债务人以包括金融资产和非金融资产在内的多项资产清偿债务的，应将所清偿债务账面价值与转让资产账面价值之间的差额计入（　　）。

A.其他收益　　B.资本公积

C.营业外支出　　D.投资收益

5.下列关于债务重组的说法中，不正确的是（　　）。

A.企业在判断债务重组是否构成权益性交易时，应当遵循实质重于形式原则

B.对于在报告期间已经开始协商，并在报告期资产负债表日后进行的债务重组，属于资产负债表日后调整事项

C.债务人以处置组清偿债务，且债权人将其划分为持有待售类别的，债权人应当在初始计量时，比较假定其不划分为持有待售类别情况下的初始计量金额和公允价值减去出售费用的净额，以两者孰低计量

D.债务人因发行权益工具而支出的相关税费，应当依次冲减资本溢价、盈余公积、未分配利润

二、多项选择题

1.甲公司有一项应付乙公司的账款8 000万元，该应付账款是甲公司2×18年8月20日从乙公司购入A原材料时形成。2×19年9月30日，甲公司与乙公司达成了债务重组协议：甲公司以一项固定资产、一批库存商品和一项以公允价值计量且其变动计入当期损益的金融资产清偿上述债务。甲公司用于抵债的固定资产的账面价值为150万元（原价为300万元，已累计折旧150万元），公允价值为200万元；用于抵债的库存商品的成本为4 500万元（未计提存货跌价准备），公允价值为6 000万元；用于抵债的以公允价值计量且其变动计入当期损益的金融资产的账面价值为500万元（其中成本为350万元，公允价值变动为150万元），公允价值为600万元。乙公司该项债权在重组当日的公允价值为7 000万元，此前未计提过坏账准备。该项债务重组协议于2×19年9月30日履行完毕，该项债权债务就此结清。乙公司将取得的金融资产作为以公允价值计量且其变动计入当期损益的金融资产核算。假定不考虑相关税费等其他因素，则下列说法中正确的有（　　）。

A.乙公司取得的以公允价值计量且其变动计入当期损益的金融资产的入账价值为617.65万元

B.乙公司取得的固定资产的入账价值为200万元

C.乙公司取得的库存商品的入账价值为6 193.55万元

D.乙公司在债务重组过程中应确认的损益为-1 000万元

2.甲公司应收乙公司账款的账面余额为5 000万元，该笔款项已逾期多时，乙公司一直拖欠未还。2×19年7月1日，经双方协商同意，乙公司以其向甲公司发行1 000万股普通股偿还债务，每股面值为1元，每股市价为4元。相关股权登记手续已于2×19年8月10日办理完毕，双方办妥相关手续后，该项债权债务就此结清。甲公司经评估认定该项债权在债务重组时的公允价值为4 000万元，甲公司此前未对其计提坏账准备。甲公司取得上述股权后，对乙公司具有重大影响。甲公司为取得上述股权发生的直接相关费用为20万元。不考虑其他因素，下列说法中正确的有（　　）。

A. 乙公司确认债务重组收益为1 000万元

B. 乙公司按照发行股份的公允价值计量权益工具

C. 甲公司在该项债务重组中应确认的损益为-1 000万元

D. 甲公司取得乙公司1 000万股股权的入账价值为4 000万元

3. 债务人以非现金资产抵偿债务的，所清偿债务账面价值与抵债资产账面价值之间的差额，应计入（ ）。

A. 投资收益　　B. 其他收益　　C. 营业外支出　　D. 主营业务成本

4. 某股份有限公司清偿债务的下列方式中，属于债务重组的有（ ）。

A. 债权人减免债务人部分债务本金

B. 债权人减免债务人应支付的利息

C. 延长债务偿还期限

D. 根据转换协议将应付可转换公司债券转为资本

5. 以固定资产抵偿债务进行债务重组时，对债务人而言，下列各项中影响其损益计算的有（ ）。

A. 固定资产的账面价值　　B. 固定资产的累计折旧

C. 固定资产的减值准备　　D. 固定资产的公允价值

三、判断题

1. 债务重组的特点是，债务人发生财务困难，债权人做出让步。（ ）

2. 债务人以单项或多项金融资产清偿债务的，债务的账面价值与偿债金融资产账面价值的差额，记入"营业外收入"科目。（ ）

3. 对于以分类为以公允价值计量且其变动计入其他综合收益的债务工具投资清偿债务的，之前计入其他综合收益的累计利得或损失应当从其他综合收益中转出，记入"投资收益"科目。（ ）

4. 对于以指定为以公允价值计量且其变动计入其他综合收益的非交易性权益工具投资清偿债务的，之前计入其他综合收益的累计利得或损失应当从其他综合收益中转出，记入"盈余公积""利润分配——未分配利润"等科目。（ ）

5. 只要进行债务重组，重组双方均应在当期确认重组损益。（ ）

四、案例分析

2×20年M公司与N公司的交易或事项如下：

（1）2×20年4月1日，M公司向N公司销售一批产品，应收N公司款项为67.80万元，M公司以摊余成本对该应收款项进行后续计量，N公司以摊余成本对该应付款项进行后续计量。

（2）2×20年10月1日，N公司因无法支付货款与M公司协商进行债务重组，N公司以一项固定资产（设备）抵偿欠款。该固定资产的原值为60万元，已计提折旧12万元，已计提减值准备3万元。

（3）2×20年10月18日，双方办理完固定资产转让手续。当日，该固定资产的公允价值为44万元；M公司应收款项的公允价值为49万元，已计提坏账准备7.80万元。M公司取得设备后作为固定资产核算，支付运输费2万元。

（4）M公司收到该设备后，计划在5个月内出售，假定符合划分为持有待售类别条件，预计未来出售时将发生出售费用1万元。

不考虑其他因素。

要求：

（1）计算M公司受让设备的入账价值。

（2）编制M公司与债务重组相关的会计分录。

（3）编制N公司与债务重组相关的会计分录。

第七章　所得税

【内容框架】

本章主要介绍所得税会计的概念、所得税会计的核算方法和程序、暂时性差异的形成以及所得税费用的确认、计量与报告。具体内容如下图所示：

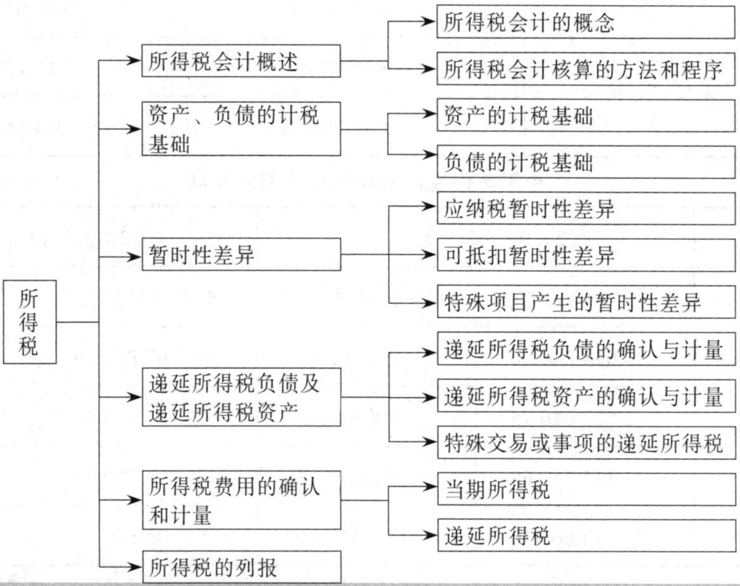

【学习目标】

通过本章学习，了解所得税会计的含义、核算方法及历史沿袭，明确现行所得税会计的处理方法；理解计税基础与暂时性差异的概念与应用；掌握资产负债表债务法的基本核算程序，掌握递延所得税与所得税费用的确认、计量与报告。

引例

中原环保2019年年报中的所得税信息

中原环保股份有限公司（简称“中原环保”）是国有控股上市公司，股票代码“000544”。公司前身为白鸽（集团）股份有限公司（简称“白鸽股份”），系第二砂轮厂进行股份制改造并以社会募集方式设立的股份有限公司。2003年11月，郑州市热力总公司对白鸽股份进行资产重组，将城市集中供热纳入公司主营业务，随后控股白鸽股份。2006年4月，郑州市污水净化有限公司受让郑州亚能热电有限公司所持白鸽股份的股份，成为白鸽股份第二大股东。2007年1月26日，白鸽股份更名为“中原环保股份有限公司”，公司股票简称由“白鸽股份”变更为“中原环保”。现主营业务为城镇污水处理和集中供热，注册地为河南省郑州市。

中原环保对外披露的2019年合并资产负债表、合并利润表及附注中披露的有关所得税信息见表7-1至表7-4。

表7-1 中原环保2019年度所得税费用 单位：元

项目	本期发生额	上期发生额
当期所得税费用	59 595 234.98	106 611 221.05
递延所得税费用	−9 012 436.36	−17 759 394.32
合计	50 582 798.62	88 851 826.73

表7-2 中原环保递延所得税资产期末余额 单位：元

项目	2019年12月31日		2018年12月31日	
	可抵扣暂时性差异	递延所得税资产	可抵扣暂时性差异	递延所得税资产
坏账准备	124 634 804.70	31 158 701.18	100 267 372.19	25 066 843.06
应付职工薪酬	2 582 046.75	645 511.69	3 457 692.48	864 423.12
暂估工程成本	27 333 748.68	6 833 437.17	14 775 790.00	3 693 947.50
合计	154 550 600.13	38 637 650.04	118 500 854.67	29 625 213.68

表 7-3 **中原环保递延所得税负债期末余额** 单位：元

项目	2019 年 12 月 31 日		2018 年 12 月 31 日	
	应纳税暂时性差异	递延所得税负债	应纳税暂时性差异	递延所得税负债
其他权益投资工具公允价值变动	150 916 064.90	37 729 016.22		
其他债权投资公允价值变动			170 205 903.02	42 551 475.76
合计	150 916 064.90	37 729 016.22	170 205 903.02	42 551 475.76

表 7-4 **中原环保会计利润与所得税费用调整过程** 单位：元

项目	本期发生额
利润总额	528 623 151.98
按法定/适用税率计算的所得税费用	132 155 788.00
子公司适用不同税率的影响	
调整以前期间所得税的影响	80 896.87
非应税收入的影响	−35 663 442.37
不可抵扣的成本、费用和损失的影响	2 914 764.38
使用前期未确认递延所得税资产的可抵扣亏损的影响	−570 263.17
本期未确认递延所得税资产的可抵扣暂时性差异或可抵扣亏损的影响	6 166 566.81
所得税减免额	−46 781 039.13
研发加计扣除	−7 720 472.77
所得税费用	50 582 798.62

（根据中原环保2019年度财务报告整理）

通过阅读中原环保年度财务报表中的所得税相关信息，我们注意到，2019年中原环保合并利润表中所列示的所得税费用包括当期所得税费用和递延所得税费用两部分，合并资产负债表中存在递延所得税资产和递延所得税负债两个项目。那么，现行所得税会计处理方法是什么？资产减值准备、公允价值变动等项目会产生何种暂时性差异？暂时性差异如何影响递延所得税？如何理解递延所得税资产和递延所得税负债？以会计利润为起点，如何计算调整所得税费用？本章将对这些内容进行系统介绍。

第一节 所得税会计概述

会计税收差异与所得税会计方法变更

一、所得税会计的概念

企业的会计核算和税收处理分别遵循不同的原则，服务于不同的目的。在我国，会计的确认、计量、报告应当遵从企业会计准则的规定，目的在于真实、完整地反映企业的财务状况、经营成果和现金流量等，为投资者、债权人以及其他会计信息使用者提供对其决策有用的信息。税法则是以课税为目的，根据国家有关税收法律、法规的规定，确定一定时期内纳税人应缴纳的税额，也就是从所得税的角度，确定企业的应纳税所得额，以对企业的经营所得征税。因此，同一企业在同一会计期间按照会计准则确认的会计利润与按照税法计算的应纳税所得额之间不可避免地形成差异。

所得税会计就是对资产、负债、收入、费用按照会计准则进行确认、计量形成的会计利润（或亏损）与按照税法规定进行确认、计量形成的应纳税所得额之间的差异进行会计处理的方法和程序，即会计与税法规定之间的差异在所得税核算中的具体体现。所得税会计的形成和发展是所得税法规和会计准则规定相互分离的必然结果，两者分离的程度和差异的种类、数量直接影响着所得税会计处理方法的改进。

二、所得税会计核算的方法和程序

(一) 所得税会计核算方法

所得税会计核算方法按是否确认递延所得税可分为应付税款法和纳税影响会计法两类。应付税款法体现了税法原则，也就是财务会计核算遵从税法的规定，其确认的所得税费用与企业按税法规定缴纳的当期应交所得税金额一致；纳税影响会计法体现了会计与税法分离的原则，财务会计遵循财务会计理论，强调按配比原则进行所得税费用的确认与计量，税法规定与会计准则规定的差异通过确认递延所得税负债或资产的方式予以体现。不论是西方国家还是我国，纳税影响会计法都经历了递延法、损益表债务法和资产负债表债务法三个阶段。

2006年2月15日，财政部颁布的《企业会计准则第18号——所得税》要求企业对所得税的核算采用资产负债表债务法；2011年11月18日，财政部颁布的《小企业会计准则》要求小企业所得税采用应付税款法核算。由此可见，我国准则要求对小企业所得税的核算采用应付税款法，而对其他企业所得税的核算均采用资产负债表债务法。

1. 应付税款法

应付税款法是以利润总额为基础，按照企业所得税法规定进行纳税调整，计算得到当期应纳税所得额，以应纳税所得额与适用的所得税税率为基础确定当期应纳税额，确认所得税费用的方法。应付税款法将本期会计利润与应纳税所得额之间的差异造成的影响纳税的金额直接计入当期损益，而不递延到以后各期。其主要特点是本期所得税费用等于本期应交所得税，即所得税费用以收付实现制为基础进行确认。

采用应付税款法进行所得税核算的主要程序如下：一是计算当期应交所得税（应纳税所得额×当期所得税税率）；二是按照与当期应交所得税相同的金额，确认当期的所得税费用。

2. 资产负债表债务法

资产负债表债务法是从资产负债表出发，比较资产负债表上列示的资产、负债按照企业会计准则规定确定的账面价值与按照税法规定确定的计税基础，对于两者之间的差额区分应纳税暂时性差异与可抵扣暂时性差异，确认相关的递延所得税负债与递延所得税资产，并在综合考虑当期应交所得税的基础上，确定每一会计期间利润表上的所得税费用的方法。

资产负债表债务法在所得税的会计核算方面遵循了资产、负债的界定。从资产负债表角度考虑，资产的账面价值代表的是企业在持续持有及最终处置某项资产的一定期间内，该项资产能够为企业带来的未来经济利益，而其计税基础代表的是在这一期间内，就该项资产按照税法规定可以税前扣除的金额。一项资产的账面价值小于其计税基础的，表明该项资产于未来期间产生的经济利益流入低于按照税法规定允许税前扣除的金额，产生可抵减未来期间应纳税所得额的因素，减少未来期间以应交所得税的方式流出企业的经济利益，应确认为递延所得税资产。反之，一项资产的账面价值大于其计税基础的，两者之间的差额将会于未来期间产生应税金额，增加未来期间的应纳税所得额及应交所得税，对企业形成经济利益流出的义务，应确认为递延所得税负债。

资产负债表债务法在所得税核算方面较为全面地体现了资产负债观。资产负债表债务法是基于资产负债表中所列示的资产、负债账面价值和计税基础经济含义的基础上，分析按照会计准则列报的账面价值与税法规定的差异，并就有关差异确定相关所得税影响的方法。相较于利润表中的所得税费用只反映当期实际应交所得税的核算方法，资产负债表债务法能够反映企业持有资产、负债及其变动对当期利润的影响，还可以反映资产、负债对未来期间的所得税影响，从而全面反映企业所得税费用。

【启发思考】为什么企业会计准则采用资产负债表债务法，其相较于应付税款法的优势有哪些？通过了解所得税会计处理方法的变迁可以得到哪些启示？

（二）所得税会计核算的一般程序

在采用资产负债表债务法核算所得税的情况下，企业一般应于每一资产负债表日进行所得税核算。当发生特殊交易或事项（如企业合并）时，在确认因交易或事项取得的资产、负债时即应确认相关的所得税影响。企业进行所得税核算一般应遵循以下程序：

1.按照相关会计准则规定确定资产负债表中除递延所得税资产和递延所得税负债以外的其他资产和负债项目的账面价值。资产、负债的账面价值，是指企业按照相关会计准则的规定进行核算后在资产负债表中列示的金额。例如，企业持有的应收账款账面余额为2 000万元，企业对该应收账款计提了100万元的坏账准备，其账面价值为1 900万元，为该应收账款在资产负债表中的列示金额，即应收账款的账面价值。

2.按照会计准则中对于资产和负债计税基础的确定方法，以适用的税收法规为基础，确定资产负债表中有关资产、负债项目的计税基础。应予说明的是，资产、负债的计税基础是会计上的定义，但其确定应当遵循税法规定。

3.比较资产、负债的账面价值与其计税基础，对于两者之间存在的差异，分析其性质，除准则中规定的特殊情况外，区分应纳税暂时性差异与可抵扣暂时性差异并乘以适用的所得税税率，确定资产负债表日递延所得税负债和递延所得税资产的应有金额，并与期初递延所得税负债和递延所得税资产的余额相比，确定当期应予进一步确认的递延所得税资产和递延所得税负债金额或应予转销的金额，作为构成利润表中所得税费用的其中一个组成部分——递延所得税费用（或收益）。其计算公式为：

$$\text{递延所得税费用(或收益)}=\left(\text{递延所得税负债的期末余额}-\text{递延所得税负债的期初余额}\right)-\left(\text{递延所得税资产的期末余额}-\text{递延所得税资产的期初余额}\right)$$

$$\text{递延所得税资产(负债)的期末余额}=\text{当期期末累计暂时性差异}\times\text{当期或预计的所得税税率}$$

4.按照适用的税法规定计算确定当期应纳税所得额，将应纳税所得额与适用的所得税税率计算的结果确认为当期应交所得税，作为利润表中应予确认的所得税费用的另外一个组成部分——当期所得税。其计算公式为：

当期应交所得税=当期应纳税所得额×适用的所得税税率

5.确定利润表中的所得税费用。利润表中的所得税费用包括当期所得税和递延所得税两个组成部分，企业在计算确定当期所得税和递延所得税后，两者之和（或之差）就是利润表中的所得税费用。

在不发生在权益中确认的交易或事项产生的纳税影响的情况下，本期所得税费用的计算公式为：

本期所得税费用=本期应交所得税+递延所得税

第二节　资产、负债的计税基础

资产负债表债务法核算所得税的关键在于确定资产、负债的计税基础。资产、负债的计税基础，虽然是会计准则中的概念，但与税收法规的规定密切关联。企业应当严格遵循税收法规中对于资产的税务处理及可税前扣除的费用等规定确定有关资产、负债的计税基础。

一、资产的计税基础

计税基础与暂时性差异

资产的计税基础，是指企业在收回资产账面价值过程中，计算应纳税所得额时按照税法规定可以自应税经济利益中抵扣的金额，即某一项资产在未来期间计税时按照税法规定可以税前扣除的总金额（某一资产负债表日资产的计税基础=成本-以前期间已税前列支的金额）。

资产在初始确认时，其计税基础一般为取得成本，即企业为取得某项资产支付的成本在未来期间准予税前扣除。在资产持续持有的过程中，其计税基础是指资产的取得成本减去以前期间按照税法规定已经税前扣除金额后的余额，该余额代表的是按照税法规定，就涉及的资产在未来期间计税时仍然可以税前扣除的金额。例如，固定资产、无形资产等长期资产在某一资产负债表日的计税基础是指其成本扣除按照税法规定已在以前期间税前扣除的累计折旧额或累计摊销额后的金额。

企业应当按照适用的税法规定计算确定资产的计税基础。现对部分资产项目计税基础的确定介绍如下：

（一）固定资产

以各种方式取得的固定资产，初始确认时按照会计准则规定确定的入账价值基本上是被税法认可的，即取得时其账面价值一般等于计税基础。

固定资产在持有期间进行后续计量时，会计准则规定按照“成本-累计折旧-固定资产减值准备”进行计量，税收处理规定按照“成本-按照税法规定已在以前期间税前扣除的折旧额”进行计量。由于会计准则与税收处理规定的不同，固定资产的账面价值与计税基础的差异主要产生于折旧方法、折旧年限的不同以及固定资产减值准备的计提。

1.因折旧方法、折旧年限不同产生的差异。会计准则规定，企业应当根据与固定资产有关的经济利益的预期实现方式合理选择折旧方法，如可以按直线法计提折旧，也可以按照双倍余额递减法、年数总和法等计提折旧，前提是有关折旧方法能够反映固定资产包含经济利益的实现方式。税法规定了固定资产的折旧方法，除某些按照规定可以加速折旧的情况外，能够税前扣除的基本上都是按照直线法计提的折旧。

另外，税法还就每一类固定资产的折旧年限做出了规定，而会计准则规定折旧年限是由企业根据固定资产的性质和使用情况合理确定的。如果企业进行会计处理时确定的折旧年限与税法规定不同，也会产生固定资产持有期间账面价值与计税基础的差异。

2.因计提固定资产减值准备产生的差异。持有固定资产的期间内，在对固定资产计提减值准备以后，由于税法规定企业按照会计准则规定计提的资产减值准备在资产发生实质性损失前不允许税前扣除，因此，在有关减值准备转变为实质性损失前，也会造成固定资产的账面价值与计税基础的差异。

[例7-1]

A企业于2×20年年末以600万元购入一项生产用固定资产，按照该项固定资产的预计使用情况，A企业估计其使用寿命为20年，按照直线法计提折旧，预计净残值为0。假定税法规定的折旧年限、折旧方法及净残值与会计准则规定相同。2×22年12月31日，A企业估计该项固定资产的可收回金额为500万元。

分析：

该项固定资产在2×22年12月31日的账面价值=600-600÷20×2-40=500（万元）

该项固定资产在2×22年12月31日的计税基础=600-600÷20×2=540（万元）

该项固定资产的账面价值500万元与其计税基础540万元之间的差额40万元，在未来期间会减少企业的应纳税所得额和应交所得税，应确认为递延所得税资产。

[例7-2]

B企业某项机器设备，系于2×20年年末以100万元购入，预计使用年限为5年，会计处理时按照直线法计提折旧，税收处理允许加速折旧，企业在计税时对该项资产按双倍余额递减法计提折旧，预计净残值为0。2×22年12月31日，企业对该项固定资产计提了5万元的固定资产减值准备。

分析：

该项固定资产在2×22年12月31日的账面价值=100-20-20-5=55（万元）

该项固定资产在2×22年12月31日的计税基础=100-40-24=36（万元）

该项固定资产的账面价值与其计税基础之间的差额19万元，在未来期间应计入企业应纳税所得额，增加未来期间应交所得额，应确认为递延所得税负债。

（二）无形资产

除内部研究开发形成的无形资产以外，以其他方式取得的无形资产，初始确认时按照会计准则规定确定的入账价值与按照税法规定确定的成本之间一般不存在差异。无形资产的账面价值与其计税基础之间的差异主要产生于摊销方法、摊销年限的不同，以及无形资产减值准备的提取、内部研发的无形资产产生的差异。

1.对于内部研究开发形成的无形资产，会计准则规定有关内部研究开发活动分为两个阶段，研究阶段的支出应当费用化计入当期损益，开发阶段符合资本化条件以后至达到预定用途前发生的支出应当资本化作为无形资产的成本。对于研究开发费用的税前扣除，税法规定，企业为开发新技术、新产品、新工艺发生的研究开发费用，未形成无形资产计入当期损益的，在按照规定据实扣除的基础上，按照研究开发费用的50%①加计扣除；形成无形资产的，按照无形资产成本的150%摊销。

另外，会计准则中规定有例外条款，即如果该无形资产的确认不是产生于合并交易，同时在确认时既不影响会计利润也不影响应纳税所得额，则不确认有关暂时性差异的所得税影响。在该种情况下，无形资产在初始确认时，对于会计准则与税收处理规定之间存在的暂时性差异不予确认，在持续持有过程中，对于在初始未确认暂时性差异的所得税影响范围内的摊销额等的差异也不予确认。

[例7-3]

A企业当期为开发新技术发生研究开发支出共计160万元，其中研究阶段支出60万元，开发阶段符合资本化条件前发生的支出为30万元，符合资本化条件后至达到预定用途前发生的支出为70万元。税法规定，研究开发支出未形成无形资产计入当期损益的，按照研究开发费用的50%加计扣除；形成无形资产的，按照无形资产成本的150%摊销。假定开发形成的无形资产在当期期末已达到预定用途（尚未开始摊销）。

分析：

A企业当期发生的研究开发支出中，按照会计准则规定应予费用化的金额为90万元，形成无形资产的成本为70万元，即期末所形成无形资产的账面价值为70万元。

A企业当期发生的160万元研究开发支出，按照税法规定可在当期税前扣除的金额为135万元。所形成的无形资产在未来期间可予税前扣除的金额为105万元，其计税基础为105万元，形成暂时性差异30万元。

应当注意的是，该内部开发形成的无形资产的账面价值与其计税基础之间产生的30万元暂时性差异，产生于无形资产的初始确认，该无形资产并非产生于企业合并，且确认资产既不影响会计利润也不影响应纳税所得额，因此，不确认该暂时性差异的所得税影响。

2.无形资产在后续计量时，会计处理与税收处理的差异主要产生于对无形资产是否需

① 财政部、税务总局、科技部联合发布《关于提高研究开发费用税前加计扣除比例的通知》（财税〔2018〕99号文件）规定，企业开展研发活动中实际发生的研发费用，未形成无形资产计入当期损益的，在按规定据实扣除的基础上，在2018年1月1日至2020年12月31日期间，再按照实际发生额的75%在税前加计扣除；形成无形资产的，在上述期间按照无形资产成本的175%在税前摊销。

要摊销、摊销方法的不同、摊销年限的差异及无形资产减值准备的计提。

会计准则规定，应根据无形资产使用寿命情况区分为使用寿命有限的无形资产与使用寿命不确定的无形资产。对于使用寿命不确定的无形资产，不要求摊销，但持有期间每年应进行减值测试。税法规定，企业取得的无形资产成本应在一定期限内摊销，即税法中没有界定使用寿命不确定的无形资产，除外购商誉外所有的无形资产成本均应在一定期间内摊销。

对于使用寿命不确定的无形资产，会计处理时不予摊销，但计税时按照税法规定确定的摊销额允许税前扣除，造成该类无形资产的账面价值与计税基础的差异。

在对无形资产计提减值准备的情况下，因税法要求对按照会计准则规定计提的无形资产减值准备在形成实质性损失前不允许税前扣除，即在提取无形资产减值准备期间，无形资产的计税基础不会随减值准备的计提发生变化，但其账面价值会因资产减值准备的计提而下降，从而造成无形资产的账面价值与计税基础的差异。

［例7-4］

甲公司于2×22年1月1日取得某无形资产，成本为20万元。企业根据各方面情况判断，无法合理预计其带来未来经济利益的期限，作为使用寿命不确定的无形资产。2×22年12月31日，对该无形资产进行减值测试表明未发生减值。税法规定，该无形资产可按10年的期限平均摊销，有关摊销额允许税前扣除。

分析：

会计上将该无形资产作为使用寿命不确定的无形资产，在未发生减值的情况下，2×22年12月31日的账面价值为取得成本20万元。

该无形资产在2×22年12月31日的计税基础为18万元（成本20万元减去按税法规定可予以税前扣除的摊销额2万元）。

2×22年12月31日该无形资产的账面价值20万元与其计税基础18万元之间的差额2万元，将计入未来期间的应纳税所得额，增加未来期间企业所得税税款流出，为应纳税暂时性差异。

（三）以公允价值计量且其变动计入当期损益的金融资产

按照《企业会计准则第22号——金融工具确认和计量》的规定，对于以公允价值计量且其变动计入当期损益的金融资产，其于某一会计期末的账面价值为该时点的公允价值。税法规定，企业以公允价值计量的金融资产、金融负债以及投资性房地产等，持有期间公允价值的变动不计入应纳税所得额。在实际处置或结算时，处置取得的价款扣除其历史成本后的差额应计入处置或结算期间的应纳税所得额。按照该规定，以公允价值计量的金融资产在持有期间市价的波动在计税时不予考虑，在某一会计期末的计税基础为其取得成本，从而造成在公允价值变动的情况下以公允价值计量的金融资产的账面价值与其计税基础之间产生差异。

企业持有的以公允价值计量且其变动计入其他综合收益的金融资产，其计税基础的确定与以公允价值计量且其变动计入当期损益的金融资产类似，可比照处理。

[例 7-5]

2×22年10月20日，A公司自公开市场取得一项权益性投资，支付价款1 600万元，作为交易性金融资产核算。2×22年12月31日，该权益性投资的市价为1 760万元。

分析：

该交易性金融资产的期末市价为1 760万元，按照会计准则规定在2×22年资产负债表日的账面价值为1 760万元。

因税法规定交易性金融资产在持有期间的公允价值变动不计入应纳税所得额，其在2×22年资产负债表日的计税基础应维持原取得成本不变，即为1 600万元。

该交易性金融资产的账面价值1 760万元与其计税基础1 600万元之间产生的160万元暂时性差异，该暂时性差异在未来期间转回时会增加未来期间的应纳税所得额，导致企业应交所得税的增加。

（四）其他资产

因会计准则规定与税法规定不同，企业持有的其他资产可能造成其账面价值与计税基础之间存在差异的，如计提了资产减值准备的相关资产、采用公允价值模式计量的投资性房地产等。

对于计提了资产减值准备的相关资产，按照会计准则规定，有关资产在计提减值准备以后，其账面价值会随之下降，而按照税法规定，资产的减值在转化为实质性损失之前不允许税前扣除，从而造成资产的账面价值与其计税基础之间的差异。

投资性房地产在符合规定条件的情况下，可以采用公允价值进行后续计量。采用公允价值进行后续计量的投资性房地产，账面价值的确定类似于以公允价值计量的金融资产；而由于税法中不存在投资性房地产的概念及专门的税收处理规定，因此其计税基础的确定类似于固定资产或无形资产。

[例 7-6]

A公司2×22年购入原材料成本为4 000万元，因部分生产线停工，当年未领用任何该原材料，2×22年资产负债表日考虑到该原材料的市价及用其生产的产成品的市价情况，估计其可变现净值为3 200万元。假定存货跌价准备在2×22年的期初余额为0。

分析：

该原材料因期末可变现净值低于成本，应计提存货跌价准备，金额为800万元，计提存货跌价准备后，该原材料的账面价值为3 200万元。

因为计算缴纳所得税时，按照会计准则规定计提的资产减值准备不允许税前扣除，所以该原材料的计税基础不会因存货跌价准备的计提而发生变化，其计税基础应维持原取得成本4 000万元不变。该存货的账面价值3 200万元与其计税基础4 000万元之间产生了800万元的暂时性差异，该差异会减少企业在未来期间的应纳税所得额和应交所得税。

[例 7-7]

A公司2×22年12月31日应收账款余额为5 000万元，该公司期末对应收账款计提了500万元的坏账准备。税法规定，不符合国务院财政、税务主管部门规定的各项资产减值准备不允许税前扣除。假定该公司期初应收账款及坏账准备的余额均为0。

分析：

该项应收账款在2×22年资产负债表日的账面价值为4 500万元（5 000-500），因为有关的坏账准备不允许税前扣除，其计税基础为5 000万元，所以，该计税基础与其账面价值之间产生的500万元暂时性差异，在应收账款发生实质性损失时会减少未来期间的应纳税所得额。

二、负债的计税基础

负债的计税基础，是指负债的账面价值减去未来期间计算应纳税所得额时按照税法规定可予抵扣的金额。用公式表示为：

负债的计税基础=账面价值-未来期间按照税法规定可予税前扣除的金额

负债的确认与偿还一般不会影响企业的损益，也不会影响其应纳税所得额，未来期间计算应纳税所得额时按照税法规定可予抵扣的金额为0，计税基础即为账面价值，如企业的短期借款、应付账款等。但是，某些情况下，负债的确认可能会影响企业的损益，进而影响不同期间的应纳税所得额，使得其计税基础与账面价值之间产生差额，如按照会计规定确认的某些预计负债、某些预收款项等。

（一）企业因销售商品、提供售后服务等原因确认的预计负债

按照或有事项准则规定，企业对于预计提供售后服务将发生的支出在满足有关确认条件时，销售当期即应确认为费用，同时确认预计负债。如果税法规定，与销售产品相关的支出于实际发生时允许税前扣除，那么，由该类事项产生的预计负债在期末的计税基础为其账面价值与未来期间可税前扣除金额之间的差额，则其计税基础为0。因其他事项确认的预计负债，应按照税法规定的计税原则确定其计税基础。某些情况下，因某些事项确认的预计负债，税法规定其支出无论是否实际发生均不允许税前扣除，即未来期间按照税法规定可予抵扣的金额为0，则其账面价值等于计税基础。

[例 7-8]

甲企业2×22年因销售产品承诺提供3年的保修服务，在当年度利润表中确认了400万元的销售费用，同时确认为预计负债，当年度未发生任何保修支出。假定按照税法规定，与产品售后服务相关的费用在实际发生时允许税前扣除。

分析：

该项预计负债在甲企业2×22年12月31日资产负债表中的账面价值为400万元。

因税法规定与产品保修相关的费用在未来期间实际发生时允许税前扣除，则该项负债未来期间计算应纳税所得额时按照税法规定可予抵扣的金额为400万元，该项负债的计税基础=账面价值-未来期间计算应纳税所得额时按照税法规定可予抵扣的金额=400-400=0。

该计税基础与其账面价值之间产生的400万元暂时性差异，可以减少未来保修支出实际发生期间的应纳税所得额和应交所得税，符合条件的应确认为递延所得税资产。

（二）预收账款

企业在收到客户预付的款项时，因不符合收入确认条件，会计上将其确认为负债。税法中对于收入的确认原则一般与会计准则规定相同，即会计上未确认收入时，计税时一般亦不计入应纳税所得额，该部分经济利益在未来期间计税时可予税前扣除的金额为0，计税基础等于账面价值。

某些情况下，因不符合会计准则规定的收入确认条件而未确认为收入的预收款项，按照税法规定应计入当期应纳税所得额时，有关预收账款的计税基础为0，即因其产生时已经计算缴纳所得税，未来期间可全额税前扣除。

[例7-9]

A公司于2×22年12月28日自客户处收到一笔购货预付款，金额为800万元，因不符合收入确认条件，将其作为预收账款核算。假定按照适用的税法规定，该款项应计入取得当期应纳税所得额计算缴纳所得税。

分析：

该预收账款在A公司2×22年12月31日资产负债表中的账面价值为800万元。

假定按照税法规定，该预收账款应计入取得当期的应纳税所得额计算缴纳所得税。与该项负债相关的经济利益已在取得当期计算缴纳所得税，未来期间按照会计准则规定确认收入时，不再计入应纳税所得额，即其于未来期间计算应纳税所得额时可予税前扣除的金额为800万元，计税基础=账面价值-未来期间计算应纳税所得额时按照税法规定可予抵扣的金额=800-800=0。

该项负债的账面价值800万元与其计税基础0之间产生的800万元暂时性差异，会减少企业于未来期间的应纳税所得额，使未来期间以应交所得税的方式流出企业的经济利益减少，符合条件的应确认为递延所得税资产。

另外，如果假定适用的税法规定，该款项未计入取得当期的应纳税所得额计算缴纳所得税，则该部分经济利益在未来期间计税时可予税前扣除的金额为0，计税基础等于账面价值，不产生暂时性差异。

（三）应付职工薪酬

会计准则规定，企业为获得职工提供的服务而给予的各种形式的报酬以及其他相关支出均应作为企业的成本费用，在未支付之前确认为负债。税法中对于合理的职工薪酬基本上都允许税前扣除，但如果税法中规定了税前扣除标准，那么按照会计准则规定计入成本费用的金额超过规定标准部分，应进行纳税调整。因为超过部分在发生当期不允许税前扣除，在以后期间也不允许税前扣除，所以，该部分差额对未来期间计税不产生影响，所产生的应付职工薪酬负债的账面价值等于计税基础。

[例7-10]

某企业2×22年12月计入成本费用的职工工资总额为3 200万元，至2×22年12月31日尚未支付，体现为资产负债表中的应付职工薪酬。假定按税法规定，当期计入成本费用的工资支出中可予税前扣除的金额为2 400万元。

分析：

按照会计准则规定，该项应付职工薪酬在2×22年12月31日资产负债表中的账面价值为3 200万元。

企业实际发生的工资支出3 200万元与允许税前扣除的金额2 400万元之间产生的800万元差额在发生当期应进行纳税调整，不能税前扣除，并且在以后期间也不能税前扣除，属于会计准则与税收法规计量口径不一致所产生的永久性差异，不会对企业未来期间的计税产生影响。因此，该项应付职工薪酬在2×22年12月31日的计税基础=账面价值-未来期间计算应纳税所得额时按照税法规定可予抵扣的金额=3 200-0=3 200（万元）。

该项负债的账面价值3 200万元与其计税基础3 200万元相同，不形成暂时性差异。

（四）其他负债

企业的其他负债项目，如应交的罚款和滞纳金等，在尚未支付之前按照会计准则应确认为费用，同时作为负债反映。税法规定，罚款和滞纳金不能税前扣除，即该部分费用无论是在发生当期还是在以后期间均不允许税前扣除，因为其计税基础为账面价值减去未来期间计税时可予税前扣除的金额之间的差额，所以其计税基础等于账面价值。其他交易或事项产生的负债，其计税基础应当按照适用的税法的相关规定确定。

[例7-11]

某企业2×22年12月因违反有关环保法规，接到环保部门处罚通知，要求其支付罚款400万元。至2×22年12月31日，该项罚款尚未支付。

分析：

对于该项罚款，该企业应计入2×22年度利润表，同时确认为资产负债表中的负债，应付罚款产生的负债的账面价值为400万元。

按照税法规定，企业因违反国家有关法律法规规定支付的罚款和滞纳金，在计算应纳税所得额时不允许税前扣除，所以，与该项负债相关的支出在未来期间计税时按照税法规定准予税前扣除的金额为0，因此，其计税基础=账面价值-未来期间计算应纳税所得额时按照税法规定可予抵扣的金额=400-0=400（万元）。

该项负债的账面价值400万元与其计税基础400万元相同，不形成暂时性差异，不会产生对未来期间计税的影响。

【案例7-1】 无须支付的应付款项转入应纳税所得额后能否确认递延所得税资产

A公司在2×20年的一次税务检查中，根据税务机关要求，对于其他应付款项中长期未付（超过3年，有些已经超过10年）的款项，转入应纳税所得额计算缴纳所得税。当地税务局表示可待以后实际对外支付时再予以税前扣除。经过核查发现，这些长期应付的款项都是历史原因形成的，都已无债权人催要，在未来很有可能无须支付。但是，这些款项尚未获得会计上转销负债所需的证据（即表明相应的现时义务已经解除的证据），如债权人已经被注销（法人）或死亡（自然人）且无其他方面承继该项债权的证据等，因而在会计上尚不能转销。为此，A公司会计人员感到困惑：这些无须支付的应付款项转入应纳税所得额后能否确认递延所得税资产？

A公司会计人员咨询所得税专家后得到如下答复：由于会计上转销负债对证据的要求远较税法上将无须支付的应付款项转入应纳税所得额的证据要求严格，无法合理估计何时能够满足转销负债的条件，即无法合理估计可抵扣暂时性差异的转回时间，自然也就无法合理估计其转回时能否产生足够的应纳税所得额，因而该项可抵扣暂时性差异不满足确认递延所得税资产的条件。因此，对于此类税收处理上已经计入应纳税所得额，但会计上不满足转销条件的应付款项，不应确认递延所得税资产。

（根据《中审众环研究·实务案例卷（2020）整理》）

三、特殊交易或事项中产生的资产、负债计税基础的确定

除企业在正常生产经营活动过程中取得的资产和负债以外，对于某些特殊交易中产生的资产、负债，其计税基础的确定应遵从税法规定，如企业合并过程中取得的资产、负债计税基础的确定。

企业合并会计准则根据参与合并各方在合并前及合并后是否被同一方或相同多方最终控制，分为同一控制下的企业合并与非同一控制下的企业合并两种类型。

对于企业合并的税收处理，通常情况下，被合并企业应视为按公允价值转让、处置全部资产，计算资产的转让所得，依法缴纳所得税。合并企业接受被合并企业的有关资产，计税时可以按经评估确认的价值确定计税成本。另外，在考虑有关企业合并是应税合并还是免税合并时，还需要考虑在合并中涉及的获取资产或股权的比例、非股权支付额的比例，具体划分标准和条件应遵从税法规定。

由于会计准则与税收法规对企业合并的划分标准、处理原则不同，因此某些情况下会造成企业合并中取得的有关资产、负债的入账价值与其计税基础的差异。

第三节　暂时性差异

暂时性差异是指资产、负债的账面价值与其计税基础不同产生的差额。其中，账面价值是指按照企业会计准则规定确定的有关资产、负债在企业资产负债表中应列示的金额。由于资产、负债的账面价值与其计税基础不同，产生了在未来收回资产或清偿负债的期间应纳税所得额增加或减少并导致未来期间应交所得税增加或减少的情况，在这些差异发生的当期，符合确认条件的情况下，应当确认相应的递延所得税负债或递延所得税资产。

【启发思考】为什么暂时性差异对未来期间应交所得税的影响在暂时性差异发生当期就应确认为资产或负债（符合确认条件）？其理论依据分别是什么？

根据暂时性差异对未来期间应纳税所得额的影响，分为应纳税暂时性差异和可抵扣暂时性差异。除因资产、负债的账面价值与其计税基础不同产生的暂时性差异外，按照税法规定可以结转以后年度的未弥补亏损和税款抵减，也视同可抵扣暂时性差异处理。

一、应纳税暂时性差异

应纳税暂时性差异，是指在确定未来收回资产或清偿负债期间的应纳税所得额时将产生应税金额的暂时性差异，该差异在未来期间转回时会增加转回期间的应纳税所得额，即在未来期间不考虑该事项影响的应纳税所得额基础上，由于该暂时性差异的转回会进一步增加转回期间的应纳税所得额和应交所得税金额，因此在应纳税暂时性差异产生当期，应当确认相关的递延所得税负债。应纳税暂时性差异通常产生于以下情况：

（一）资产的账面价值大于其计税基础

一项资产的账面价值代表的是企业在持续使用或最终出售该项资产时将取得的经济利益的总额，而计税基础代表的是一项资产在未来期间可予税前扣除的金额。资产的账面价值大于其计税基础，该项资产未来期间产生的经济利益不能全部税前抵扣，两者之间的差额需要交税，产生应纳税暂时性差异。例如，企业有一项交易性金融资产，成本为100万元，期末公允价值为120万元，而计税基础仍维持成本100万元不变，该计税基础与其账面价值之间的差额20万元即为应纳税暂时性差异。再如，某项无形资产取得成本为30万元，因使用寿命无法合理估计，会计上视为使用寿命不确定的无形资产，不予摊销，但税法规定按不短于10年的期限摊销，取得该无形资产一年后，该资产账面价值为30万元，其计税基础为27万元，差额3万元也是应纳税暂时性差异。应纳税暂时性差异会造成未来期间应纳税所得额和应交所得税的增加，在应纳税暂时性差异产生当期，应确认相关的递延所得税负债。

（二）负债的账面价值小于其计税基础

一项负债的账面价值为企业预计在未来期间清偿该负债时的经济利益流出，而其计税基础代表的是账面价值在扣除税法规定未来期间允许税前扣除的金额之后的差额。因此，负债的账面价值与其计税基础不同产生的暂时性差异，实质上是税法规定就该项负债在未来期间可以税前扣除的金额（即与该项负债相关的费用支出在未来期间可予税前扣除的金额）。负债的账面价值小于其计税基础，则意味着该项负债在未来期间可以税前扣除的金额为负数，即应在未来期间应纳税所得额的基础上调增，增加应纳税所得额和应交所得税金额，产生应纳税暂时性差异，应确认相关的递延所得税负债。一般来说，负债的确认和清偿，通常不会对当期损益和应纳税所得额产生影响，其计税基础即为账面价值，如短期借款、应付账款、应付票据等。但在某些情况下，负债的确认可能会影响损益，并影响不同期间的应纳税所得额，使其计税基础与账面价值之间产生差异。

二、可抵扣暂时性差异

可抵扣暂时性差异，是指在确定未来收回资产或清偿负债期间的应纳税所得额时，将导致产生可抵扣金额的暂时性差异。该差异在未来期间转回时会减少转回期间的应纳税所得额，减少未来期间的应交所得税。在可抵扣暂时性差异产生当期，符合确认条件的情况下，应当确认相关的递延所得税资产。可抵扣暂时性差异一般产生于以下情况：

（一）资产的账面价值小于其计税基础

资产的账面价值小于其计税基础，这就意味着，资产在未来期间产生的经济利益少，而按照税法规定允许税前扣除的金额多，形成可抵扣暂时性差异，在未来期间可以减少应纳税所得额并减少应交所得税，符合确认条件时，应当确认相关的递延所得税资产。例如，某机器设备原价为1 000万元，使用年限为10年，会计处理上按双倍余额递减法计提折旧，税法允许采用直线法计提折旧，预计净残值为0。计提两年折旧后，会计期末，该资产的账面价值为640万元，计税基础为800万元，形成暂时性差异160万元。再如，会计期末计提各项资产减值准备，而税法不允许当期抵扣，允许以后期间抵扣，形成可抵扣暂时性差异。

（二）负债的账面价值大于其计税基础

负债产生的暂时性差异实质上是税法规定该项负债可以在未来期间税前扣除的金额，即：

$$
\begin{aligned}
\text{负债产生的暂时性差异} &= \text{账面价值} - \text{计税基础} \\
&= \begin{matrix}\text{账面}\\\text{价值}\end{matrix} - \left(\begin{matrix}\text{账面}\\\text{价值}\end{matrix} - \begin{matrix}\text{未来期间计税时按照税法}\\\text{规定可予税前扣除的金额}\end{matrix}\right) \\
&= \text{未来期间计税时按照税法规定可予税前扣除的金额}
\end{aligned}
$$

一项负债的账面价值大于其计税基础，意味着未来期间按照税法规定与该项负债相关的全部或部分支出可以从未来应税经济利益中扣除，减少未来期间的应纳税所得额和应交所得税。例如，企业对将要发生的产品保修费用在销售当期确认预计负债200万元，如果税法规定有关费用支出只有在实际发生时才能税前扣除，则其计税基础为0；在企业确认预计负债的当期相关费用不允许税前扣除，但在以后期间相关费用实际发生时允许税前扣除，使得未来期间的应纳税所得额和应交所得税减少，产生可抵扣暂时性差异，符合有关确认条件时，应确认相关的递延所得税资产。

三、特殊项目产生的暂时性差异

（一）未作为资产、负债确认的项目产生的暂时性差异

某些交易或事项发生以后，因为不符合资产、负债的确认条件而未体现为资产负债表中的资产或负债，但按照税法规定能够确定其计税基础的，其账面价值与计税基础之间的差异也构成暂时性差异。如企业发生的符合条件的广告费和业务宣传费支出，除另有规定外，不超过销售收入15%的部分准予扣除；超过部分准予在以后纳税年度结转扣除。该类费用在发生时按照会计准则规定计入当期损益，不形成资产负债表中的资产，但按照税法规定能够确定其计税基础，两者之间的差异也形成暂时性差异。

[例7-12]

某企业2×22年发生广告费用支出200万元，已作为发生当期销售费用计入当期损益。按照税法规定，广告费用支出不超过当年销售收入15%的部分允许当期税前扣除，超过部分允许在以后纳税年度结转扣除。A公司2×22年实现销售收入1 000万元。

分析：

该广告费用支出因按照会计准则规定在发生时已计入当期损益，不体现为资产负债表中的资产，或可将其视为账面价值为0的资产。

因按照税法规定，当期可予税前扣除150万元（1 000×15%）的广告费用支出，当期未予税前扣除的50万元在以后纳税年度结转扣除，因此，其计税基础为50万元。

该项资产的账面价值与其计税基础之间产生的50万元暂时性差异，可在未来期间减少企业应纳税所得额，属于可抵扣暂时性差异，如果符合确认条件，应确认相关递延所得税资产。

（二）可抵扣亏损及税款抵减产生的暂时性差异

按照税法规定可以结转以后年度的未弥补亏损及税款抵减，虽不是因资产、负债的账面价值与其计税基础不同产生的，但从性质上看，与可抵扣暂时性差异具有同样的作用，均能减少未来期间的应纳税所得额和应交所得税，视同可抵扣暂时性差异，在符合确认条件的情况下，应确认与其相关的递延所得税资产。

[例7-13]

甲公司于2×22年因政策性原因发生经营亏损400万元，按照税法规定，该亏损可用于抵减以后5个年度的应纳税所得额。该公司预计其于未来5年期间能够产生足够的应纳税所得额以弥补该经营亏损。

分析：

该经营亏损虽然不是因资产、负债的账面价值与其计税基础不同产生的，但从性质上看，可以减少未来期间的应纳税所得额和应交所得税，视同可抵扣暂时性差异。企业预计未来期间能够产生足够的应纳税所得额，进而利用可抵扣暂时性差异的，应确认相关的递延所得税资产。

第四节 递延所得税负债及递延所得税资产

企业在计算确定应纳税暂时性差异与可抵扣暂时性差异后，应当按照所得税会计准则规定的原则确认与应纳税暂时性差异相关的递延所得税负债以及与可抵扣暂时性差异相关的递延所得税资产。

一、递延所得税负债的确认和计量

递延所得税负债产生于应纳税暂时性差异。因为应纳税暂时性差异在转回期间将增加企业的应纳税所得额和应交所得税，导致企业经济利益的流出，所以在其发生当期构成企业应支付税金的义务，应作为负债确认。

确认应纳税暂时性差异产生的递延所得税负债时，交易或事项发生时影响到会计利润或应纳税所得额的，相关的所得税影响应作为利润表中所得税费用的组成部分；与直接计入所有者权益的交易或事项相关的，其所得税影响应减少所有者权益；与企业合并中取得资产、负债相关的，递延所得税影响应调整购买日应确认的商誉或计入合并当期损益的金额。

（一）递延所得税负债的确认

企业在确认因应纳税暂时性差异产生的递延所得税负债时，应遵循以下原则：

1.除所得税会计准则中明确规定可不确认递延所得税负债的情况以外，企业对于所有的应纳税暂时性差异均应确认相关的递延所得税负债。

基于谨慎性原则，为了充分反映交易或事项发生后对未来期间的计税影响，除特殊情况可不确认相关的递延所得税负债外，企业应尽可能地确认与应纳税暂时性差异相关的递延所得税负债。

［例7–14］

甲公司自2×22年1月1日开始计提折旧的某设备，取得成本为1 000 000元，采用年限平均法计提折旧，使用年限为5年，预计净残值为0。假定计税时允许按双倍余额递减法计提折旧，使用年限及预计净残值与会计处理相同。甲公司采用的所得税税率为25%。假定该企业不存在其他会计与税收处理的差异。

分析：

2×22年该固定资产按会计处理规定计提的折旧额为200 000元，计税时允许扣除的折旧额为400 000元；2×22年年末该固定资产的账面价值为800 000元，其计税基础为600 000元，差额200 000元构成应纳税暂时性差异，应确认递延所得税负债50 000元。

2.不确认递延所得税负债的特殊情况。有些情况下，虽然资产、负债的账面价值与其计税基础不同，产生了应纳税暂时性差异，但出于各方面考虑，所得税会计准则中规定不确认相应的递延所得税负债。这些情况主要包括：

（1）商誉的初始确认。非同一控制下的企业合并中，企业合并成本大于合并中取得的被购买方可辨认净资产公允价值份额的差额，按照会计准则规定应确认为商誉。因为会计与税收的划分标准不同，按照税法规定作为免税合并的情况下，计税时不认可商誉的价值，所以在税收处理上，商誉的计税基础为0，两者之间的差额形成应纳税暂时性差异。对于商誉的账面价值与其计税基础不同产生的应纳税暂时性差异，会计准则规定不确认与其相关的递延所得税负债，原因在于：

①如果确认该部分暂时性差异产生的递延所得税负债，则意味着购买方在企业合并中获得的可辨认净资产的价值量下降，企业应增加商誉的价值，商誉的账面价值增加以后，可能很快就要计提减值准备，同时，其账面价值的增加还会进一步产生应纳税暂时性差异，使得递延所得税负债和商誉价值的变化不断循环。

②商誉本身即是企业合并成本在取得的被购买方可辨认资产、负债之间进行分配后的剩余价值，因确认递延所得税负债而进一步增加其账面价值会影响到会计信息的可靠性。

［例7-15］

甲公司以增发市场价值为20 000 000元的本企业普通股为对价购入乙公司100%的净资产，假定该项企业合并符合税法规定的免税合并条件，且乙公司原股东选择进行免税处理。购买日乙公司各项可辨认资产、负债的公允价值及其计税基础见表7-5。

表7-5 **购买日乙公司各项可辨认资产、负债的公允价值及其计税基础** 单位：元

项目	公允价值	计税基础	暂时性差异
固定资产	9 000 000	6 500 000	2 500 000
应收账款	7 000 000	7 000 000	0
存货	5 400 000	4 300 000	1 100 000
其他应付款	-1 000 000	0	-1 000 000
应付账款	-6 500 000	-6 500 000	0
不包括递延所得税的可辨认资产、负债的公允价值	13 900 000	11 300 000	2 600 000

乙公司适用的所得税税率为25%，该项交易中应确认递延所得税负债及商誉的金额计算如下：

企业合并成本	**20 000 000**
可辨认净资产公允价值	13 900 000
递延所得税资产（1 000 000×25%）	250 000
递延所得税负债（3 600 000×25%）	900 000
考虑递延所得税后可辨认资产、负债的公允价值	**13 250 000**
商誉	**6 750 000**

对于所确认的商誉金额6 750 000元与其计税基础0之间产生的应纳税暂时性差异，不再进一步确认相关的递延所得税影响。

需要注意的是，按照会计准则规定在非同一控制下企业合并中确认了商誉，并且按照所得税法规定商誉在初始确认时计税基础等于其账面价值的，该商誉在后续计量中因会计准则与税法规定不同而产生暂时性差异的，应确认相关的所得税影响。

（2）除企业合并以外的其他交易或事项中，如果该项交易或事项发生时既不影响会计利润，也不影响应纳税所得额，则所产生的资产、负债的初始确认金额与其计税基础不同，形成应纳税暂时性差异的，交易或事项发生时不确认相应的递延所得税负债。

该规定主要是考虑到由于交易发生时既不影响会计利润，也不影响应纳税所得额，确认递延所得税负债的直接结果是增加有关资产的账面价值或降低所确认负债的账面价值，使得资产、负债在初始确认时违背历史成本原则，影响会计信息的可靠性。

视野拓展

按规定确认的固定资产弃置费用，按照现值计算确定应计入固定资产成本的金额和相应的预计负债。初始确认弃置费用使得固定资产账面价值增加，导致固定资产账面价值高于其计税基础；同时，预计负债的账面价值也高于其计税基础，即固定资产存在应纳税暂时性差异，预计负债存在可抵扣暂时性差异。但是，由于该交易并非企业合并，且属于在初始确认时既不影响会计利润也不影响应纳税所得额的资产、负债初始确认，故根据递延所得税的“初始确认豁免”原则，在初始确认固定资产和预计负债时不确认递延所得税负债和递延所得税资产。但是，后续该固定资产计提折旧时，由于会计处理上应计提的折旧额超出税法规定的税前可扣除金额导致的暂时性差异变动额，应当确认递延所得税资产。

（3）与子公司、联营企业、合营企业投资等相关的应纳税暂时性差异，一般应确认相关的递延所得税负债，但同时满足以下两个条件的除外：一是投资企业能够控制暂时性差异转回的时间；二是该暂时性差异在可预见的未来很可能不会转回。满足上述条件时，投资企业可以运用自身的影响力决定暂时性差异的转回，如果不希望其转回，则在可预见的未来该项暂时性差异不会转回，从而不会对未来期间产生所得税影响，无须确认相应的递延所得税负债。

（二）递延所得税负债的计量

资产负债表日，对于递延所得税负债，应当根据税法规定，按照预计清偿该负债期间的适用税率计量，即递延所得税负债应在相关应纳税暂时性差异转回期间按照适用的所得税税率计量。无论应纳税暂时性差异的转回期间如何，递延所得税负债均不要求折现。

二、递延所得税资产的确认和计量

（一）递延所得税资产的确认

1. 确认递延所得税资产的一般原则

递延所得税资产产生于可抵扣暂时性差异，确认相关的递延所得税资产，应当以未来期间很可能取得用来抵扣可抵扣暂时性差异的应纳税所得额为限。与递延所得税负债的确认相同，有关交易或事项发生时，对税前会计利润或应纳税所得额产生影响的，所确认的递延所得税资产应作为利润表中所得税费用的调整；有关的可抵扣暂时性差异产生于直接计入所有者权益的交易或事项的，确认的递延所得税资产也应计入所有者权益；企业合并中取得的有关资产、负债产生的可抵扣暂时性差异，其所得税影响应相应调整合并中确认的商誉或计入合并当期损益。

确认递延所得税资产时，应关注以下问题：

（1）递延所得税资产的确认应以未来期间很可能取得的用来抵扣可抵扣暂时性差异的应纳税所得额为限。在可抵扣暂时性差异转回的未来期间内，企业无法产生足够的应纳税所得额用以利用可抵扣暂时性差异的影响，使得与可抵扣暂时性差异相关的经济利益无法实现的，则不应确认递延所得税资产；企业有明确的证据表明其于可抵扣暂时性差异转回的未来期间能够产生足够的应纳税所得额，进而利用可抵扣暂时性差异的，则应以很可能取得的应纳税所得额为限，确认相关的递延所得税资产。

在判断企业于可抵扣暂时性差异转回的未来期间是否能够产生足够的应纳税所得额时，应考虑通过正常的生产经营活动能够实现的应纳税所得额以及以前期间产生的应纳税暂时性差异在未来期间转回时将增加的应纳税所得额。考虑到在可抵扣暂时性差异转回期间可能取得应纳税所得额的限制，因无法取得足够的应纳税所得额而未确认相关的递延所得税资产的，应在财务报表附注中进行披露。

（2）与对子公司、联营企业、合营企业的投资相关的可抵扣暂时性差异，同时满足下列条件的，应当确认相关的递延所得税资产：一是暂时性差异在可预见的未来很可能转回；二是未来很可能获得用来抵扣可抵扣暂时性差异的应纳税所得额。

对联营企业和合营企业等的投资产生的可抵扣暂时性差异，主要产生于权益法下被投资单位发生亏损时，投资企业按照持股比例确认应予承担的部分，相应减少长期股权投资的账面价值，但税法规定长期股权投资的成本在持有期间不发生变化，造成长期股权投资的账面价值小于其计税基础，产生可抵扣暂时性差异。可抵扣暂时性差异还会在对长期股权投资计提减值准备的情况下产生。

视野拓展

长期股权投资按照会计准则规定分别采用成本法与权益法进行核算。税法中对于投资资产要求按规定确定其成本后，在转让或处置时其成本准予扣除，不存在权益法的概念。对于采用权益法核算的长期股权投资，因其账面价值与计税基础不同产生的暂时性差异是否应确认相关所得税影响，应考虑该项投资的持有意图：在长期持有情况下，采用权益法核算的长期股权投资账面价值与计税基础之间的差异一般不确认相关所得税影响；当由长期持有转变为拟近期出售时，因长期股权投资账面价值与计税基础不同产生的有关暂时性差异，均应确认相关所得税影响。

（3）对于按照税法规定可以结转以后年度的未弥补亏损和税款抵减，应视同可抵扣暂时性差异处理。在有关亏损或税款抵减得到税务部门认可，且预计可利用可弥补亏损或税款抵减的未来期间内很可能取得足够的应纳税所得额时，除准则中规定不予确认的情况外，应当以很可能取得的应纳税所得额为限，确认相应的递延所得税资产，同时减少确认当期的所得税费用。

2. 不确认递延所得税资产的特殊情况

某些情况下，如果企业发生的某项交易或事项不属于企业合并，并且交易发生时既不影响会计利润也不影响应纳税所得额，且该项交易中产生的资产、负债的初始确认金额与其计税基础不同，产生可抵扣暂时性差异的，所得税准则规定在交易或事项发生时不确认相关的递延所得税资产。其原因与该种情况下不确认递延所得税负债相同。如果确认递延所得税资产，则需要调整资产、负债的入账价值。对实际成本进行调整将有违会计核算中的历史成本原则，影响会计信息的可靠性。

例如，企业进行内部研究开发所形成的无形资产在成本初始计量时其成本（账面价值）低于计税基础（按税法规定可予未来期间税前加计扣除金额），因该项无形资产并非产生于企业合并，同时，在初始确认时既不影响会计利润也不影响应纳税所得额，不应确认相关的递延所得税资产。

【启发思考】递延所得税资产与递延所得税负债的确认存在哪些差异？这些差异体现了会计人员应当具备的哪些职业素养？

（二）递延所得税资产的计量

1. 适用税率的确定。同递延所得税负债的计量原则一致，确认递延所得税资产时，应当以预期收回该资产期间的适用所得税税率为基础计算确定。无论相关的可抵扣暂时性差异转回期间如何，递延所得税资产均不要求折现。

2. 递延所得税资产的减值。所得税准则规定，资产负债表日，企业应当对递延所得税资产的账面价值进行复核。如果未来期间很可能无法取得足够的应纳税所得额用以利用可抵扣暂时性差异带来的经济利益，应当减记递延所得税资产的账面价值。除原确认时计入所有者权益的递延所得税资产外，其他情况下应增加当期的所得税费用。

因无法取得足够的应纳税所得额用以利用可抵扣暂时性差异而减记递延所得税资产账面价值的，继后期间根据新的环境和情况判断能够产生足够的应纳税所得额进而利用可抵扣暂时性差异，使得递延所得税资产包含的经济利益能够实现的，应相应恢复递延所得税资产的账面价值。

另外，无论是递延所得税资产还是递延所得税负债的计量，均应考虑资产负债表日企业预期收回资产或清偿负债方式的所得税影响，在计量递延所得税资产和递延所得税负债时，应当采用与收回资产或清偿债务的预期方式一致的税率和计税基础。

三、特定交易或事项中涉及递延所得税的确认

（一）与直接计入所有者权益的交易或事项相关的所得税

与当期及以前期间直接计入所有者权益的交易或事项相关的当期所得税及递延所得税应当计入所有者权益。直接计入所有者权益的交易或事项主要有：会计政策变更采用追溯调整法或对前期差错更正采用追溯重述法调整期初留存收益的、以公允价值计量且其变动计入其他综合收益的金融资产公允价值的变动、自用房地产转为采用公允价值模式计量的投资性房地产时公允价值大于原账面价值的差额计入其他综合收益、同时包含负债及权益成分的金融工具在初始确认时计入所有者权益的情况等。

（二）与企业合并相关的递延所得税

在发生企业合并交易或事项时购买方取得的可抵扣暂时性差异，如购买日取得的被购买方在以前期间发生的未弥补亏损等可抵扣暂时性差异，按照税法规定可以用于抵减以后年度应纳税所得额，但在购买日不符合递延所得税资产确认条件而不予确认。购买日后12个月内，如果取得新的或进一步的信息表明相关情况在购买日已经存在，预期被购买方在购买日可抵扣暂时性差异带来的经济利益能够实现的，购买方应当确认相关的递延所得税资产，同时减少由该企业合并所产生的商誉，商誉不足冲减的，差额部分确认为当期损益（所得税费用）。除上述情况以外，确认与企业合并相关的递延所得税资产，应当计入当期损益（所得税费用），不得调整商誉金额。

（三）与股份支付相关的当期及递延所得税

与股份支付相关的支出在按照会计准则规定确认为成本费用时，其相关的所得税影响应区别于税法的规定进行处理：如果税法规定与股份支付相关的支出不允许税前扣除，则不形成暂时性差异；如果税法规定与股份支付相关的支出允许税前扣除，在按照会计准则规定确认成本费用的期间内，企业应当根据会计期末取得的信息估计可税前扣除的金额，计算确定其计税基础及由此产生的暂时性差异，符合确认条件的情况下应当确认相关的递延所得税。

四、适用税率变化对已确认递延所得税资产和递延所得税负债的影响

因适用的税收法规的变化，导致企业在某一会计期间适用的所得税税率发生变化的，

企业应对已确认的递延所得税资产和递延所得税负债按照新的税率重新进行计量。递延所得税资产和递延所得税负债的金额所代表的是有关可抵扣暂时性差异或应纳税暂时性差异于未来期间转回时导致应交所得税金额减少或增加的情况。在适用税率变动的情况下，应对原已确认的递延所得税资产及递延所得税负债的金额进行调整，反映税率变化带来的影响。

除直接计入所有者权益的交易或事项产生的递延所得税资产及递延所得税负债，相关的调整金额应计入所有者权益以外，其他情况下产生的递延所得税资产及递延所得税负债的调整金额应确认为变化当期的所得税费用（或收益）。

第五节 所得税费用的确认和计量

所得税费用的确认与计量

企业核算所得税，主要是为了确定当期应交所得税以及利润表中应确认的所得税费用。在按照资产负债表债务法核算所得税的情况下，利润表中的所得税费用由两个部分组成：当期所得税和递延所得税。

一、当期所得税

当期所得税是指企业按照税法规定计算确定的针对当期发生的交易和事项，应缴纳给税务部门的所得税金额，即应交所得税。当期所得税应以适用的税收法规为基础计算确定。

企业在确定当期所得税时，对于当期发生的交易或事项，会计处理与税收处理不同的，应在会计利润的基础上，按照适用的税收法规的规定进行调整，计算出当期应纳税所得额，按照应纳税所得额与适用的所得税税率计算确定当期应交所得税。一般情况下，应纳税所得额可在会计利润的基础上考虑会计与税收之间的差异，按照以下公式计算确定：

应纳税所得额=会计利润+按照会计准则规定计入利润表但计税时不允许税前扣除的费用±计入利润表的费用与按照税法规定可予税前抵扣的费用金额之间的差额±计入利润表的收入与按照税法规定应计入应纳税所得额的收入之间的差额−税法规定的不征税收入±其他需要调整的因素

当期所得税=当期应交所得税=应纳税所得额×适用的所得税税率

二、递延所得税

递延所得税是指按照所得税会计准则规定，当期应予确认的递延所得税资产和递延所得税负债在期末应有的金额相对于原已确认金额之间的差额，即递延所得税资产及递延所得税负债当期发生额的综合结果，但不包括计入所有者权益的交易或事项的所得税影响。用公式表示为：

$$\text{递延所得税}=\left(\text{递延所得税负债期末余额}-\text{递延所得税负债期初余额}\right)-\left(\text{递延所得税资产期末余额}-\text{递延所得税资产期初余额}\right)$$

应当注意的是，某项交易或事项按照企业会计准则规定应计入所有者权益的，由该交易或事项产生的递延所得税资产或递延所得税负债及其变化亦应计入所有者权益，不构成利润表中的递延所得税费用（或收益）。

[例7-16]

2×22年10月9日，A公司取得某项以公允价值计量且变动计入其他综合收益的其他债权投资，其取得成本为1 000 000元，2×22年12月31日，其公允价值为1 500 000元。该公司所得税税率为25%。

分析：

2×22年年末确认该项其他债权投资公允价值变动500 000元（1 500 000-1 000 000）。

借：其他债权投资 500 000

　贷：其他综合收益 500 000

同时，确认应纳税暂时性差异的所得税影响125 000元（500 000×25%）。

借：其他综合收益 125 000

　贷：递延所得税负债 125 000

另外，非同一控制下的企业合并中因资产、负债的入账价值与其计税基础不同产生的递延所得税资产或递延所得税负债，其确认结果直接影响购买日确认的商誉或计入利润表的损益金额，不影响购买日的所得税费用。

三、所得税费用

在计算确定当期所得税及递延所得税以后，利润表中应予确认的所得税费用为两者之和，即：所得税费用=当期所得税+递延所得税。

企业应设置“所得税费用”账户、“递延所得税资产”账户、“递延所得税负债”账户和“应交税费——应交所得税”账户进行所得税的核算。

1.“所得税费用”账户，核算企业确认的应从当期利润总额中扣除的所得税费用。资产负债表日，企业计算出当期应计入利润表的所得税费用时，记入该账户的借方；冲减所得税费用时记入其贷方；期末，将该账户的余额转入“本年利润”账户，结转后该账户无余额。该账户可按“当期所得税费用”“递延所得税费用”设置明细账，进行明细核算。

2.“递延所得税资产”账户，核算企业确认的可抵扣暂时性差异产生的递延所得税资产。资产负债表日，企业确认递延所得税资产时，按资产负债表日递延所得税资产的应有余额大于其账面余额的差额，记入该账户的借方；递延所得税资产的应有余额小于其账面余额的差额，记入该账户的贷方。与直接计入所有者权益的交易或事项相关的递延所得税资产，确认时也记入该账户的借方；企业合并中取得的资产、负债的入账价值与其计税基础不同形成可抵扣暂时性差异的，应于购买日确认递延所得税资产，记入该账户的借方。资产负债表日，预计未来期间很可能无法取得足够的应纳税所得额用以抵扣可抵扣暂时性差异的，按原已确认的递延所得税资产中应冲减金额，记入该账户的贷方。该账户期末借方余额反映企业确认的递延所得税资产。该账户应按可抵扣暂时性差异的项目进行明细核算。

3.“递延所得税负债”账户，核算企业确认的应纳税暂时性差异产生的所得税负债。资产负债表日，企业确认递延所得税负债时，按资产负债表日递延所得税负债的应有余额大于其账面余额的差额，记入该账户的贷方；递延所得税负债的应有余额小于其账面余额的差额，记入该账户的借方。与直接计入所有者权益的交易或事项相关的递延所得税负债，确认时也记入该账户的贷方；企业合并中取得的资产、负债的入账价值与其计税基础不同形成应纳税暂时性差异的，应于购买日确认递延所得税负债，记入该账户的贷方。该账户期末贷方余额反映企业已确认的递延所得税负债。该账户可按应纳税暂时性差异的项目进行明细核算。

[例 7-17]

A公司2×22年全年实现的税前会计利润为2 500 000元，该公司2×22年所得税税率为25%，递延所得税资产和递延所得税负债不存在期初余额。

该公司2×22年发生的交易和事项中，以下项目的会计处理与税收处理存在差异。

（1）2×21年12月18日该企业购入一台价值300 000元的设备，预计使用年限为5年，会计采用双倍余额递减法计提折旧；税法规定采用直线法计提折旧，预计净残值为0。假定税法规定的使用年限及预计净残值与会计规定相同。

（2）向关联企业捐赠现金600 000元。

（3）该企业当年发生研究开发支出250 000元，较上年度增长20%。其中150 000元予以资本化；截至2×22年12月31日，该研发资产仍在开发过程中。假定按照税法规定，企业费用化的研发支出按50%加计扣除，资本化的研发支出按资本化金额的150%确定应予摊销的金额。

（4）应付违反环保法规定罚款120 000元。

（5）计提80 000元的存货跌价准备。

A公司2×22年度资产负债表相关项目金额及其计税基础见表7-6。

表7-6 **资产负债表相关项目金额及其计税基础** 单位：元

项目	账面价值	计税基础	差异	
			应纳税暂时性差异	可抵扣暂时性差异
存货	800 000	880 000		80 000
固定资产	3 080 000	3 140 000		60 000
固定资产原值①	3 800 000	3 800 000		
减：累计折旧	720 000	660 000		
开发支出	150 000	225 000		75 000
其他应付款	120 000	120 000		
合计				215 000

①此处为了说明固定资产账面价值的形成而增加了固定资产原值、累计折旧等项目，现行资产负债表中只有“固定资产”项目。

分析：

A公司2×22年所得税计算及账务处理如下：

应纳税所得额=2 500 000+60 000 +600 000−50 000+120 000+80 000

=3 310 000（元）

应交所得税=3 310 000×25%=827 500（元）

因递延所得税资产不存在期初余额，确认递延所得税资产=140 000×25%=35 000（元）

所得税费用=827 500−35 000=792 500（元）

借：所得税费用　　792 500

　　递延所得税资产　　35 000

　贷：应交税费——应交所得税　　827 500

[例7–18]

沿用例7–17中有关资料，假定A公司2×23年应交所得税为260 000元。资产负债表中有关资产、负债的账面价值与其计税基础相关资料见表7–7，除所列项目外，其他资产、负债项目不存在会计与税收处理的差异。

表7–7　**2×23年资产负债表中部分项目**　单位：元

项目	账面价值	计税基础	差异	
			应纳税暂时性差异	可抵扣暂时性差异
存货	1 500 000	1 596 000		96 000
交易性金融资产	200 000	160 000	40 000	
固定资产	4 108 000	4 280 000		172 000
固定资产原值	5 000 000	5 000 000		
减：累计折旧	792 000	720 000		
减：固定资产减值准备	100 000	0		
无形资产	135 000	202 500		67 500
预计负债	200 000	0		200 000
合计			40 000	535 500

A公司2×23年所得税计算及账务处理如下：

应交所得税=260 000元

递延所得税资产增加额=期末递延所得税资产−期初递延所得税资产

=535 500×25%−35 000=98 875（元）

递延所得税负债增加额=期末递延所得税负债−期初递延所得税负债

=40 000×25%−0=10 000（元）

递延所得税=10 000−98 875=−88 875（元）（收益）

所得税费用=260 000−88 875=171 125（元）

借：所得税费用	171 125	
递延所得税资产	98 875	
贷：应交税费——应交所得税		260 000
递延所得税负债		10 000

第六节　所得税的列报

所得税会计重点讲解

一、所得税列报的基本原则

企业对所得税的核算结果，除利润表中列示的所得税费用以外，在资产负债表中形成的应交税费（应交所得税）以及递延所得税资产和递延所得税负债应当遵循准则规定进行列报。其中，递延所得税资产和递延所得税负债一般应当分别作为非流动资产和非流动负债在资产负债表中列示，所得税费用应当在利润表中单独列示，同时还应在附注中披露与所得税有关的下列信息：

（1）所得税费用（收益）的主要组成部分。

（2）所得税费用（收益）与会计利润关系的说明。

（3）未确认递延所得税资产的可抵扣暂时性差异、可抵扣亏损的金额（如果存在到期日，还应披露到期日）。

（4）对每一类暂时性差异和可抵扣亏损，在列报期间确认的递延所得税资产或递延所得税负债的金额，确认递延所得税资产的依据。

（5）未确认递延所得税负债的，与对子公司、联营企业及合营企业投资相关的暂时性差异金额。

一般情况下，在个别财务报表中，当期所得税资产与负债及递延所得税资产及递延所得税负债可以以抵销后的净额列示。在合并财务报表中，纳入合并范围的企业中，一方的当期所得税资产或递延所得税资产与另一方的当期所得税负债或递延所得税负债一般不能予以抵销，除非所涉及的企业具有以净额结算的法定权利并且意图以净额结算。

对于当期所得税资产及当期所得税负债以净额列示是指，当企业实际缴纳的所得税税款大于按照税法规定计算的应交所得税时，超过部分在资产负债表中应当列示为“其他流动资产”；当企业实际缴纳的所得税税款小于按照税法规定计算的应交所得税时，差额部分应当作为资产负债表中的“应交税费”项目列示。

【案例 7-2】 房地产开发企业就预收款项缴纳的企业所得税应当如何列报

A公司为房地产开发企业，2×20年企业销售未完工开发产品取得收入，按照国家税务总局印发的《房地产开发经营业务企业所得税处理办法》，企业就会计上尚未确认收入的预售房款乘以预计计税毛利率分季（或月）计算出预计毛利额，并入当年度应纳税所得额计算缴纳企业所得税。由于开发的产品在不超过一个营业周期内即将完工，因此A公司会计人员感到困惑：这部分缴纳的所得税在报表中应列报为"预缴所得税"（或"其他流动资产"）还是"递延所得税资产"？按规定，在开发产品完工后，企业就会及时结算计税成本并计算此前销售收入的实际毛利额，同时将实际毛利额与其对应的预计毛利额之间的差额，计入当年度企业本项目与其他项目合并计算的应纳税所得额。

A公司会计人员咨询所得税专家，得到如下答复：根据有关规定，企业应就预售收入在当期确认所得税；同时，预售收入预缴的企业所得税，可在开发产品完工后，按照实际毛利额结算应交所得税，因而此时存在可抵扣暂时性差异，该项可抵扣暂时性差异的金额等于预收账款余额乘以计税毛利率。根据所得税准则规定，如果该项可抵扣暂时性差异很可能于可预见的未来转回，且预计未来转回时将有足够的应纳税所得额，则应同时就该项可抵扣暂时性差异确认相应的递延所得税资产。因此，该项递延所得税资产相关的暂时性差异的转回时间虽然在一个营业周期以内，但根据现行会计准则，对递延所得税资产（负债）并不区分其转回时间，均作为非流动资产或非流动负债列报。

（根据《中审众环研究·实务案例卷（2020）整理》）

二、所得税费用（收益）与会计利润关系的说明

按照会计准则要求，企业需要在财务报表附注中就所得税费用（或收益）与会计利润的关系进行说明，旨在阐明企业在利润表中已列示所得税费用的基础上，以当期会计利润为起点，考虑会计与税收处理之间的差异，计算得到所得税费用的调节过程。自会计利润到所得税费用的调整包括两个方面：（1）未包含在利润总额中但包含在当期或递延所得税计算中的项目；（2）未包含在当期或递延所得税的计算中但包含在利润总额中的项目。

所得税费用（收益）与会计利润的具体调整项目一般包括：（1）与税率相关的调整；（2）税法规定的非应税收入、不得税前扣除的成本费用和损失等永久性差异；（3）本期未确认递延所得税资产的可抵扣暂时性差异或可抵扣亏损的影响、使用前期未确认递延所得税资产的可抵扣亏损影响；（4）对以前期间所得税进行汇算清缴的结果与以前期间确认金额不同调整报告期间所得税费用等。

所得税会计案例分析

引例分析

依据引例中原环保2019年度财务报告中的所得税信息，结合其采用的所得税会计政策，查阅中原环保自2001年以来公开发布的年度财务报告，依据其采用的所得税会计处理方法的变迁，分析这种变迁的内在理论基础及财务影响。

思考题

1. 什么是资产负债表债务法？按此方法进行所得税会计核算应遵循哪些程序？

2. 如何理解负债计税基础？负债计税基础与资产计税基础的差异有哪些？

3. 什么是应纳税暂时性差异与可抵扣暂时性差异？

4. 递延所得税负债与递延所得税资产确认的原则有哪些差异？

5. 不确认暂时性差异的纳税影响的情况有哪些？具体原因是什么？

练习题

一、单项选择题

1. 下列有关所得税的表述中，正确的是（　　）。

A. 所得税属于对企业利润的分配

B. 资产负债表债务法只确认递延所得税负债

C. 计入当期损益的所得税是对当期应交所得税的调整

D. 所得税是企业承担的一项费用

2. 下列各项中，不产生暂时性差异的是（　　）。

A. 会计上固定资产的账面价值与其计税基础不一致

B. 在确认国债利息收入的同时确认的资产

C. 对以公允价值计量且其变动计入当期损益的金融资产确认公允价值变动

D. 对存货计提存货跌价准备

3. 甲公司于2×20年12月31日取得某项固定资产，其初始入账价值为4 200万元，预计使用年限为20年，采用年限平均法计提折旧，预计净残值为0。税法规定，对于该项固定资产采用双倍余额递减法计提折旧，使用年限、预计净残值与会计估计相同。2×22年12月31日该项固定资产的计税基础为（　　）万元。

A.3 920　　B.3 402　　C.280　　D.0

4. 甲公司期初递延所得税负债余额为5万元，期初递延所得税资产无余额，本期期末资产账面价值为300万元，计税基础为260万元，负债账面价值为150万元，计税基础为120万元，适用的所得税税率为25%。假设该暂时性差异全部影响损益，并且除上述暂时性差异外无其他暂时性差异，不考虑其他因素，本期应确认的递延所得税费用为（　　）万元。

A.7.5　　B.5　　C.2.5　　D.−2.5

5.下列各项中，不应确认递延所得税的是（　　）。

A.对联营企业的长期股权投资（长期持有），初始投资成本小于被投资单位可辨认净资产份额而调增的长期股权投资

B.以公允价值计量且其变动计入其他综合收益的金融资产期末公允价值小于初始投资成本

C.以摊余成本计量的金融资产计提的信用减值损失

D.采用权益法核算的长期股权投资（短期持有），因被投资单位其他权益变动而确认调增的长期股权投资

二、多项选择题

1.下列关于递延所得税资产的说法中，正确的有（　　）。

A.递延所得税资产的确认应以未来期间可取得的应纳税所得额为限

B.在适用税率变动的情况下，原已确认的递延所得税资产及递延所得税负债的金额不需要进行调整

C.确认递延所得税资产时，应估计相关可抵扣暂时性差异的转回期间，以转回期间适用的所得税税率为基础计算确定

D.与直接计入所有者权益的交易或事项相关的可抵扣暂时性差异，相应的递延所得税资产应计入所有者权益

2.下列各项中，会影响资产负债表期末递延所得税负债账面价值的有（　　）。

A.期初递延所得税负债

B.本期转回的递延所得税负债

C.投资企业对采用权益法核算并打算长期持有的长期股权投资，根据被投资单位实现的净利润确认的投资收益

D.本期应付职工薪酬中超过税法规定的税前扣除标准的部分

3.下列各项中，产生可抵扣暂时性差异的有（　　）。

A.固定资产的账面价值为500万元，计税基础为450万元

B.以公允价值计量且其变动计入其他综合收益的金融资产的账面价值为60万元，计税基础为30万元

C.以公允价值计量且其变动计入当期损益的金融资产的账面价值为50万元，计税基础为100万元

D.因产品质量保证确认预计负债的账面价值为20万元，计税基础为0

4.甲公司与乙公司签订了一项租赁协议，将其原先自用的一栋写字楼出租给乙公司使用，租赁期开始日为2×22年3月31日。2×22年3月31日，该写字楼的账面余额为25 000万元，已计提累计折旧5 000万元，公允价值为23 000万元，甲公司对该项投资性房地产采用公允价值模式进行后续计量。假定转换前该写字楼的计税基础与账面价值相等，该写字楼预计尚可使用年限为10年，预计净残值为0。2×22年12月31日，该项写字楼的公允价值为24 000万元。下列关于甲公司该项投资性房地产的说法中，正确的有（　　）。

A.2×22年12月31日投资性房地产的计税基础为24 000万元

B.2×22年12月31日投资性房地产确认的递延所得税负债为1 375万元

C.2×22年3月31日因投资性房地产转换确认的其他综合收益为3 000万元

D.2×22年12月31日投资性房地产确认的所得税费用为625万元

5.下列各项表述中，正确的有（　　）。

A.所得税费用应当在利润表中单独列示

B.递延所得税资产和递延所得税负债应当按照预期收回该资产或清偿该负债期间适用的所得税税率计量

C.递延所得税资产和递延所得税负债一般应当分别作为非流动资产和非流动负债在资产负债表中列示

D.某项交易或事项按照企业会计准则规定应计入所有者权益，由该交易或事项产生的递延所得税资产或递延所得税负债应作为递延所得税费用（或收益）列示于利润表中

三、判断题

1.对于按税法规定可以结转以后年度的未弥补亏损，在会计处理上视同可抵扣暂时性差异，在符合条件的情况下应确认与其相关的递延所得税资产。（　　）

2.企业应当以很可能取得用来抵扣可抵扣暂时性差异的应纳税所得额为限，确认由可抵扣暂时性差异产生的递延所得税资产。（　　）

3.资产负债表日，企业应对递延所得税资产的账面价值进行复核。如果未来期间很可能无法获得足够的应纳税所得额用以抵扣所得税资产的利益，应当减记递延所得税资产的账面价值。在很可能获得足够的应纳税所得额时，减记的金额也不能予以转回。（　　）

4.企业对于可抵扣暂时性差异不一定都确认递延所得税资产，但是对于所有的应纳税暂时性差异均应确认递延所得税负债。（　　）

5.所得税费用应当在利润表上单独列示，递延所得税资产和递延所得税负债应在资产负债表中相抵后列示。（　　）

四、业务题

B公司2×22年利润总额为750万元，假设该企业适用的所得税税率为25%，预计企业会持续盈利，能够获得足够的应纳税所得额。2×22年会计和税收处理形成的差异项目有：本年国库券利息收入50万元；因违反税收法规缴纳税收滞纳金60万元；公司持有的交易性金融资产期末增值60万元；计提存货跌价准备200万元；本期确认售后服务预计费用100万元，税法要求在实际发生时税前扣除；2×22年12月31日资产负债表中部分项目见表7-8。

表7-8　　2×22年12月31日资产负债表中部分项目　　单位：元

项目	账面价值	计税基础	差异	
			应纳税暂时性差异	可抵扣暂时性差异
交易性金融资产	2 600 000	2 000 000	600 000	
存货	20 000 000	22 000 000		2 000 000
预计负债	1 000 000	0		1 000 000
总计			600 000	3 000 000

B公司2×23年应纳税所得额为2 000万元，2×23年资产负债表中部分项目见表7-9。

表7-9　**2×23年资产负债表中部分项目**　单位：元

项目	账面价值	计税基础	差异	
			应纳税暂时性差异	可抵扣暂时性差异
交易性金融资产	2 800 000	3 800 000		1 000 000
存货	26 000 000	26 000 000		
预计负债	600 000	0		600 000
无形资产	2 000 000	0	2 000 000	
合计			2 000 000	1 600 000

要求：按照资产负债表债务法对B公司2×22年、2×23年所得税进行会计处理。

第八章　会计政策、会计估计变更和差错更正

【内容框架】

本章主要介绍会计政策、会计估计变更与会计差错更正的确认、计量和相关信息披露要求。具体内容如下图所示：

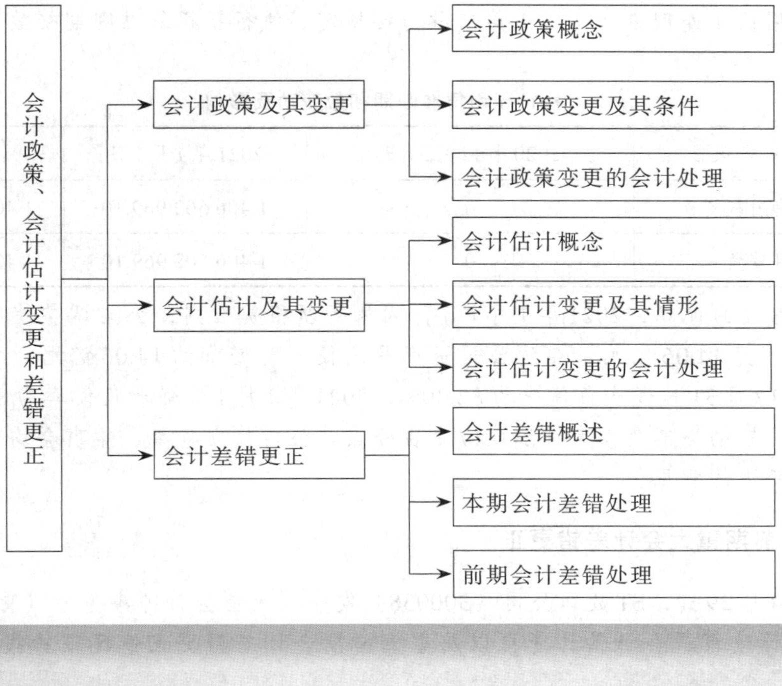

【学习目标】

通过本章学习，理解会计政策、会计估计变更及差错更正的内涵；掌握会计政策、会计估计变更及前期差错的确认、计量及披露；掌握会计政策、会计估计变更及差错更正的账务处理与财务报表披露方法。

引例

中国核建发布会计政策变更公告

2021年4月29日，中国核建（601611）发布关于报告期内会计差错更正、会计政策或会计估计变更的公告。公告称，按照财政部修订发布的新租赁准则要求，公司自2021年1月1日起执行新租赁准则，对原采用的相关会计政策进行相应变更。变更内容主要包括：完善了租赁定义；取消了承租人经营租赁和融资租赁的分类，对所有租赁（短期租赁和低价值资产租赁除外）确认使用权资产和租赁负债。承租人不再区分经营租赁或融资租赁，所有租赁采用统一的会计处理模型，对短期租赁和低价值资产租赁以外的其他所有租赁均确认使用权资产和租赁负债，并分别计提折旧和利息费用。出租人披露相关租赁收入及未折现租赁收款额等信息。

按照新租赁准则规定，承租人应当选择下列方法之一对租赁进行衔接会计处理，并一致应用于其作为承租人的所有租赁：按照《企业会计准则第28号——会计政策、会计估计变更和差错更正》的规定采用追溯调整法处理；根据首次执行本准则的累积影响数，调整首次执行本准则当年年初留存收益及财务报表其他相关项目金额，不调整可比期间信息。公司采用简化处理方法，采用第二种衔接规定。执行新租赁准则期初数变动及影响见表8-1。

表8-1　　执行新租赁准则期初数变动及影响　　单位：元

序号	报表项目	2020年12月31日	2021年1月1日	调整金额
1	使用权资产	0	1 406 502 969.10	1 406 502 969.10
2	租赁负债	0	1 406 502 969.10	1 406 502 969.10

根据表8-1的计算，2021年1月1日，因执行新租赁准则，公司调整使用权资产及租赁负债金额约为14.06亿元，导致公司资产及负债同时增加约14.06亿元，所有者权益不变。2020年12月31日资产负债率为82.30%，2021年1月1日资产负债率为82.47%，此项调整导致公司期初资产负债率增加0.17个百分点。公司独立董事、监事会均发表了同意本次会计政策变更的意见。

ST数知公司前期重大会计差错更正

2021年4月29日，ST数知公司（300038）发布《大信会计师事务所（特殊普通合伙）关于重大会计政策、会计估计变更以及重大前期会计差错更正情况审核报告》，公告显示，审计师认为公司编制的重大会计政策、会计估计变更以及重大前期会计差错更正情况专项说明符合相关规定，在所有重大方面公允反映了重大会计政策、会计估计变更以及重大前期会计差错更正情况。公告披露，ST数知公司通过自查，发现公司实际控制人及其关联方2019年度非经营性占用公司资金120 591万元；截至2019年12月31日，存在非经营性占用上市公司资金62 931万元。该事项已经中国证券监督管理委员会北京监管局下发《关于对北京数知科技股份有限公司采取出具警示函监管措施的决定》(〔2020〕197号)，对相关责任人实施相应处罚措施。根据企业会计准则的规定，公司对上述前期会计差错采用追溯重述法进行更正：追溯调整公司相关应收账款、预付款项、其他应收款科目在财务报表中的列报，将应收账款、预付款项、其他应收款科目准确地反映在2019年年末的财务报表中，该追溯调整影响本公司合并财务报表项目的应收账款、预付款项、其他应收款科目。公司董事会已同意该项会计差错更正及追溯调整。ST数知公司追溯调整2019年度合并财务报表相关项目情况见表8-2。

表8-2　**ST数知公司追溯调整2019年度合并财务报表相关项目情况**　单位：元

项目	调整前金额	调整数	调整后金额
应收账款	457 780 348.54	−457 780 348.54	
坏账准备——应收账款	4 577 803.49	−4 577 803.49	
预付款项	182 710 000.00	−182 710 000.00	
其他应收款		640 490 348.54	640 490 348.54
坏账准备——其他应收款		4 577 803.49	4 577 803.49

(根据巨潮资讯网http：//www.cninfo.com.cn/上市公司公告整理)

通过阅读上述上市公司会计政策、会计估计变更及差错更正资料，请思考：什么是会计政策及其变更？会计政策变更的条件有哪些？如何对会计政策变更进行会计处理？什么是会计估计及其变更？会计估计变更的情形有哪些？如何对会计估计变更进行会计处理？会计差错更正与会计政策、会计估计变更在性质上存在哪些差异？它们的会计处理方法有哪些不同？本章将对这些内容进行系统介绍。

第一节　会计政策及其变更

会计政策及其变更

一、会计政策

(一)会计政策的概念

会计政策，是指企业在会计确认、计量和报告中所采用的原则、基础和会计处理方法。

1. 会计原则

会计原则是指按照企业会计准则规定的、适合于企业会计要素确认过程中所采用的具体会计原则。例如，《企业会计准则第14号——收入》规定，企业应当在履行合同中的履约义务即客户取得相关商品控制权时确认收入，这就属于收入确认的具体会计原则。需要注意的是，会计原则包括一般原则和特定原则。会计政策所指的原则是指某一类会计业务核算所应遵循的特定原则，而不是笼统地指所有的会计原则。如可靠性、相关性、实质重于形式等属于会计信息质量要求，是为了满足会计信息质量要求而制定的原则，是统一的、不可选择的，不属于特定原则。

2. 会计基础

会计基础是指为了将会计原则应用于交易或者事项而采用的基础。会计基础包括会计确认基础和会计计量基础。可供选择的会计确认基础包括权责发生制和收付实现制；会计计量基础（即计量属性）包括历史成本、重置成本、可变现净值、现值和公允价值等。由于我国企业应当采用权责发生制作为会计确认基础，不具备选择性，所以会计政策所指的会计基础主要是会计计量基础。

3. 会计处理方法

会计处理方法是指企业在会计核算中按照法律、行政法规或者国家统一的会计制度等规定采用或者选择的、适合于本企业的具体会计处理方法。如企业发出存货的计价方法可以在先进先出法、加权平均法和个别计价法之间做出选择，这些方法就是具体的会计处理方法。

（二）会计政策的特点

1. 会计政策的选择性

会计政策的选择性是指在允许的会计原则、计量基础和会计处理方法中做出指定或具体选择。由于企业经济业务的复杂性和多样化，某些经济业务在符合会计原则和计量基础的要求下，可以有多种会计处理方法，即存在不止一种可供选择的会计政策。例如，固定资产折旧方法可以选择采用直线法或加速折旧法；在确定发出存货的实际成本时可以选择先进先出法、加权平均法或者个别计价法。

2. 会计政策应当在会计准则规定的范围内进行选择

按照法律规范的层次，我国的会计准则和会计制度属于行政规章。会计政策所包括的具体会计原则、计量基础和会计处理方法由会计准则或会计制度规定，具有一定的强制性。企业必须在法规允许的范围内选择符合本企业实际情况的会计政策，即企业在发生某项经济业务时，必须从法规允许的会计原则、计量基础和会计处理方法中选择符合本企业特点的会计政策。

3. 会计政策的层次性

会计政策所包括的会计原则、会计基础和会计处理方法是一个具有逻辑性和层次性、密不可分的整体。只有通过这个整体，会计政策才能得以应用和落实。例如，存货按照成本进行初始计量、资产负债表日按照成本与可变现净值孰低计量就是存货计量遵循的会计原则；会计基础是为将会计原则体现在会计核算中而采用的计量基础，如存货具体计量中涉及的历史成本、可变现净值；会计处理方法则更具体，如采用先进先出法、加权平均法或者个别计价法确定发出存货的实际成本，按单个存货项目计提存货跌价准备等。

（三）会计政策的判断

会计原则、会计基础和会计处理方法构成了会计政策这一相互关联的有机整体，通常从资产、负债、所有者权益、收入、费用等各项会计要素出发，根据其确认条件、计量属性以及相关的处理方法、列报要求等确定相应的会计政策。

例如，存货的取得、发出和期末计价的处理方法，长期投资的取得及后续计量中的成本法和权益法，投资性房地产的确认及后续计量模式，固定资产、无形资产的确认条件及其减值政策，金融资产的分类等，属于资产要素的会计政策；借款费用资本化的条件、债务重组的确认和计量、预计负债的确认条件、应付职工薪酬和股份支付的确认和计量、金融负债的分类等，属于负债要素的会计政策；权益工具的确认和计量、混合金融工具的分拆等，属于所有者权益要素的会计政策；商品销售收入和提供劳务收入的确认条件、建造合同、租赁合同、保险合同、贷款合同等合同收入的确认与计量方法，属于收入要素的会计政策；商品销售成本及劳务成本的结转、期间费用的划分等，属于费用要素的会计政策。

除与会计要素相关的会计政策外，财务报表列报方面所涉及的编制现金流量表的直接法和间接法、合并财务报表合并范围的判断、分部报告中报告分部的确定等，也属于会计政策。

二、会计政策变更

（一）会计政策变更的概念

会计政策变更，是指企业对相同的交易或者事项由原来采用的会计政策改用另一会计政策的行为。

会计政策变更，并不意味着以前期间的会计政策是错误的，只是由于情况发生了变化，或者掌握了新的信息、积累了更多的经验，使得变更会计政策能够更好地反映企业的财务状况、经营成果和现金流量。如果以前期间会计政策的运用是错误的，则属于前期差错，应按前期差错更正的会计处理方法进行会计处理。

一般情况下，企业采用的会计政策在每一会计期间和前后各期应当保持一致，不能随意变更。若确实需要变更会计政策，则应当将变更的情况、变更的内容和理由、变更的累积影响数等，在财务报表附注中予以说明。

（二）会计政策变更的条件

为保证会计信息的可比性，使财务报表使用者在比较企业一个以上期间的财务报表时能够正确判断企业的财务状况、经营成果和现金流量的趋势，一般情况下，企业采用的会计政策在每一会计期间和前后各期应当保持一致，不得随意变更，否则，势必削弱会计信息的可比性。但是，满足下列两个条件之一的，可以变更会计政策：

1. 法律、行政法规或者国家统一的会计制度等要求变更

这种情况是指按照法律、行政法规以及国家统一的会计制度规定，要求企业采用新的会计政策，则企业应当按照法律、行政法规以及国家统一的会计制度规定改变原有会计政

策，按照新的会计政策执行。例如，《企业会计准则第1号——存货》规定，不允许企业采用后进先出法核算发出存货成本，这就要求执行企业会计准则体系的企业按照新规定，将原来以后进先出法核算发出存货成本改为准则规定可以采用的会计政策。再如，《企业会计准则第8号——资产减值》规定，已计提的固定资产减值准备不允许转回，这就要求执行企业会计准则体系的企业按照新规定改变原允许固定资产减值准备转回的做法，变更原有会计政策。

2. 会计政策变更能够提供更可靠、更相关的会计信息

经济环境、客观情况的改变，使企业原采用的会计政策所提供的会计信息已不能恰当地反映企业的财务状况、经营成果和现金流量等情况。在这种情况下，应改变原有会计政策，按变更后的会计政策进行会计处理，以便对外提供更可靠、更相关的会计信息。例如，某企业一直采用成本模式对投资性房地产进行后续计量，如果该企业能够从房地产交易市场上持续地取得同类或类似房地产的市场价格及其他相关信息，从而能够对投资性房地产的公允价值做出合理的估计，那么，采用公允价值模式对投资性房地产进行后续计量可以更好地反映其价值。在这种情况下，该企业可以将投资性房地产的后续计量方法由成本模式变更为公允价值模式。

需要注意的是，除法律、行政法规以及国家统一的会计制度要求变更会计政策的，应当按照国家的相关规定执行外，企业因满足上述第二个条件变更会计政策时，必须有充分、合理的证据表明其变更的合理性，并说明变更会计政策后，能够提供关于企业财务状况、经营成果和现金流量等更可靠、更相关的会计信息的理由。

对会计政策的变更，企业应经股东大会或董事会、经理（厂长）会议或类似机构批准，并按照法律、行政法规等的规定报送有关各方备案。如无充分、合理的证据表明会计政策变更的合理性，或者未经股东大会或董事会、经理（厂长）会议或类似机构批准擅自变更会计政策的，或者连续、反复地自行变更会计政策的，视为滥用会计政策，按照前期差错更正的方法进行处理。

视野拓展

对于上市公司的会计政策目录及变更会计政策后重新制定的会计政策目录，除应当按照信息披露的要求对外公布外，还应当报公司上市地交易所备案。未报公司上市地交易所备案的，视为滥用会计政策，按照前期差错更正的方法进行处理。

（三）不属于会计政策变更的情况

1. 本期发生的交易或者事项与以前相比具有本质差别而采用新的会计政策

这是因为，会计政策总是针对特定类型的交易或事项，如果发生的交易或事项与其他交易或事项有本质区别，那么，企业实际上是为新的交易或事项选择适当的会计政策，并没有改变原有的会计政策。如企业改变经营用厂房的用途，由自用变为出租，并且符合公允价值计量条件，用途变更后转为按照采用公允价值进行后续计量的投资性房地产核算，就不属于会计政策变更，而是属于采用新的会计政策。

2. 对初次发生的或不重要的交易或者事项采用新的会计政策

对“初次发生”的交易或事项采用适当的会计政策，并不是改变原有的会计政策，因而不属于会计政策变更；对“不重要”的交易或事项采用新的会计政策，虽然符合会计政策变更的定义，但根据重要性原则，其政策变更不会影响会计信息的可比性，因而不将其作为会计政策变更。如某企业以前在生产经营中耗用少量包装物，由于价值较低，企业采用一次性计入费用的方法进行处理；现在由于新产品生产，耗用的包装物数量多、价值也较高，因而企业对包装物的处理方法改为五五摊销法。但是，因为企业生产经营中所耗用的包装物所占费用比例不大，对损益影响较小，属于不重要事项。在这种情况下，关于包装物费用计量的会计政策的改变就不属于会计政策变更。

三、会计政策变更的会计处理

（一）会计政策变更的会计处理原则

会计政策变更根据具体情况，分别按照以下规定处理：

1. 法律、行政法规或者国家统一的会计制度等要求变更的情况下，企业应当分别按以下情况进行处理：

（1）国家发布了相关的会计处理办法，则按照国家发布的相关会计处理规定进行处理。例如，2007年1月1日我国上市公司执行新企业会计准则，当时会计准则发生了较大的变动，财政部制定的《企业会计准则第38号——首次执行企业会计准则》规定了企业执行新会计准则时应遵循的处理办法。

（2）国家没有发布相关的会计处理办法，则采用追溯调整法进行会计处理。

2. 在会计政策变更能够提供更可靠、更相关的会计信息的情况下，企业应当采用追溯调整法进行会计处理，将会计政策变更累积影响数调整列报前期最早期初留存收益，其他相关项目的期初余额和列报前期披露的其他比较数据也应当一并调整。

3. 确定会计政策变更对列报前期影响数不切实可行的，应当从可追溯调整的最早期间期初开始应用变更后的会计政策。

4. 在当期期初确定会计政策变更对以前各期累积影响数不切实可行的，应当采用未来适用法处理。例如，账簿、凭证因超过法定保存期限而被销毁，或因火灾、水灾等不可抗力而毁坏、遗失，或因盗窃、故意毁坏等人为因素而丢失、毁坏等，可能使当期期初确定会计政策变更对以前各期累积影响数无法计算，即不切实可行，在这种情况下，会计政策变更应当采用未来适用法进行处理。

不切实可行，是指企业在采取所有合理的方法后，仍然无法采用该项规定。在某些情况下，调整一个或者多个前期比较信息以获得与当期会计信息的可比性是不切实可行的。例如，某个或者多个前期财务报表有关项目的数据难以收集，而要再造会计信息则可能是不切实可行的。

（二）追溯调整法

追溯调整法，是指对某项交易或事项变更会计政策，视同该项交易或事项初次发生时，即采用变更后的会计政策，并以此对财务报表相关项目进行调整的方法。

追溯调整法的运用通常分为以下几步：第一步，计算会计政策变更的累积影响数；第二步，编制相关项目的调整分录；第三步，调整列报前期最早期初财务报表相关项目及其金额；第四步，附注说明。

追溯调整法

采用追溯调整法时，对于比较财务报表期间的会计政策变更，应调整各期间净损益各项目和财务报表其他相关项目，视同该政策在比较财务报表期间一直采用。对于比较财务报表可比期间以前的会计政策变更的累积影响数，应调整比较财务报表最早期间的期初留存收益，财务报表其他相关项目的数字也应一并调整。因此，追溯调整法是将会计政策变更的累积影响数调整列报前期最早期初留存收益，而不计入当期损益。但确定会计政策变更对列报前期影响数不切实可行的，应从可追溯调整的最早期间期初开始应用变更后的会计政策。

会计政策变更累积影响数，是指按照变更后的会计政策对以前各期追溯计算的列报前期最早期初留存收益应有金额与现有金额之间的差额。据此定义来看，会计政策变更的累积影响数是以下两个金额之间的差额：（1）在变更会计政策当期，按变更后的会计政策对以前各期追溯计算，得到列报前期最早期初留存收益金额；（2）在变更会计政策当期，列报前期最早期初留存收益金额。

上述留存收益金额，包括法定盈余公积、任意盈余公积以及未分配利润各项目，不考虑由于损益的变化而应当补分的利润或股利。例如，某企业由于会计政策变化，增加了以前期间可供分配的利润，该企业通常按净利润的20%分派股利。但在计算调整会计政策变更当期期初的留存收益时，不应当考虑由于以前期间净利润的变化而需要分派的股利。

在财务报表只提供列报项目上一个可比会计期间比较数据的情况下，上述第（2）项"在变更会计政策当期，列报前期最早期初留存收益金额"，即为上期资产负债表所反映的期初留存收益，可以从上年资产负债表项目中获得；需要计算确定的是第（1）项，即"按变更后的会计政策对以前各期追溯计算，得到列报前期最早期初留存收益金额"。

累积影响数通常可以通过以下各步计算得到：第一步，根据新会计政策重新计算受影响的前期交易或事项；第二步，计算两种会计政策下的差异（计算会计政策变更对利润总额的影响金额，即税前差异）；第三步，计算差异的所得税影响金额[①]；第四步，确定前期中每一期的税后差异；第五步，计算会计政策变更的累积影响数。

需要注意的是，对以前年度损益进行追溯调整或对以前年度财务报表进行追溯重述的，应当重新计算各列报期间的每股收益。

[例 8-1]

A 公司 2×19 年、2×20 年分别以 4 500 000 元和 1 100 000 元的价格从股票市场购入甲、乙两只以交易为目的的股票，不考虑购入股票发生的交易费用，按当时会计准则规定，公司采用成本与市价孰低对购入股票进行后续计量。由于实施新的会计准则，

① "所得税影响金额"是指对所得税费用的影响金额，而不是对应交所得税的影响金额。如果会计政策变更引起资产、负债按照企业会计准则规定确定的账面价值与按照税法规定确定的计税基础不同从而产生暂时性差异，确认相关的递延所得税负债（或递延所得税资产），并在此基础上确定利润表中的所得税费用。

公司从2×21年起对其以交易为目的购入的股票改为采用公允价值进行后续计量，公司保存的会计资料比较齐备，可以通过会计资料追溯计算。假设所得税税率为25%，公司按净利润的10%提取法定盈余公积，按净利润的5%提取任意盈余公积。公司发行普通股4 500万股，未发行任何稀释性潜在普通股。采用两种方法计量的交易性金融资产账面价值与公允价值见表8-3。

表8-3　**采用两种方法计量的交易性金融资产账面价值与公允价值**　单位：元

项目	购入成本	2×19年年末公允价值	2×20年年末公允价值
甲股票	4 500 000	5 100 000	5 100 000
乙股票	1 100 000	—	1 300 000

根据上述资料，A公司的会计处理如下：

第一步，计算交易性金融资产计量方法改变的累积影响数（见表8-4）。

表8-4　**交易性金融资产计量方法改变的累积影响数**　单位：元

年份	公允价值	成本与市价孰低	税前差异	所得税影响	税后差异
2×19	5 100 000	4 500 000	600 000	150 000	450 000
2×20	1 300 000	1 100 000	200 000	50 000	150 000
合计	6 400 000	5 600 000	800 000	200 000	600 000

A公司2×21年12月31日的比较财务报表列报前期最早期初为2×20年1月1日。公司在2×19年年末按公允价值计量的账面价值为5 100 000元，按成本与市价孰低计量的账面价值为4 500 000元，两者差异的所得税影响金额为150 000元，税后净影响金额为450 000元，即为该公司2×20年期初由成本与市价孰低计量改为按公允价值计量的累积影响数。

A公司在2×20年年末按公允价值计量的账面价值为6 400 000元，按成本与市价孰低计量的账面价值为5 600 000元，两者的所得税影响金额合计为200 000元，两者差异的税后净影响金额为600 000元，其中，450 000元是调整2×20年累积影响数，150 000元是调整2×20年当期金额。

A公司按照公允价值重新计量2×20年年末乙股票账面价值，其结果为公允价值变动收益少计了200 000元，所得税费用少计了50 000元，净利润少计了150 000元。

第二步，编制有关项目的调整分录。

（1）对2×19年有关事项的调整分录如下：

①调整会计政策变更累积影响数。

借：交易性金融资产——公允价值变动　600 000

　贷：利润分配——未分配利润　450 000

　　递延所得税负债　150 000

②调整利润分配。

按照净利润的10%提取法定盈余公积，按照净利润的5%提取任意盈余公积，共计提取盈余公积67 500元（450 000×15%）。

借：利润分配——未分配利润　　67 500
　贷：盈余公积　　67 500

（2）对2×20年有关事项的调整分录如下：

①调整交易性金融资产。

借：交易性金融资产——公允价值变动　　200 000
　贷：利润分配——未分配利润　　150 000
　　　递延所得税负债　　50 000

②调整利润分配。

按照净利润的10%提取法定盈余公积，按照净利润的5%提取任意盈余公积，共提取盈余公积22 500元（150 000×15%）。

借：利润分配——未分配利润　　22 500
　贷：盈余公积　　22 500

第三步，财务报表调整和重述（财务报表略）。

甲公司在列报2×21年财务报表时，应调整2×21年资产负债表有关项目的年初余额、利润表有关项目的上年金额及所有者权益变动表有关项目的上年金额和本年金额。

（1）调整资产负债表项目。

调增交易性金融资产年初余额800 000元；调增递延所得税负债年初余额200 000元，调增盈余公积年初余额90 000元，调增未分配利润年初余额510 000元。

（2）调整利润表项目。

调增公允价值变动收益上年金额200 000元；调增所得税费用上年金额50 000元；调增净利润上年金额150 000元；调增基本每股收益上年金额0.0033元。

（3）调整所有者权益变动表项目。

"上年年末余额"的"会计政策变更"项目中，调增盈余公积上年金额67 500元，调增未分配利润上年金额382 500元，调增所有者权益合计上年金额450 000元；调增盈余公积本年金额22 500元，调增未分配利润本年金额127 500元，调增所有者权益合计本年金额150 000元。

"本年年初余额"项目中，调增盈余公积本年金额90 000元，调增未分配利润本年金额510 000元，调增所有者权益合计本年金额600 000元。

【启发思考】在对财务报表进行调整和重述时，对资产负债表、利润表以及所有者权益变动表项目的调整有哪些不同？这些不同体现了财务报表之间存在哪些内在逻辑关系？

（三）未来适用法

未来适用法，是指将变更后的会计政策应用于变更日及以后发生的交易或者事项，或者在会计估计变更当期和未来期间确认会计估计变更影响数的方法。

在未来适用法下，不需要计算会计政策变更产生的累积影响数，也无须重编以前年度的财务报表。企业会计账簿记录及财务报表中反映的金额，在变更日仍保留原有金额，不因会计政策变更而改变以前年度的既定结果，并在现有金额的基础上再按新的会计政策进行核算。

[例 8-2]

B公司2×22年以前对发出存货采用先进先出法核算。为了更准确地核算存货的成本，公司从2×22年1月1日起改用个别计价法核算。2×22年1月1日存货价值为2 500 000元，当期实际购入存货的成本为18 000 000元。2×22年12月31日，按个别计价法计算，存货价值为2 200 000元；按先进先出法计算，存货价值为4 500 000元。假设当年销售收入为25 000 000元，其他费用为1 200 000元，所得税税率为25%。

分析：B公司为了更准确地核算存货成本，将存货发出的计价方法由原来的先进先出法变更为个别计价法，属于会计政策变更。但由于存货品种多、时间长，很难追溯计算确定会计政策变更的累积影响数，为此，B公司采用未来适用法对该会计政策变更进行会计处理。也就是说，对存货采用个别计价法从2×22年起才适用，不需要计算2×22年1月1日以前按个别计价法计算的存货应有余额以及对留存收益的影响数，但需要计算确定会计政策变更对2×22年净利润的影响数（见表8-5）。

表 8-5　**会计政策变更对2×22年净利润的影响数计算表**　单位：元

项　目	个别计价法	先进先出法
营业收入	25 000 000	25 000 000
减：营业成本	18 300 000*	16 000 000**
营业利润	6 700 000	9 000 000
减：其他费用	1 200 000	1 200 000
利润总额	5 500 000	7 800 000
减：所得税费用	1 375 000	1 950 000
净利润	4 125 000	5 850 000
差　额	−1 725 000	

注：*采用个别计价法计算的销售成本，即：期初存货+当期购货−期末存货=2 500 000+18 000 000−2 200 000=18 300 000（元）；

**采用先进先出法计算的销售成本，即：期初存货+当期购货−期末存货=2 500 000+18 000 000−4 500 000=16 000 000（元）。

从表8-5可以看出，该企业由于会计政策变更使2×22年销售成本较变更前增加了2 300 000元，利润总额减少了2 300 000元，净利润减少了1 725 000元。企业需要将这一影响在财务报表附注中予以披露。

四、会计政策变更的披露

企业应当在附注中披露与会计政策变更有关的下列信息：

1. 会计政策变更的性质、内容和原因。具体包括：对会计政策变更的简要阐述；变更日期；变更前采用的会计政策和变更后采用的新的会计政策；会计政策变更的原因。例如，依据法律或会计准则等行政法规、规章的要求变更会计政策时，在财务报表附注中应当披露所依据的文件，如对于由于执行企业会计准则而发生的变更，应在财务报表附注中说明“依据《企业会计准则第×号——××》的要求变更会计政策……”。

2. 当期和各个列报前期财务报表中受影响的项目名称和调整金额。具体包括：采用追溯调整法时计算出的会计政策变更累积影响数；当期和各个列报前期财务报表中需要调整的净损益及其影响金额，以及其他需要调整的项目名称和调整金额。

3. 无法进行追溯调整的，说明该事实和原因以及开始应用变更后的会计政策的时点、具体应用情况。具体包括：无法进行追溯调整的事实；确定会计政策变更对列报前期影响数不切实可行的原因；在当期期初确定会计政策变更对以前各期累积影响数不切实可行的原因；开始应用新会计政策的时点和具体应用情况。

需要注意的是，对于在以前期间的财务报表附注中已披露的会计政策变更信息，在以后期间的财务报表附注中不需要重复披露。

第二节　会计估计及其变更

会计估计及其变更

一、会计估计

（一）会计估计的概念

会计估计，是指企业对结果不确定的交易或者事项以最近可利用的信息为基础所作的判断。受到企业经营活动中内在的不确定因素的影响，许多财务报表项目不能准确地计量，只能加以估计，估计过程涉及以最近可以得到的信息为基础所作的判断。

（二）会计估计的特点

1. 会计估计的存在是由于经济活动中内在的不确定因素的影响。在会计核算中，企业总是追求会计核算的精确性，但有些经济业务本身具有不确定性，如坏账、固定资产折旧年限、固定资产残余价值、无形资产摊销年限、收入确认等，因而需要根据经验做出估计。可以说，在进行会计核算和相关信息披露的过程中，会计估计是不可避免的，并不削弱其可靠性。

2. 进行会计估计时，往往以最近可利用的信息或资料为基础。企业在会计核算中，由于经营活动中内在的不确定性，不得不经常进行估计。一些估计的主要目的是确定资产或负债的账面价值，如坏账准备、担保责任引起的负债；另一些估计的主要目的是确定将在某一期间记录的收益或费用的金额，如某一期间的折旧、摊销金额。企业在进行会计估计时，通常应根据当时的情况和经验，以一定的信息或资料为基础。但是，随着时间的推移、环境的变化，进行会计估计的基础可能会发生变化，因此，进行会计估计所依据的信息或资料不得不发生变化。由于最新的信息是最接近目标的信息，以其为基础所作的估计最接近实际，所以进行会计估计时，应以最近可利用的信息或资料为基础。

3. 进行会计估计并不会削弱会计确认和计量的可靠性。企业为了定期、及时地提供有用的会计信息，将延续不断的经营活动人为划分为一定的期间，并在权责发生制的基础上对企业的财务状况和经营成果进行定期确认和计量。在会计分期的情况下，许多企业的交易跨越若干会计年度，以至于需要在一定程度上做出决定。例如，某一年度发生的开支，哪些可以合理地预期能够产生其他年度以收益形式表示的利益，从而全部或部分向后递延；哪些可以合理地预期在当期能够得到补偿，从而确认为费用。也就是说，需要决定，在结算日，哪些开支可以在资产负债表中处理，哪些开支可以在利润表中作为当期费用处理。因此，基于会计分期和货币计量的前提，在确认和计量过程中，不得不对许多尚在延续中、其结果尚未确定的交易或事项予以估计入账。同时，企业进行会计估计通常是以最近可利用的信息或资料为基础，如果客观情况发生变化，会计估计还可以及时变更。所以，会计估计不会削弱会计信息的可靠性。

（三）会计估计的判断

会计估计的判断，应当考虑与会计估计相关项目的性质和金额。通常情况下，下列属于会计估计：

1. 存货可变现净值的确定。

2. 采用公允价值模式下的投资性房地产公允价值的确定。

3. 固定资产的预计使用寿命与净残值、固定资产的折旧方法。

4. 生产性生物资产的预计使用寿命与净残值、各类生产性生物资产的折旧方法。

5. 使用寿命有限的无形资产的预计使用寿命与净残值。

6. 可收回金额按照资产组的公允价值减去处置费用后的净额确定的，确定公允价值减去处置费用后的净额的方法；可收回金额按照资产组预计未来现金流量的现值确定的，预计未来现金流量的确定。

7. 合同完工进度的确定。

8. 权益工具公允价值的确定。

9. 债务人债务重组中转让的非现金资产的公允价值、由债务转成的股份的公允价值和修改其他债务条件后债务的公允价值的确定；债权人债务重组中受让的非现金资产的公允价值、由债权转成的股份的公允价值和修改其他债务条件后债权的公允价值的确定。

10. 预计负债初始计量的最佳估计数的确定。

11. 金融资产公允价值的确定。

12. 承租人对未确认融资费用的分摊，出租人对未实现融资收益的分配。

13. 探明矿区权益、井及相关设施的折耗方法，与油气开采活动相关的辅助设备及设施的折旧方法。

14. 非同一控制下企业合并成本的公允价值的确定。

15. 其他重要的会计估计。

二、会计估计变更

会计估计变更，是指由于资产和负债的当前状况及预期经济利益和义务发生了变化，从而对资产或负债的账面价值或者资产的定期消耗金额进行调整。会计估计变更的依据应当真实、可靠。

首先，企业进行会计估计，总是依赖于一定的基础。如果赖以进行估计的基础发生了变化，则会计估计也应相应发生变化。例如，某企业的一项无形资产摊销年限原定为10年，后来发生的情况表明，该资产的受益年限已不足10年，应相应调减摊销年限。

其次，企业进行会计估计，毕竟是就现有资料对未来所作的判断。随着时间的推移，企业有可能取得新的信息、积累更多的经验，在这种情况下，企业可能不得不对会计估计进行修订，即发生会计估计变更。如某企业原来根据当时能够得到的信息对某应收账款计提一定金额的坏账准备，现在掌握了新的信息，判定应收账款基本不能收回，那么，企业应当全额计提坏账准备。

值得注意的是，会计估计变更并不意味着以前期间的会计估计是错误的，只是由于赖以进行估计的基础发生了变化，或者企业掌握了新的信息、积累了更多的经验，使得变更会计估计能够更好地反映企业的财务状况和经营成果。如果以前期间的会计估计是错误的，则属于会计差错，应按会计差错更正的会计处理办法进行处理。

【案例8-1】 五洲交通变更固定资产与投资性房地产净残值率和折旧年限

2021年3月31日，五洲交通（600368）发布关于固定资产与投资性房地产净残值率和折旧年限变更的公告。公告称，为了更公允地反映五洲交通的财务状况和经营成果，使固定资产、投资性房地产的预计残值率、折旧年限与其实际残值和使用寿命更加接近，适应公司业务发展和内部资产管理的需要，根据《企业会计准则第4号——固定资产》第十九条的相关规定（企业至少应当于每年年度终了，对固定资产的使用寿命、预计净残值和折旧方法进行复核。使用寿命预计数与原先估计数有差异的，应当调整固定资产使用寿命。预计残值率预计数与原先估计数有差异的，应当调整预计残值率），公司拟自2021年1月1日起变更部分固定资产、投资性房地产的残值率和折旧年限（公司对投资性房地产采用成本模式进行后续计量，参照固定资产的相关规定计提折旧）。

公司对房屋及建筑物、机器设备、运输设备、土地使用权等固定资产、投资性房地产的残值率由以前的3%调整为0；办公设备的折旧年限由8年调整为5年。该变更导致固定资产年折旧率均得到提高，其中办公设备的年折旧率由12.13%提高到20%，变动幅度最大。本事项属于会计估计变更，采用未来适用法处理，无须对以前年度进行追溯调整，因此不会对公司已披露的财务报告产生影响。不考虑其他因素影响，经测算，本次会计估计变更将使公司本年度折旧费用增加641.55万元，净利润减少732.37万元。

三、会计政策变更与会计估计变更的划分

企业应当正确划分会计政策变更与会计估计变更，并按照不同的方法进行相关会计处理。在单个会计期间，会计政策决定了财务报表所列报的会计信息和列报方式；会计估计

则被用来确定与财务报表所列报的会计信息有关的金额和数值。

企业可以采用以下具体方法划分会计政策变更与会计估计变更，分析并判断该事项是否涉及会计确认、计量基础选择或列报项目的变更。当至少涉及其中一项划分基础变更时，该事项是会计政策变更；当不涉及上述划分基础变更时，该事项可以判断为会计估计变更。

（一）会计政策变更示例

1. 某企业在前期将自行购建的固定资产相关的一般借款费用计入当期损益，而当期根据会计准则的规定，将符合条件的有关借款费用予以资本化，企业因此将对该事项进行变更。该事项的计量基础未发生变更，即都是以历史成本作为计量基础；该事项的会计确认发生变更，即前期将借款费用确认为一项费用，而当期将其确认为一项资产；同时，会计确认的变更导致该事项在资产负债表和利润表中的相关项目的列报也发生变更。该事项涉及会计确认和列报的变更，所以该变更属于会计政策变更。

2. 某企业在前期将某项内部研发项目开发阶段的支出计入当期损益，而当期按照《企业会计准则第6号——无形资产》的规定，该项支出符合无形资产的确认条件，应当确认为无形资产。该事项的会计确认发生变更，即前期将开发费用确认为一项费用，而当期将其确认为一项资产。该事项中会计确认发生了变化，所以该变更属于会计政策变更。

3. 某企业在前期对购入的价款超过正常信用条件延期支付的固定资产初始计量采用历史成本，而当期按照《企业会计准则第4号——固定资产》的规定，该类固定资产的初始成本应以购买价款的现值为基础确定。该事项的计量基础发生了变化，所以该变更属于会计政策变更。

4. 某商品流通企业在前期将商品采购费用列入销售费用，而当期根据《企业会计准则第1号——存货》的规定，将采购费用列入成本。因为列报项目发生了变化（当然也涉及会计确认、计量的变更），所以该变更属于会计政策变更。

（二）会计估计变更示例

1. 某企业需要对某项资产采用公允价值进行计量，而公允价值的确定需要根据市场情况选择不同的处理方法。在不存在相同资产活跃市场报价的情况下，需要根据类似资产的近期交易价格对该项资产进行估计；如果不存在市场信息，则需要采用现值等估值技术估计公允价值。因为企业所确定的公允价值是与该项资产有关的金额，所以为确定公允价值所采用的处理方法是会计估计，不是会计政策。相应地，当企业面对的市场情况发生变化时，其采用的确定公允价值的方法变更属于会计估计变更，不属于会计政策变更。

2. 企业原采用双倍余额递减法计提固定资产折旧，根据固定资产使用的实际情况，企业决定改用直线法计提固定资产折旧。该事项前后采用的两种折旧计提方法都是以历史成本作为计量基础，对该事项的会计确认和列报项目也未发生变更，只是固定资产折旧、固定资产净值等相关金额发生了变化。因此，该变更属于会计估计变更。

【启发思考】在实际成本核算方式下发出存货成本计价方法的变更、固定资产折旧计提方法的变更分别属于会计政策变更还是会计估计变更？为什么？请思考作为一名优秀的财会人员，准确把握准则理念、提高职业素养对于提供高质量会计信息的重要意义。

四、会计估计变更的会计处理

企业对会计估计变更应当采用未来适用法处理，即在会计估计变更当期及以后期间采用新的会计估计，不改变以前的会计估计，也不需要调整以前期间的报告结果。具体处理方法为：

1.会计估计变更仅影响变更当期的，其影响数应当在变更当期予以确认。例如，企业以前期间按照3%计提坏账损失，但估计本期应收账款损失率达到10%，因此企业本期应按应收账款余额的10%计提坏账准备。这类会计估计变更只影响变更当期，在变更当期确认影响数即可。

2.既影响变更当期又影响未来期间的，其影响数应当在变更当期和未来期间予以确认。例如，某企业一项需要计提折旧的固定资产，其有效使用年限或预计净残值的估计发生变更，影响了变更当期及资产以后使用年限内各个期间的折旧费用。对于这类会计估计变更，应于变更当期及以后各期确认变更影响数。

为保持不同期间财务报表的可比性，会计估计变更的影响数应计入变更当期与前期相同的项目中。例如，如果以前期间会计估计变更的影响数计入日常经营活动损益，则以后期间也应计入日常经营活动损益；如果以前期间会计估计变更的影响数计入特殊项目，则以后期间也应计入特殊项目。

3.企业应当正确划分会计政策变更和会计估计变更，并按不同的方法进行相应的会计处理。如果企业通过判断会计政策变更和会计估计变更的划分基础仍然难以对某项变更进行区分，则应当将其作为会计估计变更处理。

五、会计估计变更的披露

企业应当在附注中披露与会计估计变更有关的下列信息：

1.会计估计变更的内容、变更日期和原因。

2.会计估计变更对当期和未来期间的影响数，包括会计估计变更对当期和未来期间损益的影响金额，以及对其他各项目的影响金额。

3.会计估计变更的影响数不能确定的，披露这一事实和原因。

[例8-3]

C公司有一台管理用设备，原始价值为84 000元，预计使用寿命为8年，净残值为4 000元，自2×19年1月1日起按直线法计提折旧。2×23年1月，由于新技术的发展等原因，需要对原预计使用寿命和净残值做出修正，修改后的预计使用寿命为6年，净残值为2 000元。公司所得税税率为25%，假定税法允许按变更后的折旧额在税前扣除。

C公司对上述会计估计变更的会计处理如下：

（1）不调整以前各期折旧，也不计算累积影响数。

（2）变更日以后按修改后的预计使用寿命、净残值提取折旧。

按原估计，每年折旧额为10 000元，已提折旧4年，共计40 000元，固定资产净值为44 000元，则第5年相关科目的期初余额如下：

固定资产原值	84 000
减：累计折旧	40 000
固定资产净值	44 000

改变预计使用寿命后，自2×23年1月1日起每年计提的折旧费用为21 000元（（44 000−2 000）÷（6−4））。2×23年不必对以前年度已提折旧进行调整，只需按重新预计的尚可使用寿命和净残值计算确定年折旧费用，编制会计分录如下：

借：管理费用	21 000	
贷：累计折旧		21 000

（3）报表附注说明。

本公司一台管理用设备，原始价值为84 000元，原预计使用寿命为8年，预计净残值为4 000元，按直线法计提折旧。由于新技术的发展，该设备已不能按原预计使用寿命计提折旧，本公司于2×23年年初变更该设备的预计使用寿命为6年，预计净残值为2 000元，以反映该设备的真实耐用寿命和净残值。此估计变更导致本年度净利润减少，减少数为8 250元（（21 000−10 000）×（1−25%））。

第三节 会计差错更正

一、会计差错的概念

会计差错，是指企业会计核算时在确认、计量、记录等方面出现的错误。会计差错有当期差错和前期差错。当期差错，是指当期发现的在当期会计确认、计量、记录中出现的错误。前期差错，是指由于没有运用或错误运用下列两种信息，而对前期财务报表造成省略或错报：一是编报前期财务报表时预期能够取得并加以考虑的可靠信息；二是前期财务报告批准报出时能够取得的可靠信息。

前期差错通常包括以下内容：

1. 计算及账户分类错误。例如，企业本期应计提坏账准备400 000元，但由于计算出现差错，得到错误数据为4 000 000元；再如，企业购入准备持有至到期的5年期债券投资，记账时误计入其他债权投资，导致账户分类错误。

2. 采用法律、行政法规或者国家统一的会计制度等不允许采用的会计政策。例如，企业将固定资产达到预定可使用状态后发生的借款费用也计入固定资产的成本而予以资本化，则属于应用会计政策错误。

3. 疏忽或曲解事实以及舞弊。例如，企业销售商品，商品控制权已转移，收入确认条件均已满足，而在期末未对该收入进行确认。

二、本期会计差错更正的会计处理

对于本期发现的，属于本期的会计差错，无论是重要差错还是非重要差错，均直接调整本期相关项目。

如何判断会计差错重要与否？重要的会计差错，是指足以影响财务报表使用者对企业财务状况、经营成果和现金流量做出正确判断的会计差错。不重要的会计差错，是指不足以影响财务报表使用者对企业财务状况、经营成果和现金流量做出正确判断的会计差错。一般来说，会计差错所影响的财务报表项目的金额越大、性质越严重，会计差错就越重要。

［例8–4］

2×22年12月31日，某企业发现一台管理用固定资产本年度没有计提折旧，经计算应提折旧额为2 000元。对这一会计差错予以更正。

分析：本例中，该企业漏计折旧金额不大，属于非重要会计差错。本年年末发现，只需补提折旧即可。

2×22年12月31日，应做如下会计记录：

借：管理费用　　2 000

　贷：累计折旧　　2 000

［例8–5］

某企业2×22年1月20日购入的一项管理用无形资产，入账价值为1 200 000元，摊销期限为5年。12月31日，发现本年度1～6月份没有对该项无形资产进行摊销。对这一会计差错予以更正。

分析：本例中，该企业1～6月份未摊销无形资产金额较大，应属于重要会计差错，本年年末发现，应补记摊销额。

2×22年12月31日，应做如下会计记录：

应补记摊销额=［（1 200 000÷5）÷12］×6=120 000（元）

借：管理费用　　120 000

　贷：累计摊销　　120 000

三、前期差错更正的会计处理

企业发现前期差错时，应当根据差错的性质及时更正。对于前期差错重要性的判断直接影响会计处理。

首先，企业应当严格区分会计估计变更和前期差错更正，对于前期根据当时的信息、假设等作了合理估计，在当期按照新的信息、假设等需要对前期估计金额做出变更的，应当作为会计估计变更处理，不应作为前期差错更正处理。

其次，企业应当采用追溯重述法更正重要的前期差错，但确定前期差错累积影响数不切实可行的除外。追溯重述法，是指在发现前期差错时，视同该项前期差错从未发生过，从而对财务报表相关项目进行更正的方法。追溯重述法的具体应用与追溯调整法相同。

最后，对于不重要的前期差错，可以采用未来适用法更正。

【案例8-2】 中国证监会对獐子岛集团股份有限公司开出行政处罚决定书

中国证监会于2020年6月15日发布针对獐子岛集团股份有限公司（以下简称獐子岛公司）的行政处罚决定书〔2020〕29号。决定书称，獐子岛公司2016年度报告存在虚假记载，每月结转底播虾夷扇贝成本时，以当月虾夷扇贝捕捞区域（采捕坐标）作为成本结转的依据，捕捞区域系由人工填报且缺乏船只航海日志予以佐证。经比对底播虾夷扇贝捕捞船只的北斗导航定位信息，獐子岛公司结转成本时所记载的捕捞区域与捕捞船只实际作业区域存在明显出入。以虾夷扇贝捕捞船只的北斗导航定位信息为基础，经第三方专业机构测算，獐子岛公司2016年度账面结转捕捞面积较实际捕捞面积少13.93万亩，由此，獐子岛公司2016年度虚减营业成本6 002.99万元。另外，经比对獐子岛公司2016年年初、2017年年初底播虾夷扇贝库存图和捕捞船只导航定位信息发现，部分2016年年初库存区域未显示捕捞航行轨迹，而2016年年底獐子岛公司在这部分区域进行了底播，根据会计核算一贯性原则，上述区域既往库存资产应作核销处理，由此，獐子岛公司2016年度虚减了营业外支出7 111.78万元。因此，受虚减营业成本和营业外支出的影响，獐子岛公司2016年度虚增利润13 114.77万元，虚增利润占当期利润总额的158.11%，獐子岛公司2016年度报告存在虚假记载。

决定书还披露，公司2017年度虚增营业成本6 159.03万元，虚增营业外支出20 595.54万元。根据獐子岛公司“年终盘点公告”和“核销公告”，减值区域与捕捞船只实际作业区域存在重合，经第三方专业机构测算，减值海域中2015年和2016年底播的虾夷扇贝分别有6.38万亩、0.13万亩已在以往年度采捕，由此，獐子岛公司虚增资产减值损失1 110.52万元。综上，受虚增营业成本、虚增营业外支出和虚增资产减值损失影响，獐子岛公司2017年度报告虚减利润27 865.09万元，占当期披露利润总额的38.57%。由此，公司2016年度、2017年度内部控制均存在重大缺陷。

（根据中国证券监督管理委员会公开的行政处罚公告整理）

（一）对于不重要的前期差错的处理

对于不重要的前期差错，企业不需要调整财务报表相关项目的期初数，但应调整发现当期与前期相同的相关项目。属于影响损益的，应直接记入本期与上期相同的净损益项目；属于不影响损益的，应调整本期与前期相同的相关项目。

［例 8-6］

ABC 公司在 2×22 年 12 月 31 日发现，一台价值 9 600 元、应计入固定资产并自 2×17 年 2 月 1 日开始计提折旧的管理用设备，在 2×17 年计入当期费用。该公司固定资产折旧采用直线法，该资产估计使用年限为 4 年，假设不考虑净残值因素。则在 2×22 年 12 月 31 日更正该项差错的会计分录为：

借：固定资产　　9 600

　贷：管理费用　　5 000

　　　累计折旧　　4 600

假设该项差错直至 2×21 年 2 月以后才发现，则不需要做任何分录，因为该项差错已经抵销了。

（二）对于重要的前期差错的处理

重大前期会计差错实例

本期发现的以前会计期间发生的重要会计差错，不能直接调整发现会计差错当期的数字，而应调整发生会计差错的会计期间当期的数字。但是，发生会计差错的会计期间已经过去，所以，对于重要的前期差错，会计准则规定应采用追溯重述法进行处理。

具体地说，企业应当在重要的前期差错发现当期的财务报表中，通过下述处理对其进行追溯更正：（1）追溯重述差错发生期间列报的前期比较金额；（2）如果前期差错发生在列报的最早前期之前，则追溯重述列报的最早前期的资产、负债和所有者权益相关项目的期初余额。

发生的重要前期差错如果影响损益，应将其对损益的影响数调整发现当期的期初留存收益，财务报表其他相关项目的期初数也应一并调整；如不影响损益，应调整财务报表相关项目的期初数。

在编制比较财务报表时，对于比较财务报表期间的重要前期差错，应调整各该期间的净损益和其他相关项目，视同该差错在产生的当期已经更正；对于比较财务报表期间以前的重要前期差错，应调整比较财务报表最早期间的期初留存收益，财务报表其他相关项目的数字也应一并调整。如 2×23 年编制年度比较利润表时，比较财务报表的比较期间为 2×23 年和 2×22 年。如果重要会计差错发生在 2×22 年以前，那么因会计差错影响的损益只能调整 2×22 年的期初留存收益，而不能调整 2×22 年度的利润表数字。

视野拓展

为了保证经营活动的正常进行，企业应当建立健全内部控制制度，保证会计资料的真实、完整。对于年度资产负债表日至财务报告批准报出日之间发现的报告年度的会计差错及报告年度前不重要的前期差错，应按照《企业会计准则第29号——资产负债表日后事项》的规定进行处理。

四、前期差错更正的披露

企业应当在附注中披露与前期差错更正有关的下列信息：

1. 前期差错的性质；

2. 各个列报前期财务报表中受影响的项目名称和更正金额；

3. 无法进行追溯重述的，说明该事实和原因以及对前期差错开始进行更正的时点、具体更正情况。

在以后期间的财务报表中，不需要重复披露在以前期间的附注中已披露的前期差错更正的信息。

[例8-7]

ABC公司在2×23年发现，2×22年公司漏记一项固定资产的折旧费用150 000元，但在所得税申报表中扣除了该项折旧。假设2×22年适用所得税税率为25%，对上述折旧费用记录了49 500元的递延所得税负债，无其他纳税调整事项。该公司按净利润的10%提取法定盈余公积，按净利润的5%提取任意盈余公积。该公司发行股票份额为1 800 000股。

1. 分析2×22年差错的影响数。

少计折旧费用	150 000
少计累计折旧	150 000
多计所得税费用（150 000×25%）	37 500
多计净利润	112 500
多计递延所得税负债（150 000×25%）	37 500
多提法定盈余公积	11 250
多提任意盈余公积	5 625

2. 编制有关项目的调整分录。

①补提折旧。

借：以前年度损益调整	150 000	
贷：累计折旧		150 000

②调整递延税款。

借：递延所得税负债　　37 500

　贷：以前年度损益调整　　37 500

③将“以前年度损益调整”科目的余额转入利润分配。

借：利润分配——未分配利润　　112 500

　贷：以前年度损益调整　　112 500

④调整利润分配有关数字。

借：盈余公积——法定盈余公积　　11 250

　　　　　——任意盈余公积　　5 625

　贷：利润分配——未分配利润　　16 875

3.财务报表调整和重述（财务报表略）。

ABC公司在列报2×23年度财务报表时，应调整2×23年度资产负债表有关项目的年初余额、利润表及所有者权益变动表有关项目的上年年末余额也应进行调整。

①调整资产负债表项目：

调增累计折旧年初余额150 000元；调减递延所得税负债年初余额37 500元，调减盈余公积年初余额16 875元，调减未分配利润年初余额95 625元。

②调整利润表项目：

调增营业成本上年金额150 000元；调减所得税费用上年金额37 500元；调减净利润上年金额112 500元；调减基本每股收益上年金额0.0625元。

③调整所有者权益变动表项目：

“上年年末余额”的“前期差错更正”项目中，调减盈余公积本年金额16 875元，调减未分配利润本年金额95 625元，调减所有者权益合计本年金额112 500元。

4.附注说明。

本年度发现2×22年漏记固定资产折旧150 000元，在编制2×23年与2×22年可比财务报表时，已对该项差错进行了更正。更正后，调减2×22年净利润及留存收益112 500元，调增累计折旧150 000元。

【启发思考】比较会计政策变更、会计估计变更及前期重大差错更正在会计处理上的差异，进而思考对于以前年度损益的调整与当期损益的调整在会计处理理念上的差别。这种差别存在哪些不同的财务影响？

引例分析

分析引例中国核建进行会计政策变更的适用条件，判断其会计政策变更的处理原则。

通过收集多家上市公司会计政策变更的公告，总结上市公司会计政策变更在变更内容、变更适用条件以及会计处理方法上的特征。

思考题

1. 什么是会计政策？会计政策的特点有哪些？
2. 会计政策变更的条件有哪些？
3. 什么是会计估计？会计估计变更与会计政策变更的处理方法有哪些差异？
4. 如何理解会计政策变更累积影响数？
5. 处理本期会计差错与前期会计差错的差异有哪些？

练习题

一、单项选择题

1. 下列项目中，不属于会计政策变更的是（　　）。

A. 分期付款购买资产由按应付价款总额计价改为按应付价款总额现值计价

B. 对子公司投资由权益法核算改为成本法核算

C. 将借款费用资本化改为费用化

D. 无形资产使用寿命不确定改为使用寿命确定

2. 下列情形中，不属于会计估计变更的是（　　）。

A. 无形资产的使用年限由10年变更为9年

B. 分期付款购入固定资产的入账价值的基础由应付价款总额变更为应付价款现值

C. 固定资产折旧方法由年限平均法变更为双倍余额递减法

D. 应收账款坏账计提比例由5%提高到10%

3. 下列各项中，不属于会计差错的是（　　）。

A. 企业在期末少计提折旧100万元

B. 企业能够合理估计退货可能性且确认与退货相关负债的，在发出商品时未确认销售收入

C. 企业内部研发形成的“三新”（新技术、新产品和新工艺）无形资产的账面价值与计税基础不同，产生可抵扣暂时性差异，期末未确认递延所得税资产

D. 企业期末存货采用成本与可收回金额孰低计量

4. 下列各项中，不属于会计前期差错的是（　　）。

A. 计算错误

B. 应用会计政策错误

C. 企业不能够合理估计退货可能性的，在发出商品时未确认收入

D. 漏记已完成的交易

5. 甲公司2×23年3月在上年度财务报告批准报出后，发现2×21年10月购入的专利权摊销金额错误。该专利权2×21年应摊销的金额为240万元，2×22年应摊销的金额为960万元。2×21年和2×22年实际摊销金额均为960万元。甲公司对此重大会计差错采用追溯重述法进行会计处理，适用的所得税税率为25%，按净利润的10%提取盈余公积。甲公司2×23年年初未分配利润应调增的金额是（　　）万元。

A.486　　B.540　　C.648　　D.720

二、多项选择题

1.下列关于会计政策及其变更的说法中，正确的有（　　）。

A.会计政策变更能够提供更可靠、更相关的会计信息

B.会计政策一经确定，不得随意变更

C.本期发生的交易或者事项与以前相比具有本质差别而采用新的会计政策，属于会计政策变更

D.对初次发生的或不重要的交易或者事项采用新的会计政策，属于会计政策变更

2.下列关于会计政策变更累积影响数的说法中，不正确的有（　　）。

A.会计政策变更累积影响数是指按照变更后的会计政策对以前各期追溯计算的列报前期最早期初留存收益应有金额与现有金额之间的差额

B.会计政策变更累积影响数是指按照变更后的会计政策对上期追溯计算的列报前期最早期初留存收益应有金额与现有金额之间的差额

C.会计政策变更累积影响数是指按照变更后的会计估计对以前各期追溯计算的列报前期最早期初留存收益应有金额与现有金额之间的差额

D.会计政策变更累积影响数是指按照变更后的会计政策对以前各期追溯计算的列报前期最早期初盈余公积应有金额与现有金额之间的差额

3.关于会计政策变更的追溯调整法和未来适用法，下列表述中正确的有（　　）。

A.追溯调整法，是指对某项交易或事项变更会计政策，视同该项交易或事项初次发生时即采用变更后的会计政策，并以此对财务报表相关项目进行调整的方法

B.未来适用法，是指将变更后的会计政策应用于变更日及以后发生的交易或者事项，或者在会计估计变更当期和未来期间确认会计估计变更影响数的方法

C.采用未来适用法，一定不会影响变更当期期初的留存收益

D.采用追溯调整法，应对前期已对外报出的财务报表进行调整

4.关于前期差错，下列说法中正确的有（　　）。

A.前期差错的金额越大，其重要性水平越高

B.对于前期差错，无论金额是否重大，均应采用追溯重述法进行处理

C.如果前期差错影响财务报表使用者根据财务报表做出的经济决策，那么，该前期差错就是重要的

D.对于不重要的前期差错，企业不需要调整财务报表相关项目的期初数，应调整发现当期与前期相同的相关项目

5.甲公司2×23年发生的下列交易或事项应采用未来适用法进行会计处理的有（　　）。

A.2×23年年末发现以前年度的不重要会计差错并予以更正

B.从2×23年1月1日起，无形资产的摊销方法由直线法变更为产量法

C.从2×23年1月1日起，投资性房地产公允价值计量中使用的估计技术由市场法变更为收益法

D.从2×23年1月1日起，将存货的成本核算方法由现行的实际成本法变更为标准成本法进行日常核算

三、判断题

1. 会计政策只有在法律、行政法规或国家统一的会计制度要求变更时才能变更，企业不能自行变更会计政策。（　　）

2. 会计政策变更和会计估计变更很难区分时，应当将其作为会计政策变更进行处理。（　　）

3. 在编制比较财务报表时，对于比较财务报表期间的重要会计差错，应当调整各该期间的净损益和其他相关项目；对于比较财务报表期间以前的重要会计差错，应当调整比较财务报表最早期间的期初留存收益，财务报表其他相关的数字也应一并调整。（　　）

4. 为了提供更可靠、更相关的会计信息，某公司从1月1日起将设备的折旧年限延长了三分之一，同时将折旧方法由双倍余额递减法改为年限平均法。该公司对此项变更采用追溯调整法调整了年初留存收益及相关项目。（　　）

5. 对于本期发现的属于本期的会计差错，应调整本期的相关项目；对于本期发现的属于以前期间的会计差错，应一律调整以前期间的相关项目。（　　）

四、业务题

A公司为上市公司，该公司按净利润的10%计提盈余公积。所得税税率为25%，税法规定该投资性房地产作为固定资产处理，折旧年限为50年，净残值为0，采用直线法计提折旧。公允价值变动损益不得计入应纳税所得额。

2×23年1月1日，A公司董事会决定将投资性房地产后续计量模式从成本模式转换为公允价值模式。该房地产为2×19年12月外购的一栋写字楼，支付价款50 000万元，预计使用年限为50年，净残值为0，采用直线法计提折旧。同日，将该写字楼租赁给B公司使用。2×23年以前，A公司对投资性房地产一直采用成本模式进行后续计量。

该项投资性房地产2×19年至2×22年各年年末的公允价值分别为50 000万元、55 000万元、58 000万元和60 500万元。

要求：根据上述资料，判断A公司投资性房地产后续计量模式变更的性质及其采用的处理方法，并进行账务处理（要求列示明细科目）。

第九章　资产负债表日后事项

【内容框架】

本章主要介绍资产负债表日后事项的基本内涵及类别，以及资产负债表日后调整事项与非调整事项的处理原则与具体会计处理方法。具体内容如下图所示：

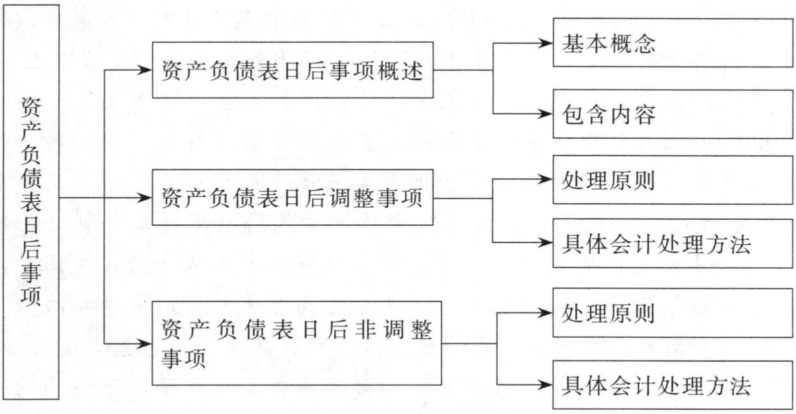

【学习目标】

通过本章学习，熟悉资产负债表日后事项的内涵、涵盖期间、分类；理解资产负债表日后调整事项与非调整事项的区别，分别掌握它们的会计处理方法；掌握企业存在调整事项时调整账簿和报表的具体处理方法，以及对于非调整事项在财务报表附注中的披露内容。

引例

三峡水利2019年度财务报告中的资产负债表日后事项

重庆三峡水利电力（集团）股份有限公司（以下简称三峡水利，股票代码600116），公司注册地址在重庆市万州区。公司主要业务是发电、供电、电力工程勘察、设计、安装。其中，发电、供电是公司的核心业务。电力业务的利润主要来源于自发电量、售电量的增加和购电成本等成本的控制，以及国家相关补助对成本费用的弥补；电力工程勘察、设计、安装业务的利润主要来源于对外拓展电力安装市场。

三峡水利发布的2019年度财务报告中披露的资产负债表日后事项（重要的非调整事项）如下：

1. 股东增持股份事项

公司股东长电资本计划在未来12个月内通过上海证券交易所系统允许的方式（包括但不限于集中竞价交易、大宗交易等）增持公司股份，增持金额不低于人民币2 000万元，不超过人民币30 000万元。长电资本于2020年2月4日通过上海证券交易所集中竞价交易方式首次增持公司股份796 253股，占公司总股本的0.08%。本次增持后，长电资本持有公司股份39 710 493股，占公司总股本的4.00%，公司控股股东长江电力及其一致行动人三峡资本、长电资本、新华发电合计持有公司股份243 912 078股，占公司总股本的24.56%。

2. 落实阶段性降低企业用电成本政策及疫情期间售电量下降事项

公司于2020年3月4日收到重庆市万州区发展和改革委员会《关于转发〈重庆市发展和改革委员会关于贯彻落实阶段性降低企业用电成本支持企业复工复产政策的通知〉的通知》，对除高耗能行业外，重庆市现执行工商业及其他用电类别单一制（一般工商业）电价和两部制（大工业）电价的电力用户实施阶段性降低用电成本措施。同时，由于受新型冠状病毒感染肺炎疫情影响，预计客户（主要是工商业客户）用电量将减少。综上，由于落实阶段性降低企业用电成本政策及售电量下降，预计减少公司2020年净利润共计约2 800万元，上述预测是基于当时疫情防控形势下相关用户复工复产情况做出的初步估算，未来疫情防控形势的变化可能导致该估算数据有一定的偏差。

（根据三峡水利2019年度财务报告整理）

通过阅读三峡水利2019年度财务报告中资产负债表日后事项相关信息，我们注意到，三峡水利对股东增持股份事项以及落实阶段性降低企业用电成本政策及疫情防控期间售电量下降事项，作为资产负债表日后事项中重要的非调整事项，进行了详细的披露。那么，什么是资产负债表日后事项？什么是资产负债表日后调整事项和非调整事项？对于资产负债表日后调整事项和非调整事项，应该怎么处理？本章将对这些内容进行详细介绍。

第一节 资产负债表日后事项概述

资产负债表日后事项概述

一、资产负债表日后事项的概念

资产负债表日后事项是指资产负债表日至财务报告批准报出日之间发生的有利或不利事项。

（一）资产负债表日

资产负债表日是指会计年度末和会计中期期末。其中，年度资产负债表日是指公历12月31日；会计中期是指短于一个完整会计年度的报告期间，通常包括半年度、季度和月度等，相应地，会计中期期末是指公历半年末、季末和月末等。例如，提供第一季度财务报告时，资产负债表日是指该年度的3月31日；提供半年度财务报告时，资产负债表日是指该年度的6月30日。如果母公司或者子公司在国外，无论该母公司或子公司如何确定会计年度和会计中期，其向国内提供的财务报告都应根据《会计法》和会计准则的要求确定资产负债表日。

（二）财务报告批准报出日

财务报告批准报出日是指董事会或类似机构批准财务报告报出的日期，通常是指对财务报告的内容负有法律责任的单位或个人批准财务报告对外公布的批准日期。

财务报告的批准者包括所有者、所有者中的多数、董事会或类似的管理单位、部门和个人。根据《公司法》的规定，董事会有权制订公司的年度财务预算方案、决算方案、利润分配方案和弥补亏损方案，董事会有权批准对外公布财务报告。所以，公司制企业的董事会有权批准对外公布财务报告，因此，公司制企业财务报告批准报出日是指董事会批准财务报告报出的日期。对于非公司制企业，财务报告批准报出日是指经理（厂长）会议或类似机构批准财务报告报出的日期。

（三）资产负债表日后事项包括有利和不利事项

有利和不利事项是指资产负债表日后肯定对企业财务状况和经营成果具有一定影响（既包括有利影响也包括不利影响）的事项。如果某些事项的发生对企业财务状况和经营成果无任何影响，那么，这些事项既不是有利事项也不是不利事项，也就不属于准则所称资产负债表日后事项。因此，资产负债表日后事项不是在这个特定期间内发生的全部事项，而是与资产负债表日存在状况有关的事项，或虽然与资产负债表日存在状况无关，但对企业财务状况具有重大影响的事项。

对于资产负债表日后的有利和不利事项，其会计处理原则是相同的。如果属于调整事项，则对有利和不利的调整事项均应进行处理，并调整报告年度或报告中期的财务报表；如果属于非调整事项，则对有利和不利的非调整事项均应在报告年度或报告中期的附注中进行披露。

二、资产负债表日后事项涵盖期间

资产负债表日后事项涵盖期间是自资产负债表日次日起至财务报告批准报出日止的一段时间。如图9-1所示，资产负债表日后事项涵盖期间包括：(1) 报告年度次年的1月1日或报告期下一期间的第一天至董事会或类似机构批准财务报告对外公布的日期。(2) 财务报告批准报出以后实际报出之前又发生了与资产负债表日后事项有关的事项，并由此影响财务报告对外公布日期的，应以董事会或类似机构再次批准财务报告对外公布的日期为截止日期。

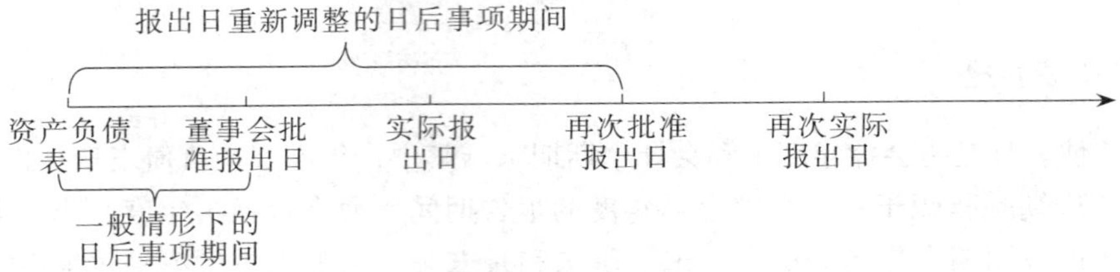

图9-1　资产负债表日后事项涵盖期间

视野拓展

会计实务中，如果财务报告批准报出之后，实际报出之前，管理层修改了财务报表，注册会计师应当根据具体情况实施必要的审计程序，并针对修改后的财务报表重新出具审计报告。新的审计报告日期不应早于董事会或类似机构批准修改后的财务报表对外公布的日期。通常情况下，为了控制审计风险，注册会计师更倾向于将签署审计报告的日期即审计报告日与企业管理层批准财务报表对外报出日作为同一天。

[例9-1]

某上市公司2×22年的年度财务报告于2×23年3月15日编制完成，注册会计师完成年度审计工作并签署审计报告的日期为2×23年4月12日，2×23年4月20日董事会批准财务报告对外公布，财务报告实际对外公布的日期为2×23年4月25日，股东大会召开日期为2×23年5月6日。

分析：本例中，该公司2×22年年报的资产负债表日后事项涵盖的期间为2×23年1月1日至2×23年4月20日。如果在4月20日至25日之间发生了重大事项，则需要调整财务报表相关项目的数字或需要在财务报表附注中披露；经调整或说明后的财务报告再经董事会批准报出的日期为2×23年4月28日，实际报出的日期为2×23年4月30日，则资产负债表日后事项涵盖的期间为2×23年1月1日至2×23年4月28日。

三、资产负债表日后事项的内容

资产负债表日后事项包括资产负债表日后调整事项和资产负债表日后非调整事项两类。

（一）资产负债表日后调整事项

资产负债表日后调整事项，简称调整事项，是指对资产负债表日已经存在的情况提供了新的或进一步证据的事项。

如果资产负债表日及所属会计期间已经存在某种情况，但当时并不知道其存在或者不能知道确切结果，而资产负债表日后发生的事项能够证实该情况的存在或者确切结果，则该事项属于资产负债表日后事项中的调整事项。如果资产负债表日后事项对资产负债表日的情况提供了进一步的证据，证据表明的情况与原来的估计和判断不完全一致，则需要对原来的会计处理进行调整。

调整事项的特点如下：一是在资产负债表日或以前已经存在，在资产负债表日后得以证实；二是对按资产负债表日存在状况编制的财务报表产生了重大影响。

企业发生的资产负债表日后调整事项通常包括下列事项：

1. 资产负债表日后诉讼案件结案，法院判决证实了企业在资产负债表日已经存在现时义务，需要调整原先确认的与该诉讼案件相关的预计负债，或确认一项新负债；

2. 资产负债表日后取得确凿证据，表明某项资产在资产负债表日发生了减值或者需要调整该项资产原先确认的减值金额；

3. 资产负债表日后进一步确定了资产负债表日前购入资产的成本或售出资产的收入；

4. 资产负债表日后发现了财务报表舞弊或差错。

[例 9-2]

A公司2×22年9月向B公司销售一批商品，货款尚未收到。2×22年11月，B公司财务状况不佳，短期内很难偿还所欠A公司的债务。A公司已知B公司的情况，并于年末对该项应收账款计提了10%的坏账准备。2×23年2月18日，A公司在报出财务报告之前收到B公司通知，B公司已宣告破产，无法偿还部分欠款。由于A公司在2×22年年终结账时已经知道B公司财务状况不佳，即B公司财务状况不佳的事实在2×22年12月31日已经存在，但A公司未得到B公司破产的确切证据。2×23年2月18日，A公司正式收到B公司的通知，得知B公司已经破产，并且无法偿付部分货款，因此，2×23年2月18日收到的B公司的破产通知是对A公司2×22年年末存在的状况提供了新的证据，表明根据2×22年年末的状况所编制的财务报表不能真实地反映企业的实际情况，所以，必须据此对财务报表相关数字进行调整。2×23年2月18日发生的这一资产负债表日后事项就是调整事项。

视野拓展

在估计存货可变现净值时，如果涉及资产负债表日后事项，并且有确凿证据表明资产负债表日后事项对资产负债表日存货已经存在的情况提供了新的或进一步的证据，应当作为资产负债表日后调整事项进行处理；否则，应当作为非调整事项进行处理。

（二）资产负债表日后非调整事项

资产负债表日后非调整事项，简称非调整事项，是指表明资产负债表日后发生的情况的事项。非调整事项的发生不影响资产负债表日企业的财务报表数字，只说明资产负债表日后发生了某些情况。对于财务报告使用者来说，非调整事项说明的情况有的重要，有的不重要。其中重要的非调整事项虽然与资产负债表日的财务报表数字无关，但可能影响资产负债表日后的财务状况和经营成果，如不加以说明，将会影响财务报告使用者做出正确估计和决策，因此应当进行适当披露。

非调整事项的特点如下：一是在资产负债表日并未发生或存在，而是在资产负债表日后期间才发生；二是对理解和分析财务报告有重大影响。

企业发生的资产负债表日后非调整事项通常包括下列事项：

1. 资产负债表日后发生重大诉讼、仲裁、承诺。
2. 资产负债表日后资产价格、税收政策、外汇汇率发生重大变化。
3. 资产负债表日后因自然灾害导致资产发生重大损失。
4. 资产负债表日后发行股票和债券以及其他巨额举债。
5. 资产负债表日后资本公积转增资本。
6. 资产负债表日后发生巨额亏损。
7. 资产负债表日后发生企业合并或处置子公司。
8. 资产负债表日后，企业利润分配方案中拟分配的以及经审议批准宣告发放的股利或利润，不确认为资产负债表日的负债，但应当在附注中单独披露。

[例 9-3]

接例 9-2，A 公司应收 B 公司一笔货款，在 2×22 年 12 月 31 日结账时，B 公司经营状况良好，并无财务困难的迹象。2×23 年 2 月 18 日，B 公司发生火灾，全部厂房、设备和存货被烧毁，无法偿还 A 公司的货款。这一事项是在资产负债表日后发生的，与资产负债表日存在状况无关。所以，这一事项应为非调整事项。

如果 B 公司在 2×22 年 12 月 27 日发生了火灾，但 A 公司在 2×22 年 12 月 31 日对这一情况并不知悉，到 2×23 年 2 月 18 日才得知这一情况，则这一事项应为调整事项。因为不论 A 公司在 2×22 年年末结账时对 B 公司火灾事件知道与否，B 公司遭受火灾的事实在资产负债表日已经存在，在资产负债表日后发生的事项只是对这一情况提供了进一步的证据，所以，这一事项应视为调整事项。

(三）调整事项与非调整事项的区别

如何确定资产负债表日后发生的某一事项是调整事项还是非调整事项，是运用资产负债表日后事项准则的关键。某一事项究竟是调整事项还是非调整事项，取决于该事项表明的情况在资产负债表日或以前是否已经存在。若该情况在资产负债表日或以前已经存在，则属于调整事项；反之，则属于非调整事项。

［例 9-4］

债务人乙公司财务状况恶化导致债权人甲公司发生坏账损失。这包括以下两种情况：

事项 1：2×22 年 12 月 31 日乙公司财务状况良好，甲公司预计应收账款可按时收回；一周后，乙公司发生重大火灾，导致甲公司 50% 的应收账款无法收回。

事项 2：2×22 年 12 月 31 日甲公司根据所掌握的资料判断，乙公司有可能破产清算，甲公司估计对乙公司的应收账款将有 10% 无法收回，故按 10% 的比例计提坏账准备。一周后，甲公司接到通知，乙公司已宣告破产清算，甲公司估计有 70% 的债权无法收回。

本例中，事项 1 导致甲公司 2×22 年度应收账款损失的因素是火灾，应收账款发生损失这一事实在资产负债表日后才发生，因此，乙公司发生火灾导致甲公司应收款项发生坏账的事项属于非调整事项。事项 2 导致甲公司 2×22 年度应收账款无法收回的事实是乙公司财务状况恶化，该事实在资产负债表日已经存在，乙公司宣告破产清算只是证实了资产负债表日财务状况恶化的情况，因此，该事项属于调整事项。

视野拓展

财务报告批准报出日是否一经确定就不能更改？如果更改，则资产负债表日后事项涵盖的期间是否会变动？请思考严格界定资产负债表日后事项涵盖期间的重要意义。

第二节　资产负债表日后调整事项的会计处理

一、资产负债表日后调整事项的处理原则

企业发生资产负债表日后调整事项，应当如同资产负债表所属期间发生的事项一样，做出相关账务处理，并调整资产负债表日已编制的财务报表。需要注意的是，这里的财务报表包括资产负债表、利润表、所有者权益变动表和现金流量表补充资料内容，但不包括

现金流量表正表。就年度财务报告而言，由于资产负债表日后事项发生在报告年度的次年，报告年度的有关账目已经结转，特别是损益类科目在结账后已无余额。因此，年度资产负债表日后发生的调整事项，应分别按以下情况进行处理：

1.涉及损益的事项，通过“以前年度损益调整”科目核算。调整增加以前年度利润或调整减少以前年度亏损的事项，记入“以前年度损益调整”科目的贷方；反之，记入“以前年度损益调整”科目的借方。

需要注意的是，涉及损益的调整事项如果发生在资产负债表日所属年度（即报告年度）所得税汇算清缴前的，应按准则要求调整报告年度应纳税所得额、应纳所得税额；发生在报告年度所得税汇算清缴后的，应按准则要求调整本年度（即报告年度的次年）应纳所得税额。

2.涉及利润分配的调整事项，直接在“利润分配——未分配利润”科目中核算。

3.不涉及损益以及利润分配的事项，调整相关科目。

4.在进行上述账务处理的同时，还应调整财务报表相关项目的数字，包括：

（1）资产负债表日编制的财务报表相关项目的期末数或本年发生数；

（2）当期编制的财务报表相关项目的期初数或上年数；

（3）经过上述调整后，如果涉及报表附注内容的，还应做出相应调整。

注意，资产负债表日后调整事项不需要在附注中披露。

二、资产负债表日后调整事项的具体会计处理

下面举例说明资产负债表日后调整事项的具体会计处理。假定甲公司财务报告批准报出日是次年3月31日，所得税税率为25%，按净利润的10%提取法定盈余公积，提取法定盈余公积后不再作其他分配；调整事项按税法规定均可调整应缴纳的所得税；涉及递延所得税资产的，均假定未来期间很可能取得用来抵扣暂时性差异的应纳税所得额。

1.资产负债表日后诉讼案件结案，法院判决证实了企业在资产负债表日已经存在现时义务，需要调整原先确认的与该诉讼案件相关的预计负债，或确认一项新负债。

这一事项是指导致诉讼的事项在资产负债表日已经发生但尚不具备确认负债的条件而未确认，因此法院判决后应确认一项新负债；或者虽已确认，但需要调整已确认负债的金额。

资产负债表日后调整事项的会计处理——诉讼案件结案

［例 9-5］

甲公司因违约于2×22年12月被乙公司告上法庭，要求甲公司赔偿80万元。2×22年12月31日法院尚未判决，甲公司按或有事项准则对该诉讼事项确认预计负债50万元。2×23年3月10日，法院判决甲公司应赔偿乙公司60万元。甲、乙双方均服从判决。判决当日，甲公司向乙公司支付赔偿款60万元。甲、乙两公司2×22年所得税汇算清缴在2×23年4月10日完成（假定该项预计负债产生的损失不允许税前扣除，只有在损失实际发生时才允许税前抵扣）。甲、乙两公司适用的所得税税率均为25%。

本例中，2×23年3月10日的判决证实了甲、乙两公司在资产负债表日（即2×22年12月31日）分别存在现时赔偿义务和获赔权利，因此两公司都应将“法院判决”这一事项作为调整事项进行处理。

1.甲公司的账务处理如下：

（1）2×23年3月10日，记录支付的赔款，并调整递延所得税资产。

借：以前年度损益调整　100 000
　贷：其他应付款　100 000
借：应交税费——应交所得税　25 000
　贷：以前年度损益调整（100 000×25%）　25 000
借：应交税费——应交所得税　125 000
　贷：以前年度损益调整　125 000
借：以前年度损益调整　125 000
　贷：递延所得税资产　125 000

注：因为2×22年年末确认预计负债50万元时已确认相应的递延所得税资产，但资产负债表日后事项发生后递延所得税资产不复存在，故应冲销相应记录。

借：预计负债　500 000
　贷：其他应付款　500 000
借：其他应付款　600 000
　贷：银行存款　600 000

注：无论资产负债表日后事项是否涉及现金收支项目，均不调整报告年度资产负债表的货币资金项目和现金流量表各项目数字。本例中，虽然已支付赔偿款，但在调整财务报表相关数字时，将此笔业务作为2×23年（报告年度次年）的会计事项处理。

（2）将“以前年度损益调整”科目余额转入未分配利润。

借：利润分配——未分配利润　75 000
　贷：以前年度损益调整　75 000

（3）因净利润变动，调整盈余公积。

借：盈余公积（75 000×10%）　7 500
　贷：利润分配——未分配利润　7 500

（4）调整报告年度财务报表（财务报表略）。

①调整资产负债表项目的年末余额。

调减递延所得税资产125 000元；调减预计负债500 000元，调增其他应付款600 000元，调减应交税费150 000元，调减盈余公积7 500元，调减未分配利润67 500元。

②调整利润表项目的本年金额。

调增营业外支出100 000元；调减所得税费用25 000元；调减净利润75 000元。

③调整所有者权益变动表项目的本年金额。

“本年增减变动金额”的“提取盈余公积”项目中，调减盈余公积7 500元，调减未分配利润67 500元，调减所有者权益合计75 000元。

2.乙公司的账务处理如下：

（1）2×23年3月10日，记录收到的赔款。

借：银行存款　600 000

　贷：以前年度损益调整　600 000

借：以前年度损益调整（600 000×25%）　150 000

　贷：应交税费——应交所得税　150 000

（2）将“以前年度损益调整”科目余额转入未分配利润。

借：以前年度损益调整　450 000

　贷：利润分配——未分配利润　450 000

（3）因净利润增加，补提盈余公积。

借：利润分配——未分配利润　45 000

　贷：盈余公积（450 000×10%）　45 000

（4）调整报告年度财务报表。

①调整资产负债表项目的年末余额：

调增银行存款600 000元；调增盈余公积45 000元，调增未分配利润405 000元，调增应交税费150 000元。

②调整利润表项目的本年金额：

调增营业外收入600 000元；调增所得税费用150 000元，调增净利润450 000元。

③调整所有者权益变动表项目的本年金额：

“本年增减变动金额”的“提取盈余公积”项目中，调增盈余公积45 000元，调增未分配利润405 000元，调增所有者权益合计450 000元。

2.资产负债表日后取得确凿证据，表明某项资产在资产负债表日发生了减值或者需要调整该项资产原先确认的减值金额。

[例9-6]

2×22年4月，甲公司销售给乙公司一批产品，货款为58 000元（含增值税），乙公司于5月份收到所购物资并验收入库，按合同规定，乙公司应于收到所购物资后一个月内付款。由于乙公司财务状况不佳，到2×22年12月31日仍未付款。甲公司于12月31日编制2×22年度财务报表时，已为该项应收账款提取坏账准备2 900元；12月31日资产负债表中“应收账款”项目的金额为76 000元，其中55 100元为该项应收账款。甲公司于2×23年2月2日（所得税汇算清缴前）收到法院通知，乙公司已宣告破产清算，无力偿还所欠部分货款。甲公司预计可收回应收账款的40%。甲公司适用的所得税税率为25%。

本例中，甲公司在收到法院通知后，首先可判断该事项属于资产负债表日后调整事项，然后应根据调整事项的处理原则进行处理。具体过程如下：

（1）补提坏账准备。

应补提的坏账准备=58 000×60%-2 900=31 900（元）

借：以前年度损益调整　31 900

　贷：坏账准备　31 900

（2）调整递延所得税资产。

借：递延所得税资产　7 975

　贷：以前年度损益调整（31 900×25%）　7 975

（3）将“以前年度损益调整”科目的余额转入利润分配。

借：利润分配——未分配利润　23 925

　贷：以前年度损益调整（31 900–7 975）　23 925

（4）调整利润分配有关项目金额。

借：盈余公积　2 392.50

　贷：利润分配——未分配利润（23 925×10%）　2 392.50

（5）调整报告年度财务报表。

①调整资产负债表项目的年末余额。

调减应收账款 31 900 元，调增递延所得税资产 7 975 元；调减盈余公积 2 392.50 元；调减未分配利润 21 532.50 元。

②调整利润表项目的本年金额。

调增资产减值损失–31 900 元；调减所得税费用 7 975 元；调减净利润 23 925 元。

③调整所有者权益变动表项目的本年金额。

“本年增减变动金额”的“提取盈余公积”项目中，调减盈余公积 2 392.50 元，调减未分配利润 21 532.50 元，调减所有者权益合计 23 925 元。

3.资产负债表日后进一步确定了资产负债表日前购入资产的成本或售出资产的收入。

这类调整事项包括两方面的内容：其一，若资产负债表日前购入的资产已经按暂估金额等入账，资产负债表日后获得证据，可以进一步确定该资产的成本，则应该对已入账的资产成本进行调整。其二，企业在资产负债表日已根据收入确认条件确认资产销售收入，但资产负债表日后获得关于资产收入的进一步证据，如发生销售退回等，此时也应调整财务报表相关项目的金额。需要说明的是，资产负债表日后发生的销售退回，既包括报告年度或报告中期销售的商品在资产负债表日后发生的销售退回，也包括以前期间销售的商品在资产负债表日后发生的销售退回。

资产负债表所属期间或以前期间所售商品在资产负债表日后退回的，应作为资产负债表日后调整事项处理。发生于资产负债表日后至财务报告批准报出日之间的销售退回事项，可能发生于年度所得税汇算清缴之前，也可能发生于年度所得税汇算清缴之后，其会计处理分别为：

（1）涉及报告年度所属期间的销售退回发生于报告年度所得税汇算清缴之前，应调整报告年度利润表的收入、成本等，并相应调整报告年度的应纳税所得额以及报告年度应缴纳的所得税等。

［例 9–7］

甲公司 2×22 年 12 月 20 日销售一批商品给丙企业，取得收入 100 000 元（不含税，增值税税率 13%）。甲公司发出商品后，按照正常情况已确认收入，并结转成本

80 000元。此笔货款到年末尚未收到，甲公司未对应收账款计提坏账准备。2×23年1月18日，由于产品质量问题，本批货物被退回。甲公司于2×23年2月28日完成2×22年所得税汇算清缴。公司适用的所得税税率为25%。

本例中，销售退回业务发生在资产负债表日后事项涵盖期间内，应属于资产负债表日后调整事项。

甲公司的账务处理如下：

（1）2×23年1月18日，调整销售收入。

借：以前年度损益调整 100 000

　　应交税费——应交增值税（销项税额） 13 000

　贷：应收账款 113 000

（2）调整销售成本。

借：库存商品 80 000

　贷：以前年度损益调整 80 000

（3）调整应缴纳的所得税。

借：应交税费——应交所得税（（100 000−80 000）×25%） 5 000

　贷：以前年度损益调整 5 000

（4）将“以前年度损益调整”科目余额转入未分配利润。

借：利润分配——未分配利润 15 000

　贷：以前年度损益调整 15 000

（5）调整盈余公积。

借：盈余公积 1 500

　贷：利润分配——未分配利润 1 500

（6）调整报告年度财务报表。

①调整资产负债表项目的年末余额。

调减应收账款113 000元，调增库存商品80 000元；调减应交增值税13 000元，调减应交所得税5 000元，调减盈余公积1 500元，调减未分配利润13 500元。

②调整利润表项目的本年金额。

调减营业收入100 000元；调减营业成本80 000元；调减所得税费用5 000元；调减净利润15 000元。

③调整所有者权益变动表项目的本年金额。

“本年增减变动金额”的“提取盈余公积”项目中，调减盈余公积1 500元，调减未分配利润13 500元，调减所有者权益合计15 000元。

（2）资产负债表日后事项中涉及报告年度所属期间的销售退回发生于报告年度所得税汇算清缴之后，应调整报告年度财务报表的收入、成本等，但按照税法规定在此期间的销售退回所涉及的应交所得税，应作为本年度的纳税调整事项。

［例 9-8］

沿用［例 9-7］的资料，假定销售退回的时间改为2×23年3月5日即报告期所得税汇算清缴后。

甲公司的账务处理如下：

（1）2×23年3月5日，调整销售收入。

借：以前年度损益调整　100 000

　　应交税费——应交增值税（销项税额）　13 000

　贷：应收账款　113 000

（2）调整销售成本。

借：库存商品　80 000

　贷：以前年度损益调整　80 000

（3）确认递延所得税。

借：递延所得税资产　25 000

　贷：递延所得税负债　20 000

　　　以前年度损益调整　5 000

（4）将“以前年度损益调整”科目余额转入未分配利润。

借：利润分配——未分配利润　15 000

　贷：以前年度损益调整　15 000

（5）调整盈余公积。

借：盈余公积　1 500

　贷：利润分配——未分配利润　1 500

（6）调整报告年度财务报表。

①调整资产负债表项目的年末余额。

调减应收账款113 000元，调增库存商品80 000元，调增递延所得税资产25 000元；调减应交增值税13 000元，调增递延所得税负债20 000元，调减盈余公积1 500元；调减未分配利润13 500元。

②调整利润表项目的本年金额。

调减营业收入100 000元；调减营业成本80 000元；调减所得税费用5 000元；调减净利润15 000元。

③调整所有者权益变动表项目的本年金额。

“本年增减变动金额”的“提取盈余公积”项目中，调减盈余公积1 500元，调减未分配利润13 500元，调减所有者权益合计15 000元。

4.资产负债表日后发现了财务报表舞弊或差错。

这一事项是指资产负债表日后发现报告期或以前期间存在的财务报表舞弊或差错。企业发生这一事项后，应当将其作为资产负债表日后调整事项，调整报告期间财务报表相关项目的数字。

【启发思考】资产负债表日后调整事项如涉及现金收支项目，是否要调整报告年度资产负债表的货币资金项目和现金流量表各项目数字？为什么？请思考会计人员如何提升职业素养，提供高质量会计信息。

第三节 资产负债表日后非调整事项的会计处理

一、资产负债表日后非调整事项的处理原则

资产负债表日后发生的非调整事项，是表明资产负债表日后发生的情况的事项，与资产负债表日存在状况无关，不应当调整资产负债表日的财务报表。但有的非调整事项对财务报告使用者具有重大影响，如不加以说明，将不利于财务报告使用者做出正确估计和决策，因此，应在报表附注中披露“重要的资产负债表日后非调整事项的性质、内容及其对财务状况和经营成果的影响”，无法做出估计的，应当说明原因。

二、资产负债表日后非调整事项的具体会计处理

以下举例说明资产负债表日后非调整事项的具体会计处理。

（一）资产负债表日后发生重大诉讼、仲裁、承诺

资产负债表日后发生的重大诉讼等事项，对企业影响较大，为防止误导投资者及其他财务报告使用者，应当在财务报表附注中进行相关披露。

（二）资产负债表日后资产价格、税收政策、外汇汇率发生重大变化

[例 9–9]

甲企业有一笔长期美元贷款，在编制 2×22 年 12 月 31 日的财务报表时已按 2×22 年年末的汇率进行折算（假设 2×22 年年末的汇率为 1 美元兑换 7.83 元人民币）。假设国家规定从 2×23 年 1 月 1 日起进行外汇管理体制改革，外汇管理体制改革后人民币对美元的汇率将发生重大变化。

本例中，甲企业在资产负债表日已经按照规定的汇率对有关账户进行调整，因此，无论资产负债表日后的资产价格和汇率如何变化，均不应影响资产负债表日的财务状况和经营成果。但是，如果资产负债表日后资产价格、外汇汇率发生重大变化，应对由此产生的影响在报表附注中进行披露。同样，如果国家税收政策发生重大改变，企业的财务状况和经营成果也将受到影响，同样应当在财务报表附注中及时披露该信息。

（三）资产负债表日后因自然灾害导致资产发生重大损失

［例 9–10］

甲企业拥有某外国企业（乙企业）15%的股权，无重大影响，投资成本 2 000 000 元。乙企业的股票在国外某家股票交易所上市交易。在编制 2×22 年 12 月 31 日的资产负债表时，甲企业对乙企业投资的账面价值按初始投资成本反映。2×23 年 1 月，该国发生地震造成乙企业的股票市场价值大幅下跌，甲企业对乙企业的股权投资遭受重大损失。

本例中，自然灾害导致的资产重大损失对企业资产负债表日后财务状况的影响较大，如果不加以披露，有可能使财务报告使用者做出错误的决策，因此应作为非调整事项在报表附注中进行披露。本例中，地震发生在 2×23 年 1 月，属于资产负债表日后才发生或存在的事项，应当作为非调整事项在 2×22 年度财务报表附注中进行披露。

（四）资产负债表日后发行股票和债券以及其他巨额举债

企业发行股票、债券以及向银行或非银行金融机构举借巨额债务都是比较重大的事项，虽然这一事项与企业资产负债表日的存在状况无关，但这一事项的披露能使财务报告使用者了解与此有关的情况及可能带来的影响，故应披露。

［例 9–11］

甲企业于 2×23 年 1 月 20 日经批准发行 3 年期债券 10 000 000 元，面值 100 元，年利率 6%，公司按 106 元的价格发行。

本例中，甲企业发行债券虽然与资产负债表日（2×22 年 12 月 31 日）的存在状况无关，但这一事项的披露能使财务报告使用者了解与此有关的情况及可能带来的影响，因此，甲企业应当将此事项作为非调整事项在 2×22 年度财务报表附注中进行披露。

（五）资产负债表日后资本公积转增资本

企业以资本公积转增资本将会改变企业的资本（或股本）结构，影响较大，需要在财务报表附注中进行披露。

［例 9–12］

甲企业 2×23 年 1 月经批准将 40 000 000 元资本公积转增资本。

本例中，此事项属于资产负债表日后才发生的事项，但对公司资产负债表日后财务状况的影响较大，甲企业应当将此事项作为非调整事项在 2×22 年度财务报表附注中进行披露。

（六）资产负债表日后发生巨额亏损

企业资产负债表日后发生巨额亏损将会对企业报告期以后的财务状况和经营成果产生重大影响，应当在财务报表附注中及时披露该事项，以便为投资者或其他财务报告使用者做出正确决策提供信息。

［例9-13］

甲企业2×23年1月出现巨额亏损，净利润由2×22年12月的70 000 000元变为亏损5 000 000元。

本例中，甲企业出现巨额亏损发生于2×23年1月，虽然属于资产负债表日后才发生的事项，但由盈利转为亏损，会对公司资产负债表日后财务状况和经营成果产生重大影响，甲企业应将此事项作为非调整事项在2×22年财务报表附注中进行披露。

（七）资产负债表日后发生企业合并或处置子公司

企业合并或者处置子公司的行为将会影响股权结构、经营范围等方面，对企业未来生产经营活动产生重大影响，因此，企业应在财务报表附注中披露处置子公司的信息。

［例9-14］

甲企业2×23年1月将一全资子公司出售给乙公司。

本例中，甲企业出售子公司发生在2×23年1月，与企业资产负债表日（2×22年12月31日）的存在状况无关，但是，出售子公司可能对甲企业的股权结构、经营范围等方面产生较大影响，甲企业应当将此事项作为非调整事项在2×22年度财务报表附注中进行披露。

（八）资产负债表日后企业制定利润分配方案，拟分配或经审议批准宣告发放股利或利润

资产负债表日后，企业制定利润分配方案，拟分配或经审议批准宣告发放股利或利润的行为，并不会致使企业在资产负债表日形成现时义务，因此，虽然发生该事项会导致企业负有支付股利或利润的义务，但支付义务在资产负债表日尚不存在，不应该调整资产负债表日的财务报告，因此，该事项为非调整事项。由于该事项对企业资产负债表日后的财务状况有较大影响，可能导致现金较大规模流出企业或者导致企业股权结构变动等，所以，为便于财务报告使用者更充分地了解相关信息，企业需要在财务报告中适当披露该信息。

［例9-15］

2×23年1月16日，甲上市公司董事会通过了2×22年利润分配方案，决定以公司2×22年年末总股本为基数，分派现金股利10 000 000元，每10股派送1元（含税），该利润分配方案于2×23年4月10日经公司股东大会审议批准。

本例中，甲上市公司制订利润分配方案，拟分配或经审议批准宣告发放股利或利润的行为，并不会致使公司在资产负债表日形成现时义务，因此，虽然发生该事项会导致公司负有支付股利或利润的义务，但支付义务在资产负债表日尚不存在，不应该调整资产负债表日的财务报告，因此，该事项为非调整事项。由于该事项对公司资产负债表日后的财务状况有较大影响，可能导致现金较大规模流出企业或者导致公司股权结构变动等，所以，为便于财务报告使用者更充分地了解相关信息，甲上市公司需要在2×22年度财务报表附注中单独披露该信息。

【启发思考】资产负债表日后非调整事项的处理原则是什么？是否所有的资产负债表日后非调整事项都需要披露？请思考，会计人员如何处理好“充分披露”与“信息过载”的关系，以促进会计在服务经济社会发展中更好地发挥作用。

引例分析

依据引例三峡水利2019年度财务报告给出的资料，分析三峡水利资产负债表日后事项信息披露的充分性。

通过收集水利行业或其他行业上市公司资料，分析该行业资产负债表日后事项披露的特点，并判断资产负债表日后事项披露的财务影响。

思考题

1. 资产负债表日后事项中，哪些是调整事项，哪些是非调整事项？
2. 资产负债表日后调整事项的会计处理原则是什么？
3. 资产负债表日后非调整事项的会计处理原则是什么？
4. 如何界定资产负债表日后事项涵盖的期间？
5. 资产负债表日后事项中涉及所得税时采用的会计处理方法是什么？

练习题

一、单项选择题

1.某上市公司2×22年度财务报告于2×23年1月20日编制完成，注册会计师签署审计报告的日期为2×23年3月20日，经董事会批准财务报告对外公布的日期为2×23年4月1日，实际对外公布的日期为2×23年4月10日，资产负债表日后事项涵盖的期间为（　　）。

A.2×23年1月1日至2×23年1月20日　　B.2×23年1月1日至2×23年3月20日

C.2×23年1月1日至2×23年4月1日　　D.2×23年1月1日至2×23年4月10日

2.某上市公司在资产负债表日至财务报告批准报出日之间发生的下列事项中，属于资产负债表日后调整事项的是（　　）。

A. 以存货归还资产负债表日存在的应付账款

B. 为关联方企业的银行借款提供担保

C. 处置子公司

D. 法院判决赔偿的金额与资产负债表日预计的相关负债的金额不一致

3. 某上市公司2×22年度财务报告批准报出日为2×23年4月10日。该公司2×23年1月1日至4月10日发生的下列事项中，属于资产负债表日后调整事项的是（　　）。

A. 该公司在一起历时半年的诉讼中败诉，支付赔偿金50万元，在上年年末已确认预计负债30万元

B. 因遭受水灾，上年购入的存货发生毁损100万元

C. 公司董事会提出2×22年度利润分配方案为每10股送3股股票股利

D. 公司支付2×22年度财务报告审计费40万元

4. 如果报告年度资产负债表日及以前售出的商品，在年度资产负债表日至财务会计报告批准报出日之间发生退回，应当（　　）。

A. 冲减退回当月的销售收入

B. 计入退回当月的财务费用

C. 作为资产负债表日后调整事项

D. 作为资产负债表日后非调整事项

5. 2×23年2月20日，长江公司发现2×22年一项重大会计差错，在2×22年度财务报告批准报出前，长江公司（　　）。

A. 不需要调整2×22年财务报表相关数据，应将其作为2×23年2月份的业务进行处理

B. 应调整2×22年财务报表期初数、期末数和上年数

C. 应调整2×23年财务报表期初数和上年数

D. 应调整2×22年财务报表期末数和本年数

二、多项选择题

1. 下列资产负债表日后事项中，属于调整事项的有（　　）。

A. 新的证据表明，在资产负债表日对建造合同按完工百分比法确认的收入存在重大差错

B. 在资产负债表日或以前提起的诉讼，以不同于资产负债表中登记的金额结案

C. 外汇汇率发生较大变动

D. 资产负债表日后出现的情况引起固定资产或投资的减值

E. 对外巨额举债

2. 下列事项中，属于资产负债表日后非调整事项的有（　　）。

A. 资产负债表日后事项涵盖期间重大诉讼案件结案，判决证实了企业在资产负债表日已经存在的现时义务

B. 资产负债表日后事项涵盖期间发生重大诉讼案件

C. 资产负债表日后事项涵盖期间资本公积转增资本

D. 甲公司应收乙公司一笔账款，由于乙公司有可能破产清算，甲公司按40%计提了坏账准备，资产负债表日后事项涵盖期间乙公司宣告破产，甲公司估计应收账款全部不能收回

E. 甲公司应收乙公司一笔账款，乙公司财务状况良好，甲公司预计该笔应收账款可以按时收回，资产负债表日后事项涵盖期间乙公司由于发生自然灾害导致重大损失，甲公司估计该笔应收账款全部不能收回

3.关于资产负债表日后调整事项的会计处理，下列说法中正确的有（ ）。

A.涉及损益的事项，通过“以前年度损益调整”科目核算

B.涉及损益的事项，通过“利润分配”科目核算

C.涉及损益的调整事项，发生在企业报告年度所得税汇算清缴之后的，应调整报告年度应纳税所得额和应纳所得税额

D.涉及利润分配的调整事项，直接在“利润分配——未分配利润”科目核算

E.不涉及损益及利润分配的事项，不需要做出调整，只需要在财务报表附注中进行披露

4.甲公司2×22年度财务报告经董事会批准对外公布的日期为2×23年3月30日，实际对外公布的日期为2×23年4月3日。该公司2×23年1月1日至4月3日发生的下列事项中，应当作为资产负债表日后事项中的调整事项的有（ ）。

A.3月1日发现，2×22年10月接受捐赠获得的一项固定资产尚未入账

B.3月11日临时股东大会做出购买乙公司51%股权的决议并于4月2日执行完毕

C.4月2日甲公司为从丙银行借入8 000万元长期借款而签订重大资产抵押合同

D.2月1日与丁公司签订的债务重组协议执行完毕，该债务重组协议系甲公司于2×23年1月5日与丁公司签订

E.3月10日甲公司被法院判决败诉并要求支付赔款1 000万元，对此项诉讼，甲公司已于2×22年年末确认预计负债800万元

5.下列有关资产负债表日后事项的表述中，正确的有（ ）。

A.调整事项是对报告年度资产负债表日已经存在的情况提供了进一步证据的事项

B.非调整事项是报告年度资产负债表日及以前其状况不存在的事项

C.调整事项均应通过“以前年度损益调整”科目进行账务处理

D.重要的非调整事项只需要在报告年度财务报表附注中披露

E.调整事项中涉及损益调整的直接在“利润分配——未分配利润”科目核算

三、判断题

1.企业在资产负债表日后期间发现报告年度以前存在的重大差错的，应当调整报告年度相关报表项目的期末数等，不需要调整期初数。（ ）

2.资产负债表日前已符合收入确认条件的商品销售，在日后期间发生销售折让的，应当调整报告年度财务报表相关项目的金额。（ ）

3.如果企业在日后期间获得可靠证据证实某项资产在资产负债表日已经发生减损，企业应将其作为调整事项处理。（ ）

4.A公司为上市公司，要求对外提供季度财务报告，则A公司提供第二季度的财务报告时，资产负债表日为6月30日。（ ）

5.甲公司2×22年财务报告的批准报出日为2×22年4月25日。在日后期间，甲公司发现其所生产的A产品因不符合国家于2×22年3月份新制定的环保标准，市场前景黯淡，导致库存A产品的可变现净值低于其账面价值。甲公司应当将其作为调整事项处理，计提存货跌价准备。（ ）

6.对资产负债表日后事项中的调整事项，涉及损益的事项，直接通过“利润分配——未分配利润”科目核算。（ ）

7. 资产负债表日后事项涵盖期间股利的分配可以作为日后调整事项进行处理。（　　）

8. 资产负债表日后事项既可以是有利事项，也可以是不利事项。（　　）

四、案例分析

甲公司为一般纳税企业，适用的增值税税率为13%，所得税采用资产负债表债务法核算，适用的所得税税率为25%，甲公司按净利润的10%提取法定盈余公积。假定甲公司计提的各种资产减值准备和因或有事项确认的负债均作为暂时性差异处理。甲公司2×22年度的财务报表于2×23年4月30日批准报出，汇算清缴日为4月30日。自2×23年1月1日至4月30日财务报表公布日前发生如下事项：

（1）1月30日接到通知，某债务企业乙公司宣告破产，其所欠应收账款100万元确定只能收回60%。甲公司在2×22年12月31日以前已被告知该债务企业资不抵债，面临破产，并已经计提坏账准备10万元。

（2）3月4日收到丙公司一批100万元的退货以及退回的增值税发票联、抵扣联。该产品系甲公司2×22年12月销售给丙公司的产品，成本为80万元。丙公司验收货物时发现不符合合同约定，要求退货，甲公司收到丙公司的通知后希望再与丙公司协商，因此甲公司在编制2×22年12月31日资产负债表时仍确认了收入，将此应收账款113万元（含增值税）列入资产负债表中的应收账款项目，对此项未到期应收账款没有计提坏账准备。

（3）3月20日，甲公司发现在2×22年12月31日计算A库存产品的可变现净值时发生差错，该库存产品的成本为1 500万元，预计可变现净值应为1 200万元。2×22年12月31日，甲公司误将A库存产品的可变现净值预计为1 000万元。

（4）甲公司与丁公司签订供销合同，合同规定甲公司在2×22年11月供应给丁公司一批货物，由于甲公司未能按照合同发货，致使丁公司发生重大经济损失。丁公司通过起诉要求甲公司赔偿经济损失100万元，该诉讼案在12月31日尚未判决，甲公司已确认预计负债40万元。2×23年3月25日，经法院一审判决，甲公司需要赔偿丁公司经济损失60万元，甲公司不再上诉，并且赔偿款已经支付。假定此项支出可以在计算应纳税所得额时扣除。

（5）3月31日因自然灾害导致资产发生重大损失1 000万元。

要求：

（1）指出上述事项中哪些属于资产负债表日后调整事项，哪些属于非调整事项？注明序号即可。

（2）对资产负债表日后调整事项，编制相关调整分录。

第十章　企业合并

【内容框架】

本章主要介绍企业合并的方式和类型、同一控制和非同一控制下企业合并的会计处理原则。具体内容如下图所示：

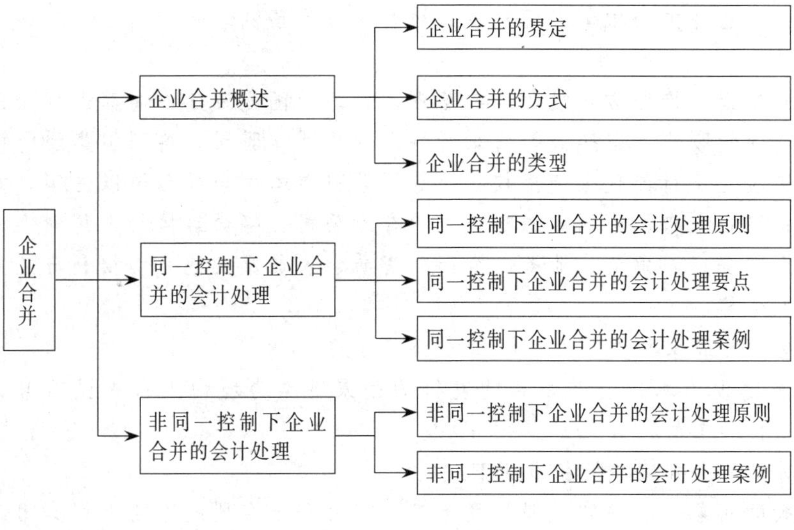

【学习目标】

通过本章学习，明确企业合并的界定，了解企业合并的方式及类型，初步掌握同一控制下和非同一控制下企业合并的会计处理原则及方法。

引例

中国能源建设换股吸收合并葛洲坝

2021年3月，中国能源建设股份有限公司（以下简称中国能源建设）和中国葛洲坝集团股份有限公司（以下简称葛洲坝）联合发布《中国能源建设股份有限公司换股吸收合并中国葛洲坝集团股份有限公司暨关联交易报告书》，报告书部分资料如下：

一、本次交易方案

（一）本次合并方案概述

中国能源建设拟通过向葛洲坝除葛洲坝集团以外的股东发行A股股票的方式换股吸收合并葛洲坝。本次合并完成后，葛洲坝将终止上市，中国能源建设作为存续公司，将通过接收方葛洲坝集团承继及承接葛洲坝的全部资产、负债、业务、合同、资质、人员及其他一切权利与义务，葛洲坝最终将注销法人资格。中国能源建设因本次合并所发行的A股股票将申请在上交所主板上市流通。中国能源建设原内资股将转换为A股并申请在上交所主板上市流通。

（二）本次换股吸收合并的具体方案

1.合并双方

本次合并的合并方为中国能源建设，被合并方为葛洲坝。

2.合并方式

中国能源建设以换股方式吸收合并葛洲坝，即中国能源建设向葛洲坝除葛洲坝集团以外的股东发行A股股票，交换该等股东所持有的葛洲坝股票。葛洲坝集团所持有的葛洲坝股票不参与换股且不行使现金选择权，该等股票将在本次合并后予以注销。本次合并完成后，葛洲坝将终止上市，中国能源建设作为存续公司，将通过接收方葛洲坝集团承继及承接葛洲坝的全部资产、负债、业务、合同、资质、人员及其他一切权利与义务，葛洲坝最终将注销法人资格。

3.换股发行的股票种类及面值

中国能源建设为本次合并之目的发行的股票种类为境内上市人民币普通股（A股），每股面值为人民币1元。

4.换股对象及合并实施股权登记日

本次换股的对象为合并实施股权登记日收市后登记在册的除葛洲坝集团以外的葛洲坝所有股东，即于合并实施股权登记日，未申报、部分申报、无权申报或无效申报行使现金选择权的葛洲坝股东持有的葛洲坝股票，以及现金选择权提供方因提供现金选择权而持有的葛洲坝股票，将全部按照换股比例转换为中国能源建设因本次合并发行的A股股票。

合并双方董事会将在本次合并获得中国证监会核准后，另行公告合并实施股权登记日。

5.换股价格与发行价格

(1) 葛洲坝A股换股价格

葛洲坝换股价格为8.76元/股。综合考虑股票价格波动的风险并对葛洲坝换股股东进行风险补偿，葛洲坝换股价格以定价基准日前20个交易日的均价6.04元/股为基准，给予45%的溢价率，即8.76元/股。

若葛洲坝自定价基准日起至换股日（包括首尾两日）发生派送现金股利、股票股利、资本公积金转增股本、配股等除权除息事项，则上述换股价格将作相应调整。其他情况下，葛洲坝换股价格不再进行调整。

(2) 中国能源建设A股发行价格

中国能源建设本次A股发行价格为1.98元/股。中国能源建设发行价格是以兼顾合并双方股东的利益为原则，综合考虑合并双方的总体业务情况、盈利能力、增长前景、抗风险能力、行业可比公司估值水平等因素确定的。

若中国能源建设自定价基准日起至换股日（包括首尾两日）发生派送现金股利、股票股利、资本公积金转增股本、配股等除权除息事项，则上述发行价格将作相应调整。其他情况下，中国能源建设发行价格不再进行调整。

6.换股比例

换股比例计算公式为：换股比例=葛洲坝A股换股价格÷中国能源建设A股发行价格（计算结果按四舍五入保留四位小数）。本次中国能源建设换股吸收合并葛洲坝的换股比例为1：4.4242，即葛洲坝换股股东所持有的每股葛洲坝股票可以换得4.4242股中国能源建设本次发行的A股股票。

若合并双方任何一方自定价基准日起至换股日（包括首尾两日）发生派送现金股利、股票股利、资本公积金转增股本、配股等除权除息事项，则上述换股比例将作相应调整。其他情况下，换股比例不再进行调整。

7.换股发行股份的数量

截至定价基准日，葛洲坝总股本为4 604 777 412股，除葛洲坝集团持有的葛洲坝股份外，参与本次换股的葛洲坝股份合计2 632 286 188股。按照上述换股比例计算，则中国能源建设为本次合并发行的股份数量合计为11 645 760 553股。

若合并双方任何一方自定价基准日起至换股日（包括首尾两日）发生派送现金股利、股票股利、资本公积金转增股本、配股等除权除息事项，则上述换股发行的股份数量将作相应调整。

8.中国能源建设A股股票的上市流通

本次合并完成后，中国能源建设为本次合并发行的A股股票以及中国能源建设原内资股转换的A股股票将申请于上交所上市流通。

二、本次交易对合并后存续公司的影响

（一）本次交易对合并后存续公司主营业务的影响

本次换股吸收合并前，中国能源建设是为中国乃至全球能源电力和基础设施等行业提供整体解决方案、全产业链服务的综合性特大型企业，主营业务涵盖能源电力、水利水务、铁路公路、港口航道、市政工程、城市轨道、生态环保、水泥和民爆等领域，具有集规划咨询、评估评审、勘察设计、工程建设及管理、运行维护和投资运营、技术服务、装备制造、建筑材料为一体的完整产业链；葛洲坝为中国能源建设下属公司，业务范围涵盖工程建设、工业制造、投资运营和综合服务等。

本次换股吸收合并后，中国能源建设主营业务未发生变更，中国能源建设和葛洲坝将实现资源全面整合，消除潜在同业竞争，业务协同效应将得到充分释放。合并后存续公司的综合服务能力将进一步提升。中国能源建设、葛洲坝将通过资产、人员、品牌、管理等各个要素的深度整合，进一步增强核心竞争力和行业影响力。

（二）本次交易对合并后存续公司股权结构的影响

根据本次交易方案，中国能源建设将因本次换股吸收合并新增11 645 760 553股A股股票，本次交易完成后，不考虑收购请求权、现金选择权行权影响，中国能建集团直接及间接合计持有中国能源建设18 785 110 673股，占中国能源建设总股本的45.08%，仍为中国能源建设的控股股东。国务院国资委持有中国能建集团90%的股权，仍为中国能源建设的实际控制人。

本次交易前后，中国能源建设股本结构见表10-1。

表10-1 **中国能源建设股本结构**

股东名称	本次交易前		本次交易后	
	持股数量（股）	持股比例	持股数量（股）	持股比例
中国能建集团	18 107 684 022	60.32%	18 107 684 022	43.46%
国新控股	2 029 378 794	6.76%	2 029 378 794	4.87%
诚通金控	522 354 897	1.74%	522 354 897	1.25%
电规院	98 542 651	0.33%	98 542 651	0.24%
原葛洲坝其他股东	—	—	11 645 760 553	27.95%
内资股（A股）合计	20 757 960 364	69.15%	32 403 720 917	77.77%
中国能建集团	578 884 000	1.93%	578 884 000	1.39%
华星香港	633 704 000	2.11%	633 704 000	1.52%
其他H股股东	8 049 848 000	26.81%	8 049 848 000	19.32%
H股合计	9 262 436 000	30.85%	9 262 436 000	22.23%
总股本	30 020 396 364	100.00%	41 666 156 917	100.00%

（三）本次交易对合并后存续公司主要财务指标的影响

根据中国能源建设2020年合并资产负债表和利润表以及按本次换股吸收合并完成后架构编制的2020年中国能源建设备考合并资产负债表和利润表，中国能源建设本次换股吸收合并前后主要财务指标见表10-2。

表 10-2　　中国能源建设本次换股吸收合并前后主要财务指标

项目	2020 年度/2020 年 12 月 31 日	
	合并前	备考合并后
资产总计（千元）	476 051 912	476 051 912
负债合计（千元）	338 123 055	338 123 055
归属于母公司所有者权益合计（千元）	68 416 918	88 468 743
营业收入（千元）	270 327 662	270 327 662
归属于母公司所有者的净利润（千元）	4 670 576	6 627 517
加权平均净资产收益率（%）	7.90	9.27
基本每股收益（元/股）	0.15	0.16
扣除非经常性损益后基本每股收益（元/股）	0.12	0.12
资产负债率（%）	71.03	71.03

（根据东方财富网 2021 年 3 月 20 日《中国能源建设股份有限公司换股吸收合并中国葛洲坝集团股份有限公司暨关联交易报告书（草案）》整理）

企业合并能发挥微观市场的资源配置功能，有效整合市场资源，激发市场活力，快速提升产业层级、产业集中度，提高产能利用率、企业经营管理效率和企业核心竞争力，迅速实现技术进步和产业升级换代。那么，企业合并的形式有哪些？合并的会计处理原则是什么？本章将对这些内容进行系统介绍。

第一节　企业合并概述

企业合并

一、企业合并的界定

企业合并，是将两个或两个以上单独的企业（主体）合并形成一个报告主体的交易或事项。

构成企业合并至少包括三层含义：一是取得对另一个或多个企业（或业务）的控制权；二是所合并的企业必须构成业务；三是合并后报告主体发生了变化。

业务是指企业内部某些生产经营活动或资产、负债的组合，应具有投入、加工处理和产出能力，能够独立计算其成本费用或所产生的收入，但不构成一个企业、不具有独立的法人资格，如企业的分公司、独立的生产车间、不具有独立法人资格的分部等。

如果一个企业取得了对另一个或多个企业的控制权，而被购买方（或被合并方）并不构成业务，则该交易或事项不形成企业合并。企业取得了不形成业务的一组资产或资产、负债的组合时，应将购买成本基于购买日所取得各项可辨认资产、负债的相对公允价值，在各单独可辨认资产和负债间进行分配，不按照企业合并准则进行处理。

从企业合并的定义看，是否形成企业合并，除要看取得的企业是否构成业务之外，关键要看有关交易或事项发生前后是否引起报告主体的变化。

报告主体的变化产生于控制权的变化。在交易事项发生以后，一个企业能够对另一个企业的生产经营决策实施控制，形成母子公司关系，就涉及控制权的转移，从合并财务报告角度形成报告主体的变化；交易事项发生以后，一个企业能够控制另一个企业的全部净资产，被合并的企业在合并后失去其法人资格，也涉及控制权及报告主体的变化，形成企业合并；交易事项发生后，一个企业能够控制另一个或多个企业的某项业务，如购买了其他企业的一个分公司、独立的生产车间、不具有独立法人资格的分部等，也涉及控制权的转移和报告主体的变化，从而也形成企业合并。

视野拓展

企业合并准则所称的业务，是指企业内部某些生产经营活动或资产的组合，该组合一般具有投入、加工处理过程和产出能力，能够独立计算其成本费用或所产生的收入。合并方在合并中取得的生产经营活动或资产的组合（以下简称组合）构成业务，通常应具有下列三个要素：

1.投入，是指原材料、人工、必要的生产技术等无形资产以及构成产出能力的机器设备等其他长期资产的投入。

2.加工处理过程，是指具有一定的管理能力、运营过程，能够组织投入形成产出能力的系统、标准、协议、惯例或规则。

3.产出，包括为客户提供的产品或服务、为投资者或债权人提供的股利或利息等投资收益，以及企业日常活动产生的其他收益。

合并方在合并中取得的组合应当至少同时具有一项投入和一项实质性加工处理过程，且二者相结合对产出能力有显著贡献，该组合才构成业务。合并方在合并中取得的组合是否有实际产出并不是判断其构成业务的必要条件。

二、企业合并的方式

企业合并的方式一般有控股合并、吸收合并和新设合并三种。

（一）控股合并

控股合并，是指合并方（或购买方，下同）通过企业合并交易或事项，取得对被合并方（或被购买方，下同）的控制权，能够主导被合并方的生产经营决策，从而将被合并方纳入其合并财务报表范围形成一个报告主体的情况。控股合并中，被合并方在企业合并后仍保持其独立的法人资格继续经营，合并方在合并中取得的是对被合并方的股权。合并方在其账簿及个别财务报表中应确认对被合并方的长期股权投资，合并中取得的被合并方的资产和负债仅在合并财务报表中确认。

（二）吸收合并

吸收合并，是指合并方在企业合并中取得被合并方的全部净资产，并将有关资产、负债并入合并方自身的账簿和报表进行核算。企业合并后注销被合并方的法人资格，由合并方持有合并中取得的被合并方的资产、负债，在新的基础上继续经营。

（三）新设合并

新设合并，是指企业合并中注册成立一家新的企业，由其持有原参与合并各方的资产、负债，然后在新的基础上进行经营。原参与合并各方在合并后均注销其法人资格。

【启发思考】企业在选择合并方式的时候要考虑什么因素？吸收合并和控股合并分别对企业有什么影响？

三、企业合并的类型

我国企业合并准则将企业合并划分为两种类型：一是同一控制下的企业合并；二是非同一控制下的企业合并。企业合并的类型不同，所遵循的会计处理原则也不同。

（一）同一控制下的企业合并

同一控制下的企业合并，是指参与合并的企业在合并前后均受同一方或相同的多方最终控制且该控制并非暂时性的。

判断某一企业合并是否属于同一控制下的企业合并，应当把握以下要点：

1.能够对参与合并各方在合并前后均实施最终控制的一方通常指企业集团的母公司。

同一控制下的企业合并一般发生于企业集团内部，如集团内母子公司之间、子公司与子公司之间等。因为该类合并从本质上是集团内部企业之间的资产或权益的转移，不涉及自集团外购入子公司或向集团外其他企业出售子公司的情况，能够对参与合并企业在合并前后均实施最终控制的一方为集团的母公司。

2.能够对参与合并的企业在合并前后均实施最终控制的相同多方，是指根据合同或协议的约定，拥有最终决定参与合并企业的财务和经营政策，并从中获取利益的投资者群体。

3.实施控制的时间性要求，是指参与合并各方在合并前后较长时间内为最终控制方所控制，具体是指在企业合并之前（即合并日之前），参与合并各方在最终控制方的控制时间一般在1年以上（含1年），企业合并后所形成的报告主体在最终控制方的控制时间也应达到1年以上（含1年）。

4.企业之间的合并是否属于同一控制下的企业合并，应综合构成企业合并交易的各方面情况，按照实质重于形式的原则进行判断。通常情况下，同一控制下的企业合并是指发生在同一企业集团内部企业之间的合并。同受国家控制的企业之间发生的合并，不应仅仅因为参与合并各方在合并前后均受国家控制而将其作为同一控制下的企业合并。

对于同一控制下的企业合并，在合并日取得对其他参与合并企业控制权的一方为合并方，参与合并的其他企业为被合并方。

（二）非同一控制下的企业合并

非同一控制下的企业合并，是指参与合并的各方在合并前后不受同一方或相同的多方最终控制的合并交易，即除判断属于同一控制下企业合并的情况以外其他的企业合并。

对于非同一控制下的企业合并，在购买日取得对其他参与合并企业控制权的一方为购买方，参与合并的其他企业为被购买方。

[例 10-1]

A公司是上市公司，其拥有的资产、负债构成业务。重组前，E公司系A公司的控股股东，同时E公司对B公司具有重大影响。2×23年10月，A公司与B公司进行重大资产重组：B公司以其持有的C公司和D公司100%股权注入A公司，A公司向B公司定向增发股份2亿股。2×23年10月完成C、D公司股权过户手续，股权持有人变更为A公司，2×23年12月A公司完成注册资本变更登记手续，重组完成后B公司持有A公司60%股权，成为A公司的控股股东。

要求：判断A公司收购C、D公司股权是属于同一控制下的企业合并，还是非同一控制下的企业合并。

交易前，E公司为A公司的控股股东，而B公司则是C、D公司的控股股东。参与合并的A公司在合并前受E公司控制，C、D公司受B公司控制，而E公司对B公司只能施加重大影响，不能控制，所以A公司与C、D公司在合并前不受同一方控制，故该项交易属于非同一控制下的企业合并。

[例 10-2]

为扩大市场份额，经股东大会批准，甲公司2×23年实施了并购和其他有关交易。

（1）并购前，甲公司与相关公司之间的关系如下：

①A公司直接持有B公司30%股权，同时受托行使其他股东所持有B公司18%股权的表决权。B公司董事会由11名董事组成，其中A公司派出6名。B公司章程规定，其财务和经营决策经董事会三分之二以上成员通过即可实施。

②B公司持有C公司60%股权，持有D公司100%股权。

③A公司和D公司分别持有甲公司30%股权和29%股权。甲公司董事会由9人组成，其中A公司派出3人，D公司派出2人。甲公司章程规定，其财务和经营决策经董事会半数以上成员通过即可实施。

上述公司之间的关系如图10-1所示。

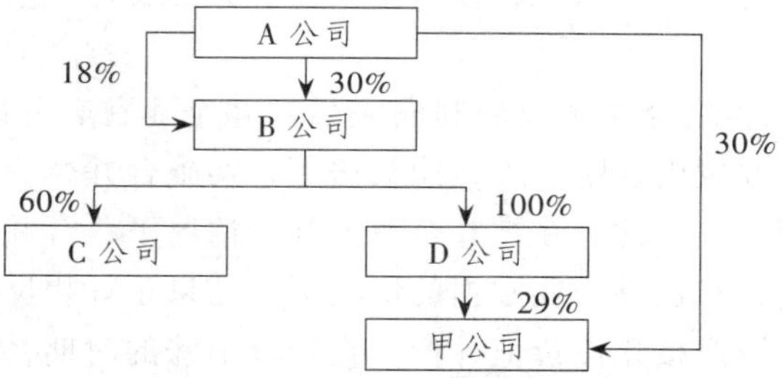

图 10-1　各公司之间关系图

（2）与并购交易相关的资料如下：

2×23 年 5 月 20 日，甲公司与B公司签订股权转让合同。合同约定，甲公司向B公司购买其所持有的C公司60%股权。

要求：判断甲公司取得C公司60%股权交易的企业合并类型，并说明理由。

甲公司取得C公司60%股权交易属于非同一控制下的控股合并。这是因为，A公司在B公司的董事人数未超过三分之二，合并前甲公司和C公司不受同一集团管理层控制。

四、企业合并的会计处理方法

从企业合并会计的发展过程来看，企业合并的会计处理方法主要有两种：权益结合法和购买法。

（一）权益结合法

权益结合法（pooling of interest method），亦称股权结合法、权益联营法。该方法视企业合并为参与合并的双方，通过股权交换形成所有者权益的联合，而非资产的交易。换言之，它是由两个或两个以上经营主体对一个联合后的企业或集团公司开展经营活动的资产贡献，即经济资源的联合。

在权益结合法中，原所有者权益继续存在，以前的会计基础保持不变。参与合并的各企业的资产和负债继续按其原来的账面价值记录，合并后企业的利润包括合并日之前本年度已实现的利润，以前年度累积的留存利润也应予以合并。

（二）购买法

购买法（purchase method），亦称购受法，该方法把购买企业获取被并企业净资产的行为视为资产交易行为，即将企业合并视为购买企业以一定的价款购进被并企业的机器设备、存货等资产项目，同时承担该企业的所有负债的行为，从而按合并时的公允价值计量被并企业的净资产，将投资成本（购买价格）超过净资产公允价值的差额确认为商誉的会计方法。

（三）权益结合法和购买法的比较

若同一合并业务采用不同的处理方法，其反映的财务状况和经营成果必有差异。事实上，权益结合法与购买法对合并当年和以后各年的财务报表存在重大影响，具体表现在以下几个方面：

1. 权益结合法下，实施合并企业的利润包括被并企业在合并时整个年度所实现的利润，而不问其实际的合并发生在哪一天；购买法下，实施合并企业的利润仅仅包括购买日后被并企业所实现的利润。因此，在被并企业盈利的情况下，合并当年权益结合法下的利润大于购买法下的利润；在被并企业亏损的情况下，结果正好相反。

2. 权益结合法下，资产按账面价值计价，在物价上涨的时期，其账面价值一般低于公允价值，因而资产存在未实现升值，实施合并企业可以通过出售这些资产，增加合并年度的利润，如果继续使用这些资产，则可以较低的折旧费用与摊销费用与所实现的利润相配比，这使得权益结合法下的利润大于购买法下的利润。

3. 合并的直接费用在权益结合法下被列为合并当期的费用，在购买法下增加被并企业净资产的成本或商誉的金额，从而造成两种方法下当期利润的差异，但这一差异相对于合并价差的金额及其摊销，影响较小。

4. 购买法下，按公允价值记录所取得的资产和所承担的负债，并确认商誉。由于通货膨胀的影响，评估后资产的公允价值高于账面价值，因而购买法下的资产价值大于权益结合法下的资产价值，但在合并后若干年内，这些资产大多要转化为成本或费用，这又导致购买法下的成本、费用比权益结合法下多，其差额即为公允价值大于账面价值的差额以及商誉的摊销数，因此导致合并后年度购买法下的利润小于权益结合法下的利润。

以上差异造成财务报表信息的差异，故投资者不能仅仅看重财务报表中所反映的信息，而应注意公司所采用的处理合并业务的会计方法。

视野拓展

购买法和权益结合法是许多国家以及国际会计准则委员会合并会计实务中的两种基本处理方法。这两种方法适用范围各不相同且各有优劣，长期以来有关它们的争论一直存在。

继近年来澳大利亚、加拿大和美国分别禁止使用权益结合法后，经改组的国际会计准则理事会（IASB）在《国际财务报告准则第3号——合并会计（征求意见稿）》中也取消了权益结合法。至此，购买法已成为世界两大会计准则体系进行合并会计处理的唯一指定方法。

由于权益结合法能使合并财务报表的盈余数字更好看，为了防止对它的滥用，美国在20世纪50年代就开始对这种方法进行规范。

1970年，美国会计原则委员会发布第16号意见书《企业合并》，对应用权益结合法的条件进行严格的规定，提出了12个条件。只有完全符合这12个条件，才能应用权益结合法。然而，这些严格的限制并没有在实务中完全阻止权益结合法的滥用，反而驱使企业通过精密策划来达到这12条要求，从而严重影响了会计信息的可靠性和资本市场的资源配置功能。

在这种情况下，为了彻底解决此问题，美国财务会计准则委员会（FASB）最终决定放弃权益结合法。2001年6月，FASB发布第141号准则公告《企业合并》，正式公布取消权益结合法，以购买法作为企业处理合并问题，编制合并财务报表的唯一方法。

我国企业会计准则规定，在同一控制下，使用类似权益结合法，不保留被合并方的盈余公积和未分配利润。

第二节 同一控制下企业合并的会计处理

同一控制下的企业合并

同一控制下企业合并的会计处理，是从合并方出发，确定合并方在合并日对于企业合并应进行的会计处理。

一、同一控制下企业合并的会计处理原则

同一控制下的企业合并，在合并中不涉及自少数股东手中购买股权的情况下，合并方应遵循以下原则进行相关的会计处理：

1. 合并方在合并中确认取得的被合并方的资产、负债仅限于被合并方账面上原已确认的资产和负债，合并中不产生新的资产和负债。被合并方在企业合并前账面上原已确认的商誉应作为合并中取得的资产确认。

2. 合并方在合并中取得的被合并方各项资产、负债应维持其在被合并方的原账面价值不变。应予注意的是，被合并方在企业合并前采用的会计政策与合并方不一致的，合并方应当按照本企业会计政策对被合并方资产、负债的账面价值进行调整，并以调整后的账面价值作为有关资产、负债的入账价值。

3. 合并方在企业合并中取得的价值量与所放弃价值量之间存在差额的，应当调整所有者权益。具体在调整时，应首先调整资本公积（资本溢价或股本溢价），资本公积（资本溢价或股本溢价）的余额不足冲减的，应冲减留存收益。

4. 对于同一控制下的控股合并，合并方在编制合并财务报表时，应视同合并后形成的报告主体（合并方）自合并日开始对被合并方实施控制。合并资产负债表中被合并方的各项资产、负债应当按账面价值计量，被合并方在企业合并前实现的留存收益中归属于合并方的部分，不再由合并方的资本公积转入盈余公积和未分配利润；合并利润表应合并被合并方从合并日开始实现的净利润；合并现金流量表应当合并被合并方从合并日开始形成的现金流量。

合并方在编制合并当期期末的比较报表时，不应将合并取得的被合并方前期有关财务状况、经营成果和现金流量等并入前期合并财务报表。

二、同一控制下企业合并的会计处理要点

（一）同一控制下控股合并的会计处理要点

在同一控制下的控股合并中，合并方在合并日涉及两个方面的问题：一是对于合并中形成的长期股权投资的确认和计量问题；二是合并日合并财务报表的编制问题。

1. 长期股权投资的确认和计量

按照《企业会计准则第2号——长期股权投资》的规定，同一控制下企业合并形成的长期股权投资，合并方应以合并日应享有被合并方账面所有者权益的份额作为形成长期股权投资的初始投资成本。其相关会计处理见本书“长期股权投资”相关内容。

2. 合并日合并财务报表的编制

对于同一控制下的控股合并，合并方在合并日一般只编制合并资产负债表。

编制合并日的合并资产负债表时，被合并方的有关资产、负债应以其账面价值并入合并资产负债表。合并方与被合并方在合并日及以前期间发生的交易，应作为内部交易进行抵销。

（二）同一控制下吸收合并的会计处理要点

在同一控制下的吸收合并中，合并方主要涉及合并日取得被合并方资产、负债入账价值的确定，以及合并中取得有关净资产的入账价值与支付的合并对价账面价值之间差额的处理。

1. 合并中取得资产、负债入账价值的确定

合并方对同一控制下吸收合并中取得的资产、负债，应当按照相关资产、负债在被合并方的原账面价值入账。被合并方在企业合并前采用的会计政策与合并方不一致的，合并方应当按照本企业会计政策对被合并方资产、负债的账面价值进行调整，并以调整后的账面价值作为有关资产、负债的入账价值。

2. 合并差额的处理

合并方在确认合并中取得的被合并方的资产、负债的入账价值之后，以发行权益性证券方式进行的该类合并，所确认的净资产入账价值与发行股份面值总额的差额，应计入资本公积（资本溢价或股本溢价），资本公积（资本溢价或股本溢价）的余额不足冲减的，相应冲减盈余公积和未分配利润；以支付现金、非现金资产方式进行的该类合并，所确认的净资产入账价值与支付的现金、非现金资产账面价值的差额，相应调整资本公积（资本溢价或股本溢价），资本公积（资本溢价或股本溢价）的余额不足冲减的，应冲减盈余公积和未分配利润。

（三）合并方为进行企业合并发生的有关费用的处理

合并方为进行企业合并发生的有关费用，指合并方为进行企业合并发生的各项直接相关费用，如为进行企业合并支付的审计费用、资产评估费用以及有关的法律咨询费用等增量费用。同一控制下企业合并进行过程中发生的各项直接相关费用，应于发生时费用化计入当期损益，借记“管理费用”等科目，贷记“银行存款”等科目。但以下情况除外：

1. 以发行债券方式进行的企业合并，与发行债券相关的佣金、手续费等应按照《企业会计准则第22号——金融工具确认和计量》的规定进行会计处理。该部分费用虽然与筹集用于企业合并的对价直接相关，但其会计处理应遵照金融工具准则的原则，有关的费用应计入负债的初始计量金额。

2. 发行权益性证券作为合并对价的，与所发行权益性证券相关的佣金、手续费等应按照《企业会计准则第37号——金融工具列报》的规定处理。也就是说，与发行权益性证券相关的费用，不管其是否与企业合并直接相关，均应自所发行权益性证券的发行收入中扣减，在权益性工具发行有溢价的情况下，自溢价收入中扣除，在权益性证券发行无溢价或溢价金额不足以扣减的情况下，应当冲减盈余公积和未分配利润。

3. 就企业专设的购并部门发生的日常管理费用而言，如果该部门的设置并不是与某项企业合并直接相关，而是作为企业的一个常设部门，为了寻找相关的购并机会等，那么，维持该部门日常运转的有关费用，不属于与企业合并直接相关的费用，应当于发生时费用化计入当期损益。

【启发思考】在同一控制下的企业合并中，合并差额怎么处理？为什么要这样处理？

三、同一控制下企业合并的会计处理案例

（一）同一控制下的控股合并

［例10-3］

B、C公司均为母公司A的子公司。2×22年6月30日，B公司向母公司A增发2 000万股普通股（每股面值为1元，市价为5元），自母公司A处取得了C公司80%的控股权。合并后，C公司仍维持其独立法人资格继续经营。假设B、C公司在合并前采用的会计政策一致，B、C公司合并前没有发生过任何交易事项。合并日B、C公司资产、负债情况见表10-3。

表10-3 **资产负债表（简表）**

2×22年6月30日 单位：万元

项目	B公司	C公司	
	账面价值	账面价值	公允价值
资产：			
货币资金	3 000	500	500
存货	7 000	300	450
应收账款	4 000	2 500	2 500

续表

项目	B公司	C公司	
	账面价值	账面价值	公允价值
长期股权投资	5 000	1 000	1 800
固定资产	8 000	4 000	5 500
无形资产	4 500	500	1 500
资产总计	31 500	8 800	12 250
负债和所有者权益：			
短期借款	1 000	1 500	1 500
应付账款	2 500	500	500
长期借款	3 000	1 000	1 000
负债合计	6 500	3 000	3 000
实收资本（或股本）	8 000	3 000	
资本公积	6 000	1 500	
其中：股本溢价	4 000		
盈余公积	5 000	500	
未分配利润	6 000	800	
所有者权益合计	25 000	5 800	9 250
负债和所有者权益总计	31 500	8 800	12 250

注：表10-3中，C公司资产、负债的公允价值为第三节举例所用。

1. B公司2×22年6月30日取得股权投资时的会计处理如下，并将该记录反映在B公司2×22年6月30日资产负债表（见表10-4）中：

借：长期股权投资——C公司　　46 400 000

　贷：股本　　20 000 000

　　资本公积——股本溢价　　26 400 000

2.B公司在2×22年6月30日编制合并资产负债表时：

（1）建立合并日合并资产负债表工作底稿，将B、C公司个别资产负债表各项目的数据过入合并资产负债表工作底稿，见表10-4。

表10-4　**合并资产负债表工作底稿**

编制单位：B公司　　2×22年6月30日　　单位：万元

项目	B公司	C公司	合计	抵销分录		合并金额
				借方	贷方	
资产：						
货币资金	3 000	500	3 500			3 500

续表

项目	B公司	C公司	合计	抵销分录		合并金额
				借方	贷方	
存货	7 000	300	7 300			7 300
应收账款	4 000	2 500	6 500			6 500
长期股权投资	9 640	1 000	10 640		4 640	6 000
固定资产	8 000	4 000	12 000			12 000
无形资产	4 500	500	5 000			5 000
资产总计	36 140	8 800	44 940		4 640	40 300
负债和所有者权益：						
短期借款	1 000	1 500	2 500			2 500
应付账款	2 500	500	3 000			3 000
长期借款	3 000	1 000	4 000			4 000
负债合计	6 500	3 000	9 500			9 500
实收资本（或股本）	10 000	3 000	13 000	3 000		10 000
资本公积	8 640	1 500	10 140	1 040 1 500		7 600
盈余公积	5 000	500	5 500	500	400	5 400
未分配利润	6 000	800	6 800	800	640	6 640
少数股东权益					1 160	1 160
所有者权益合计	29 640	5 800	35 440	6 840	2 200	30 800
负债和所有者权益总计	36 140	8 800	44 940	6 840	2 200	40 300

注：表10-4中，“长期股权投资”项目9 640万元为原股权投资5 000万元与合并日新增股权投资4 640万元之和；“实收资本（或股本）”项目10 000万元为原实收资本（或股本）8 000万元与合并日新增实收资本（或股本）2 000万元之和；“资本公积”项目8 640万元为原资本公积6 000万元与合并日新增资本公积2 640万元之和。

（2）编制抵销分录，并将其过入工作底稿抵销分录栏，见表10-4。

将B公司对C公司的长期股权投资与C公司的所有者权益项目予以抵销：

借：实收资本　　30 000 000
　　资本公积　　15 000 000
　　盈余公积　　5 000 000
　　未分配利润　　8 000 000
　贷：长期股权投资　　46 400 000
　　　少数股东权益　　11 600 000

（3）计算合并金额，见表10-4。

（4）编制正式的合并资产负债表（略）。

本例中，B公司合并日不涉及合并利润表和合并现金流量表的编制。

（二）同一控制下的吸收合并

同一控制下的吸收合并中，合并方主要涉及合并日取得被合并方资产、负债入账价值的确定，以及合并中取得有关净资产的入账价值与支付的合并对价账面价值之间差额的处理。

［例10-4］

沿用［例10-3］的有关资料。2×22年6月30日，B公司向C公司的股东定向增发2 000万股普通股（每股面值为1元，市价为5元）对C公司进行吸收合并，并于当日取得C公司净资产。B、C公司均为A公司的子公司，B、C公司在合并前采用的会计政策一致。

B公司对C公司吸收合并的会计处理如下：

借：货币资金	5 000 000	
存货	3 000 000	
应收账款	25 000 000	
长期股权投资	10 000 000	
固定资产	40 000 000	
无形资产	5 000 000	
贷：短期借款		15 000 000
应付账款		5 000 000
长期借款		10 000 000
股本		20 000 000
资本公积		38 000 000

第三节 非同一控制下企业合并的会计处理

非同一控制下的企业合并，主要涉及购买方及购买日的确定、企业合并成本的确定、合并中取得各项可辨认资产、负债的确认和计量、合并差额的处理、合并日合并财务报表的编制等。

非同一控制下企业合并（一）

一、非同一控制下企业合并的会计处理原则

非同一控制下的企业合并，是参与合并的一方购买另一方或多方的交易，基本处理原

则是购买法。购买法是从购买方的角度出发，该项交易中购买方取得了被购买方的净资产或对净资产的控制权，应确认所取得的资产以及应当承担的债务，包括被购买方原来未予确认的资产和负债。就购买方自身而言，其原持有的资产及负债的计量不受该交易事项的影响。采用购买法核算企业合并的首要前提是确定购买方。

（一）确定购买方

非同一控制下的企业合并，在购买日取得对其他参与合并企业控制权的一方为购买方，参与合并的其他企业为被购买方。

（二）确定购买日

购买日是购买方获得对被购买方控制权的日期，即企业合并交易进行过程中发生控制权转移的日期。同时满足以下条件时，一般可认为实现了控制权的转移，形成购买日。有关的条件包括：

1. 企业合并合同或协议已获股东大会等内部权力机构通过。如对于股份有限公司，其内部权力机构一般指股东大会。

2. 按照规定，合并事项需要经过国家有关主管部门审批的，已获得相关部门的批准。

3. 参与合并各方已办理了必要的财产权交接手续。

4. 购买方已支付了购买价款的大部分（一般应超过50%），并且有能力、有计划支付剩余款项。

5. 购买方实际上已经控制了被购买方的财务和经营政策，享有相应的收益并承担相应的风险。

企业合并涉及一次以上交易的，例如通过分阶段取得股份最终实现合并，企业应于每一交易日确认对被投资企业的各单项投资。“交易日”是指合并方或购买方在自身的账簿和报表中确认对被投资单位投资的日期。分步实现的企业合并中，购买日是指按照有关标准判断购买方最终取得对被购买企业控制权的日期。

（三）确定企业合并成本

1. 企业合并成本包括购买方在购买日为取得对被购买方的控制权而付出的资产、发行或承担的债务、发行的权益性证券等在购买日的公允价值。

2. 合并中发生的各项直接相关费用不构成合并成本，如为进行合并发生的会计审计费用、法律服务费用、咨询费用等，于发生时直接计入管理费用；为企业合并发行的债券或承担其他债务支付的手续费、佣金等不计入合并成本，如为折价发行的，增加折价金额，若为溢价发行的，冲减溢价金额。发行权益性证券发生的手续费、佣金等费用，也不计入合并成本，由溢价额来弥补，不足的冲减留存收益。

3. 某些情况下，合并各方可能在合并协议中约定，根据未来一项或多项或有事项的发生，购买方通过发行额外证券、支付额外现金或其他资产等方式追加合并对价，或者要求返还之前已经支付的对价。购买方应当将合并协议约定的或有对价作为企业合并转移对价的一部分，按照其在购买日的公允价值计入企业合并成本。根据《企业会计准则第37号——金融工具列报》《企业会计准则第22号——金融工具确认和计量》以及其他相关准则的规定，或有对价符合权益工具和金融负债定义的，购买方应当将支付或有对价的义务确认为一项权益或负债；符合资产定义并满足资产确认条件的，购买方应当将符合合并协议约定条件的、对已支付的合并对价中可收回部分的权利确认为一项资产。

4. 对于通过多次交易分步实现的企业合并，在购买方的个别财务报表中，应当以购买日之前所持被购买方的股权投资的账面价值与购买日新增投资成本之和，作为该项投资的初始投资成本；在合并财务报表中，以购买日之前所持被投资方股权于购买日的公允价值与购买日支付对价的公允价值之和作为合并成本。

（四）企业合并成本在取得的可辨认资产和负债之间的分配

1. 合并中取得的被购买方除无形资产以外的其他各项资产（不仅限于被购买方原已确认的资产），其所带来的未来经济利益预期很可能流入企业且公允价值能够可靠计量的，应当单独予以确认并按照公允价值计量。

2. 企业合并中取得的无形资产的确认。

非同一控制下的企业合并中，购买方在对企业合并中取得的被购买方资产进行初始确认时，应对被购买方拥有的但在其财务报表中未确认的无形资产进行充分辨认和合理判断，满足以下条件之一的，应确认为无形资产：

（1）源于合同性权利或其他法定权利；

（2）能够从被购买方中分离或者划分出来，并能单独或与相关合同、资产和负债一起用于出售、转移、授予许可、租赁或交换。

3. 合并中取得的被购买方除或有负债以外的其他各项负债，履行有关的义务很可能导致经济利益流出企业且公允价值能够可靠计量的，应当单独确认为负债并按照公允价值计量。

4. 合并中取得的被购买方的或有负债，在购买日其公允价值能够可靠计量的，应当单独确认为负债并按照公允价值计量。

（五）企业合并成本与合并中取得的被购买方可辨认净资产公允价值份额差额的处理

1. 购买方对合并成本大于合并中取得的被购买方可辨认净资产公允价值份额的差额，应当确认为商誉。

2. 购买方对合并成本小于合并中取得的被购买方可辨认净资产公允价值份额的差额，应当按照下列规定处理：

（1）对取得的被购买方各项可辨认资产、负债及或有负债的公允价值以及合并成本的计量进行复核；

（2）经复核后合并成本仍小于合并中取得的被购买方可辨认净资产公允价值份额的，其差额应当计入当期损益（营业外收入），并在财务报表附注中予以说明。

（六）企业合并成本或合并中取得的有关可辨认资产、负债的公允价值暂时确定的情况

企业合并发生当期的期末，因合并中取得的各项可辨认资产、负债及或有负债的公允价值或企业合并成本只能暂时确定的，购买方应当以所确定的暂时价值为基础对企业合并进行确认和计量。

购买日后12个月内对确认的暂时价值进行调整的，视为在购买日确认和计量，即进

行追溯调整。

（七）购买日合并财务报表的编制

企业合并形成母子公司关系的，母公司应当编制购买日的合并资产负债表，企业合并取得的被购买方各项可辨认资产、负债应当以其在购买日的公允价值计量。母公司的合并成本与取得的子公司可辨认净资产公允价值份额的借方差额，在合并资产负债表中确认为商誉；贷方差额应计入合并当期损益，因购买日不需要编制合并利润表，该差额体现在合并资产负债表中，应调整合并资产负债表留存收益。

二、非同一控制下企业合并的会计处理案例

非同一控制下企业合并（二）

（一）非同一控制下的控股合并

该合并方式下，购买方涉及两个方面的会计处理：一是购买日因合并形成的对被购买方长期股权投资的初始计量与记录；二是购买日合并资产负债表的编制。

1. 长期股权投资的初始计量与记录

非同一控制下控股合并形成的长期股权投资的初始计量与记录以及后续计量与记录，参见长期股权投资准则的规定。

企业合并案例分析

［例10-5］

沿用［例10-3］的有关资料。B公司在该项合并中发行2 000万股普通股（每股面值为1元，市价为5元），取得了C公司80%的控股权。合并后，C公司仍维持其法人资格继续经营。合并前，B公司和C公司不属于关联方。

B公司购买日长期股权投资的会计记录如下，并将该记录反映在B公司2×22年6月30日资产负债表（见表10-5）中：

借：长期股权投资——C公司（20 000 000×5）　　100 000 000
　　贷：股本　　20 000 000
　　　　资本公积——股本溢价　　80 000 000

2. 购买日合并资产负债表的编制

［例10-6］

沿用［例10-5］的有关资料。假设合并前B公司与C公司没有任何业务往来，C公司资产、负债的账面价值与其计税基础相同，所得税税率为25%。编制B公司购买日的合并资产负债表。

（1）建立合并日合并资产负债表工作底稿，将B、C公司个别资产负债表各项目的数据过入合并报表工作底稿，见表10-5。

表 10-5 **合并资产负债表工作底稿**

编制单位：B公司 2×22年6月30日 单位：万元

项目	B公司	C公司	合计	抵销分录		合并金额
				借方	贷方	
资产：						
货币资金	3 000	500	3 500			3 500
存货	7 000	300	7 300	150		7 450
应收账款	4 000	2 500	6 500			6 500
长期股权投资	15 000	1 000	16 000	800	10 000	6 800
固定资产	8 000	4 000	12 000	1 500		13 500
无形资产	4 500	500	5 000	1 000		6 000
商誉	0	0	0	3 290		3 290
资产总计	41 500	8 800	50 300	6 740	10 000	47040
负债和所有者权益：						
短期借款	1 000	1 500	2 500			2 500
应付账款	2 500	500	3 000			3 000
长期借款	3 000	1 000	4 000			4 000
递延所得税负债					862.5	862.5
负债合计	6 500	3 000	9 500		862.5	10 362.5
实收资本（或股本）	10 000	3 000	13 000	3 000		10 000
资本公积	14 000	1 500	15 500	4 087.5 862.5	3 450	14 000
盈余公积	5 000	500	5 500	500		5 000
未分配利润	6 000	800	6 800	800		6 000
少数股东权益					1 677.5	1 677.5
所有者权益合计	35 000	5 800	40 800	9 250	5 127.5	36 677.5
负债和所有者权益总计	41 500	8 800	50 300	9 250	5 990	47 040

注：表 10-5 中，“长期股权投资”项目 15 000 万元为原长期股权投资 5 000 万元与合并日新增长期股权投资 10 000 万元之和；“实收资本（或股本）”项目 10 000 万元为原实收资本（或股本）8 000 万元与合并日新增实收资本（或股本）2 000 万元之和；“资本公积”项目 14 000 万元为原资本公积 6 000 万元与合并日新增资本公积 8 000 万元之和。

（2）编制抵销分录，并将其过入合并资产负债表工作底稿抵销分录栏，见表10–5。

①将C公司个别资产负债表中资产、负债的账面价值调整为合并日确认的公允价值。

借：存货 1 500 000

长期股权投资 8 000 000

固定资产 15 000 000

无形资产 10 000 000

贷：资本公积 34 500 000

②根据合并资产负债表中C公司资产、负债的账面价值（公允价值）大于其计税基础（账面价值）所产生的暂时性差异34 500 000元，确认一项递延所得税负债8 625 000元（34 500 000×25%）。

借：资本公积 8 625 000

贷：递延所得税负债 8 625 000

③将B公司对C公司的长期股权投资与C公司的所有者权益项目予以抵销：

调整后C公司资本公积=15 000 000+34 500 000–8 625 000=40 875 000（元）

调整后C公司所有者权益总额=30 000 000+40 875 000+5 000 000+8 000 000
=83 875 000（元）

B公司享有C公司所有者权益=83 875 000×80%=67 100 000（元）

合并报表中应确认的商誉=100 000 000–67 100 000=32 900 000（元）

少数股东享有C公司所有者权益=83 875 000×20%=16 775 000（元）

借：实收资本 30 000 000

资本公积 40 875 000

盈余公积 5 000 000

未分配利润 8 000 000

商誉 32 900 000

贷：长期股权投资 100 000 000

少数股东权益 16 775 000

（3）计算合并金额，见表10–5。

（4）编制正式的合并资产负债表（略）。

（二）非同一控制下的吸收合并

［例10–7］

沿用［例10–3］的有关资料。B公司在该项合并中发行2 000万股普通股（每股面值为1元，市价为5元），取得了C公司100%的净资产。合并后，C公司法人资格被撤销。合并前，B公司与C公司不属于关联方。

合并日B公司的会计处理如下：

借：货币资金　5 000 000
　　存货　4 500 000
　　应收款项　25 000 000
　　长期股权投资　18 000 000
　　固定资产　55 000 000
　　无形资产　15 000 000
　　商誉（20 000 000×5−92 500 000）　7 500 000
　贷：短期借款　15 000 000
　　　应付账款　5 000 000
　　　长期借款　10 000 000
　　　股本　20 000 000
　　　资本公积　80 000 000

（三）非同一控制下通过多次交易分步实现的企业合并

［例10-8］

A公司于2×21年1月1日以5 000万元取得B公司10%股权，取得投资时B公司净资产的公允价值为45 000万元，A公司对该投资采用成本法核算。2×22年1月1日，A公司又支付了30 000万元取得B公司50%股权，至此，A公司持有B公司的股权达到60%，能够对B公司实施控制，A公司仍采用成本法核算对B公司的投资。购买日，B公司可辨认净资产的公允价值为55 000万元。A公司之前取得的10%股权于购买日的公允价值为5 500万元。B公司自2×21年1月1日至2×22年1月1日实现留存收益1 500万元，未进行利润分配。

（1）A公司在个别财务报表中的处理。

A公司于2×22年1月1日的账务处理如下：

借：长期股权投资——B公司　300 000 000
　贷：银行存款　300 000 000

（2）A公司在合并财务报表中的处理。

①计算合并成本。

合并成本=5 500+30 000=35 500（万元）

②计算应计入损益的金额。

应计入损益的金额=5 500−5 000=500（万元）

借：长期股权投资——B公司　5 000 000
　贷：投资收益　5 000 000

③计算商誉。

在合并资产负债表中应体现的商誉=35 500−55 000×60%=2 500（万元）

在合并资产负债表工作底稿中应编制的抵销分录如下：

借：B公司所有者权益 550 000 000

　　商誉 25 000 000

　贷：长期股权投资 355 000 000

　　　少数股东权益 220 000 000

【启发思考】在非同一控制下一次交易实现合并和多次交易分步实现控股合并的情况下，长期股权投资的计量原则是否相同？其会计处理的理论依据是什么？

引例分析

依据引例中国能源建设换股吸收合并葛洲坝的资料，判断此次企业合并的类型，分析本次企业合并相关的财务指标，评价此次合并的必要性，分析此次合并预期会给存续企业带来的风险。

收集其他企业的合并资料，总结企业合并面临的会计问题，并对企业合并的效果进行评价。

思考题

1. 什么是企业合并？
2. 什么是同一控制下的企业合并？什么是非同一控制下的企业合并？
3. 什么是吸收合并、新设合并和控股合并？
4. 如何理解购买法、权益结合法的基本内容？
5. 非同一控制下企业合并的基本处理原则是什么？

练习题

一、单项选择题

1. 同一控制下合并方在企业合并中取得的价值量与所放弃价值量之间存在差额的，应（　　）。

A. 调整营业外收入　　B. 调整营业外支出

C. 调整资本公积　　D. 调整实收资本

2. 甲公司和乙公司同为A集团的子公司，2×23年1月1日，甲公司以银行存款15 000万元取得乙公司所有者权益的80%，同日，乙公司所有者权益在最终控制方的账面价值为20 000万元，可辨认净资产的公允价值为21 000万元。2×23年1月1日，甲公司应确认的资本公积为（　　）万元。

A. 1 000（借方）　B. 1 000（贷方）　C. 1 800（借方）　D. 1 800（贷方）

3.关于同一控制下的企业合并，下列说法中正确的是（　　）。

A.参与合并的企业在合并前后均受同一方或相同的多方最终控制但该控制可能是暂时性的

B.参与合并的企业在合并前后均受同一方或相同的多方最终控制且该控制并非暂时性的

C.参与合并的企业在合并前后不受同一方或相同的多方最终控制且该控制并非暂时性的

D.参与合并的企业在合并前后不受同一方或相同的多方最终控制但该控制可能是暂时性的

4.甲公司和乙公司同为A集团的子公司，2×23年1月1日，甲公司以银行存款5 000万元取得乙公司所有者权益的60%，同日，乙公司所有者权益在最终控制方的账面价值为8 000万元，可辨认净资产的公允价值为8 100万元。2×23年1月1日，甲公司资本公积（资本溢价）的余额为150万元，甲公司应确认的资本公积为（　　）万元。

A.150（借方）　　B.200（借方）　　C.140（借方）　　D.140（贷方）

5.甲公司和乙公司同为A集团的子公司，2×23年1月1日，甲公司以银行存款5 100万元取得乙公司所有者权益的60%，同日，乙公司所有者权益在最终控制方的账面价值为8 000万元，可辨认净资产的公允价值为8 100万元。2×23年1月1日，甲公司资本公积的余额为150万元，甲公司应调减的留存收益为（　　）万元。

A.150　　B.90　　C.240　　D.300

二、多项选择题

1.企业合并的方式有（　　）。

A.控股合并　　B.吸收合并　　C.新设合并　　D.联合经营

2.企业合并的类型有（　　）。

A.控股合并　　B.吸收合并

C.新设合并　　D.同一控制下的企业合并

E.非同一控制下的企业合并

3.下列交易事项中，属于企业合并的有（　　）。

A.企业A通过增发自身的普通股自企业B原股东处取得企业B的全部股权，该交易发生后，企业B仍维持经营

B.企业A支付对价取得企业B的全部净资产，该交易发生后，撤销企业B的法人资格

C.企业A以自身持有的资产作为出资投入企业B，取得对企业B的控制权，该交易发生后，企业B仍维持其独立法人资格继续经营

D.企业A支付对价将企业B所属的一个分公司买下，该交易发生后企业B仍维持其独立法人资格不变

4.同一控制下的控股合并中，合并方享有的被合并方账面所有者权益的份额小于其支付的合并对价的账面价值所产生的差额，应调整的项目有（　　）。

A.实收资本　　B.资本公积　　C.盈余公积　　D.未分配利润

5.同一控制下的企业合并形成母子公司关系的，合并方应在合并日编制（　　）。

A.合并资产负债表　　B.合并利润表

C. 合并现金流量表　　　　　　　　　　D. 合并所有者权益变动表

三、判断题

1. 一个企业对其他企业某项业务的合并也视同企业合并。（　）

2. 是否形成企业合并，关键要看有关交易或事项发生前后，是否引起报告主体发生变化，而报告主体的变化产生于控制权的变化。（　）

3. 企业合并的方式有控股合并、吸收合并和新设合并，但只有控股合并才能形成长期股权投资。（　）

4. 同一控制下，企业合并不涉及自少数股东手中购买股权的情况，合并方在合并中取得的被合并方的资产、负债，应维持其在被合并方的原账面价值不变。（　）

5. 同一控制下吸收合并中，合并方发生的相关费用包括发行权益性证券的费用，应于发生时计入当期管理费用。（　）

四、案例分析

P公司和S公司属于非同一控制下的企业，P公司于2×22年6月30日发行1 000万股普通股（每股面值为1元，市价为8.75元），取得了S公司70%的股权。P公司和S公司资产负债表有关数据见表10-6。假定不考虑所得税影响。

表10-6　**资产负债表（简表）**

2×22年6月30日　　单位：万元

项　目	P公司	S公司	
	账面价值	账面价值	公允价值
资产：			
货币资金	4 312.5	450	450
存货	6 200	255	450
应收账款	3 000	2 000	2 000
长期股权投资	5 000	2 150	3 800
固定资产	7 000	3 000	5 500
无形资产	4 500	500	1 500
商誉	0	0	0
资产总计	30 012.5	8 355	13 700
负债和所有者权益：			
短期借款	2 500	2 250	2 250
应付账款	3 750	300	300
其他非流动负债	375	300	300
负债合计	6 625	2 850	2 850

续表

项　目	P公司	S公司	
	账面价值	账面价值	公允价值
股本	7 500	2 500	
资本公积	5 000	1 500	
盈余公积	5 000	500	
未分配利润	5 887.5	1 005	
所有者权益合计	23 387.5	5 505	
负债和所有者权益总计	30 012.5	8 355	

要求：

1. 编制取得股权日的会计分录；
2. 计算合并商誉；
3. 编制合并日的调整和抵销分录。

第十一章　合并财务报表

【内容框架】

本章主要介绍合并财务报表的意义、组成、合并范围及编制程序和方法。具体内容如下图所示：

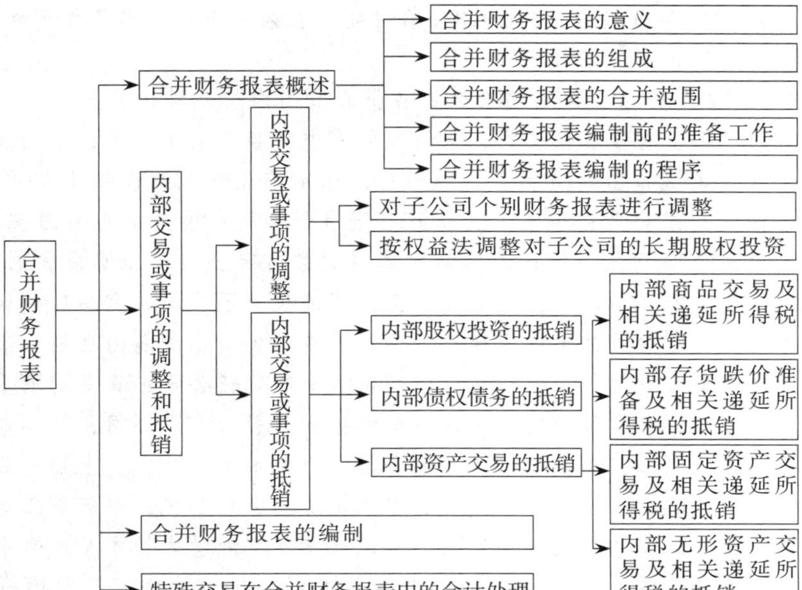

【学习目标】

通过本章学习，了解合并财务报表的概念、作用和合并财务报表的编制程序；明确合并财务报表的合并范围和编制方法；熟悉内部交易或事项调整与抵销的原理和方法；初步掌握合并资产负债表、合并利润表、合并现金流量表的具体编制方法。

引例

中国动力2018年度合并财务报表的合并范围

中国船舶重工集团动力股份有限公司，前身为风帆股份有限公司，是经国家经贸委（国经贸企改〔2000〕471号文件）批准，由中国船舶重工集团有限公司等五家发起人共同发起设立的股份有限公司。风帆股份有限公司于2000年6月13日注册成立。2016年4月1日，国家工商行政管理总局核准"风帆股份有限公司"名称变更为"中国船舶重工集团动力股份有限公司"，2016年4月29日，风帆股份有限公司完成了工商变更登记手续，并取得由保定市工商行政管理局换发的营业执照，公司名称正式变更为"中国船舶重工集团动力股份有限公司"，股票简称中国动力，股票代码为600482。中国动力的主要经营活动为：内燃机及配件的制造、研发、维修、安装、租赁、技术服务；汽轮机及零件、燃气轮机及零件的制造、研发、维修、安装、租赁、技术服务；蓄电池开发、研制、生产、销售；蓄电池零配件、材料的生产、销售；锂离子电池及其材料的研究、制造、销售，并提供锂离子电池及其材料的技术服务。中国动力的母公司为中国船舶重工集团有限公司，公司的实际控制人为中国船舶重工集团有限公司。

中国动力在2018年度报告中对2018年合并财务报表的范围披露了如下相关信息：

1.合并财务报表范围

截至2018年12月31日，本公司合并财务报表范围内子公司如下：

子公司名称：风帆有限责任公司；上海风帆蓄电池事业有限公司；唐山风帆宏文蓄电池有限公司；保定风帆精密铸造制品有限公司；保定市风帆机电设备技术开发有限公司；河南风帆物资回收有限公司；风帆（扬州）有限责任公司；淄博火炬能源有限责任公司；淄博火炬机电设备有限责任公司；淄博拖驰塑料制品有限公司；淄博拖驰电器有限公司；淄博火炬动力科技有限公司；中国船舶重工集团柴油机有限公司；宜昌船舶柴油机有限公司；宜昌兴舟重型铸锻有限公司；大连船用柴油机有限公司；青岛海西船舶柴油机有限公司；河南柴油机重工有限责任公司；武汉船用机械有限责任公司；青岛海西重机有限责任公司；武汉海润工程设备有限公司；武汉铁锚焊接材料股份有限公司；常州旭尔发焊业有限公司；上海齐耀热能工程有限公司；上海齐耀动力技术有限公司；上海齐耀螺杆机械有限公司；上海齐耀发动机有限公司；上海齐耀系统工程有限公司；中船重工柴油机动力有限公司；上海中船重工船舶推进设备有限公司；哈尔滨广瀚动力技术发展有限公司；哈尔滨广瀚动力传动有限公司；哈尔滨广瀚燃气轮机有限公司；无锡市三元燃机科技有限公司；武汉长海电力推进和化学电源有限公司；湖北长海新能源科技有限公司；青岛海西电

气有限公司；武汉海王核能装备工程有限公司；武汉海王新能源工程技术有限公司；中船重工特种设备有限责任公司；中船重工黄冈贵金属有限公司；中船重工黄冈水中装备动力有限公司；陕西柴油机重工有限公司；陕柴重工（上海）销售服务有限公司；重庆齿轮箱有限责任公司；重庆重齿物资有限公司；重庆市永进实业有限公司。

本期合并财务报表范围及其变化情况详见本附注“合并范围的变更”和“在其他主体中的权益”。

2. 合并范围的变更

（1）本期发生的同一控制下的企业合并（见表11-1）

表11-1 本期发生的同一控制下的企业合并 单位：元

被合并方名称	企业合并中取得的权益比例	构成同一控制下企业合并的依据	合并日	合并日的确定依据	合并当期期初至合并日被合并方的收入	合并当期期初至合并日被合并方的净利润	比较期间被合并方的收入	比较期间被合并方的净利润
陕西柴油机重工有限公司	64.71%	同受中国船舶重工集团有限公司最终控制	2018-07-01	取得控制权	552 326 936.87	154 615 164.56	1 468 578 268.57	28 251 095.15
重庆齿轮箱有限责任公司	51.56%	同受中国船舶重工集团有限公司最终控制	2018-07-01	取得控制权	1 438 109 961.04	40 866 014.51	3 021 441 274.45	-100 114 578.61

其他说明：2018年，公司以现金收购母公司中国船舶重工集团有限公司持有的陕西柴油机重工有限公司64.71%股权。同时，以8.5亿元向重庆齿轮箱有限责任公司增资并向母公司中国船舶重工集团有限公司收购其股权，收购后公司持有重庆齿轮箱有限责任公司51.56%股权。该事项构成同一控制下的企业合并。

（2）其他原因的合并范围变动（如新设子公司、清算子公司等）及其相关情况

应国资委《2018年降低企业杠杆率工作要点》要求，公司2018年开展处理僵尸特困企业工作，注销下属子公司中船重工齐耀科技控股有限公司、青岛海西电机有限公司、重庆重齿风力发电齿轮箱有限责任公司、洛阳河柴齐耀铸造有限公司、保定风帆新能源有限公司、陕西陕柴重工动力配套有限公司、常州铁锚焊接材料有限公司、武汉铁锚焊接材料销售有限责任公司。

子公司风帆有限责任公司下属子公司保定风帆光伏能源有限公司于2018年8月进入破产清算阶段，相关资产已于2018年9月移交破产管理人管理，不再纳入合并范围。

（根据上海证券交易所网站中国动力2018年度报告整理）

中国动力的上述年报信息涉及合并范围及其变更等相关内容。那么，什么是合并范围？为什么要关注合并范围？合并范围与合并财务报表有什么关系？如何界定合并范围？合并范围是合并财务报表的基本问题之一。本章将就合并财务报表的基本问题进行梳理与介绍，为学习合并财务报表的具体内容和掌握合并财务报表的编制方法奠定基础。

第一节 合并财务报表概述

合并财务报表概述

一、合并财务报表的意义

(一) 合并财务报表的概念及特点

合并财务报表又称合并会计报表，它是以母公司及其子公司形成的企业集团为会计主体，以母公司及其子公司单独编制的个别财务报表为基础，由母公司编制的，综合反映企业集团整体财务状况、经营成果和现金流量的财务报表。

1. 与个别财务报表比较

与个别财务报表比较，合并财务报表有以下几个方面的特点：

（1）从反映对象看，个别财务报表反映的是单个企业法人的财务状况、经营成果和现金流量，反映的对象是企业法人；合并财务报表反映的则是由母公司和子公司所组成的企业集团整体的财务状况、经营成果和现金流量，反映的对象是由若干法人组成的会计主体，是经济意义上的会计主体，而不是法律意义上的会计主体。

（2）从编制主体看，个别财务报表是由独立的法人企业编制的，所有企业都需要编制个别财务报表；合并财务报表则是由企业集团中对其他企业有控制权的控股公司或母公司编制的。

（3）从编制依据看，个别财务报表是依据账簿资料编制的；合并财务报表则是以个别财务报表为基础编制的。

（4）从编制方法看，个别财务报表的编制有其固有的一套编制方法和程序；合并财务报表的编制也有其独特的方法，它是在对纳入合并范围的个别财务报表的数据进行加总的基础上，通过编制抵销分录，将企业集团内部的经济业务对个别财务报表的影响予以抵销，然后合并财务报表各项目的数额编制而成的。。

2. 与汇总财务报表比较

与汇总财务报表比较，合并财务报表有以下几个方面的特点：

（1）从编制目的看，汇总财务报表是指由行政管理部门根据下属企业报送的财务报表，对其各项目进行加总编制的财务报表，主要是为了满足国家或有关行政部门掌握整个行业或部门下属企业的财务经营情况的需要；合并财务报表则主要是为了满足公司的所有者、债权人以及其他有关方面了解企业集团整体财务状况、经营成果和现金流量的需要。

（2）从确定编制范围的依据看，汇总财务报表主要是以企业的财务隶属关系作为确定编制范围的依据，即把在财务上是否归其管理、是否是其下属企业作为确定编制范围的依据；合并财务报表则是以母公司对另一企业的控制关系作为确定编制范围的依据。

（3）从编制方法看，汇总财务报表主要是采用简单加总方法编制的；合并财务报表则是在抵销内部交易或事项对个别财务报表的影响后编制的。

（二）合并财务报表的作用

合并财务报表的作用主要表现在以下两个方面：

第一，合并财务报表能够对外提供反映由母公司和子公司所组成的企业集团整体的财务状况、经营成果和现金流量的会计信息。在控股经营的情况下，母公司和子公司都是独立的法人实体，分别编报反映自身生产经营情况的财务报表，但这些财务报表并不能有效地反映整个企业集团的会计信息。要了解控股公司整体经营情况，就需要将母公司和子公司的个别财务报表进行合并，通过编制合并财务报表提供反映企业集团整体经营情况的会计信息，以满足企业集团管理层对被控股企业管理的需要。

第二，合并财务报表在一定程度上能遏制某些企业集团利用内部控股关系人为粉饰财务报表的行为。控股公司的发展衍生出一些新的问题，如某些控股公司利用对子公司的控制和从属关系，运用内部转移价格等手段转移利润以达到避税的目的，或转移亏损以达到粉饰报表的目的。通过编制合并财务报表，可以将企业集团内部交易所产生的收入及利润予以抵销，使财务报表能够客观真实地反映企业集团的财务状况和经营成果，有利于防止和避免控股公司人为操纵利润、粉饰财务报表现象的发生。

二、合并财务报表的组成

合并财务报表主要包括合并资产负债表、合并利润表、合并现金流量表、合并所有者权益变动表和附注，它们分别从不同的方面反映企业集团的财务状况、经营成果和现金流量，构成一个完整的合并财务报表体系。

1. 合并资产负债表

合并资产负债表是以母公司和子公司的个别资产负债表为基础，在抵销母公司与子公司、子公司相互之间发生的内部交易或事项对个别资产负债表的影响后，由母公司合并编制，综合反映企业集团整体某一特定日期财务状况的财务报表。

2. 合并利润表

合并利润表是以母公司和子公司的个别利润表为基础，在抵销母公司与子公司、子公司相互之间发生的内部交易或事项对个别利润表的影响后，由母公司合并编制，综合反映企业集团整体在一定期间经营成果的财务报表。

3. 合并现金流量表

合并现金流量表是以母公司和子公司的个别现金流量表为基础，在抵销母公司与子公司、子公司相互之间发生的内部交易或事项对个别现金流量表的影响后，由母公司合并编制，综合反映企业集团整体在一定期间现金流入、现金流出以及现金增减变动情况的财务报表。

4. 合并所有者权益变动表

合并所有者权益变动表是以母公司和子公司的个别所有者权益变动表为基础，在抵销母公司与子公司、子公司相互之间发生的内部交易或事项对个别所有者权益变动表的影响后，由母公司合并编制，综合反映企业集团整体在一定期间所有者权益变动情况的财务报表。

5. 附注

企业应当在附注中披露下列信息：

（1）企业集团的基本情况。

（2）财务报表的编制基础。

（3）遵循企业会计准则的声明。

（4）重要会计政策和会计估计。

（5）会计政策和会计估计变更以及差错更正的说明。

（6）报表重要项目的说明。

（7）或有事项。

（8）资产负债表日后事项。

（9）关联方关系及其交易。

（10）风险管理。

以上（1）至（10）项，应当比照《企业会计准则第30号——财务报表列报》应用指南的相关规定进行披露。

合并现金流量表，还应遵循《企业会计准则第31号——现金流量表》应用指南的相关规定进行披露。

（11）母公司和子公司信息，包括下列内容：

①子公司的名称、注册地、业务性质、注册资本、母公司的持股比例和表决权比例。

②母公司直接或通过子公司间接拥有被投资单位表决权不足半数但能对其形成控制的原因。

③母公司直接或通过其他子公司间接拥有被投资单位半数以上的表决权但未能对其形成控制的原因。

④子公司所采用的会计政策与母公司不一致的，母公司编制合并财务报表的处理方法。

⑤子公司与母公司会计期间不一致的，母公司编制合并财务报表的处理方法。

⑥本期不再纳入合并范围的原子公司，说明原子公司的名称、注册地、业务性质、母公司的持股比例和表决权比例，本期不再成为子公司的原因。原子公司在处置日和上一会计期间资产负债表日资产、负债和所有者权益的金额以及本期期初至处置日的收入、费用和利润的金额。

⑦子公司向母公司转移资金的能力受到严格限制的情况。

⑧作为子公司纳入合并范围的特殊目的主体的业务性质、业务活动等。

⑨需要在附注中说明的其他事项。

三、编制合并财务报表的合并理论

编制合并财务报表的合并理论主要有母公司理论、实体理论和所有权理论。

（一）母公司理论

母公司理论，是将合并财务报表视为母公司本身的财务报表反映的范围扩大来看待，从母公司角度来考虑合并财务报表的合并范围，选择合并处理方法。母公司理论认为合并财务报表主要是为母公司的股东和债权人服务的，为母公司现实的和潜在的投资者服务的，强调的是母公司股东的利益。

在采用母公司理论的情况下，当确定合并范围时，通常是以法定控制为基础，以持有多数股权或表决权作为是否将某一被投资企业纳入合并范围的依据，或者通过一家公司处于另一家公司法定支配下的控制协议来确定合并财务报表的合并范围。在基于母公司理论编制合并财务报表的情况下，所采用的合并处理方法是从母公司本身的股东利益来考虑的。比如，对于子公司少数股东的权益，在合并资产负债表中通常视为一项负债来处理。再如，对于企业集团内部销售收入的抵销，需要考虑顺销（母公司将商品销售给子公司）和逆销（子公司将商品销售给母公司）两种情况。就顺销而言，编制合并财务报表时只抵销子公司中母公司持有股权相对应的份额，即多数股东股权相对应的份额，而对于少数股东股权相对应的份额，则视为实现销售处理，不需要进行抵销处理。这一理论忽视了母公司股东以外的少数股东的利润和信息需要。

（二）实体理论

实体理论认为合并财务报表是企业集团各成员企业构成的经济联合体的财务报表，编制合并财务报表是为整个经济体服务的。它强调的是企业集团中所有成员企业所构成的经济实体，对构成企业集团的持有多数股权的股东和持有少数股权的股东一视同仁，认为只要是企业集团成员股东，无论是持有多数股权，还是持有少数股权，都是共同组成经济实体的股东。

在运用实体理论的情况下，对于少数股东权益，通常也视为股东权益的一部分，在合并资产负债表中股东权益部分予以列示和反映。由于对构成企业集团的成员企业的所有股东均视为企业集团的股东，因此，就企业集团内部各成员企业相互之间发生的销售行为而言，无论是顺销还是逆销，其内部销售商品或提供劳务过程中实现的内部销售损益，对于由成员企业全体股东构成的企业集团来说都是未实现的内部销售损益，均属于抵销范围。

采用实体理论编制的合并财务报表，有利于企业集团内部管理人员从整体上把握企业集团经营活动的情况，相对来说更能满足企业集团内部管理人员对财务信息的需要。因此，目前国际财务报告准则及我国企业会计准则主要采用的就是实体理论。

（三）所有权理论

在将所有权理论运用于合并财务报表编制时，既不强调企业集团中存在的法定控制关系，也不强调企业集团各成员企业所构成的经济实体，而是强调编制合并财务报表的企业对另一企业的经济活动和财务决策具有重大影响的所有权。所有权理论认为，母公司理论和实体理论都不能解决隶属于两个或两个以上企业集团的企业的合并财务报表编制问题。例如，某一企业的全部股权由两个投资企业投资形成，各拥有其50%的股权，即共同控制企业。在这种情况下，其中任何一个投资企业都不能对该投资实施控制，无论根据母公司理论还是根据实体理论，都很难确定该企业的财务报表由哪一个投资企业合并。这是因为，在这种情况下，既没有单一的母公司，也没有持有少数股权的股东；既不存在法定支配权，也不存在单一的经济实体。

在采用所有权理论的情况下，对于其拥有所有权的企业的资产、负债和当期实现净损益，均按照一定的比例合并计入合并财务报表。所有权理论正是一些国家合并财务报表相关准则规定比例合并法的理论基础。

【启发思考】收集我国资本市场中的上市公司历年来编制的合并财务报表，并思考：我国合并财务报表所依据的合并理论存在怎样的变迁？这种变迁的原因是什么？这种变迁体现了马克思主义唯物辩证法的哪些基本范畴？

四、合并财务报表的合并范围

合并范围是指可纳入合并财务报表的企业范围。合并财务报表的合并范围应当以控制为基础加以确定。母公司应当将其控制的全部子公司纳入合并财务报表的合并范围。这就意味着解决合并范围的核心问题是以下三个关键词：母公司、子公司、控制。

（一）母公司与子公司

母公司是指控制一个或一个以上主体（含企业、被投资单位可以分割的部分，以及企业所控制的结构化主体等）的主体；子公司是指被母公司控制的主体。

被母公司控制的主体一般是企业主体。也就是说，通常情况下，子公司是投资方控制的企业主体。

被母公司控制的主体也有可能是被投资单位中可分割的部分。当有确凿证据表明同时满足下列条件并且符合相关法律法规规定的，投资方应当将被投资方的一部分视为被投资方可以分割的部分，进而判断是否控制该部分：（1）该部分的资产是偿还该部分负债或该部分其他权益的唯一来源，不能用于偿还该部分以外的被投资方的其他负债；（2）除与该部分相关的各方外，其他方不享有与该部分资产相关的权利，也不享有与该部分资产剩余现金流量相关的权利。

被母公司控制的主体还可能是结构化主体。结构化主体是指被设计为表决权或类似权利并非决定该主体控制方的主导因素的主体。常见的结构化主体有证券化载体、资产抵押融资以及某些投资基金等。

（二）控制

控制是指投资方拥有对被投资方的权利，通过参与被投资方的相关活动而享有可变回报，并且有能力运用对被投资方的权利影响其回报金额。控制包含以下三个要素：

1. 拥有主导被投资方的权利

投资方能够主导被投资方的相关活动时，称投资方对被投资方拥有权利。

在判断投资方是否对被投资方拥有权利时，应注意以下几点：（1）权利只表明投资方主导被投资方相关活动的现实能力，并不要求投资方实际行使其权利。（2）权利是一种实质性权利，而不是保护性权利。实质性权利，是指持有人在对相关活动进行决策时，有实际能力行使的可执行权利；保护性权利，旨在保护持有这些权利的当事方的权益，而不赋予当事方对这些权利所涉及的主体的权利。仅持有保护性权利的投资方不能对被投资方实施控制，也不能阻止其他方对被投资方实施控制。(3) 权利是为自己行使的，而不是代其他方行使的。(4) 权利通常表现为表决权，但有时也可能表现为其他合同安排。

表决权是指对被投资单位的经营计划、投资方案、年度财务预算方案和决算方案、利润分配方案和弥补亏损方案、内部管理机构的设置、聘任或解聘公司经理及公司经理报酬的确定、公司的基本管理制度等事项持有表决的权利。表决权比例通常与其出资比例或持股比例是一致的，但公司章程另有规定的除外。下列情况表明投资方对被投资方拥有权利：(1) 投资方直接拥有、间接拥有或直接和间接拥有被投资方半数以上的表决权。(2) 投资方持有被投资方半数或以下的表决权，但通过与其他表决权持有人之间的协议能够控制半数以上的表决权。需要注意的是，有时虽然持有被投资方半数以上的表决权，但并不拥有权利。例如，当被投资方的相关活动被政府、法院、管理人、接管人、清算人或监管人等其他方主导时，投资方无法凭借其拥有的表决权主导被投资方的相关活动。(3) 投资方持有被投资方半数或以下的表决权，但对被投资方拥有“权利”的其他情形如下：①投资方持权份额大小以及其他投资方持权的分散程度；②投资方和其他投资方持有被投资方潜在表决权（潜在表决权是指可能赋予一企业对另一企业在财务和经营上的表决权的认股权证、股票买入期权、可转换债券等工具）；③其他合同安排产生的权利；④被投资方以往的表决权行使情况等。

如果综合表决权和其他情形，仍不足以判断投资方能否控制被投资方，则还需要考虑是否存在其他事实或情况，能够证明投资方拥有主导被投资方相关活动的现时能力。例如，投资方能够任命或批准被投资方的关键管理人员，这些关键管理人员能够主导被投资方的相关活动；投资方能够出于自身利益决定或者否决被投资方的重大交易；投资方能够控制被投资方董事会等类似权力机构成员的任命程序，或者从其他表决权持有人手中获得代理投票权；投资方与被投资方的关键管理人员或董事会等类似权力机构中的多数成员存在关联关系；投资方与被投资方之间存在特殊关系，如被投资方的关键管理人员是投资方的现任或前任职工，被投资方的经营活动依赖于投资方，被投资方活动的重大部分有投资方参与其中或者是以投资方的名义进行的，投资方自被投资方承担可变回报的风险或享有可变回报的收益远超过其持有的表决权或其他类似权利的比例等。

2. 通过参与被投资方的相关活动取得可变回报

相关活动，是指对被投资方的回报产生重大影响的活动，通常包括购买和出售商品或服务、管理金融资产、购买和处置资产、研发活动以及融资活动等。投资方自被投资方取得的回报可能会随着被投资方业绩而变动的，视为享有可变回报。

3. 有能力运用对被投资方的权利影响其回报金额

为控制被投资方，投资方必须不仅要具有主导被投资方权利和因参与被投资方的相关活动而面临可变回报的风险或取得可变回报的权利，而且要有能力利用对被投资方的权利影响被投资方的回报。

当投资方同时具备以上三个要素时，可以判定投资方能够控制被投资方，被投资方应该被纳入合并范围。

视野拓展

对于可变回报，普华永道的评论是：之前，《国际会计准则第27号——合并财务报表和单独财务报表》（IAS 27）阐述了通过对表决权的控制而面临可变回报的风险是《国际会计准则委员会解释公告第12号》（SIC 12）架构范围内的一项重要考虑因素，但这两者之间的关系未必清楚。《国际财务报告准则第10号——合并财务报表》（IFRS 10）通过引入投资方能够行使权利而影响其回报的额外要求，加强了权利与回报之间的关联。参见普华永道于2012年2月编制的《国际财务报告准则实务指南——合并财务报表：控制的重新定义》（https：//wenku.baidu.com/view/60a26643c850ad02de804109.html）。

五、合并财务报表编制前的准备工作

合并财务报表的编制涉及多个子公司，为了使编制的合并财务报表能够准确、全面地反映企业集团的真实情况，必须做好一系列前期准备工作。这些前期准备工作主要有如下几项：

（一）统一母子公司的会计政策

会计政策是指企业在会计确认、计量、记录和报告过程中所采用的原则、基础和会计处理方法。会计政策是企业进行会计核算和编制财务报表的直接依据，是保证财务报表各项目反映内容一致的基础。只有在财务报表各项目反映的内容一致的情况下，才能对其进行加总，编制合并财务报表。为此，在编制财务报表前，应统一母子公司的会计政策，要求子公司采用的会计政策与母公司保持一致。子公司所采用的会计政策与母公司不一致的，子公司应当按照母公司的会计政策对其财务报表进行必要的调整，或者要求子公司按照母公司的会计政策另行编报财务报表。如果母公司自行对子公司的个别报表进行调整，应当在合并报表工作底稿中通过编制调整分录予以调整。

（二）统一母子公司的会计期间

财务报表是反映企业一定日期财务状况、一定会计期间经营成果和一定会计期间现金流量等信息的，母子公司的个别财务报表只有在反映财务状况的日期、反映经营成果和现金流量的会计期间一致的情况下，才能进行合并。所以，为了编制合并财务报表，必须要求子公司的财务报表决算日和会计期间与母公司保持一致。若子公司的会计期间与母公司不一致，子公司应当按照母公司的会计期间对财务报表进行调整，或者要求子公司按照母公司的会计期间另行编报财务报表。如果母公司自行对子公司的个别财务报表进行调整，应当在合并报表工作底稿中通过编制调整分录予以调整。

（三）对子公司用外币表示的财务报表进行折算

对母公司和子公司的财务报表进行合并时，其前提必须是母子公司的个别财务报表所采用的货币计量单位一致。在我国允许外币业务比较多的企业采用某一外币作为记账本位币，境外企业一般也采用所在国或地区的货币作为其记账本位币。在将这些用外币表示的财务报表纳入合并范围进行合并时，必须将其折算为以母公司所采用的记账本位币表示的财务报表。

（四）子公司应向母公司提供所需资料

合并财务报表以母公司及其子公司的财务报表以及其他相关资料为依据，由母公司合并有关项目的数额进行编制。为编制合并财务报表，母公司应当要求子公司及时提供下列有关资料：

1. 子公司相应期间的财务报表；

2. 与母公司及其他子公司之间发生的内部购销交易、债权债务、投资及其产生的现金流量和未实现内部销售损益的期初、期末余额及变动情况等资料；

3. 子公司所有者权益变动和利润分配的有关资料；

4. 编制合并财务报表所需要的其他资料。

六、合并财务报表的编制原则

合并财务报表作为财务报表，必须符合财务报表编制的一般原则和基本要求。这些基本要求包括真实可靠、内容完整。

如前所述，与个别财务报表相比，合并财务报表具有下列特点：第一，反映的对象是由母公司及其全部子公司组成的会计主体；第二，虽然编制者是母公司，但所对应的会计主体是由母公司及其控制的所有子公司所构成的企业集团；第三，合并财务报表是站在合并财务报表主体的立场上，以纳入合并范围的企业个别财务报表为基础，根据其他有关资料，抵销母公司与子公司、子公司相互之间发生的内部交易，在考虑了特殊交易事项对合并财务报表的影响后编制的，旨在反映合并财务报表主体作为一个整体的财务状况、经营成果和现金流量。因此，合并财务报表的编制除了遵循财务报表编制的一般原则和要求外，还应当遵循以下原则和要求：

1. 以个别财务报表为基础。合并财务报表并不是直接根据母公司和子公司的账簿编制的，而是利用母公司和子公司编制的反映各自财务状况和经营成果的财务报表提供的数据，通过合并财务报表特有的编制方法进行编制。以纳入合并范围的个别财务报表为基础，也是客观性原则在合并财务报表编制中的具体体现。

2. 一体性原则。合并财务报表反映的是企业集团的财务状况和经营成果，即由多个法人企业组成的一个会计主体的财务情况。在编制合并财务报表时应当将母公司和所有子公司视为一个会计主体，母公司和子公司发生的经营活动都应当从企业集团这一整体的角度进行考虑。因此，在编制合并财务报表时，对于母公司与子公司、子公司相互之间发生的经济业务，应当视同同一会计主体内部业务处理，作为同一会计主体之下不同核算单位的内部业务。

3. 重要性原则。与个别财务报表相比，合并财务报表涉及多个法人主体，涉及的经营活动的范围很广，母公司与子公司的经营活动往往涉足不同行业，有时甚至相差很大。因此，合并财务报表要综合反映这样的会计主体的财务状况，必然要涉及重要性的判断问题，特别是在拥有众多子公司的情况下更是如此。在编制合并财务报表时，尤其强调重要性原则的运用。例如，一些项目对于企业集团中的某一企业具有重要性，但对于整个企业集团则不一定具有重要性，在这种情况下根据重要性的要求对财务报表项目进行取舍，具有重要的意义。此外，母公司与子公司、子公司相互之间发生的经济业务，在对整个企业集团的财务状况和经营成果影响不大时，为简化合并手续，也应根据重要性原则进行取舍，可以不编制抵销分录，直接编制合并财务报表。

七、合并财务报表的编制程序

1. 建立合并报表工作底稿

合并报表工作底稿是为编制正式的合并财务报表所打的草稿。在合并报表工作底稿中，要对母公司和子公司个别财务报表各项目的数额进行汇总和抵销处理，然后计算得出合并财务报表各项目的合并数。合并报表工作底稿的基本格式见表11-2。

表11-2 **合并报表工作底稿**

项 目	母公司	子公司	……	合计数	抵销分录		少数股东权益	合并数
					借方	贷方		
资产负债表项目								
⋮								
利润表项目								
⋮								
所有者权益变动表项目								
⋮								
现金流量表项目								
⋮								
合计								

2. 填入数据

将纳入合并范围的个别财务报表各项目的数据过入合并报表工作底稿，并计算得出各项目的合计数。

3. 编制调整分录和抵销分录

（1）调整分录是指母公司对子公司及其自身的个别财务报表进行调整所编制的分录，包括：①母公司将非同一控制下企业合并取得的子公司个别资产负债表中资产、负债的账面价值调整为合并日所确定的公允价值；②当子公司所采用的会计政策、会计期间与母公司不一致时，母公司对子公司个别财务报表所进行的调整；③母公司将其对子公司的长期股权投资由成本法调整为权益法。

（2）抵销分录是指将母公司与子公司、子公司相互之间发生的经济业务对个别财务报表相关项目的影响进行抵销所编制的分录。

4. 计算合并财务报表各项目的合并数

（1）对于资产类、成本费用类、利润分配类、现金流入类等项目，应将这些项目的合计数，加上相对应的抵销分录中的借方发生额，减去相对应的抵销分录中的贷方发生额，就会得出这些项目的合并数。

（2）对于负债类、所有者权益类、收入类、现金流出类等项目，应将这些项目的合计数，加上相对应的抵销分录中的贷方发生额，减去相对应的抵销分录中的借方发生额，就会得出这些项目的合并数。

5. 填列正式的合并财务报表

将合并报表工作底稿中计算出的资产类、负债类、所有者权益类、收入类、成本费用类、利润分配类、现金流入类、现金流出类等各项目的合并数，填列到正式的合并资产负债表、合并利润表、合并现金流量表和合并所有者权益变动表中。

第二节　内部交易或事项的调整与抵销

对子公司个别财务报表进行调整

一、内部交易或事项的调整

（一）对子公司个别财务报表进行调整

在编制合并财务报表时，首先应对各子公司进行分类，即同一控制下企业合并中取得的子公司和非同一控制下企业合并中取得的子公司两类。

1. 对同一控制下企业合并中取得的子公司个别财务报表的调整

同一控制下企业合并的计价基础为账面价值。对同一控制下企业合并中取得的子公司的个别财务报表，如果不存在与母公司会计政策和会计期间不一致的情况，则不需要对该子公司的个别财务报表进行调整，即不需要将该子公司的个别财务报表调整为按公允价值反映的财务报表，只需要抵销内部交易对合并财务报表的影响即可。

2. 对非同一控制下企业合并中取得的子公司个别财务报表的调整

非同一控制下企业合并的计价基础为公允价值。对非同一控制下企业合并中取得的子公司的个别财务报表，除了存在与母公司会计政策和会计期间不一致的情况，需要对该子公司的个别财务报表进行调整外，还应当以母公司为该子公司设置的备查簿所记录的该子公司的各项可辨认资产、负债及或有负债等在购买日的公允价值为基础，通过编制调整分录，对该子公司的个别财务报表进行调整，以使子公司的个别财务报表反映在购买日公允价值基础上确定的可辨认资产、负债及或有负债在本期资产负债表日的金额。

有关对非同一控制下企业合并中取得的子公司个别财务报表中资产、负债及或有负债各项金额的调整，参见“第十章 企业合并”的相关内容。

[例 11-1]

合并日（2×21 年 1 月 1 日），子公司一项固定资产账面价值为 100 万元，公允价值为 200 万元，尚可使用年限为 10 年，无残值，采用直线法摊销；存货账面价值为 300 万元，公允价值为 400 万元。母公司在合并日、合并当期期末及次年年末对子公司个别财务报表调整如下：

（1）2×21 年 1 月 1 日按公允价值对子公司个别财务报表进行调整，其调整分录见表 11-3。

表 11-3　合并日按公允价值对子公司财务报表调整所编调整分录

调整内容	固定资产	存货
①将合并日账面价值调整为公允价值	借：固定资产——原值 1 000 000 贷：资本公积 1 000 000 （固定资产公允价值 200 万元－账面价值 100 万元=100 万元）	借：存货 1 000 000 贷：资本公积 1 000 000 （存货公允价值 400 万元－账面价值 300 万元=100 万元）
②调整合并日账面价值与计税基础差异对纳税影响	借：资本公积 250 000 贷：递延所得税负债 250 000 （固定资产账面价值 200 万元－计税基础 100 万元=应纳税暂时性差异 100 万元，递延所得税负债=应纳税暂时性差异 100 万元×25%=25 万元）	借：资本公积 250 000 贷：递延所得税负债 250 000 （存货账面价值 400 万元－计税基础 300 万元=应纳税暂时性差异 100 万元，递延所得税负债=应纳税暂时性差异 100 万元×25%=25 万元）

（2）2×21 年 12 月 31 日按合并日公允价值对子公司个别财务报表进行调整。假设合并当期存货对外售出 60%，其调整分录见表 11-4。

表 11-4　2×21 年 12 月 31 日按合并日公允价值对子公司财务报表调整所编调整分录

调整内容	固定资产	存货
①将期初账面价值调整为公允价值	借：固定资产——原值 1 000 000 贷：资本公积 1 000 000	借：存货 1 000 000 贷：资本公积 1 000 000
②调整期初账面价值与计税基础差异对纳税影响	借：资本公积 250 000 贷：递延所得税负债 250 000	借：资本公积 250 000 贷：递延所得税负债 250 000
③调整折旧费用与存货销售成本	借：管理费用 100 000 贷：固定资产——累计折旧 100 000 [调整少提折旧=200÷10－100÷10=10（万元）]	借：主营业务成本 600 000 贷：存货 600 000 [调整少转成本=400×60%－300×60%=60（万元）]

续表

调整内容	固定资产	存货
④调整当期递延所得税负债转回	借：递延所得税负债　25 000 　贷：所得税费用　25 000 [2×21年年末固定资产账面价值=200−20=180（万元），计税基础=100−10=90（万元），应纳税暂时性差异年末余额=180−90=90（万元），递延所得税负债年末余额=90×25%=22.5（万元），递延所得税负债年初余额=100×25%=25（万元），递延所得税负债当期转回=22.5−25=−2.5（万元）]	借：递延所得税负债　150 000 　贷：所得税费用　150 000 [2×21年年末存货账面价值=400×40%=160（万元），计税基础=300×40%=120（万元），应纳税暂时性差异年末余额=160−120=40（万元），递延所得税负债年末余额=40×25%=10（万元），递延所得税负债年初余额=100×25%=25（万元），递延所得税负债当期转回=10−25=−15（万元）]

（3）2×22年12月31日按合并日公允价值对子公司个别财务报表进行调整。假设2×22年当年将合并日存货剩余40%全部对外售出，其调整分录见表11-5。

表11-5　**2×22年12月31日按合并日公允价值对子公司财务报表调整所编调整分录**

调整内容	固定资产	存货
①将期初账面价值调整为公允价值	借：固定资产——原值　1 000 000 　贷：资本公积　1 000 000	借：存货　1 000 000 　贷：资本公积　1 000 000
②调整期初账面价值与计税基础差异对纳税影响	借：资本公积　250 000 　贷：递延所得税负债　250 000	借：资本公积　250 000 　贷：递延所得税负债　250 000
③调整上年折旧费用与存货销售成本	借：年初未分配利润　100 000 　贷：固定资产——累计折旧　100 000	借：年初未分配利润　600 000 　贷：存货　600 000
④调整上期递延所得税负债转回	借：递延所得税负债　25 000 　贷：年初未分配利润　25 000	借：递延所得税负债　150 000 　贷：年初未分配利润　150 000
⑤调整当期折旧费用与存货销售成本	借：管理费用　100 000 　贷：固定资产——累计折旧　100 000 [调整本年少提折旧=200÷10−100÷10=10（万元）]	借：主营业务成本　400 000 　贷：存货　400 000 [调整本年少转成本=400×40%−300×40%=40（万元）]
⑥调整当期递延所得税负债转回	借：递延所得税负债　25 000 　贷：所得税费用　25 000 [2×22年年末固定资产账面价值=200−40=160（万元），计税基础=100−20=80（万元），应纳税暂时性差异年末余额=160−80=80（万元），递延所得税负债年末余额=80×25%=20（万元），递延所得税负债年初余额=90×25%=22.5（万元），递延所得税负债当期转回=20−22.5=−2.5（万元）]	借：递延所得税负债　100 000 　贷：所得税费用　100 000 [2×22年年末存货账面价值=0，计税基础=0，应纳税暂时性差异年末余额=0，递延所得税负债年末余额=0，递延所得税负债年初余额=40×25%=10（万元），递延所得税负债当期转回=0−10=−10（万元）]

(二) 将母公司对子公司的长期股权投资由成本法调整为权益法

将母公司个别财务报表中长期股权投资成本法调整为权益法

《企业会计准则第2号——长期股权投资》规定，母公司对子公司的长期股权投资，应当采用成本法进行核算，编制合并财务报表时再按照权益法进行调整。

在采用成本法核算长期股权投资的情况下，长期股权投资账面价值仅反映初始投资成本，除追加投资、收回投资、投资减值外，长期股权投资的账面价值始终保持其成本不变。长期股权投资账面价值不能反映母公司所享有的子公司的权益额。

在采用权益法核算长期股权投资的情况下，长期股权投资账面价值能够反映母公司所享有的被投资企业或者子公司的权益额。在编制合并财务报表时进行抵销处理的项目之一，就是将母公司的长期股权投资与子公司的所有者权益项目相互抵销。因此，为了编制合并财务报表，母公司应按照权益法调整对子公司的长期股权投资。

1. 将长期股权投资成本法调整为权益法的基本原理

首先，将母公司取得子公司控股权时长期股权投资的初始成本，与享有子公司可辨认净资产公允价值的份额进行比较，属于投资作价中体现的商誉部分，不调整长期股权投资的账面价值；属于投资成本小于应享有的被投资单位可辨认净资产公允价值份额的，在调整长期股权投资成本的同时，应调整留存收益。

其次，将报告期期末子公司可辨认净资产公允价值总额与母公司取得投资时子公司可辨认净资产公允价值总额之间的差额，按母公司持股比例计算享有的份额。属于享有子公司净损益的变动份额，应当调整长期股权投资的账面价值，同时调整留存收益和投资收益（即享有报告期以前年度的净损益，调整报告期期初留存收益，享有报告期的净损益，直接调整当期投资收益）；属于享有子公司其他综合收益的变动份额，在调整长期股权投资账面价值的同时，应调整“其他综合收益”；属于享有子公司其他权益的变动份额，在调整长期股权投资账面价值的同时，应调整“资本公积——其他资本公积”。

2. 将长期股权投资成本法调整为权益法案例

[例 11-2]

2×21年1月1日，A公司以3 600 000元现金取得了B公司80%的控股权，属于非同一控制下的控股合并。B公司当日可辨认净资产的公允价值为4 500 000元（假设可辨认净资产公允价值与账面价值相同）。投资后A公司与B公司形成母子公司关系。当年A、B公司分别实现净利润200 000元、100 000元（A公司以80%的控股权享有的份额为80 000元）。2×22年2月，B公司宣告分配2×21年现金股利50 000元（A公司享有的份额为40 000元），已发放。2×22年度，A、B公司分别实现净利润287 095元、167 649.41元（A公司享有的份额为134 119.53元）。2×22年12月31日，B公司宣告分配2×22年现金股利60 000元（A公司享有的份额为48 000元），尚未支付。2×22年年末，B公司可辨认净资产的公允价值为4 657 649.41元。

母公司A在编制2×22年度合并报表时，将自身财务报表中长期股权投资成本法调整为权益法的做法如下：

首先，将母公司A取得子公司B长期股权投资的初始成本3 600 000元，与享有子公司B可辨认净资产公允价值的份额3 600 000元（4 500 000×80%）进行比较，因为二者相等，所以不需要对初始投资成本进行调整。

其次，将2×22年12月31日子公司B可辨认净资产公允价值总额4 657 649.41元，与2×21年1月1日母公司取得投资时子公司B可辨认净资产公允价值总额4 500 000元进行比较，其差额157 649.41元均属于子公司B净损益的变动，母公司享有126 119.53元（157 649.41×80%），其中母公司A享有子公司B 2×21年净损益80 000元，应调整留存收益；享有报告期2×22年净损益46 119.53元（134 119.53−40 000−48 000），应调整投资收益。同时，还应该调整长期股权投资的账面价值。调整分录如下：

借：长期股权投资　　126 119.53

　贷：盈余公积　　8 000.00

　　　年初未分配利润　　72 000.00

　　　投资收益　　46 119.53

二、内部交易或事项的抵销

（一）内部交易或事项抵销概述

内部交易抵销概述

1. 内部交易的定义与类型

内部交易是指企业集团内部母公司与子公司之间、子公司相互之间发生的经济业务，主要包括以下三种类型：

（1）内部股权投资业务

内部股权投资业务是指母公司对子公司的长期股权投资业务以及由此产生的关联业务，包括同一控制下和非同一控制下母公司对子公司的控股投资、子公司分配股利给母公司、母公司对长期股权投资计提减值准备、因计提减值准备产生的递延所得税等业务。

（2）内部资产交易

内部资产交易是指母公司与子公司、子公司与子公司相互之间发生的内部存货交易、内部固定资产交易、内部无形资产交易等。

①内部存货交易，包括内部存货的购进与销售、内购存货期末跌价准备的计提、因计提存货跌价准备产生的递延所得税等业务。

②内部固定资产交易，包括内部固定资产购进与销售、折旧的计提、减值准备的计提、因计提减值而产生递延所得税的核算、固定资产报废清理等。

③内部无形资产交易，包括内部无形资产购进与销售、对使用寿命可确定的无形资产进行摊销、无形资产减值测试与计提、因计提减值产生的递延所得税核算、无形资产报废等。

（3）内部债权债务

内部债权债务是指母公司与子公司、子公司与子公司相互之间因内部股权投资业务和内部资产交易而产生的债权债务。其内容包括：内部应收票据与应付票据；内部应收账款与应付账款；内部预付账款与预收账款；内部其他应收款与其他应付款；内部应收账款坏账准备的计提；与内部应收账款计提坏账准备相关的递延所得税；债权投资、其他债权投资与应付债券等。

2. 内部交易抵销应把握的原则

（1）整体性原则

整体性原则，是指将母公司与其控制的子公司组成的企业集团作为一个整体来看待，视为一个会计主体。站在这一会计主体的立场上编制的合并财务报表，只反映整个企业集团与外部交易形成的财务状况、经营状况和产生的现金流量等。集团内部母公司与子公司、子公司与子公司相互之间发生的经济业务对个别财务报表的影响应予以抵销。

（2）以个别财务报表为基础原则

以个别财务报表为基础原则，是指将内部交易抵销时应以母、子公司的个别财务报表为基础来进行。因为母公司与纳入合并范围的子公司，以及合并范围内子公司与子公司相互之间发生的经济业务，都反映在各自独立法人或会计主体的个别财务报表中，所以要将内部交易予以抵销，实际上是将发生的内部交易对个别财务报表项目和金额的影响予以剔除，并依据需要抵销的个别财务报表项目之间的对应关系来编制抵销分录。

（3）重要性原则

重要性原则，是指对内部交易抵销时，对重要的内部交易或对合并财务报表产生重大影响的内部交易予以抵销，对不重要的内部交易或对合并财务报表不产生重大影响或影响金额较小的内部交易不予抵销。因为合并财务报表是依据母公司和纳入合并范围的众多子公司的个别财务报表编制的，而母公司与众多子公司的经营活动范围广，内部交易复杂、量多，在编制合并抵销分录时必须有所取舍，所以，对不常发生、交易金额小，对企业集团整体财务状况、经营状况不产生影响或影响较小的内部交易，可以不编制抵销分录而直接编制合并财务报表。

（4）追溯抵销原则

追溯抵销原则，是指对内部交易的抵销要追溯到交易发生初期。例如，在将母公司对子公司的股权投资抵销前，首先要将母公司个别财务报表中的长期股权投资成本法追溯调整为权益法。追溯调整后，才能将内部股权投资业务予以抵销。

（5）分期处理原则

分期处理原则，是指对内部交易抵销时要区分前期发生的内部交易和当期发生的内部交易。对报告期以前期间发生的内部交易抵销时涉及损益的，要抵销报告期的期初留存收益；对报告期发生的内部交易抵销时涉及损益的，可直接抵销当期损益。例如，将前期内部应收款项提取的坏账准备抵销时，应借记“应收账款——坏账准备”，贷记“年初未分配利润”；将当期内部应收款项提取的坏账准备抵销时，应借记“应收账款——坏账准备”，贷记“信用减值损失”。

（6）相关性原则

相关性原则，是指对某一项内部交易抵销时，要将与该交易相关的所有业务事项进行抵销。例如，将内部存货交易抵销时，要将与存货业务相关的全部业务予以抵销，具体包括：将期初、期末存货价值中包含的未实现内部销售利润予以抵销；将因存货价值中包含的未实现内部销售利润抵销产生的递延所得税资产予以反映；将当期发生的全部内部销售收入予以抵销；将内部存货交易产生的内部应收款项予以抵销；将内部应收款项提取的坏账准备予以抵销；将因坏账准备计提产生的递延所得税资产予以抵销；将内部购销产生的现金流量予以抵销；将个别企业超过企业集团计提的存货跌价准备予以抵销；将与存货跌价准备抵销相关的递延所得税资产予以抵销等。

（7）存续性原则

存续性原则，是指对某一项内部交易抵销时，从这一交易发生开始到这一交易结束为止的整个存续期间，其对个别财务报表的影响都要抵销，不能中断。例如，对内部固定资产交易的抵销，就要将固定资产交易当期、使用期、报废期整个存续期间发生的全部业务予以抵销。

3. 分析内部交易抵销的步骤

第一步，站在个别企业的立场上，分析在内部交易发生当期，交易双方应如何进行账务处理，如何在个别财务报表中反映，影响到哪些报表项目。

第二步，站在企业集团的立场上，分析在内部交易发生当期，交易双方应如何进行账务处理，如何在合并财务报表中反映，分析应抵销的项目。

第三步，分析应抵销个别财务报表项目之间的对应关系，据以编制抵销分录。

[例 11-3]

母公司销售一批商品给甲子公司，售价 100 000 元，增值税销项税额 13 000 元，收到款项 113 000 元存入银行。该批商品成本为 70 000 元。甲子公司内购商品全部形成期末存货。

（1）站在个别企业的立场上，购销双方的账务处理及影响的报表项目见表 11-6。

表 11-6　**购销双方的账务处理及影响的报表项目**

母公司的账务处理及影响的报表项目	甲子公司的账务处理及影响的报表项目
借：银行存款　113 000 （现金流量表：经营活动产生的现金流量——销售商品、提供劳务收到的现金）（×） 贷：主营业务收入　100 000 （利润表：营业收入）（×） 应交税费　13 000 （资产负债表：应交税费）（√） 借：主营业务成本　70 000 （利润表：营业成本）（×） 贷：库存商品　70 000 （资产负债表：存货）（√）	借：库存商品　100 000 （资产负债表：存货） （√70 000，×30 000） 应交税费　13 000 （资产负债表：应交税费）（√） 贷：银行存款　113 000 （现金流量表：经营活动产生的现金流量——购买商品、接受劳务支付的现金）（×）

注：“√”表示应在合并报表中反映的项目和金额；“×”表示应予以抵销的项目和金额。

（2）站在企业集团的立场上，母公司与甲子公司属于同一会计主体的两个部门，它们之间的这一商品交易实际上是商品的内部调拨业务，商品既不会增值也不会减值，只是存放地点发生改变。在合并财务报表中，母公司应反映“存货（库存商品）”减少70 000元，甲子公司应反映“存货（库存商品）”增加70 000元。因为母、子公司的涉税业务属于集团对外业务，所以，母公司还应反映“应交税费（增值税销项税额）”增加13 000元，甲子公司还应反映“应交税费（增值税进项税额）”增加13 000元。其他不在合并财务报表中反映的项目都应予以抵销（如表11-6所示）。同时，合并财务报表中存货账面价值为70 000元，计税基础为100 000元，形成可抵扣暂时性差异30 000元，递延所得税资产7 500元（30 000×25%），应在合并财务报表中予以反映。这是因为，从税法的角度看，征税针对的是甲子公司这个法人，而不是母、子公司组成的非法人单位。甲子公司内购商品的入账价值100 000元，就是税法对商品存货的计税基础。

总之，合并财务报表中只反映企业集团与外部的商品交易，不反映企业集团内部的商品交易。

（3）分析表11-6中需要抵销的母、子公司报表项目之间的对应关系发现：

①母公司利润表中“营业收入”“营业成本”项目反映的未实现内部销售利润与甲子公司资产负债表中“存货”项目价值中包含的未实现内部销售利润之间发生对应关系，据以编制抵销分录如下：

借：营业收入　　100 000
　贷：营业成本　　70 000
　　　存货　　30 000

由于将存货价值中包含的未实现内部销售利润30 000元予以抵销，导致合并财务报表中存货的账面价值低于其计税基础产生可抵扣暂时性差异30 000元，进而产生递延所得税资产7 500元，应在合并财务报表中予以反映：

借：递延所得税资产　　7 500
　贷：所得税费用　　7 500

②母公司现金流量表中“经营活动产生的现金流量——销售商品、提供劳务收到的现金”项目与甲子公司现金流量表中“经营活动产生的现金流量——购买商品、接受劳务支付的现金”项目发生对应关系，据以编制抵销分录如下：

借：经营活动产生的现金流量——购买商品、接受劳务支付的现金　113 000
　贷：经营活动产生的现金流量——销售商品、提供劳务收到的现金　113 000

（二）内部股权投资的抵销

内部股权投资的抵销

1. 内部股权投资的抵销内容

从个别企业的角度看，母公司对子公司的长期股权投资按成本法进行了相关的账务处理，并在个别财务报表中进行了反映；子公司相应进行了接受投资及相关业务的账务处理，也在个别财务报表中进行了反映。

从企业集团的角度看，母公司对子公司的股权投资实际上相当于母公司将资本拨付给下属核算单位，母公司和子公司均无须进行相关账务处理，整个企业集团的资产、负债和所有者权益也不会发生增减变动。所以，在编制合并财务报表时，应将母公司对子公司的内部股权投资业务对个别财务报表的影响予以抵销。

依据母、子公司原对内部股权投资进行账务处理所涉及的相关项目之间的对应关系，应编制的抵销分录包括母公司长期股权投资与子公司所有者权益项目的抵销、母公司投资收益与子公司利润分配项目的抵销、其他应收款与其他应付款项目的抵销、长期股权投资减值准备项目的抵销以及由此产生的递延所得税的抵销、投资活动产生的现金流量与筹资活动产生的现金流量项目的抵销等。

2. 内部股权投资的抵销分录及原理

（1）母公司长期股权投资与子公司所有者权益的抵销分录及原理

抵销分录：

借：实收资本
　　资本公积
　　盈余公积
　　其他综合收益
　　年末未分配利润
　　商誉
　贷：长期股权投资
　　　少数股东权益

抵销原理：

①母公司对子公司的投资属于内部交易，应予以抵销。

②由于母公司将长期股权投资由成本法调整为权益法后，长期股权投资反映了享有子公司所有者权益的份额，母公司长期股权投资与子公司所有者权益项目发生对应关系，所以编制上述抵销分录。

③抵销时，如果长期股权投资金额大于享有的子公司所有者权益份额，其差额表现为商誉，在合并报表中应单独反映。

④如果子公司是母公司的非全资子公司，在合并报表中应单独反映少数股东权益。

（2）母公司投资收益与子公司利润分配的抵销分录及原理

抵销分录：

借：投资收益
　　少数股东损益
　　年初未分配利润
　贷：提取盈余公积
　　　对所有者（或股东）的分配
　　　年末未分配利润

抵销原理：

①母公司利润表中有享有子公司利润，将母公司利润表与子公司利润表简单合并时，利润相关项目就会有重复，因此，应将母公司按权益法核算的享有子公司利润（即母公司利润表中的“投资收益”项目）予以抵销。

②母公司所有者权益变动表中有享有子公司利润而分配的金额，将母公司所有者权益变动表与子公司所有者权益变动表合并时，利润分配项目就会有重复，因此，应将子公司所有者权益变动表中的利润分配项目予以抵销。

③子公司所有者权益变动表中存在关系式：年初未分配利润+本年利润（母公司享有子公司投资收益+少数股东享有子公司收益）=当年利润分配金额+年末未分配利润。依据这一关系式所体现的项目之间的对应关系编写上述抵销分录。

（3）母公司应收股利与子公司应付股利的抵销分录及原理

抵销分录：

借：其他应付款

　贷：其他应收款

抵销原理：

母公司对子公司股权投资产生的债权债务，属于内部股权投资相关联的结算业务，应予以抵销。

（4）长期股权投资减值准备的抵销分录及原理

抵销分录：

借：长期股权投资——减值准备

　贷：年初未分配利润

　　　资产减值损失

抵销原理：

母公司已将内部股权投资抵销，因此，对长期股权投资计提的减值准备也应予以抵销。

（5）与长期股权投资减值准备抵销相关的递延所得税的抵销分录及原理

抵销分录：

借：年初未分配利润

　　所得税费用

　贷：递延所得税资产

抵销原理：

母公司已将因内部股权投资计提的减值准备予以抵销，与长期股权投资减值准备抵销相关的递延所得税也应予以抵销。

（6）内部股权投资产生的现金流量的抵销分录及原理

抵销分录：

借：投资活动产生的现金流量——投资支付的现金

　贷：筹资活动产生的现金流量——吸收投资收到的现金

借：筹资活动产生的现金流量——分配股利、利润或偿付利息支付的现金

　贷：投资活动产生的现金流量——取得投资收益收到的现金

抵销原理：

合并现金流量表只反映集团对外业务产生的现金流量，不反映集团内部业务产生的现金流量。

3. 内部股权投资的抵销案例

[例 11-4]

承［例 11-2］。2×21 年 1 月 1 日，A 公司以 3 600 000 元现金取得了 B 公司 80% 的控股权，属于非同一控制下的控股合并。B 公司当日可辨认净资产的公允价值为 4 500 000 元（假设可辨认净资产公允价值与账面价值相同），所有者权益构成情况是：实收资本 4 500 000 元，资本公积、盈余公积、未分配利润均为 0。投资后 A 公司与 B 公司形成母子公司关系。当年 A、B 公司分别实现净利润 200 000 元、100 000 元，A、B 公司的所得税税率均为 25%，A、B 公司均按净利润的 10% 提取法定盈余公积。2×21 年 12 月 31 日，A 公司计提长期股权投资减值准备 10 000 元，计提所得税时反映递延所得税资产 2 500 元。2×22 年 2 月，B 公司宣告分配 2×21 年现金股利 50 000 元，已发放。2×22 年度 A、B 公司分别实现净利润 287 095 元（母公司按净利润的 30% 向投资者分配）、167 649.41 元。2×22 年 12 月 31 日，A 公司计提长期股权投资减值准备 5 000 元，计提所得税时反映递延所得税资产 1 250 元。2×22 年 12 月 31 日，B 公司宣告分配 2×22 年现金股利 60 000 元，尚未支付。2×22 年年末，B 公司可辨认净资产的公允价值为 4 657 649.41 元，其中，实收资本 4 500 000 元，盈余公积 26 764.94 元，未分配利润 130 884.47 元。母公司 A 享有 B 公司净资产为 3 726 119.53 元，少数股东享有 B 公司净资产为 931 529.88 元。年末母公司长期股权投资总分类账户余额为 3 726 119.53 元。

针对上述内部股权投资业务，A 公司 2×22 年 12 月 31 日编制抵销分录如下：

（1）母公司 A 长期股权投资与子公司 B 所有者权益的抵销。

2×21 年年底，母公司 A 长期股权投资账面余额为 3 600 000 元，按权益法调整后长期股权投资余额为 3 680 000 元（3 600 000+100 000×80%）；2×22 年年底，母公司 A 长期股权投资账面余额仍为 3 600 000 元，按权益法调整后长期股权投资余额为 3 726 119.53 元（3 600 000+100 000×80%−50 000×80%+167 649.41×80%−60 000×80%）。

2×21 年年底，子公司 B 实收资本为 4 500 000 元，盈余公积为 10 000 元（100 000×10%），未分配利润为 90 000 元（100 000×90%），所有者权益总额为 4 600 000 元，其中母公司 A 享有 3 680 000 元（4 600 000×80%），少数股东享有 920 000 元（4 600 000×20%）；2×22 年年底，子公司 B 实收资本仍为 4 500 000 元，盈余公积为 26 764.94 元（10 000+167 649.41×10%），未分配利润为 130 884.47 元（167 649.41+90 000−167 649.41×10%−50 000−60 000），所有者权益总额为 4 657 649.41 元，其中母公司 A 享有 3 726 119.53 元（4 657 649.41×80%），少数股东享有 931 529.88 元（4 657 649.41×20%）。

根据分析结果，2×22 年 A 公司编制的合并抵销分录如下：

借：实收资本	4 500 000.00	
盈余公积	26 764.94	
年末未分配利润	130 884.47	
贷：长期股权投资		3 726 119.53
少数股东权益		931 529.88

(2) 母公司A投资收益与子公司B利润分配项目的抵销。

2×21年度，母公司A按成本法核算的投资收益为0，按权益法调整后投资收益为80 000元（100 000×80%）；2×22年度，母公司A按成本法核算的投资收益为88 000元（50 000×80%+60 000×80%），按权益法调整后投资收益为134 119.53元（167 649.41×80%）。

2×21年度，子公司B实现净利润100 000元，其中母公司A享有80 000元（100 000×80%），少数股东享有20 000元（100 000×20%）；子公司B利润分配中，提取法定盈余公积10 000元（100 000×10%），未分配利润为90 000元（100 000×90%）。2×22年度，子公司B实现净利润167 649.41元，其中母公司A享有134 119.53元（167 649.41×80%），少数股东享有33 529.88元（167 649.41×20%）；子公司B利润分配中，提取法定盈余公积16 764.94元（167 649.41×10%），应付股利110 000元，年末未分配利润为130 884.47元（167 649.41+90 000−16 764.94−50 000−60 000）。

根据分析结果，编制2×22年度合并财务报表时，应编制的抵销分录如下：

借：投资收益	134 119.53	
少数股东损益	33 529.88	
年初未分配利润	90 000.00	
贷：提取盈余公积		16 764.94
对所有者（或股东）的分配		110 000.00
年末未分配利润		130 884.47

(3) 应收股利与应付股利的抵销。

2×22年12月31日，母公司A“其他应收款——B公司”项目余额为48 000元（60 000×80%）；子公司B“其他应付款——A公司”项目余额为48 000元（60 000×80%）。其合并抵销分录如下：

借：其他应付款	48 000	
贷：其他应收款		48 000

(4) 长期股权投资减值准备的抵销。

2×22年12月31日，母公司A“长期股权投资减值准备”项目余额为15 000元。2×22年1月1日“长期股权投资减值准备”项目余额为10 000元，2×22年当年提取“长期股权投资减值准备”5 000元。其合并抵销分录如下：

借：长期股权投资——减值准备	15 000	
贷：年初未分配利润		10 000
资产减值损失		5 000

(5) 与长期股权投资减值准备相关的递延所得税的抵销。

2×22年12月31日，母公司A“递延所得税资产”项目余额为3 750元。2×22年1月1日“递延所得税资产”项目余额为2 500元，2×22年当年“递延所得税资产”项目发生额为1 250元。其合并抵销分录如下：

借：年初未分配利润	2 500	
所得税费用	1 250	
贷：递延所得税资产		3 750

（6）内部股权投资产生的现金流量的抵销。

2×21年度母公司A对子公司B长期股权投资，产生现金流出量3 600 000元；2×22年度母公司A收到子公司B发放的现金股利，产生现金流入量40 000元。

2×21年度子公司B收到母公司A投入资本，产生现金流入量3 600 000元；2×22年度子公司B向母公司A发放现金股利，产生现金流出量40 000元。

其合并抵销分录如下：

借：投资活动产生的现金流量——投资支付的现金　　3 600 000

　贷：筹资活动产生的现金流量——吸收投资收到的现金　　3 600 000

借：筹资活动产生的现金流量——分配股利、利润或偿付利息支付的现金　　40 000

　贷：投资活动产生的现金流量——取得投资收益收到的现金　　40 000

视野拓展

企业集团内部子公司之间的股权投资、企业集团成员企业之间的股权投资确认为交易性金融资产、其他权益工具投资的，相关的影响同样予以抵销。基本原理比照母公司对子公司股权投资的抵销。子公司持有母公司的长期股权投资，应当视为企业集团的库存股，在合并资产负债表中作为所有者权益的减项。

（三）内部债权债务的抵销

内部债权债务的抵销

1. 内部债权债务的抵销内容

内部债权债务主要产生于内部交易，如赊销或赊购资产、预销或预购资产、发行或购买债券、计提债券利息、被投资方宣告分配现金股利等，都会产生债权债务。

从个别企业的角度看，赊销资产方、预购资产方、购买债券方、股权投资方等，对内部交易产生的债权进行了相关的账务处理，并在个别资产负债表中进行了反映。赊购资产方、预销资产方、发行债券方、发行股票方或被投资方等，对内部交易产生的债务也进行了相关的账务处理，并在个别资产负债表中进行了反映。

从企业集团的角度看，将这些内部交易视为资产的内部调拨或资金的内部调拨，交易双方不需要进行内部收付结算，当然也不会产生内部债权债务。为此，编制合并报表时，应将这些内部债权与债务项目予以抵销。

依据内部债权与债务的对应关系，应编制的内部债权与债务项目的抵销分录主要包括：内部应收票据与应付票据的抵销、内部应收账款与应付账款的抵销、内部其他应收款与其他应付款的抵销、内部预付账款与预收账款的抵销、债权投资与应付债券的抵销、内部应收利息与应付利息的抵销、内部应收股利与应付股利的抵销、内部长期应收款与长期应付款的抵销、内部债权提取坏账准备的抵销、与内部债权提取坏账准备相关的递延所得税的抵销、内部债权债务产生的现金流量的抵销等。

2. 内部债权债务的抵销分录

（1）内部应收票据与应付票据的抵销

借：应付票据

　贷：应收票据

（2）内部应收账款与应付账款的抵销

借：应付账款

　贷：应收账款

（3）内部预付账款与预收账款的抵销

借：预收款项

　贷：预付款项

（4）坏账准备的抵销

在编制合并报表时，随着内部各项应收款项的抵销，也必须相应地将内部各项应收款项计提的坏账准备予以抵销。

以前各期计提坏账准备所增加的“信用减值损失”，对当期个别财务报表的影响集中体现在“年初未分配利润”项目上，其抵销分录为：借记各种“应收款项——坏账准备”，贷记“年初未分配利润”项目。

当期计提或转销的坏账准备所增加或减少的“信用减值损失”，对当期个别财务报表的影响体现在“信用减值损失”项目上，其抵销分录为：借记各种“应收款项——坏账准备”，贷记“信用减值损失”项目，或借记“信用减值损失”，贷记各种“应收款项——坏账准备”项目。

（5）与内部应收款项计提坏账准备相关的递延所得税的抵销

在对内部各种应收款项计提坏账准备的情况下，内部各种应收款项的账面价值低于其计税基础产生可抵扣暂时性差异，企业进行所得税会计处理时，应反映可抵扣暂时性差异对纳税的影响，借记“递延所得税资产”，贷记“所得税费用”，并在其个别财务报表中列示。

在编制合并财务报表时，随着内部各种应收款项项目的抵销，内部各种应收款项计提的坏账准备项目也随之抵销，合并财务报表中各种内部应收款项已不存在，由于内部各种应收款项账面价值与其计税基础不同产生的可抵扣暂时性差异对纳税的影响也不存在。因此，在编制合并财务报表时，还应将与内部各种应收款项相关的递延所得税项目予以抵销，其抵销分录为：借记“年初未分配利润”“所得税费用”，贷记“递延所得税资产”。

（6）债权投资与应付债券的抵销

对于内部债券交易，子公司通常进行了发行债券、计提应付债券利息和摊销债券溢价三个方面的账务处理，并将其反映在个别财务报表中；相应地，母公司通常进行了购买债券、计提应收债券利息和摊销债券溢价三个方面的账务处理，也将其反映在个别财务报表中。但从集团公司的角度看，此内部债券交易应视为资金的内部调拨，母、子公司之间不应进行任何账务处理，债券到期不需要偿还，也不需要计提利息，所以，对原母、子公司的账务处理及对个别财务报表的影响必须予以抵销。其抵销分录如下：

①债权投资与应付债券的抵销。

借：应付债券

　贷：债权投资

②债券利息的抵销。

借：投资收益

　贷：财务费用

在某些情况下，因债权投资而持有的企业集团内部债券并不是从发行债券的企业直接购买的，而是在证券市场上从第三者手中购买的。在这种情况下，债权投资与债券发行企业的应付债券抵销时，可能会出现差额。对于这种差额，在编制合并财务报表时应当计入投资收益项目。

如果债权投资发生减值而计提了减值准备，其抵销分录与长期股权投资减值准备的抵销分录大致相同，与此相关的递延所得税的抵销也同前所述，这里不再赘述。

（7）内部债权债务产生的现金流量的抵销

内部债权债务产生的现金流量，既有经营活动产生的现金流量，也有投资与筹资活动产生的现金流量。例如，收回应收票据、应收账款及取得预收账款收到的现金，属于经营活动产生的现金流量中的“销售商品、提供劳务收到的现金”；偿还应付票据、应付账款及预付账款支付的现金，属于经营活动产生的现金流量中的“购买商品、接受劳务支付的现金”；收回其他应收款主要属于经营活动产生的现金流量中的“收到其他与经营活动有关的现金”；偿还其他应付款主要属于经营活动产生的现金流量中的“支付其他与经营活动有关的现金”；购买准备持有至到期的债券付出的现金，属于投资活动产生的现金流量中的“投资支付的现金”；发行债券收到的现金，属于筹资活动产生的现金流量中的“吸收投资收到的现金”；收取应收股利、应收利息属于投资活动产生的现金流量中的“取得投资收益收到的现金”；支付应付股利、应付利息属于筹资活动产生的现金流量中的“分配股利、利润或偿付利息支付的现金”。

从个别企业的角度看，因内部债权债务结算产生的现金流量也属于企业现金流量的一部分，应同外部债权债务结算产生的现金流量一并反映在个别现金流量表上。但从企业集团的角度看，内部债权债务结算产生的现金流量属于现金项目之间的此增彼减，不会对整个企业集团的现金流量产生任何影响，因此，应将内部债权债务结算对个别现金流量表的影响予以抵销。其抵销分录如下：

①销售商品收到的现金与购买商品支付的现金的抵销。

借：经营活动产生的现金流量——购买商品、接受劳务支付的现金

　贷：经营活动产生的现金流量——销售商品、提供劳务收到的现金

②收到其他与经营活动有关的现金与支付其他与经营活动有关的现金的抵销。

借：经营活动产生的现金流量——支付其他与经营活动有关的现金

　贷：经营活动产生的现金流量——收到其他与经营活动有关的现金

③吸收投资收到的现金与投资支付的现金的抵销。

借：投资活动产生的现金流量——投资支付的现金

　贷：筹资活动产生的现金流量——吸收投资收到的现金

④取得投资收益收到的现金与分配股利、利润或偿付利息支付的现金的抵销。

借：筹资活动产生的现金流量——分配股利、利润或偿付利息支付的现金

　贷：投资活动产生的现金流量——取得投资收益收到的现金

3. 内部债权债务的抵销案例

[例 11-5]

承［例 11-2］。2×22年12月31日，母公司A个别资产负债表所载项目中与子公司B有关的情况如下：应收票据260 000元中有90 000元为子公司B当年发生的应付票据；应收账款900 000元中有100 000元（其中，年初余额80 000元，当年发生额20 000元）为子公司B的应付账款；预付款项80 000元中有10 000元为子公司B当年发生的预收账款；债权投资113 000元为子公司B的应付债券（该债券系2×22年1月1日子公司B发行的面值1 000 000元、票面利率5%、期限5年、发行价格1 100 000元的债券。母公司A购入子公司B所发行债券的10%。假定母、子公司均采用直线法对溢价额进行摊销）。母公司A年末对各项应收款项按1%计提坏账准备。

母公司A在编制2×22年度合并财务报表时的合并抵销分录如下：

（1）内部应收票据与应付票据的抵销。

借：应付票据　　90 000

　贷：应收票据　　90 000

（2）内部应收账款与应付账款的抵销。

借：应付账款　　100 000

　贷：应收账款　　100 000

（3）内部预付款项与预收款项的抵销。

借：预收款项　　10 000

　贷：预付款项　　10 000

（4）坏账准备的抵销。

母公司A内部应收账款2×22年年初余额为80 000元，相对应的年初坏账准备的余额为800元；母公司A在2×22年新增内部应收账款20 000元、内部应收票据90 000元、内部预付款项10 000元，按照计提比例1%，当年计提坏账准备1 200元。则年末坏账准备余额为2 000元。

①前期计提坏账准备的抵销。

借：应收账款——坏账准备　　800

　贷：年初未分配利润　　800

②当期计提坏账准备的抵销。

借：应收账款——坏账准备　　200

　　应收票据——坏账准备　　900

　　预付款项——坏账准备　　100

　贷：信用减值损失　　1 200

（5）与内部应收款项计提坏账准备相关的递延所得税的抵销。

母公司A“坏账准备”项目期初余额为800元，期末余额为2 000元，当期发生额为1 200元。与计提坏账准备相关的“递延所得税资产”的期初余额应为200元，期末余额应为500元，当期发生额应为300元。其合并抵销分录如下：

借：年初未分配利润　　200
　　所得税费用　　300
　贷：递延所得税资产　　500

（6）债权投资与应付债券的抵销。

2×22年1月1日母公司A以银行存款110 000元从子公司B购得面值100 000元、票面利率5%、期限5年的债券。2×22年12月31日，母公司计提债券利息5 000元，摊销溢价额2 000元。其抵销分录如下：

①债权投资与应付债券的抵销。

借：应付债券　　113 000
　贷：债权投资　　113 000

②债券利息的抵销。

借：投资收益　　3 000
　贷：财务费用　　3 000

（7）内部债权债务产生的现金流量的抵销。

2×22年1月1日母公司A以银行存款110 000元购入子公司B发行的债券，对于母公司A来说因投资而支付现金，对于子公司B来说因吸收投资而收到现金。但从企业集团的角度看，此交易属于资金的内部调拨，不会产生现金流量。所以，应将此交易对个别现金流量表的影响予以剔除。

借：投资活动产生的现金流量——投资支付的现金　　110 000
　贷：筹资活动产生的现金流量——吸收投资收到的现金　　110 000

（四）内部资产交易的抵销

内部资产交易的抵销主要包括内部商品交易的抵销、内部存货跌价准备及相关递延所得税的抵销、内部固定资产交易及相关递延所得税的抵销、内部无形资产交易及相关递延所得税的抵销等。

1. 内部商品交易的抵销

（1）内部商品交易的抵销原理与内容

内部商品交易及存货跌价准备的抵销

从个别企业的角度看，企业集团内部各企业之间进行商品交易时，作为内部销货方，在当期进行了与商品销售有关的账务处理，并在个别财务报表中进行了反映。作为内部购货方，其购进目的可能是用于对外销售，也可能是内部使用。在购货方将内部购进商品用于对外销售时，在当期既进行了与商品购进有关的账务处理，也进行了对外销售商品的账务处理，并在个别财务报表中进行了反映。

从企业集团的角度看，集团内部企业之间的商品购销活动实际上相当于一个企业内部的物资调拨活动，既不需要反映销售，也不需要反映购进，既不会实现销售利润，也不会增加商品价值，既不需要进行款项收付结算，也不会产生现金流量，所以应将内部交易双方的原账务处理对个别财务报表相关项目的影响予以抵销。内部商品交易涉及的内部债权债务项目的抵销已在前面述及，这里主要叙述内部商品交易涉及的营业收入、营业成本、年初未分配利润及存货项目的抵销。关于内部购货方将其购进的商品作为固定资产使用的抵销将在后面的内容中叙述。

在购货方将内部购进商品用于对外销售时，可能会出现以下三种情况：第一种情况是内部购进商品全部实现对外销售；第二种情况是内部购进商品全部未实现对外销售，形成期末存货；第三种情况是内部购进商品部分实现对外销售，部分形成期末存货。

在第一种情况下，对于销货方来说，在当期进行销售的相关账务处理，并在个别资产负债表、个别利润表、个别现金流量表中进行反映；对于购货方来说，既要反映购进，又要反映销售，也在个别资产负债表、个别利润表、个别现金流量表中进行反映。也就是说，对同一批商品，销货方和购货方都反映了销售，都在个别利润表中反映了销售收入、销售成本和销售利润。但从企业集团整体来看，这批商品只实现了一次销售，其销售收入是购货方销售该商品的销售收入，销售成本是销货方销售该商品的成本。销货方销售该商品的收入属于内部销售收入，相应地，购货方销售该商品的成本则属于内部销售成本。因此，在编制合并财务报表时，就必须将重复反映的内部销售收入和内部销售成本予以抵销。

第一种情况的抵销分析与抵销分录见表 11-7。

表 11-7　　**第一种情况“内部购进商品全部实现对外销售”的抵销分析与分录**

分析步骤	内部销售方	内部购买方
从个别企业的角度看	借：银行存款　33 900（×） 　贷：主营业务收入　30 000（×） 　　　应交税费　3 900（√） 借：主营业务成本　20 000（√） 　贷：库存商品　20 000（√）	借：库存商品　30 000 　（√20000，×10 000） 　应交税费　3 900（√） 　贷：银行存款　33 900（×） 借：银行存款　45 200（√） 　贷：主营业务收入　40 000（√） 　　　应交税费　5 200（√） 借：主营业务成本　30 000（×） 　贷：库存商品　30 000 　　（√20 000，×10 000）
从企业集团的角度看	“√”表示应在合并报表中反映的项目和金额；“×”表示应予以抵销的项目和金额	“√”表示应在合并报表中反映的项目和金额；“×”表示应予以抵销的项目和金额
编制抵销分录	借：营业收入　30 000（当期全部内销收入） 　贷：营业成本　30 000（当期全部内销收入） 借：经营活动产生的现金流量——购买商品、接受劳务支付的现金　33 900 　贷：经营活动产生的现金流量——销售商品、提供劳务收到的现金　33 900	

在第二种情况下，对于销货方来说，同样是按一般销售业务确认销售收入、结转销售成本、计算销售利润，并在个别资产负债表、个别利润表、个别现金流量表中进行反映。对于购货方来说，则将支付给销货方的价款作为存货成本入账。因为未对集团外销售而全部形成期末存货，并在个别资产负债表中进行了反映，所以存货价值中包含销货方的销售毛利。但对于企业集团来说，这一内部购销业务实际上只是商品存放地点发生了变动，并没有真正实现对外销售，不应确认销售收入、结转销售成本以及计算销售利润，存货也不

会增值。因此，在编制合并财务报表时，应将销货方的内部销售收入、内部销售成本和购货方存货价值中包含的未实现内部销售利润予以抵销。因将期末存货价值中包含的未实现内部销售利润抵销，造成合并报表中存货的账面价值低于其计税基础，产生可抵扣暂时性差异，形成递延所得税资产，对此也应予以反映。

内部购货方当期形成的期末存货，即为下期期初存货，在下期编制合并抵销分录时，首先应将期初存货价值中包含的未实现内部销售利润予以抵销。当期初存货在当期未实现外销时，其抵销分录为“借：年初未分配利润，贷：存货”；当期初存货在当期实现外销时，其抵销分录为“借：年初未分配利润，贷：营业成本”。但期初存货在当期有多少实现外销、有多少未实现外销而形成期末存货是不好区分的，因此，一般先假设期初存货全部实现外销，倘若有一部分期初存货未实现外销，可在抵销期末存货中包含的未实现内部销售利润时再进行调整。将期初存货价值中包含的未实现内部销售利润进行抵销的分录为“借：年初未分配利润（销货方），贷：营业成本（购货方）”。

第二种情况的抵销分析与抵销分录见表11-8。

表11-8　**第二种情况“内部购进商品全部形成期末存货”的抵销分析与分录**

<table>
<tr><th>分析步骤</th><th>内部销售方</th><th>内部购买方</th></tr>
<tr><td>从个别企业的角度看</td><td>借：银行存款　33 900（×）
　贷：主营业务收入　30 000（×）
　　应交税费　3 900（√）
借：主营业务成本　20 000（×）
　贷：库存商品　20 000（√）</td><td>借：库存商品　30 000
　（√20 000，×10 000）
　应交税费　3 900（√）
　贷：银行存款　33 900（×）</td></tr>
<tr><td>从企业集团的角度看</td><td>“√”表示应在合并报表中反映的项目和金额；“×”表示应予以抵销的项目和金额</td><td>“√”表示应在合并报表中反映的项目和金额；“×”表示应予以抵销的项目和金额</td></tr>
<tr><td>编制抵销分录</td><td colspan="2">（1）借：营业收入　30 000（当期全部内销收入）
　　贷：营业成本　20 000（当期全部内销成本）
　　　存货　10 000（当期期末存货中包含的未实现内部销售利润）
或者：
借：营业收入　30 000（当期全部内销收入）
　贷：营业成本　30 000（当期全部内销收入）
借：营业成本　10 000（当期期末存货中包含的未实现内部销售利润）
　贷：存货　10 000（当期期末存货中包含的未实现内部销售利润）
（2）借：递延所得税资产　2 500
　　贷：所得税费用（10 000×25%）　2 500
（3）借：经营活动产生的现金流量——购买商品、接受劳务支付的现金　33 900
　　贷：经营活动产生的现金流量——销售商品、提供劳务收到的现金　33 900</td></tr>
</table>

在第三种情况下，可以将内部购进的商品分为两部分来理解：一部分为当期购进并全部实现对外销售；另一部分为当期购进但未实现对外销售，形成期末存货。其抵销分录就是第一种情况和第二种情况下抵销分录的合并分录。

在编制抵销分录时，可以不分三种情况，而将这三种情况概括为一种情况，即内部购进商品部分外销，部分形成期末存货。综合抵销内容与分录如下：

①将期初存货价值中包含的未实现内部销售利润予以抵销。

借：年初未分配利润

　贷：营业成本

②将本期内部销售收入予以抵销。

借：营业收入

　贷：营业成本

③将期末存货价值中包含的未实现内部销售利润予以抵销。

借：营业成本

　贷：存货

④将内部购销产生的现金流量予以抵销。

借：经营活动产生的现金流量——购买商品、接受劳务支付的现金

　贷：经营活动产生的现金流量——销售商品、提供劳务收到的现金

⑤因将期初、期末存货价值中包含的未实现内部销售利润予以抵销而产生的递延所得税予以反映。

经过上述抵销后，合并财务报表中存货的账面价值为企业集团成本，存货账面价值不再包含未实现内部销售利润。但是，因为所得税是以独立的法人实体为对象计征的，而不是以企业集团这一会计主体为对象计征的，所以，存货的计税基础是内部购货方个别财务报表中的账面价值，即包含未实现内部销售利润的存货的账面价值是税法中存货的计税基础。在编制合并财务报表时，由于存在存货账面价值与其计税基础不同产生的暂时性差异对纳税的影响，因此应在合并资产负债表中确认一项递延所得税资产或递延所得税负债，同时调整合并利润表中的所得税费用。

借：递延所得税资产

　贷：年初未分配利润

　　　所得税费用

（2）内部商品交易的抵销案例

［例 11-6］

承［例11-2］。2×21年12月，母公司A销售一批商品给子公司B，售价为80 000元，成本价为60 000元，货款尚未结算。子公司B购进的该批商品全部形成期末存货。2×22年，母公司A又向子公司B销售一批商品，售价为120 000元，当即收到现金100 000元，其余20 000元待收，该批商品成本价为90 000元。子公司B在2×22年对外销售价款为150 000元，成本价为100 000元，期末结存内购存货的成本为100 000元。母公司A对子公司B的销售毛利率为25%。

依据上述资料，应编制如下合并抵销分录：

①将期初存货价值中包含的未实现内部销售利润予以抵销。

借：年初未分配利润	20 000	
贷：营业成本		20 000

②将本期内部销售收入予以抵销。

借：营业收入　120 000

　贷：营业成本　120 000

③将期末存货价值中包含的未实现内部销售利润予以抵销。

借：营业成本　25 000

　贷：存货　25 000

④将内部购销产生的现金流量予以抵销。

借：经营活动产生的现金流量——购买商品、接受劳务支付的现金　100 000

　贷：经营活动产生的现金流量——销售商品、提供劳务收到的现金　100 000

⑤因将期初、期末存货价值中包含的未实现内部销售利润予以抵销而产生的递延所得税予以反映。

对子公司B来说，2×22年期初存货账面价值与其计税基础均为80 000元，期末存货的账面价值与其计税基础均为100 000元。从企业集团的角度看，通过上述合并抵销处理，合并资产负债表中期初、期末存货的账面价值为60 000元、75 000元。而从税法的角度看，期初、期末存货的计税基础分别为80 000元、100 000元。期初、期末存货的账面价值与其计税基础的差异正好为抵销的期初、期末存货价值中包含的未实现内部销售利润20 000元、25 000元。为此，编制合并财务报表时还应确认一项递延所得税资产。其抵销分录如下：

借：递延所得税资产（25 000×25%）　6 250

　贷：年初未分配利润（20 000 ×25%）　5 000

　　所得税费用（（25 000-20 000）×25%）　1 250

内部商品购销产生的债权债务的抵销已在前面述及。

2. 内部存货跌价准备及相关递延所得税的抵销

（1）内部存货跌价准备及相关递延所得税的抵销原理

依据《企业会计准则第1号——存货》的规定，资产负债表日，存货应当按照成本与可变现净值孰低计量，当存货成本高于可变现净值时，应当计提存货跌价准备，计入当期损益。企业通常应当按照单个存货项目计提存货跌价准备。

商品的可变现净值是指在日常活动中，存货的估计售价减去至完工时估计将要发生的成本、估计的销售费用以及相关税费后的金额。某一商品的可变现净值，对于企业集团和持有该商品的内部购货方来说都是一样的。但就某一商品的取得成本而言，对于持有该内部购进商品的购货方来说，其取得成本是内部销货方的售价，包括销货方从集团外部购买该商品的成本或生产该商品的生产成本和未实现内部销售利润两部分；而对于企业集团来说，其取得成本只是销货方从集团外部购买该商品的成本或生产该商品的生产成本。因此，站在内部购货方立场上计提的存货跌价准备以及因计提跌价准备产生的递延所得税资产和站在企业集团立场上计提的存货跌价准备以及因计提跌价准备产生的递延所得税资产二者的结果是不一样的，主要区别在于内部购货方计提的存货跌价准备中包含未实现内部销售利润。合并财务报表中反映的应当是站在企业集团立场上计提的存货跌价准备以及因计提跌价准备产生的递延所得税资产，也就是将商品可变现净值与对企业集团而言的商品取得成本进行比较从而计提的存货跌价准备以及因计提跌价准备产生的递延所得税资产。所以，在编制合并财务报表时，应将内部购货方计提的存货跌价准备中包含的未实现内部销售利润予以抵销，同时将与其相关的递延所得税资产予以抵销。对内部存货跌价准备及相关递延所得税的抵销可用表11-9中的数据简要说明。

表11-9　**内部存货跌价准备及相关递延所得税抵销的数据说明**　单位：元

企业	货物成本	内购货物包含的未实现内部销售利润	可变现净值三种情形假设	三种情形下双方应计提的存货跌价准备金额	三种情形下存货跌价准备应抵销的金额	三种情形下双方因计提跌价准备产生的递延所得税资产金额	三种情形下应抵销的递延所得税资产金额
内部购货方	10 000	2 000	（1）9 000 （2）8 000 （3）7 000	（1）1 000 （2）2 000 （3）3 000	（1）1 000 （2）2 000 （3）2 000	（1）250 （2）500 （3）750	（1）250 （2）500 （3）500
企业集团	8 000		（1）9 000 （2）8 000 （3）7 000	（1）0 （2）0 （3）1 000		（1）0 （2）0 （3）250	

（2）内部存货跌价准备及相关递延所得税的抵销规律

综上所述，可总结得出内部存货跌价准备及相关递延所得税的抵销规律。

①当购货方计提的存货跌价准备余额≤期末存货价值中包含的未实现内部销售利润时，应将购货方计提的存货跌价准备全额予以抵销，相应地，与计提存货跌价准备相关的递延所得税资产也应予以抵销。

②当购货方计提的存货跌价准备余额>期末存货价值中包含的未实现内部销售利润时，只将存货跌价准备中相当于未实现内部销售利润的部分予以抵销，相应地，与计提存货跌价准备相关的递延所得税资产也应只抵销相当于未实现内部销售利润部分对纳税的影响额。

（3）内部存货跌价准备及相关递延所得税的抵销分录

在编制内部存货跌价准备及相关递延所得税资产抵销分录时，应区分以前会计期间和本会计期间两个时间段来进行。对以前会计期间计提的存货跌价准备进行抵销时，应借记“存货——跌价准备”项目，贷记“年初未分配利润”项目；对本期计提或转回的存货跌价准备进行抵销时，应借记或贷记“存货——跌价准备”项目，贷记或借记“资产减值损失”项目。对以前会计期间与计提存货跌价准备相关的递延所得税资产进行抵销时，应借记“年初未分配利润”，贷记“递延所得税资产”；对本期与计提或转回的存货跌价准备相关的递延所得税资产进行抵销时，应借记或贷记“所得税费用”项目，贷记或借记“递延所得税资产”项目。

（4）内部存货跌价准备及相关递延所得税的抵销案例

［例 11-7］

2×19 年至 2×23 年某购货方与某企业集团计提存货跌价准备情况见表 11-10。

表 11-10　2×19 年至 2×23 年某购货方与某企业集团计提存货跌价准备情况　单位：元

项目	2×19 年	2×20 年	2×21 年	2×22 年	2×23 年
购货方内购形成的期末存货成本	50 000	80 000	60 000	40 000	20 000
未实现内部销售利润	10 000	20 000	15 000	10 000	8 000
企业集团取得该部分存货成本	40 000	60 000	45 000	30 000	12 000
存货可变现净值	48 000	75 000	40 000	28 000	14 000
购货方存货跌价准备期末余额	2 000	5 000	20 000	12 000	6 000
购货方存货跌价准备当期发生额	2 000	3 000	15 000	−8 000	−6 000
企业集团存货跌价准备期末余额	0	0	5 000	2 000	0
企业集团存货跌价准备当期发生额	0	0	5 000	−3 000	−2 000

2×19 年至 2×23 年存货跌价准备及相关递延所得税的合并抵销分录见表 11-11、表 11-12。

表 11-11　2×19 年至 2×23 年存货跌价准备的合并抵销分录　单位：元

2×19 年	2×20 年	2×21 年	2×22 年	2×23 年
借：存货——跌价准备　2 000	借：存货——跌价准备　2 000	5 000	15 000	10 000
贷：资产减值损失　2 000	贷：年初未分配利润　2 000	5 000	15 000	10 000
	借：存货——跌价准备　3 000	10 000	−5 000	−4 000
	贷：资产减值损失　3 000	10 000	−5 000	−4 000

表 11-12　2×19 年至 2×23 年与内部存货跌价准备相关的递延所得税的抵销分录　单位：元

2×19 年	2×20 年	2×21 年	2×22 年	2×23 年
借：所得税费用　500	借：未分配利润　500	1 250	3 750	2 500
贷：递延所得税资产　500	贷：递延所得税资产　500	1 250	3 750	2 500
	借：所得税费用　750	2 500	−1 250	−1 000
	贷：递延所得税资产　750	2 500	−1 250	−1 000

3. 内部固定资产交易及相关递延所得税的抵销

（1）内部固定资产交易及相关递延所得税的抵销概述

内部固定资产交易的抵销

内部固定资产交易的类型有三种：第一种类型是企业集团内某企业将自身使用的固定资产变卖给企业集团内其他企业作为固定资产使用；第二种类型是企业集团内某企业将自身生产的产品销售给企业集团内其他企业作为固定资产使用；第三种类型是企业集团内某企业将自身使用的固定资产变卖给企业集团内其

他企业作为普通商品销售。其中第一种类型和第三种类型很少发生，尤其是第三种类型几乎不发生，大量发生的是第二种类型。所以，本部分主要以第二种类型为例来说明内部固定资产交易的抵销。

内部固定资产交易的抵销处理可分三个时间段来进行：一是内部固定资产交易发生当期的抵销处理；二是内部交易固定资产使用期间的抵销处理；三是内部交易固定资产清理期间的抵销处理。

内部固定资产交易抵销包括以下内容：一是将固定资产原价中包含的未实现内部销售利润予以抵销；二是将以前期间和当期多计提的折旧予以抵销；三是将固定资产原价中包含的未实现内部销售利润抵销而产生的递延所得税予以反映；四是将计提的固定资产减值准备小于或等于固定资产原价中包含的未实现内部销售利润的部分予以抵销；五是将固定资产减值准备抵销相关的递延所得税资产予以抵销；六是将内部固定资产交易产生的现金流量予以抵销等。

（2）内部固定资产交易发生当期的抵销处理

从个别企业的角度看，企业集团内部企业之间进行固定资产交易时，作为销售方进行了与销售产品或变卖固定资产有关的账务处理，并在个别财务报表中进行了反映；作为购买方进行了与购进固定资产、计提固定资产折旧有关的账务处理，也在个别财务报表中进行了反映。

从企业集团的角度看，这种内部固定资产交易只是固定资产的内部转移，既没有实现销售利润，也不能增加固定资产的价值。所以，在编制合并财务报表时，应将销售方的营业收入、营业成本或资产处置收益等予以抵销，将购买方的固定资产原价中包含的未实现内部销售利润、多计提的折旧、多计的管理费用以及由此产生的递延所得税等予以抵销，将内部固定资产交易产生的现金流量予以抵销。

［例 11–8］

承［例 11–2］。2×22 年 1 月 1 日，母公司 A 将其生产的产品销售给子公司 B 作为管理用固定资产，产品售价为 200 000 元，成本价为 150 000 元，当即收到款项，存入银行。子公司 B 对该固定资产按直线法计提折旧，折旧期限为 5 年，预计净残值为 0。为简化抵销处理，对该固定资产从购买日起计提折旧。

2×22 年 12 月 31 日，母公司 A 应编制如下抵销分录：

①将母公司 A 营业收入、营业成本和子公司 B 固定资产原价中包含的未实现内部销售利润予以抵销。

借：营业收入	200 000	
贷：营业成本		150 000
固定资产——原价		50 000

②将子公司 B 当年多提的折旧予以抵销。

子公司 B 当年多提的折旧=50 000÷5=10 000（元）

借：固定资产——累计折旧	10 000	
贷：管理费用		10 000

③将内部固定资产交易产生的现金流量予以抵销。

借：投资活动产生的现金流量——购建固定资产、无形资产和其他长期资产支付的现金　　200 000

　贷：经营活动产生的现金流量——销售商品、提供劳务收到的现金　　200 000

④将固定资产原价中包含的未实现内部销售利润抵销而产生的递延所得税予以反映。

经过上述抵销后，合并财务报表中固定资产账面价值不再包含未实现内部销售利润。但由于所得税是以独立的法人实体为对象计征的，而不是以企业集团这一会计主体为对象计征的，所以，固定资产的计税基础是内部购货方个别财务报表中的账面价值，即包含未实现内部销售利润的固定资产的账面价值是税法上固定资产的计税基础。为此，在编制合并财务报表时，由于存在固定资产账面价值与其计税基础不同产生的暂时性差异对纳税的影响，应在合并资产负债表中确认一项递延所得税资产，同时调整合并利润表中的所得税费用。

合并报表中固定资产的账面价值=150 000-30 000=120 000（元）

合并报表中固定资产的计税基础=200 000-40 000=160 000（元）

合并报表中固定资产相关的可抵扣暂时性差异=120 000-160 000=-40 000（元）

合并报表中应确认的递延所得税资产=40 000×25%=10 000（元）

借：递延所得税资产　　10 000

　贷：所得税费用　　10 000

（3）内部交易固定资产使用期间的抵销处理

[例 11-9]

承［例 11-8］。第二年编制合并报表时，母公司 A 应编制如下抵销分录：

①将购买方固定资产原价中包含的未实现内部销售利润和销售方期初未分配利润中包含的未实现内部销售利润予以抵销。

借：年初未分配利润　　50 000

　贷：固定资产——原价　　50 000

②将购买方期初累计折旧和期初未分配利润中包含的以前会计期间多提的折旧和多计的费用予以抵销。

借：固定资产——累计折旧　　10 000

　贷：年初未分配利润　　10 000

③将购买方当期累计折旧和费用项目中包含的当期多提的折旧和多计的费用予以抵销。

借：固定资产——累计折旧　　10 000

　贷：管理费用　　10 000

④将固定资产原价中包含的未实现内部销售利润抵销而产生的递延所得税予以反映。

合并报表中固定资产的账面价值=150 000−60 000=90 000（元）

合并报表中固定资产的计税基础=200 000−80 000=120 000（元）

合并报表中固定资产相关的可抵扣暂时性差异=90 000−120 000=−30 000（元）

合并报表中应确认的递延所得税资产=30 000×25%=7 500（元）

年初递延所得税资产余额=10 000元

借：递延所得税资产　　10 000

　贷：年初未分配利润　　10 000

借：所得税费用　　2 500

　贷：递延所得税资产　　2 500

第三年编制合并报表时，母公司A应编制如下抵销分录：

①将购买方固定资产原价中包含的未实现内部销售利润和销售方期初未分配利润中包含的未实现内部销售利润予以抵销。

借：年初未分配利润　　50 000

　贷：固定资产——原价　　50 000

②将购买方期初累计折旧和期初未分配利润中包含的以前会计期间多提的折旧和多计的费用予以抵销。

借：固定资产——累计折旧　　20 000

　贷：年初未分配利润　　20 000

③将购买方当期累计折旧和费用项目中包含的当期多提的折旧和多计的费用予以抵销。

借：固定资产——累计折旧　　10 000

　贷：管理费用　　10 000

④将固定资产原价中包含的未实现内部销售利润抵销而产生的递延所得税予以反映。

合并报表中固定资产的账面价值=150 000−90 000=60 000（元）

合并报表中固定资产的计税基础=200 000−120 000=80 000（元）

合并报表中固定资产相关的可抵扣暂时性差异=60 000−80 000=−20 000（元）

合并报表中应确认的递延所得税资产=20 000×25%=5 000（元）

年初递延所得税资产余额=7 500元

借：递延所得税资产　　7 500

　贷：年初未分配利润　　7 500

借：所得税费用　　2 500

　贷：递延所得税资产　　2 500

第四年编制合并报表时，母公司A应编制如下抵销分录：

①将购买方固定资产原价中包含的未实现内部销售利润和销售方期初未分配利润中包含的未实现内部销售利润予以抵销。

借：年初未分配利润　　50 000

　贷：固定资产——原价　　50 000

②将购买方期初累计折旧和期初未分配利润中包含的以前会计期间多提的折旧和多计的费用予以抵销。

借：固定资产——累计折旧　　30 000

　贷：年初未分配利润　　30 000

③将购买方当期累计折旧和费用项目中包含的当期多提的折旧和多计的费用予以抵销。

借：固定资产——累计折旧　　10 000

　贷：管理费用　　10 000

④将固定资产原价中包含的未实现内部销售利润抵销而产生的递延所得税予以反映。

合并报表中固定资产的账面价值=150 000−120 000=30 000（元）

合并报表中固定资产的计税基础=200 000−160 000=40 000（元）

合并报表中固定资产相关的可抵扣暂时性差异=30 000−40 000=−10 000（元）

合并报表中应确认的递延所得税资产=10 000×25%=2 500（元）

年初递延所得税资产余额=5 000元

借：递延所得税资产　　5 000

　贷：年初未分配利润　　5 000

借：所得税费用　　2 500

　贷：递延所得税资产　　2 500

（4）内部交易固定资产清理期间的抵销处理

对于销售方来说，因该内部固定资产交易而形成的销售利润，总是作为期初未分配利润的一部分结转到以后的会计期间，直到购买方对该内部交易固定资产进行清理的会计期间为止，所以，即使在固定资产清理期间，也存在对包含在期初未分配利润中的未实现内部销售利润的抵销。

对于购买方来说，在对内部交易固定资产进行清理的会计期间进行计提当期折旧和固定资产清理的相关账务处理，并在其个别财务报表中进行反映。在编制合并财务报表时，如何对相关项目进行抵销，应根据固定资产清理的具体情况来定。固定资产清理分三种情况：一是期满清理；二是超期清理；三是提前清理。现具体说明三种情况下的抵销处理。

①内部交易固定资产期满清理的抵销处理

在这种情况下，购买方的资产负债表中内部交易固定资产项目已经消失，所以，不存在对固定资产原价和累计折旧中包含的未实现内部销售利润的抵销。内部交易固定资产期满清理的抵销处理主要包括四方面内容：一是将销售方期初未分配利润中包含的未实现内部销售利润予以抵销，即借记“年初未分配利润”项目；二是将购买方以前会计期间因多计折旧费用而少计的期初未分配利润予以恢复，即贷记“年初未分配利润”项目；三是将购买方当期多计的折旧费用予以抵销，即贷记“管理费用”项目；四是将固定资产原价中包含的未实现内部销售利润抵销而产生的递延所得税予以反映。报废产生的变价损益和相关现金流量属于企业集团对外业务，应反映在合并财务报表中，不能抵销。

[例 11-10]

承［例 11-9］，子公司B在第五年该固定资产使用期满时对其报废清理，报废期计提折旧40 000元（其中多提折旧10 000元），取得变价收入5 000元。第五年编制合并报表时，母公司A应编制如下抵销分录：

借：年初未分配利润 50 000
　贷：年初未分配利润 40 000
　　　管理费用 10 000

或者：

借：年初未分配利润 10 000
　贷：管理费用 10 000

为了便于记忆，也可按固定资产使用期内的抵销分录编制，只是将固定资产换成营业外收入（或营业外支出）。其抵销分录如下：

借：年初未分配利润 50 000
　贷：营业外收入 50 000
借：营业外收入 40 000
　贷：年初未分配利润 40 000
借：营业外收入 10 000
　贷：管理费用 10 000

以上两种抵销处理均可，其结果是相同的。

第五年年末相关递延所得税反映如下：

合并报表中固定资产的账面价值=150 000−150 000=0

合并报表中固定资产的计税基础=200 000−200 000=0

合并报表中固定资产相关的可抵扣暂时性差异=0

合并报表中应确认的递延所得税资产=0

年初递延所得税资产余额=2 500（元）

借：递延所得税资产 2 500
　贷：年初未分配利润 2 500
借：所得税费用 2 500
　贷：递延所得税资产 2 500

②内部交易固定资产超期清理的抵销处理

在这种情况下，其抵销处理与内部交易固定资产使用期内的抵销处理基本相同，所不同的是，当固定资产提足折旧后不再计提折旧时，不存在当期多提折旧的抵销。当固定资产超期报废时，不需要编制抵销分录。

[例 11-11]

承 [例 11-9]，假设该内部交易固定资产在第五年后仍继续使用，第七年清理报废。第五年编制合并报表时，母公司 A 应编制如下抵销分录：

借：年初未分配利润	50 000	
贷：固定资产——原价		50 000
借：固定资产——累计折旧	40 000	
贷：年初未分配利润		40 000
借：固定资产——累计折旧	10 000	
贷：管理费用		10 000

相关递延所得税的处理同期满清理。

第六年编制合并报表时，母公司 A 应编制如下抵销分录：

借：年初未分配利润	50 000	
贷：固定资产——原价		50 000
借：固定资产——累计折旧	50 000	
贷：年初未分配利润		50 000

第七年编制合并报表时，母公司 A 不作抵销处理。

③内部交易固定资产提前清理的抵销处理

在这种情况下，其抵销处理包括五个方面的内容：一是将销售方期初未分配利润中包含的未实现内部销售利润予以抵销；二是将购买方以前会计期间因多计折旧费用而少计的期初未分配利润予以恢复；三是将购买方当期多计的折旧费用予以抵销；四是将当期少计的收益进行补记，或将多计的损失进行抵销；五是将固定资产原价中包含的未实现内部销售利润抵销而产生的递延所得税予以反映。因为在进行报废清理时要将固定资产的剩余价值结转到固定资产清理账户，在结转损益时又要将固定资产清理账户的余额结转到损益账户，而固定资产剩余价值中包含未实现内部销售利润，导致固定资产清理成本虚增，少计收益或多计损失，所以，要对少计的收益进行补记，或对多记的损失进行抵销。其抵销分录为：借记“年初未分配利润”项目，贷记“管理费用”“营业外收入”等项目。

[例 11-12]

承 [例 11-9]，假设子公司 B 于第四年对该固定资产进行报废清理，报废期计提折旧 40 000 元（其中多提折旧 10 000 元），取得变价收入 15 000 元。第四年编制合并报表时，母公司 A 应编制如下抵销分录：

借：年初未分配利润	20 000	
贷：管理费用		10 000
营业外收入		10 000

或者：

借：年初未分配利润 50 000

　贷：营业外收入 50 000

借：营业外收入 30 000

　贷：年初未分配利润 30 000

借：营业外收入 10 000

　贷：管理费用 10 000

以上两种抵销处理均可，其结果是相同的。

第四年年末相关递延所得税反映如下：

合并报表中固定资产的账面价值=0

合并报表中固定资产的计税基础=0

合并报表中固定资产相关的可抵扣暂时性差异=0

合并报表中应确认的递延所得税资产=0

年初递延所得税资产余额=5 000元

借：递延所得税资产 5 000

　贷：年初未分配利润 5 000

借：所得税费用 5 000

　贷：递延所得税资产 5 000

请注意，上述内部固定资产交易抵销所举的例子是针对管理用固定资产的，因而折旧费用的抵销项目均为“管理费用”。即使内部交易对象是生产设备，抵销分录对应项目也不是“制造费用”。由于合并财务报表抵销的对象是报表项目而不是会计科目，制造费用期末一般要转入“存货”项目，因此，在抵销生产设备折旧费用时，应区分存货是否出售，相应地抵销“存货”或“营业成本”项目。

4. 内部无形资产交易及相关递延所得税的抵销

内部无形资产交易及相关递延所得税的抵销与内部固定资产交易及相关递延所得税的抵销基本相同，现举例说明如下。

[例 11-13]

承［例 11-2］。2×22年7月1日，子公司B将一项账面价值20 000元的专利权以30 000元的价格出售给母公司A，款项已付。该无形资产的预计使用年限为2年，不考虑相关税费。2×22年12月31日编制合并报表时，母公司A应作如下抵销处理：

（1）2×22年无形资产交易当期的抵销处理。

①将无形资产价值中包含的未实现内部利润予以抵销。

借：资产处置收益 10 000

　贷：无形资产 10 000

②将多摊销的无形资产金额予以抵销。

借：无形资产——累计摊销　　2 500

　贷：管理费用　　2 500

③将无形资产内部交易产生的现金流量予以抵销。

借：投资活动产生的现金流量——购建固定资产、无形资产和其他长期资产支付的现金　　30 000

　贷：投资活动产生的现金流量——处置固定资产、无形资产和其他长期资产收回的现金净额　　30 000

④将相关递延所得税予以抵销。

2×22年12月31日母公司A无形资产的账面价值与计税基础=30 000−7 500=22 500（元）

合并报表中无形资产的账面价值=20 000−5 000=15 000（元）

合并报表中无形资产的计税基础=母公司A无形资产的计税基础=22 500（元）

合并报表中无形资产相关的可抵扣暂时性差异=15 000−22 500=−7 500（元）

合并报表中应确认的递延所得税资产=7 500×25%=1 875（元）

其抵销分录如下：

借：递延所得税资产　　1 875

　贷：所得税费用　　1 875

（2）第二年使用期该无形资产抵销处理。

①将无形资产价值中包含的未实现内部利润予以抵销。

借：年初未分配利润　　10 000

　贷：无形资产　　10 000

②将上年和当年多摊销的无形资产金额予以抵销。

借：无形资产——累计摊销　　7 500

　贷：年初未分配利润　　2 500

　　　管理费用　　5 000

③将相关递延所得税予以抵销。

母公司A无形资产的账面价值与计税基础=30 000−7 500−15 000=7 500（元）

合并报表中无形资产的账面价值=20 000−5 000−10 000=5 000（元）

合并报表中无形资产的计税基础=母公司A该无形资产的计税基础=7 500（元）

合并报表中无形资产相关的可抵扣暂时性差异=5 000−7 500=−2 500（元）

合并报表中递延所得税资产的期末余额=2 500×25%=625（元）

合并报表中递延所得税资产的期初余额=1 875元

其抵销分录如下：

借：递延所得税资产　　1 875

　贷：年初未分配利润　　1 875

借：所得税费用　　1 250

　贷：递延所得税资产　　1 250

（3）第三年报废期的抵销处理。

借：年初未分配利润　　2 500

　贷：管理费用　　2 500

母公司A无形资产的账面价值与计税基础=30 000−7 500−15 000−7 500=0

合并报表中无形资产的账面价值=20 000−5 000−10 000−5 000=0

合并报表中无形资产的计税基础=A公司该无形资产计税基础=0

合并报表中无形资产相关的可抵扣暂时性差异=0

合并报表中递延所得税资产的期末余额=0

合并报表中递延所得税资产的期初余额=625元

其抵销分录如下：

借：递延所得税资产　　625

　贷：年初未分配利润　　625

借：所得税费用　　625

　贷：递延所得税资产　　625

【启发思考】编制合并财务报表过程中，哪些内容涉及了递延所得税问题？如何处理？请进一步思考成为一名优秀的财会人员应具备的会计精神的具体内涵。

第三节　合并财务报表的编制

为了便于理解合并报表的编制方法，了解合并报表的编制过程，现举例说明如下：

[例11-14]

承［例11-2］［例11-4］［例11-5］［例11-6］［例11-8］［例11-13］。母公司A和子公司B在2×22年12月31日个别资产负债表、利润表、所有者权益变动表、现金流量表的数据见表11-13至表11-16。

表11-13　**资产负债表**

2×22年12月31日　　单位：元

资　产	母公司A	子公司B	负债和所有者权益	母公司A	子公司B
流动资产：			流动负债：		
货币资金	2 329 800	1 800 400	短期借款		
交易性金融资产			交易性金融负债		
衍生金融资产			衍生金融负债		

续表

资　产	母公司A	子公司B	负债和所有者权益	母公司A	子公司B
应收票据	259 100	587 000	应付票据	50 000	190 000
应收账款	895 000	995 000	应付账款	159 000	565 000
应收款项融资			预收款项		10 000
预付款项	79 900	100 000	合同负债		
其他应收款	48 000		应付职工薪酬	916 000	1 012 000
存货	2 318 700	2 611 170	应交税费	386 433.50	347 920.59
合同资产			其他应付款	121 398.53	94 000
持有待售资产			持有待售负债		
一年内到期的非流动资产			一年内到期的非流动负债		
其他流动资产			其他流动负债		
流动资产合计	5 930 500	6 093 570	流动负债合计	1 632 832.03	2 218 920.59
非流动资产：			非流动负债：		
债权投资	213 000	60 000	长期借款	1 270 000	1 486 000
其他债权投资			应付债券		1 130 000
长期应收款			其中：优先股		
长期股权投资	3 585 000	400 000	永续债		
其他权益工具投资			租赁负债		
其他非流动金融资产			长期应付款		
投资性房地产			预计负债		
固定资产	1 523 250	2 089 000	递延收益		
在建工程	177 000	400 000	递延所得税负债		
生产性生物资产			其他非流动负债		
油气资产			非流动负债合计	1 270 000	2 616 000
使用权资产			负债合计	2 902 832.03	4 834 920.59
无形资产	405 000	450 000	所有者权益：		
开发支出			实收资本	8 400 000	4 500 000
商誉			其他权益工具		

续表

资 产	母公司A	子公司B	负债和所有者权益	母公司A	子公司B
长期待摊费用			其中：优先股		
递延所得税资产	4 250		永续债		
其他非流动资产			资本公积		
非流动资产合计	5 907 500	3 399 000	减：库存股		
			其他综合收益		
			专项储备		
			盈余公积	159 810.97	26 764.94
			未分配利润	375 357	130 884.47
			所有者权益合计	8 935 167.97	4 657 649.41
资产总计	11 838 000	9 492 570	负债和所有者权益总计	11 838 000	9 492 570

表 11–14

利润表

2×22 年度

单位：元

项 目	母公司A	子公司B
一、营业收入	1 800 000	1 600 000
减：营业成本	1 100 000	1 020 000
税金及附加	25 500	19 577
销售费用	20 000	20 000
管理费用	399 400	382 200
研发费用		
财务费用	46 000	35 000
其中：利息费用		
利息收入		
加：其他收益		
投资收益（损失以"–"号填列）	160 050	55 000
其中：对联营企业和合营企业的投资收益		
以摊余成本计量的金融资产终止确认收益（损失以"–"号填列）		
净敞口套期收益（损失以"–"号填列）		
公允价值变动收益（损失以"–"号填列）		

续表

项 目	母公司A	子公司B
信用减值损失（损失以“-”号填列）	-1 200	
资产减值损失（损失以“-”号填列）	-5 000	
资产处置收益（损失以“-”号填列）		
二、营业利润（亏损以“-”号填列）	362 950	178 223
加：营业外收入	70 000	80 000
减：营业外支出	6 000	8 000
三、利润总额（亏损总额以“-”号填列）	426 950	250 223
减：所得税费用	139 855	82 573.59
四、净利润（净亏损以“-”号填列）	287 095	167 649.41
（一）持续经营净利润（净亏损以“-”号填列）		
（二）终止经营净利润（净亏损以“-”号填列）		
五、其他综合收益的税后净额		
六、综合收益总额		
七、每股收益：		
（一）基本每股收益		
（二）稀释每股收益		

表11-15 **所有者权益变动表（简表）**

2×22年度

单位：元

项 目	母公司A（主要项目）				子公司B（主要项目）			
	实收资本	盈余公积	未分配利润	所有者权益合计	实收资本	盈余公积	未分配利润	所有者权益合计
一、上年年末余额	8 400 000	131 101.47	203 100	8 734 201.47	4 500 000	10 000	90 000	4 600 000
加：会计政策变更								
前期差错更正								
其他								
二、本年年初余额	8 400 000	131 101.47	203 100	8 734 201.47	4 500 000	10 000	90 000	4 600 000

续表

项目	母公司A（主要项目）				子公司B（主要项目）			
	实收资本	盈余公积	未分配利润	所有者权益合计	实收资本	盈余公积	未分配利润	所有者权益合计
三、本年增减变动金额（减少以“-”号填列）								
（一）综合收益总额			287 095	287 095			167 649.41	167 649.41
（二）所有者投入和减少资本								
1. 所有者投入的普通股								
2. 其他权益工具持有者投入资本								
3. 股份支付计入所有者权益的金额								
4. 其他								
（三）利润分配		28 709.50	-114 838	-86 128.50		16 764.94	-126 764.94	-110 000
1. 提取盈余公积		28 709.50	-28 709.50	0		16 764.94	-16 764.94	0
2. 对所有者的分配			-86 128.50	-86 128.50			-110 000	-110 000
3. 其他								
（四）所有者权益内部结转								
1. 资本公积转增资本								
2. 盈余公积转增资本								
3. 盈余公积弥补亏损								

续表

项　目	母公司A（主要项目）				子公司B（主要项目）			
	实收资本	盈余公积	未分配利润	所有者权益合计	实收资本	盈余公积	未分配利润	所有者权益合计
4.设定受益计划变动额结转留存收益								
5.其他综合收益结转留存收益								
6.其他								
四、本年年末余额	8 400 000	159 810.97	375 357	8 935 167.97	4 500 000	26 764.94	130 884.47	4 657 649.41

表11-16

现金流量表

2×22年度

单位：元

项　目	母公司A	子公司B
一、经营活动产生的现金流量：		
销售商品、提供劳务收到的现金	1 706 000	1 167 000
收到的税费返还		
收到其他与经营活动有关的现金		
经营活动现金流入小计	1 706 000	1 167 000
购买商品、接受劳务支付的现金	401 000	301 160
支付给职工以及为职工支付的现金	600 000	700 000
支付的各项税费	130 000	80 000
支付其他与经营活动有关的现金	140 000	120 000
经营活动现金流出小计	1 271 000	1 201 160
经营活动产生的现金流量净额	435 000	-34 160
二、投资活动产生的现金流量：		
收回投资收到的现金	38 000	25 000
取得投资收益收到的现金	95 000	50 000
处置固定资产、无形资产和其他长期资产收回的现金净额	354 000	332 000
处置子公司及其他营业单位收到的现金净额		

续表

项目	母公司A	子公司B
收到其他与投资活动有关的现金		
投资活动现金流入小计	487 000	407 000
购建固定资产、无形资产和其他长期资产支付的现金	146 000	179 000
投资支付的现金	210 000	60 000
取得子公司及其他营业单位支付的现金净额		
支付其他与投资活动有关的现金		
投资活动现金流出小计	356 000	239 000
投资活动产生的现金流量净额	131 000	168 000
三、筹资活动产生的现金流量：		
吸收投资收到的现金		1 100 000
取得借款收到的现金	800 000	600 000
收到其他与筹资活动有关的现金		
筹资活动现金流入小计	800 000	1 700 000
偿还债务支付的现金	800 000	1 250 000
分配股利、利润和偿付利息支付的现金	19 700	67 840
支付其他与筹资活动有关的现金		
筹资活动现金流出小计	819 700	1 317 840
筹资活动产生的现金流量净额	-19 700	382 160
四、汇率变动对现金及现金等价物的影响		
五、现金及现金等价物净增加额	546 300	516 000
加：期初现金及现金等价物余额	1 783 500	1 284 400
六、期末现金及现金等价物余额	2 329 800	1 800 400

依据所给资料，按照合并财务报表的编制程序，2×22年A公司编制合并财务报表时的做法如下：

（一）建立合并报表工作底稿

合并报表工作底稿见表11-17，其中最后一列合并数的具体计算在“（四）计算合并报表工作底稿中各项目的合并数”中完成。

表 11-17　　合并报表工作底稿

编制单位：A 公司　　2×22 年 12 月 31 日　　单位：元

项目	母公司A	子公司B	合计数	抵销分录		合并数
				借方	贷方	
一、资产负债表项目（部分）						
资产：						
流动资产：						
货币资金	2 329 800	1 800 400	4 130 200			4 130 200
应收票据	259 100	587 000	846 100	⑤900	⑤90 000	757 000
应收账款	895 000	995 000	1 890 000	⑤1 000	⑤100 000	1 791 000
预付款项	79 900	100 000	179 900	⑤100	⑤10 000	170 000
其他应收款	48 000		48 000		④48 000	0
存货	2 318 700	2 611 170	4 929 870		⑥25 000	4 904 870
流动资产合计	5 930 500	6 093 570	12 024 070	2 000	273 000	11 753 070
非流动资产：						
债权投资	213 000	60 000	273 000		⑤113 000	160 000
长期股权投资	3 585 000	400 000	3 985 000	②126 119.53 ④15 000	④3 726 119.53	400 000
固定资产	1 523 250	2 089 000	3 612 250	⑧10 000	⑧50 000	3 572 250
在建工程	177 000	400 000	577 000			577 000
无形资产	405 000	450 000	855 000	⑨2 500	⑨10 000	847 500
递延所得税资产	4 250		4 250	⑥6 250 ⑧10 000 ⑨1 875	④3 750 ⑤500	18 125
非流动资产合计	5 907 500	3 399 000	9 306 500	171 744.53	3 903 369.53	5 574 875
资产总计	11 838 000	9 492 570	21 330 570	173 744.53	4 176 369.53	17 327 945
负债和所有者权益：						
流动负债：						

续表

项目	母公司A	子公司B	合计数	抵销分录		合并数
				借方	贷方	
应付票据	50 000	190 000	240 000	⑤90 000		150 000
应付账款	159 000	565 000	724 000	⑤100 000		624 000
预收款项		10 000	10 000	⑤10 000		0
应付职工薪酬	916 000	1 012 000	1 928 000			1 928 000
应交税费	386 433.50	347 920.59	734 354.09			734 354.09
其他应付款	121 398.53	94 000	215 398.53	④48 000		167 398.53
流动负债合计	1 632 832.03	2 218 920.59	3 851 752.62	248 000		3 603 752.62
非流动负债：						
长期借款	1 270 000	1 486 000	2 756 000			2 756 000
应付债券		1 130 000	1 130 000	⑤113 000		1 017 000
非流动负债合计	1 270 000	2 616 000	3 886 000	113 000		3 773 000
负债合计	2 902 832.03	4 834 920.59	7 737 752.62	361 000		7 376 752.62
所有者权益：						
实收资本	8 400 000	4 500 000	12 900 000	④4 500 000		8 400 000
盈余公积	159 810.97	26 764.94	186 575.91	④26 764.94	②8 000	167 810.97
未分配利润	375 357	130 884.47	506 241.47	770 783.88	716 393.94	451 851.53
归属于母公司所有者权益合计	8 935 167.97	4 657 649.41	13 592 817.38	5 297 548.82	724 393.94	9 019 662.50
少数股东权益					④931 529.88	931 529.88
所有者权益合计	8 935 167.97	4 657 649.41	13 592 817.38	5 297 548.82	1655 923.80	9 951 192
负债和所有者权益总计	11 838 000	9 492 570	21 330 570	5 658 548.82	1 655 923.82	17 327 945
二、利润表项目						
营业收入	1 800 000	1 600 000	3 400 000	⑥120 000 ⑧200 000		3 080 000
营业成本	1 100 000	1 020 000	2 120 000	⑥25 000	⑥20 000 ⑥120 000 ⑧150 000	1 855 000

续表

项　目	母公司A	子公司B	合计数	抵销分录		合并数
				借方	贷方	
税金及附加	25 500	19 577	45 077			45 077
销售费用	20 000	20 000	40 000			40 000
管理费用	399 400	382 200	781 600		⑧10 000 ⑨2 500	769 100
财务费用	46 000	35 000	81 000		③3 000	78 000
投资收益	160 050	55 000	215 050	④134 119.53 ⑤3 000	②46 119.53	124 050
信用减值损失（损失以“-”号填列）	-1 200		-1 200		⑤1 200	0
资产减值损失（损失以“-”号填列）	-5 000		-5 000		④5 000	0
资产处置收益（损失以“-”号填列）				⑨10 000		-10 000
营业利润	362 950	178 223	541 173	492 119.53	357 819.53	416 873
营业外收入	70 000	80 000	150 000			150 000
营业外支出	6 000	8 000	14 000			14 000
利润总额	426 950	250 223	677 173	492 119.53	357 819.53	542 873
所得税费用	139 855	82 573.59	222 428.59	④1 250 ⑤300	⑥1 250 ⑧10 000 ⑨1 875	210 853.59
净利润	287 095	167 649.41	454 744.41	493 669.53	370 944.53	332 019.41
少数股东损益（净亏损以“-”号填列）				④33 529.88		33 529.88
三、所有者权益变动表项目（部分）						
1.年初未分配利润	203 100	90 000	293 100	④90 000 ④2 500 ⑤200 ⑥20 000	②72 000 ④10 000 ⑤800 ⑥5 000	268 200
2.本年增减变动金额（减少以“-”号填列）						

续表

项　目	母公司A	子公司B	合计数	抵销分录		合并数
				借方	贷方	
(1) 综合收益总额	287 095	167 649.41	454 744.41	527 199.41	370 944.53	298 489.53
(2) 利润分配	-114 838	-126 764.94	-241 602.94		126 764.94	-114 838
①提取盈余公积	-28 709.50	-16 764.94	-45 474.44		④16 764.94	-28 709.50
②对所有者（或股东）的分配	-86 128.50	-110 000	-196 128.50		④110 000	-86 128.50
3.年末未分配利润	375 357	130 884.47	506 241.47	④130 884.47 770 783.88	④130 884.47 716 393.94	451 851.53
四、现金流量表项目(部分)						
1.经营活动产生的现金流量:						
销售商品、提供劳务收到的现金	1 706 000	1 167 000	2 873 000		⑥100 000 ⑧200 000	2 573 000
经营活动现金流入小计	1 706 000	1 167 000	2 873 000		300 000	2 573 000
购买商品、接受劳务支付的现金	401 000	301 160	702 160	⑥100 000		602 160
支付给职工及为职工支付的现金	600 000	700 000	1 300 000			1 300 000
支付的各项税费	130 000	80 000	210 000			210 000
支付其他与经营活动有关的现金	140 000	120 000	260 000			260 000
经营活动现金流出小计	1 271 000	1 201 160	2 472 160	100 000		2 372 160
经营活动产生的现金流量净额	435 000	-34 160	400 840	100 000	300 000	200 840
2.投资活动产生的现金流量:						
收回投资收到的现金	38 000	25 000	63 000			63 000
取得投资收益收到的现金	95 000	50 000	145 000		④40 000	105 000

续表

项　目	母公司A	子公司B	合计数	抵销分录		合并数
				借方	贷方	
处置固定资产、无形资产和其他长期资产收回的现金净额	354 000	332 000	686 000		⑨30 000	656 000
投资活动现金流入小计	487 000	407 000	894 000		70 000	824 000
购建固定资产、无形资产和其他长期资产支付的现金	146 000	179 000	325 000	⑧200 000 ⑨30 000		95 000
投资支付的现金	210 000	60 000	270 000	⑤110 000		160 000
投资活动现金流出小计	356 000	239 000	595 000	340 000		255 000
投资活动产生的现金流量净额	131 000	168 000	299 000	340 000	70 000	569 000
3. 筹资活动产生的现金流量：						
吸收投资收到的现金		1 100 000	1 100 000		⑤110 000	990 000
取得借款收到的现金	800 000	600 000	1 400 000			1 400 000
筹资活动现金流入小计	800 000	1 700 000	2 500 000		110 000	2 390 000
偿还债务支付的现金	800 000	1 250 000	2 050 000			2 050 000
分配股利、利润或偿还利息支付的现金	19 700	67 840	87 540	④40 000		47 540
筹资活动现金流出小计	819 700	1 317 840	2 137 540	40 000		2 097 540
筹资活动产生的现金流量净额	−19 700	382 160	362 460	40 000	110 000	292 460
4. 现金及现金等价物净增加额	546 300	516 000	1 062 300	480 000	480 000	1 062 300
加：期初现金及现金等价物余额	1783 500	1 284 400	3 067 900			3 067 900
5. 期末现金及现金等价物余额	2329 800	1 800 400	4 130 200			4 130 200
合并抵销分录借贷合计				6 312 293.35	6 312 293.35	

注：抵销分录内带圈数字代表例题序号。

（二）计算项目合计数

将母公司A和子公司B个别资产负债表、利润表、所有者权益变动表和现金流量表各项目的数据过入合并报表工作底稿，并计算各报表项目的合计数（见表11-17）。

（三）编制合并抵销分录

编制合并抵销分录，并将其过入合并报表工作底稿中的抵销分录栏（见表11-17）。

本例有关母公司A与子公司B的内部交易或事项及其调整和抵销分录，见本章第二节有关例题。为了方便说明，现将第二节有关例题所编制的2×22年度调整和抵销分录整理如下：

1. 母公司A按权益法对子公司B长期股权投资的调整分录，见本章第二节［例11-2］。

借：长期股权投资　126 119.53

　贷：盈余公积　8 000.00

　　年初未分配利润　72 000.00

　　投资收益　46 119.53

2. 母公司A对子公司B长期股权投资交易的相关抵销分录，见本章第二节［例11-4］。

（1）母公司A长期股权投资与子公司B所有者权益的抵销。

借：实收资本　4 500 000.00

　盈余公积　26 764.94

　年末未分配利润　130 884.47

　贷：长期股权投资　3 726 119.53

　　少数股东权益　931 529.88

（2）母公司A投资收益与子公司B利润分配的抵销。

借：投资收益　134 119.53

　少数股东损益　33 529.88

　年初未分配利润　90 000.00

　贷：提取盈余公积　16 764.94

　　对所有者（或股东）的分配　110 000.00

　　年末未分配利润　130 884.47

（3）母公司A应收股利与子公司B应付股利的抵销。

借：其他应付款　48 000

　贷：其他应收款　48 000

（4）母公司A长期股权投资减值准备的抵销。

借：长期股权投资——减值准备　15 000

　贷：年初未分配利润　10 000

　　资产减值损失　5 000

（5）与长期股权投资减值准备相关的递延所得税的抵销。

借：年初未分配利润　2 500

　所得税费用　1 250

　贷：递延所得税资产　3 750

(6) 内部股权投资产生的现金流量的抵销。

借：筹资活动产生的现金流量——分配股利、利润或偿付利息支付的现金　40 000

　贷：投资活动产生的现金流量——取得投资收益收到的现金　40 000

3.母公司A与子公司B之间相关债权债务的抵销分录，见本章第二节［例11-5］。

(1) 内部应收票据与应付票据的抵销。

借：应付票据　90 000

　贷：应收票据　90 000

(2) 内部应收账款与应付账款的抵销。

借：应付账款　100 000

　贷：应收账款　100 000

(3) 内部预付款项与预收款项的抵销。

借：预收款项　10 000

　贷：预付款项　10 000

(4) 坏账准备的抵销。

借：应收账款——坏账准备　1 000

　　应收票据——坏账准备　900

　　预付款项——坏账准备　100

　贷：年初未分配利润　800

　　　信用减值损失　1 200

(5) 与内部应收款项计提坏账准备相关的递延所得税的抵销。

借：年初未分配利润　200

　　所得税费用　300

　贷：递延所得税资产　500

(6) 债权投资与应付债券的抵销。

①债权投资与应付债券的抵销。

借：应付债券　113 000

　贷：债权投资　113 000

②债券利息的抵销。

借：投资收益　3 000

　贷：财务费用　3 000

③债券产生的现金流量的抵销。

借：投资活动产生的现金流量——投资支付的现金　110 000

　贷：筹资活动产生的现金流量——吸收投资收到的现金　110 000

4.母公司A与子公司B之间相关资产交易的抵销分录。

(1) 内部商品交易的抵销，见本章第二节［例11-6］。

①将期初存货价值中包含的未实现内部销售利润予以抵销。

借：年初未分配利润　　20 000

　贷：营业成本　　20 000

②将本期内部销售收入予以抵销。

借：营业收入　　120 000

　贷：营业成本　　120 000

③将期末存货价值中包含的未实现内部销售利润予以抵销。

借：营业成本　　25 000

　贷：存货　　25 000

④将内部购销产生的现金流量予以抵销。

借：经营活动产生的现金流量——购买商品、接受劳务支付的现金　　100 000

　贷：经营活动产生的现金流量——销售商品、提供劳务收到的现金　　100 000

⑤与内部商品交易相关的递延所得税予以抵销。

借：递延所得税资产　　6 250

　贷：年初未分配利润　　5 000

　　所得税费用　　1 250

(2) 内部固定资产交易的抵销，见本章第二节［例11-8］。

①将母公司A营业收入、营业成本和子公司B固定资产原价中包含的未实现内部销售利润予以抵销。

借：营业收入　　200 000

　贷：营业成本　　150 000

　　固定资产——原价　　50 000

②将子公司B当年多提的折旧予以抵销。

借：固定资产——累计折旧　　10 000

　贷：管理费用　　10 000

③将内部固定资产交易产生的现金流量予以抵销。

借：投资活动产生的现金流量——购建固定资产、无形资产和其他长期资产支付的现金　　200 000

　贷：经营活动产生的现金流量——销售商品、提供劳务收到的现金　　200 000

④与内部交易固定资产相关的递延所得税予以抵销。

借：递延所得税资产　　10 000

　贷：所得税费用　　10 000

(3) 内部无形资产交易的抵销，见本章第二节［例11-13］。

①将无形资产价值中包含的未实现内部利润予以抵销。

借：资产处置收益　　10 000

　贷：无形资产　　10 000

②将多摊销的无形资产金额予以抵销。

借：无形资产——累计摊销　　2 500

　贷：管理费用　　2 500

③将无形资产内部交易产生的现金流量予以抵销。

借：投资活动产生的现金流量——购建固定资产、无形资产和其他长期资产支付的现金　30 000

　贷：投资活动产生的现金流量——处置固定资产、无形资产和其他长期资产收回的现金净额　30 000

④将内部无形资产交易相关的递延所得税予以抵销。

借：递延所得税资产　1 875

　贷：所得税费用　1 875

（四）计算合并报表工作底稿中各项目的合并数

凡余额方向在借方的各报表项目（如资产类、成本费用类、利润分配类等项目）的合并数，依据其合计数加上其抵销分录的借方发生额，减去其抵销分录的贷方发生额计算确定；凡是余额方向在贷方的各报表项目（如负债类、所有者权益类、收入类等项目）的合并数，依据其合计数减去其抵销分录的借方发生额，加上其抵销分录的贷方发生额计算确定。合并数的具体计算见表11-17。

（五）填列正式的合并财务报表

依据合并报表工作底稿中各项目合并数栏的数据，填列正式的合并资产负债表、合并利润表、合并所有者权益变动表、合并现金流量表（见表11-18至表11-21）。

表11-18　**合并资产负债表**

编制单位：A公司　2×22年12月31日　单位：元

资　产	期末余额	上年年末余额	负债和所有者权益	期末余额	上年年末余额
流动资产：			流动负债：		
货币资金	4 130 200		短期借款		
交易性金融资产			交易性金融负债		
衍生金融资产			衍生金融负债		
应收票据	757 000		应付票据	150 000	
应收账款	1 791 000		应付账款	624 000	
应收款项融资			预收款项		
预付款项	170 000		合同负债		
其他应收款			应付职工薪酬	1 928 000	
存货	4 904 870		应交税费	734 354.09	
合同资产			其他应付款	167 398.53	
持有待售资产			持有待售负债		

续表

资　产	期末余额	上年年末余额	负债和所有者权益	期末余额	上年年末余额
一年内到期的非流动资产			一年内到期的非流动负债		
其他流动资产			其他流动负债		
流动资产合计	11 753 070		流动负债合计	3 603 752.62	
非流动资产：			非流动负债：		
债权投资	160 000		长期借款	2 756 000	
其他债权投资			应付债券	1 017 000	
长期应收款			其中：优先股		
长期股权投资	400 000		永续债		
其他权益工具投资			租赁负债		
其他非流动金融资产			长期应付款		
投资性房地产			预计负债		
固定资产	3 572 250		递延收益		
在建工程	577 000		递延所得税负债		
生产性生物资产			其他非流动负债		
油气资产			非流动负债合计	3 773 000	
使用权资产			负债合计	7 376 752.62	
无形资产	847 500		所有者权益：		
开发支出			实收资本	8 400 000	
商誉			其他权益工具		
长期待摊费用			其中：优先股		
递延所得税资产	18 125		永续债		
其他非流动资产			资本公积		
非流动资产合计	5 574 875		减：库存股		
			其他综合收益		
			专项储备		
			盈余公积	167 810.97	

续表

资　产	期末余额	上年年末余额	负债和所有者权益	期末余额	上年年末余额
			未分配利润	451 851.53	
			归属于母公司所有者权益合计	9 019 662.50	
			少数股东权益	931 529.88	
资产总计	17 327 945		负债和所有者权益总计	17 327 945	

表 11-19　**合并利润表**

编制单位：A 公司　2×22 年度　单位：元

项　目	本期金额	上期金额
一、营业总收入	3 080 000	
二、营业总成本	2 787 177	
其中：营业成本	1 855 000	
税金及附加	45 077	
销售费用	40 000	
管理费用	769 100	
研发费用		
财务费用	78 000	
其中：利息费用		
利息收入		
加：其他收益		
投资收益（损失以“-”号填列）	124 050	
其中：对联营企业和合营企业的投资收益		
以摊余成本计量的金融资产终止确认收益		
净敞口套期收益（损失以“-”号填列）		
公允价值变动收益（损失以“-”号填列）		
信用减值损失（损失以“-”号填列）		
资产减值损失（损失以“-”号填列）		
资产处置收益（损失以“-”号填列）	-10 000	

续表

项　目	本期金额	上期金额
三、营业利润（亏损以“-”号填列）	406 873	
加：营业外收入	150 000	
减：营业外支出	14 000	
四、利润总额（亏损总额以“-”号填列）	542 873	
减：所得税费用	210 853.59	
五、净利润（净亏损以“-”号填列）	332 019.41	
1.归属于母公司股东的净利润	298 489.53	
2.少数股东损益	33 529.88	
六、其他综合收益的税后净额		
七、综合收益总额		
八、每股收益		
（一）基本每股收益		
（二）稀释每股收益		

表 11-20 **合并所有者权益变动表（简表）**

编制单位：A 公司　　2×22 年度　　单位：元

项　目	本年金额							上年金额（略）
	归属于母公司所有者权益					少数股东权益	所有者权益合计	
	实收资本	资本公积	减：库存股	盈余公积	未分配利润			
一、上年年末余额	8 400 000			139 101.47	268 200	920 000	9 727 301.47	
加：会计政策变更								
前期差错更正								
其他								
二、本年年初余额	8 400 000			139 101.47	268 200	920 000	9 727 301.47	
三、本年增减变动金额（减少以“-”号填列）								
（一）综合收益总额					298 489.53	33 529.88	332 019.41	
（二）所有者投入和减少资本								
1.所有者投入的普通股								
2.其他权益工具持有者投入资本								

续表

项 目	本年金额							上年金额（略）
	归属于母公司所有者权益					少数股东权益	所有者权益合计	
	实收资本	资本公积	减：库存股	盈余公积	未分配利润			
3.股份支付计入所有者权益的金额								
4.其他								
（三）利润分配				28 709.50	−114 838	−22 000	−108 128.50	
1.提取盈余公积				28 709.50	−28 709.50		0	
2.对所有者（或股东）的分配					−86 128.50	−22 000	−108 128.50	
3.其他								
（四）所有者权益内部结转								
1.资本公积转增资本								
2.盈余公积转增资本								
3.盈余公积弥补亏损								
4.设定受益计划变动额结转留存收益								
5.其他综合收益结转留存收益								
6.其他								
四、本年年末余额	8 400 000			167 810.97	451 851.53	931 529.88	9 951 192.38	

表 11-21

合并现金流量表

编制单位：A公司　　2×22年度　　单位：元

项　目	本期金额	上期金额
一、经营活动产生的现金流量		
销售商品、提供劳务收到的现金	2 573 000	
收到的税费返还		
收到其他与经营活动有关的现金		
经营活动现金流入小计	2 573 000	
购买商品、接受劳务支付的现金	602 160	
支付给职工及为职工支付的现金	1 300 000	
支付的各项税费	210 000	

续表

项　目	本期金额	上期金额
支付其他与经营活动有关的现金	260 000	
经营活动现金流出小计	2 372 160	
经营活动产生的现金流量净额	200 840	
二、投资活动产生的现金流量		
收回投资收到的现金	63 000	
取得投资收益收到的现金	105 000	
处置固定资产、无形资产和其他长期资产收回的现金净额	656 000	
处置子公司及其他营业单位收到的现金净额		
收到其他与投资活动有关的现金		
投资活动现金流入小计	824 000	
购建固定资产、无形资产和其他长期资产支付的现金	95 000	
投资支付的现金	160 000	
取得子公司及其他营业单位支付的现金净额		
支付其他与投资活动有关的现金		
投资活动现金流出小计	255 000	
投资活动产生的现金流量净额	569 000	
三、筹资活动产生的现金流量		
吸收投资收到的现金	990 000	
取得借款收到的现金	1 400 000	
收到其他与筹资活动有关的现金		
筹资活动现金流入小计	2 390 000	
偿还债务支付的现金	2 050 000	
分配股利、利润或偿付利息支付的现金	47 540	
支付其他与筹资活动有关的现金		
筹资活动现金流出小计	2 097 540	
筹资活动产生的现金流量净额	292 460	
四、汇率变动对现金及现金等价物的影响		
五、现金及现金等价物净增加额	1 062 300	
加：期初现金及现金等价物余额	3 067 900	
六、期末现金及现金等价物余额	4 130 200	

第四节　特殊交易在合并财务报表中的会计处理

一、追加投资的会计处理

（一）母公司购买子公司少数股东股权

母公司购买子公司少数股东拥有的子公司股权的，在母公司个别财务报表中，其自子公司少数股东处新取得的长期股权投资应当按照《企业会计准则第2号——长期股权投资》的规定确定其入账价值；在合并财务报表中，子公司的资产、负债应以购买日或合并日所确定的净资产价值开始持续计算的金额反映，因购买少数股权新取得的长期股权投资与按照新增持股比例计算应享有子公司自购买日或合并日开始持续计算的净资产份额之间的差额，应当调整母公司个别报表中的资本公积（资本溢价或股本溢价），资本公积不足冲减的，调整留存收益。

［例11-15］

2×21年12月26日，甲公司以7 000万元取得A公司60%的股权，能够对A公司实施控制，形成非同一控制下的企业合并。2×22年12月23日，甲公司又以公允价值为2 000万元、原账面价值为1 600万元的固定资产作为对价，自A公司的少数股东处取得A公司15%的股权。甲公司与A公司的少数股东在交易前不存在任何关联方关系（不考虑所得税等影响）。2×21年12月26日，甲公司在取得A公司60%股权时，A公司可辨认净资产公允价值为9 000万元。2×22年12月23日，A公司自购买日开始持续计算的净资产账面价值为10 000万元。

本例中，2×19年12月23日，甲公司进一步取得A公司15%的股权时，甲公司合并财务报表的会计处理如下：

合并财务报表中，A公司的有关资产、负债按照自购买日开始持续计算的价值进行合并，无须按照公允价值进行重新计量。甲公司按新增持股比例计算应享有自购买日开始持续计算的净资产份额为1 500万元（10 000×15%），与新增长期股权投资2 000万元之间的差额为500万元，在合并资产负债表中应调整所有者权益相关项目，首先调整归属于母公司的资本公积（资本溢价或股本溢价），资本公积不足冲减的，冲减归属于母公司的盈余公积，盈余公积不足冲减的，冲减归属于母公司的未分配利润。

甲公司作为对价的固定资产的公允价值（2 000万元）与账面价值（1 600万元）的差额（400万元），应计入甲公司利润表中的资产处置收益。

（二）企业因追加投资等原因能够对非同一控制下的被投资方实施控制

企业因追加投资等原因，通过多次交易分步实现非同一控制下企业合并的，在合并财务报表中，首先应结合分步交易的各个步骤的协议条款，以及各个步骤中分别取得的股权比例、取得对象、取得方式、取得时点及取得对价等信息来判断分步交易是否属于“一揽子交易”。

各项交易的条款、条件以及经济影响符合以下一种或多种情况的，通常应将多次交易事项作为“一揽子交易”进行会计处理：其一，这些交易是同时或者在考虑了彼此影响的情况下订立的；其二，这些交易整体才能达成一项完整的商业结果；其三，一项交易的发生取决于至少一项其他交易的发生；其四，一项交易单独看是不经济的，但是同其他交易一并考虑时是经济的。

如果分步取得对子公司股权投资直至取得控制权的各项交易属于“一揽子交易”，应当将各项交易作为一项取得子公司控制权的交易进行会计处理。

如果其不属于“一揽子交易”，在合并财务报表中，对于购买日之前持有的被购买方的股权，应当按照该股权在购买日的公允价值进行重新计量，公允价值与其账面价值之间的差额计入当期投资收益；购买日之前持有的被购买方的股权涉及权益法核算下的其他综合收益以及除净损益、其他综合收益和利润分配外的其他所有者权益变动的，与其相关的其他综合收益、其他所有者权益变动应当转为购买日所属当期收益，由于被投资方重新计量设定受益计划净负债或净资产变动而产生的其他综合收益等不能重分类进损益的其他综合收益除外。购买方应当在附注中披露其在购买日之前持有的被购买方的股权在购买日的公允价值、按照公允价值重新计量产生的相关利得或损失的金额。

［例 11-16］

2×21 年 1 月 1 日，甲公司以每股 3 元的价格购入 A 公司股票 500 万股，并由此持有 A 公司 5% 的股权。投资前，甲公司与 A 公司不存在关联方关系。甲公司将对 A 公司的该项投资指定为以公允价值计量且其变动计入其他综合收益的金融资产。2×23 年 1 月 1 日，甲公司以现金 2.2 亿元作为对价，向 A 公司大股东收购 A 公司 55% 的股权，从而取得对 A 公司的控制权；A 公司当日股价为每股 4 元，A 公司可辨认净资产的公允价值为 3 亿元。甲公司购买 A 公司 5% 的股权和后续购买 55% 的股权不构成“一揽子交易”（不考虑所得税等影响）。

甲公司在编制合并财务报表时，首先应考虑对原持有股权按公允价值进行重新计量。因为甲公司将原持有 A 公司 5% 的股权作为其他权益工具投资，所以，2×23 年 1 月 1 日，该股权的公允价值与其账面价值相等，为 2 000 万元，不存在差额。

其次，按照企业合并准则有关非同一控制下企业合并的相关规定，甲公司购买 A 公司股权并取得控制权的合并对价为 2.4 亿元（原持有股权在购买日的公允价值 2 000 万元+合并日应支付的对价 2.2 亿元）。由于甲公司享有 A 公司于购买日的可辨认净资产公允价值的份额为 1.8 亿元（3×60%），因此，购买日形成的商誉为 0.6 亿元（2.4−1.8）。

［例11-17］

2×21年1月1日，甲公司以现金4 000万元取得A公司20%股权并具有重大影响，按权益法进行核算。当日，A公司可辨认净资产公允价值为1.8亿元。2×23年1月1日，甲公司另支付现金9 000万元取得A公司35%股权，并取得对A公司的控制权。2×23年1月1日，甲公司原持有的对A公司20%股权的公允价值为5 000万元，账面价值为4 600万元（其中，与A公司权益法核算相关的累计净损益为150万元、累计其他综合收益为450万元）；A公司可辨认净资产公允价值为2.2亿元（不考虑所得税等影响）。

甲公司在编制合并财务报表时，首先应对原持有股权按照公允价值进行重新计量，在购买日（2×23年1月1日），该项股权投资的公允价值为5 000万元，与其账面价值4 600万元之间的差额400万元应计入合并当期投资收益；同时，将原计入其他综合收益的450万元转入合并当期投资收益。

其次，按照企业合并准则有关非同一控制下企业合并的相关规定，甲公司购买A公司股权并取得控制权的合并对价应为1.4亿元（原持有股权于购买日的公允价值5 000万元+合并日新支付的对价9 000万元）。由于甲公司享有A公司在购买日的可辨认净资产公允价值的份额为1.21亿元（2.2×55%），因此，购买日形成的商誉为0.19亿元（1.4-1.21）。

（三）通过多次交易分步实现同一控制下企业合并

对于分步实现的同一控制下企业合并，在编制合并财务报表时，应视同参与合并的各方在最终控制方开始控制时即以目前的状态存在进行调整，在编制比较报表时，以不早于合并方和被合并方同处于最终控制方的控制之下的时点开始，将被合并方的有关资产、负债并入合并方合并财务报表的比较报表中，并将因合并而增加的净资产在比较报表中调整所有者权益项下的相关项目。

为避免对被合并方净资产的价值进行重复计算，合并方在取得被合并方控制权之前持有的股权投资，在取得原股权之日与合并方和被合并方同处于同一方最终控制之日孰晚日起至合并日之间已确认有关损益、其他综合收益以及其他净资产变动，应分别冲减比较报表期间的期初留存收益或当期损益。

［例11-18］

甲公司为P公司的全资子公司。2×21年1月1日，甲公司与非关联方A公司出资设立乙公司。其中，甲公司出资600万元，持有乙公司30%股权；A公司出资1 400万元，持有乙公司70%股权。

2×22年1月1日，P公司向A公司收购其持有的乙公司70%股权，乙公司成为P公司的全资子公司，当日乙公司净资产的账面价值与其公允价值相等。

2×23年3月1日，甲公司向P公司购买其持有的乙公司70%股权，乙公司成为甲公司的全资子公司。

甲公司与A公司不存在关联关系，甲公司购买乙公司70%股权的交易和原取得乙公司30%股权的交易不属于“一揽子交易”，甲公司在可预见的未来打算一直持有乙公司股权。

乙公司自2×21年1月1日至2×22年1月1日实现净利润800万元，自2×22年1月1日至2×23年1月1日实现净利润600万元，自2×23年1月1日至2×23年3月1日实现净利润100万元（不考虑所得税等影响）。

本例中，2×23年3月1日，甲公司从P公司手中购买乙公司70%股权的交易属于同一控制下企业合并，并且甲公司自2×22年1月1日起与乙公司同受P公司最终控制，甲公司合并财务报表应自取得原股权之日（2×21年1月1日）和双方同处于同一方最终控制之日（2×22年1月1日）孰晚日（2×22年1月1日）起，将乙公司纳入合并范围。

在甲公司合并财务报表中，视同自2×22年1月1日起，甲公司即持有乙公司100%股权，重溯2×22年1月1日的报表项目。2×21年1月1日至2×22年1月1日的合并财务报表并不重溯。

2×22年1月1日，乙公司净资产的账面价值为2 800万元（2 000+800）。此前，甲公司持有对乙公司的长期股权投资的账面价值为840万元（600+800×30%）。因此，甲公司在编制合并财务报表时，并入乙公司2×22年（比较期间）年初各项资产、负债后，因合并而增加净资产2 800万元，冲减长期股权投资账面价值840万元，两者之间的差额调增资本公积1 960万元（2 800−840）。

借：资产、负债	28 000 000	
贷：长期股权投资		8 400 000
资本公积		19 600 000

甲公司对于合并日（2×23年3月1日）的各报表项目，除按照本章第一节有关“合并财务报表编制原则、前期准备事项及程序”的一般规定编制合并分录外，还应冲减2×22年1月1日至2×23年1月1日对乙公司30%的长期股权投资的权益法核算结果，冲减乙公司2×23年1月1日至2×23年3月1日实现的净利润中按照权益法核算归属于甲公司的份额，即冲减期初留存收益180万元（600×30%），冲减投资收益30万元（100×30%）。

借：期初留存收益	1 800 000	
投资收益	300 000	
贷：长期股权投资		2 100 000

（四）本期增加子公司时如何编制合并财务报表

编制合并资产负债表时，以本期取得的子公司在合并资产负债表日的资产负债表为基础编制，对于本期投资或追加投资取得的子公司，不需要调整合并资产负债表的期初数。但为了提高会计信息的可比性，应当在财务报表附注中披露本期取得的子公司对合并财务报表所反映的财务状况的影响，即披露本期取得的子公司在购买日的资产和负债金额，包括流动资产、长期股权投资、固定资产、无形资产及其他资产和流动负债、非流动负债等的金额。

编制合并利润表时，应当以本期取得的子公司自取得控制权日起至本期期末为会计期间的财务报表为基础编制，将本期取得的子公司自取得控制权日起至本期期末的收入、费用和利润通过合并，纳入合并财务报表。同时，为了提高会计信息的可比性，应在财务报表附注中披露本期取得的子公司对合并财务报表所反映的经营成果的影响，以及对前期相关金额的影响，即披露本期取得的子公司自取得控制权日起至本期期末止的经营成果，包括营业收入、营业利润、利润总额、所得税费用和净利润等。

编制合并现金流量表时，应当将本期取得的子公司自取得控制权日起至本期期末止的现金流量的信息纳入合并现金流量表，并将取得子公司支付的现金扣除子公司于购买日持有的现金及现金等价物后的净额，在有关投资活动类的“取得子公司及其他营业单位支付的现金净额”项目反映。

二、处置对子公司投资的会计处理

（一）在不丧失控制权的情况下部分处置对子公司的长期股权投资

母公司在不丧失控制权的情况下部分处置对子公司的长期股权投资的，在母公司个别财务报表中作为长期股权投资的处置，确认有关处置损益。也就是说，出售股权取得的价款或对价的公允价值与所处置投资账面价值的差额，应作为投资收益或损失计入处置投资当期母公司的个别财务报表；在合并财务报表中，因出售部分股权后，母公司仍能够对被投资单位实施控制，应当将被投资单位纳入母公司合并财务报表。因此，在合并财务报表中，处置价款与处置长期股权投资相对应享有子公司自购买日或合并日开始持续计算的净资产份额之间的差额，应当调整资本公积（资本溢价或股本溢价），资本公积不足冲减的，调整留存收益。

（二）母公司因处置对子公司的长期股权投资而丧失控制权

1. 一次交易处置子公司

母公司因处置部分股权投资或其他原因丧失了对原有子公司控制的，在合并财务报表中，应当进行如下会计处理：

（1）终止确认相关资产、负债、商誉等的账面价值，并终止确认少数股东权益（包括属于少数股东的其他综合收益）的账面价值。

（2）按照丧失控制权日的公允价值重新计量剩余股权，按剩余股权对被投资方的影响程度，将剩余股权作为长期股权投资或金融工具进行核算。

（3）处置股权取得的对价与剩余股权的公允价值之和，减去按原持股比例计算应享有原有子公司自购买日开始持续计算的净资产账面价值份额与商誉之和，形成的差额计入丧失控制权当期的投资收益。

（4）与原有子公司的股权投资相关的其他综合收益、其他所有者权益变动，应当在丧失控制权时转入当期损益，由于被投资方重新计量设定受益计划净负债或净资产变动而产生的其他综合收益等不能重分类进损益的其他综合收益除外。

2. 多次交易分步处置子公司

企业通过多次交易分步处置对子公司的股权投资直至丧失控制权，在合并财务报表中，首先应判断分步交易是否属于“一揽子交易”。

如果分步交易不属于“一揽子交易”，那么，在丧失对子公司控制权以前的各项交易，应按照前述“在不丧失控制权的情况下部分处置对子公司的长期股权投资”的规定进行会计处理。

如果分步交易属于“一揽子交易”，则应将各项交易作为一项处置原有子公司并丧失控制权的交易进行会计处理。对于丧失控制权之前的每一次交易，处置价款与处置投资对应的享有该子公司自购买日开始持续计算的净资产账面价值的份额之间的差额，在合并财务报表中应当计入其他综合收益，在丧失控制权时一并转入丧失控制权当期损益。

[例 11-19]

为集中力量发展优势业务，甲公司计划剥离辅业，处置全资子公司 A 公司。2×21 年 11 月 20 日，甲公司与乙公司签订不可撤销的转让协议，约定甲公司向乙公司转让其持有的 A 公司 100% 股权，对价总额为 7 000 万元。考虑到股权平稳过渡，双方协议约定，乙公司应在 2×21 年 12 月 31 日之前支付 3 000 万元，以取得 A 公司 30% 股权；乙公司应在 2×22 年 12 月 31 日之前支付 4 000 万元，以取得 A 公司剩余 70% 股权。2×21 年 12 月 31 日至乙公司支付剩余价款的期间，A 公司仍由甲公司控制，若 A 公司在此期间向股东进行利润分配，则后续 70% 股权的购买对价按甲公司已分得的金额进行相应调整。

2×21 年 12 月 31 日，乙公司按照协议约定向甲公司支付 3 000 万元，甲公司将 A 公司 30% 股权转让给乙公司，股权变更手续已于当日完成；当日，A 公司自购买日持续计算的净资产账面价值为 5 000 万元。

2×22 年 9 月 30 日，乙公司向甲公司支付 4 000 万元，甲公司将 A 公司剩余 70% 股权转让给乙公司并办理完毕股权变更手续，自此乙公司取得对 A 公司的控制权；当日，A 公司自购买日持续计算的净资产账面价值为 6 000 万元。

2×22 年 1 月 1 日至 2×22 年 9 月 30 日，A 公司实现净利润 1 000 万元，无其他净资产变动事项（不考虑所得税等影响）。

本例中，甲公司通过两次交易分步处置其持有的 A 公司 100% 股权：第一次交易处置 A 公司 30% 股权，仍保留对 A 公司的控制权；第二次交易处置剩余 70% 股权，并丧失对 A 公司的控制权。

首先，需要分析上述两次交易是否属于“一揽子交易”：

（1）甲公司处置 A 公司股权是出于“集中力量发展优势业务，剥离辅业”的考虑，甲公司的目的是全部处置其持有的 A 公司股权，两次处置交易结合起来才能达到其商业目的；（2）两次交易是在同一转让协议中同时约定的；（3）在第一次交易中，30% 股权的对价为 3 000 万元，相对于 100% 股权的对价总额 7 000 万元而言，第一次交易单独来看对乙公司而言并不经济，同第二次交易一并考虑才反映真正的经济影响，此外，如果在两次交易期间 A 公司进行了利润分配，也将据此调整对价，说明两次交易是在考虑了彼此影响的情况下订立的。

综上所述，在合并财务报表中，两次交易应作为“一揽子交易”，按照分步处置子公司股权至丧失控制权并构成“一揽子交易”的相关规定进行会计处理。

2×21年12月31日，甲公司转让A公司30%股权，持有的A公司股权比例下降至70%，甲公司仍控制A公司。处置价款3 000万元与处置30%股权对应的A公司净资产账面价值份额1 500万元（5 000×30%）之间的差额为1 500万元，在合并财务报表中计入其他综合收益：

借：银行存款　　30 000 000

　贷：少数股东权益　　15 000 000

　　其他综合收益　　15 000 000

2×22年1月1日至2×22年9月30日，A公司作为甲公司持股70%的非全资子公司应纳入甲公司合并财务报表合并范围，A公司实现的净利润1 000万元中归属于乙公司的份额300万元（1 000×30%），在甲公司合并财务报表中确认少数股东损益300万元，并调整少数股东权益。

2×22年9月30日，甲公司转让A公司剩余70%股权，丧失对A公司的控制权，不再将A公司纳入合并范围，甲公司应终止确认对A公司的长期股权投资及少数股东权益等，并将处置价款4 000万元与享有的A公司净资产份额4 200万元（6 000×70%）之间的差额200万元计入当期损益；同时，将第一次交易计入其他综合收益的1 500万元转入当期损益。

（三）本期减少子公司时如何编制合并财务报表

在本期出售、转让子公司部分股份或全部股份，丧失对该子公司的控制权而使其成为非子公司的情况下，应当将其排除在合并财务报表的合并范围之外。

编制合并资产负债表时，不需要对该非子公司的资产负债表进行合并。但为了提高会计信息的可比性，应当在财务报表附注中披露该子公司成为非子公司对合并财务报表所反映的财务状况以及对前期相关金额的影响，即披露该子公司在丧失控制权日以及在上年年末的资产和负债金额，具体包括流动资产、长期股权投资、固定资产、无形资产及其他资产和流动负债、非流动负债等。

编制合并利润表时，应当以该子公司自期初起至丧失控制权成为非子公司之日止的利润表为基础，将该子公司自期初起至丧失控制权之日止的收入、费用、利润纳入合并利润表。同时，为提高会计信息的可比性，在财务报表附注中披露该子公司成为非子公司对合并财务报表所反映的经营成果以及对前期相关金额的影响，即披露该子公司自期初起至丧失控制权之日止的经营成果以及上年度的经营成果，具体包括营业收入、营业利润、利润总额、所得税费用和净利润等。

编制合并现金流量表时，应当将该子公司自期初起至丧失控制权之日止的现金流量信息纳入合并现金流量表，并将处置该子公司收到的现金扣除子公司持有的现金和现金等价物以及相关处置费用后的净额，在有关投资活动类的“处置子公司及其他营业单位收到的现金净额”项目反映。

三、因子公司少数股东增资导致母公司股权稀释

如果由于子公司的少数股东对子公司进行增资，导致母公司股权稀释，母公司应当按照增资前的股权比例计算其在增资前子公司账面净资产中的份额，该份额与增资后按母公司持股比例计算的在增资后子公司账面净资产份额之间的差额计入资本公积，资本公积不足冲减的，调整留存收益。

[例 11-20]

2×22 年 1 月 1 日，甲公司和乙公司出资设立 A 公司。其中，甲公司出资 800 万元，持股比例为 80%；乙公司出资 200 万元，持股比例为 20%。A 公司为甲公司的子公司。2×23 年 1 月 1 日，乙公司对 A 公司增资 400 万元，增资后占 A 公司股权比例为 30%。增资完成后，甲公司仍控制 A 公司。A 公司自成立之日起至增资前实现净利润 1 000 万元，除此以外，不存在其他影响 A 公司净资产变动的事项（不考虑所得税等影响）。

本例中，甲公司持股比例原为 80%，由于少数股东乙公司增资而变为 70%。增资前，甲公司按照 80% 的持股比例享有的 A 公司净资产账面价值为 1 600 万元（2 000×80%）；增资后，甲公司按照 70% 的持股比例享有的净资产账面价值为 1 680 万元（2 400×70%），两者之间的差额 80 万元，在甲公司合并资产负债表中应调增资本公积。

四、交叉持股的合并处理

交叉持股，是指在由母公司和子公司组成的企业集团中，母公司持有子公司一定比例股份，能够对其实施控制，同时子公司也持有母公司一定比例股份，即相互持有对方的股份。

母子公司有交叉持股情形的，在编制合并财务报表时，对于母公司持有的子公司股权，与通常情况下母公司长期股权投资和子公司所有者权益的合并抵销处理相同。对于子公司持有的母公司股权，应当按照子公司取得母公司股权日所确认的长期股权投资的初始投资成本，将其转为合并财务报表中的库存股，作为所有者权益的减项，在合并资产负债表中所有者权益项目下以“减：库存股”项目列示；对于子公司持有母公司股权所确认的投资收益（如利润分配或现金股利），应当进行抵销处理。子公司将所持有的母公司股权分类为以公允价值计量且其变动计入其他综合收益的金融资产，按照公允价值计量的，同时冲销子公司累计确认的公允价值变动。

子公司相互之间持有的长期股权投资，应当比照母公司对子公司的股权投资的抵销方法，将长期股权投资与其对应的子公司所有者权益中所享有的份额相互抵销。

五、逆流交易的合并处理

如果母子公司之间发生逆流交易，即子公司向母公司出售资产，则所发生的未实现内部交易损益应当按照母公司对该子公司的分配比例在“归属于母公司股东的净利润”和“少数股东损益”之间分配抵销。

[例 11-21]

甲公司是A公司的母公司，持有A公司80%的股份。2×23年5月1日，A公司向甲公司销售商品1 000万元，商品销售成本为700万元，甲公司以银行存款支付全款，将购进的该批商品作为存货核算。截至2×23年12月31日，该批商品仍有20%未实现对外销售。2×23年年末，甲公司对剩余存货进行检查，发现未发生存货跌价损失。除此之外，甲公司与A公司2×23年未发生其他交易（不考虑所得税等影响）。

本例中，2×23年存货中包含的未实现内部销售损益为60万元（（1 000−700）×20%）。在2×23年合并报表工作底稿中的抵销分录如下：

借：营业收入　　10 000 000

　贷：营业成本　　9 400 000

　　存货　　600 000

同时，由于该交易为逆流交易，应将内部销售形成的存货中包含的未实现内部销售损益在甲公司和A公司少数股东之间进行分摊。

在存货中包含的未实现内部销售损益中，归属于少数股东的未实现内部销售损益分摊金额为12万元（60×20%）。在2×23年合并报表工作底稿中的抵销分录如下：

借：少数股东权益　　120 000

　贷：少数股东损益　　120 000

子公司之间出售资产所发生的未实现内部交易损益，应当按照母公司对出售方子公司的持股比例在“归属于母公司股东的净利润”和“少数股东损益”之间分配抵销。

六、其他特殊交易

对于企业集团合并财务报表的确认和计量结果与其所属的母公司或子公司的个别财务报表层面的确认和计量结果不一致的，在编制合并财务报表时，应站在企业集团的立场上对该特殊交易事项予以调整。例如，母公司将借款作为实收资本投入子公司用于长期资产的建造，母公司应在合并财务报表层面反映借款利息的资本化金额。再如，对于子公司所持有的作为投资性房地产的大厦，出租给集团内其他企业使用，母公司应在合并财务报表中作为固定资产反映。

引例分析

依据引例关于中国动力2018年度报告合并范围的披露信息，简述编制合并财务报表时合并范围的确定方法，本例中合并范围变化的原因是什么？试对当前合并范围的确定方法发表自己的意见。

思考题

1. 合并财务报表的概念、特点及作用是什么？
2. 合并财务报表的编制原则是什么？
3. 合并财务报表的合并范围如何确定？
4. 如何理解合并财务报表的母公司理论、主体理论和所有权理论？
5. 合并财务报表编制前的准备工作有哪些？
6. 合并财务报表由哪些部分组成？
7. 合并财务报表的编制程序是什么？
8. 编制合并报表时，对非同一控制下企业合并取得的子公司的个别财务报表应如何进行调整？
9. 编制合并报表时，需要按权益法对子公司的长期股权投资进行调整，其调整分录如何编制？
10. 内部交易的类型有哪些？
11. 内部交易抵销应把握的原则有哪些？
12. 分析内部交易抵销的步骤有哪些？
13. 内部股权投资业务的抵销分录有哪些？如何编制？
14. 内部债权债务的抵销分录有哪些？如何编制？
15. 内部商品交易的抵销分录有哪些？如何编制？
16. 内部存货跌价准备的抵销分录如何编制？
17. 内部交易固定资产在交易当期、使用期和报废期的抵销分录如何编制？
18. 内部固定资产减值准备的抵销分录如何编制？
19. 内部交易无形资产在交易当期、使用期和报废期的抵销分录如何编制？
20. 对于特殊交易，在合并财务报表中如何进行会计处理？

练习题

一、单项选择题

1. 某母公司对其子公司的长期股权投资的账面价值为210 000元，拥有被投资企业60%股权。其子公司的净资产的公允价值为300 000元，账面价值为250 000元，则在编制合并财务报表时，列示在合并资产负债表中商誉项目的金额为（　　）元。

A.90 000　　B.40 000　　C.60 000　　D.30 000

2.将企业集团当期内部交易形成的存货中包含的未实现内部销售利润抵销时，应当编制的抵销分录是（　　）。

A.借记“营业成本”项目，贷记“存货”项目

B.借记“营业利润”项目，贷记“存货”项目

C.借记“投资收益”项目，贷记“存货”项目

D.借记“年初未分配利润”项目，贷记“营业成本”项目

3.下列说法中不正确的是（　　）。

A.对同一控制下企业合并中取得的子公司的个别财务报表，如果不存在与母公司会计政策和会计期间不一致的情况，则不需要对该子公司的个别财务报表进行调整

B.对非同一控制下企业合并中取得的子公司，如果存在与母公司会计政策和会计期间不一致的情况，则需要对该子公司的个别财务报表进行调整，其他方面不存在调整

C.母公司对子公司的长期股权投资，应当采用成本法进行核算，编制合并财务报表时再按照权益法进行调整

D.合并财务报表准则允许企业直接在对子公司的长期股权投资采用成本法核算的基础上编制合并财务报表，但是所生成的合并财务报表应当符合合并报表准则的相关规定

4.某企业坏账准备提取比例为5%，上年年末内部应收账款的余额为1 000万元，本年年末内部应收账款的余额为2 000万元，编制合并财务报表时，应抵销的坏账准备总额为（　　）万元。

A.50　　B.100　　C.150　　D.0

5.2×23年1月1日，A公司取得B公司60%的股权，A、B公司同属于一个企业集团。A公司为取得股权，发行了500万股普通股股票，股票的面值为1元/股，发行价格为3元/股，发行时支付佣金、手续费的金额为50万元。取得投资当日，B公司所有者权益的账面价值为2 000万元，公允价值为2 500万元，差额由一项固定资产造成，该项固定资产的账面价值为500万元，公允价值为1 000万元，该项固定资产的预计使用年限为5年，预计净残值为0。当年B公司个别报表中实现的净利润为1 300万元，不考虑其他因素，年末A公司编制合并报表时确认的少数股东权益是（　　）万元。

A.1 560　　B.1 320　　C.800　　D.1 100

二、多项选择题

1.编制合并财务报表前应做的准备工作有（　　）。

A.统一母子公司的会计政策

B.统一母子公司的会计期间

C.对子公司用外币表示的财务报表进行折算

D.子公司应向母公司提供所需资料

2.合并财务报表至少由（　　）组成。

A.合并资产负债表　　B.合并利润表　　C.合并现金流量表

D.合并所有者权益变动表　　E.附注

3.下列（　　）报表项目的合并数是依据该类报表项目的合计数，加上相对应的抵销

分录的借方发生额，减去相对应的贷方发生额计算确定的。

A.资产类　　B.利润分配类　　C.费用类　　D.负债类

4.对非同一控制下企业合并中取得的子公司个别财务报表的调整内容包括（　　）。

A.将子公司的会计政策与母公司的会计政策调整一致

B.将子公司的会计期间与母公司的会计期间调整一致

C.将子公司个别财务报表中可辨认资产、负债的账面价值调整为购买日的公允价值

D.将子公司用外币表示的报表调整为用母公司所采用的本位币表示的报表

5.将多计提的存货跌价准备抵销时，应编制的抵销分录有（　　）。

A.借记"存货——跌价准备"项目，贷记"年初未分配利润"项目

B.借记"存货——跌价准备"项目，贷记"资产减值损失"项目

C.借记"资产减值损失"项目，贷记"存货——跌价准备"项目

D.借记"年初未分配利润"项目，贷记"存货——跌价准备"项目

三、判断题

1.合并财务报表的会计主体只是经济意义上的，而不是法律意义上的。（　　）

2.在确定合并财务报表的合并范围时，应当以控制为基础予以确定。（　　）

3.母公司应当将其全部子公司纳入合并财务报表的合并范围。（　　）

4.商誉是指当非同一控制下的企业合并时，购买方支付的购买成本超过合并中取得的被购买方可辨认净资产账面价值份额的部分。（　　）

5.当内部交易固定资产超期报废时，其报废期间不用编制抵销分录。（　　）

四、案例分析

甲股份有限公司（以下简称甲公司）于2×23年1月1日向乙股份有限公司（以下简称乙公司）的控股股东A公司定向增发2 000万股普通股股票，每股面值1元，每股市价7元，取得乙公司80%的控股权，当日办完相关手续。甲公司支付股票发行手续费100万元。2×23年1月1日，乙公司可辨认净资产公允价值为16 000万元，账面价值为15 000万元（其中，实收资本10 000万元，资本公积4 000万元，盈余公积200万元，未分配利润800万元），其差额1 000万元由一项固定资产增值所致。乙公司原持有固定资产的账面原价为6 000万元，预计使用年限为30年，无残值，采用直线法已折旧10年，尚可使用年限为20年，公允价值为5 000万元。

甲公司与A公司、乙公司在购买日之前不存在任何关联方关系。不考虑增值税、所得税的影响，甲公司与乙公司均按净利润的10%提取法定盈余公积，此后不作其他分配。甲公司与乙公司年末按1%对应收账款提取坏账准备。

2×23年1月1日至2×23年12月31日，甲公司与乙公司发生了如下交易：

（1）2×23年6月30日，甲公司将其生产的产品销售给乙公司作为管理用固定资产，售价为120万元，成本价为100万元，款项未收，预计使用年限为10年，预计净残值为0，采用年限平均法计提折旧。

（2）2×23年8月，乙公司将其生产的产品销售给甲公司，售价为60万元，成本价为50万元，款项未收。至2×23年12月31日，甲公司将该批产品的一半出售给外部独立的第三方，售价为40万元。

（3）2×23年12月31日，乙公司按合并日公允价值持续计量的净利润为950万元。母

公司享有760万元，少数股东享有190万元。

（4）2×23年12月31日，乙公司可辨认净资产公允价值为16 950万元，其中，实收资本10 000万元，资本公积5 000万元，盈余公积295万元，未分配利润1 655万元。母公司长期股权投资余额为14 760万元，其中，享有乙公司净资产公允价值为13 560万元，长期股权投资包含的商誉为1 200万元。少数股东享有乙公司净资产公允价值为3 390万元。

（5）2×23年12月31日，甲公司对内部应收账款120万元提取坏账准备1.2万元，乙公司对内部应收账款60万元提取坏账准备0.6万元。

要求：

（1）编制2×23年1月1日甲公司对乙公司投资时的会计分录，并计算合并日合并资产负债表中的商誉。

（2）编制2×23年1月1日（合并日）母公司甲将子公司乙的固定资产账面价值调整为公允价值的调整分录。

（3）编制2×23年12月31日将母公司甲个别报表中长期股权投资成本法调整为权益法的调整分录。

（4）编制2×23年12月31日母公司甲编制合并报表时将甲公司生成的产品出售给乙公司作为管理用固定资产这一内部交易抵销的会计分录。

（5）编制2×23年12月31日母公司甲编制合并报表时将乙公司生产的产品出售给甲公司这一内部交易抵销的会计分录。

（6）编制2×23年12月31日母公司甲编制合并报表时将甲公司长期股权投资与乙公司所有者权益项目抵销的会计分录。

（7）编制2×23年12月31日母公司甲编制合并报表时将甲公司投资收益与乙公司利润分配项目抵销的会计分录。

（8）编制2×23年12月31日母公司甲编制合并报表时将甲公司、乙公司对内部应收账款提取的坏账准备进行抵销的会计分录。

主要参考文献

［1］中华人民共和国财政部. 企业会计准则（合订本）2020［M］. 北京：经济科学出版社，2020.

［2］中国证券监督管理委员会会计部. 上市公司执行企业会计准则案例解析（2020）［M］. 北京：中国财政经济出版社，2020.

［3］企业会计准则编审委员会. 企业会计准则及应用指南实务详解（2022年版）［M］. 北京：人民邮电出版社，2022.

［4］刘永泽，傅荣. 高级财务会计［M］. 7版. 大连：东北财经大学出版社，2021.

［5］傅荣. 高级财务会计［M］. 6版. 北京：中国人民大学出版社，2021.

［6］尚洪涛，栾甫贵，张茵. 高级财务会计［M］. 北京：机械工业出版社，2021.

［7］石本仁. 高级财务会计［M］. 4版. 北京：人民邮电出版社，2019.

［8］中国注册会计师协会. 会计［M］. 北京：中国财政经济出版社，2022.

［9］财政部会计资格评价中心. 中级会计实务［M］. 北京：经济科学出版社，2020.

［10］马永义. 新会计准则执行空间与底线［M］. 北京：化学工业出版社，2012.

［11］张多蕾，刘永泽，池国华，等. 中国会计教育改革40年：成就、挑战与对策［J］. 会计研究，2019（2）：18-25.

［12］栾甫贵. 论会计教育理念［J］. 会计研究，2013（4）：20-25，95.

［13］周守亮，唐大鹏. 智能化时代会计教育的转型与发展［J］. 会计研究，2019（12）：92-94.

［14］栾甫贵. 论会计学的质疑教学法［J］. 财会月刊，2020（21）：54-58.